机动车维修技术人员
从业资格培训考试丛书

维修检验技术培训考试教材（模块A&C）

模块A：职业道德和法律法规
模块C：维修检验技术(含操作技能)

机动车维修技术人员从业资格培训考试丛书编委会◎编

人民交通出版社
China Communications Press

内 容 提 要

本书为《机动车维修技术人员从业资格培训考试丛书》之一，主要依据《机动车维修技术人员从业资格培训技术要求》(JT/T 698—2007)、《中华人民共和国机动车维修技术人员从业资格考试大纲》进行编写。本书主要内容为：模块 A：职业道德和法律法规(包括专业知识部分、练习题及模拟试卷)、模块 C：维修检验技术(包括专业知识部分、操作技能部分、练习题及模拟试卷)、附录 1《机动车维修技术人员从业资格培训技术要求》(JT/T 698—2007)和附录 2《中华人民共和国机动车维修技术人员从业资格考试大纲》。书中练习题及模拟试卷均给出参考答案。

本书为全国机动车维修技术人员从业资格培训考试用书，也可供其他有关人员学习和参考。

图书在版编目(CIP)数据

维修检验技术培训考试教材 / 机动车维修技术人员从业资格培训考试丛书编委会编. --北京: 人民交通出版社, 2014.3

ISBN 978-7-114-11275-1

Ⅰ.①维…　Ⅱ.①机…　Ⅲ.①机动车 - 车辆修理 - 技术培训 - 教材　Ⅳ.①U472.4

中国版本图书馆 CIP 数据核字(2014)第 048998 号

Weixiu Jianyan Jishu Peixun Kaoshi Jiaocai

书　　名：维修检验技术培训考试教材
著 作 者：机动车维修技术人员从业资格培训考试丛书编委会
责任编辑：林宇峰
出版发行：人民交通出版社
地　　址：(100011)北京市朝阳区安定门外外馆斜街 3 号
网　　址：http://www.ccpress.com.cn
销售电话：(010)59757973
总 经 销：人民交通出版社发行部
经　　销：各地新华书店
印　　刷：北京鑫正大印刷有限公司
开　　本：787×1092　1/16
印　　张：23.5
字　　数：602 千
版　　次：2014 年 4 月　第 1 版
印　　次：2014 年 4 月　第 1 次印刷
印　　数：0001—3000 册
书　　号：ISBN 978-7-114-11275-1
定　　价：60.00 元

机动车维修技术人员从业资格培训考试丛书
编委会

机动车维修技术人员从业资格考试范围

适用人员 \ 模块	模块 A	模块 B	模块 C	模块 D	模块 E	模块 F	模块 G	模块 H
机修人员	★			★				
电器维修人员	★				★			
车身修复人员	★					★		
车身涂装人员	★						★	
车辆技术评估（含检测）人员	★							★
机动车维修技术负责人	★	★		（D、E、F、G 模块必须选考其一）				
机动车维修质量检验员	★		★	（D、E、F、G 模块必须选考其一）				

注：★适用人员必考模块。

模块 A：职业道德和法律法规

模块 B：技术质量管理

模块 C：维修检验技术

模块 D：发动机与底盘检修技术

模块 E：电器维修技术

模块 F：车身修复

模块 G：车身涂装

模块 H：车辆技术评估

前言

FOREWORD

交通运输部颁布实施的《道路运输从业人员管理规定》,规定了机动车维修技术负责人、质量检验员、机修人员、电器维修人员、钣金(车身修复)、涂漆(车身涂装)人员、车辆技术评估(含检测)人员实行从业资格考试制度。《中华人民共和国机动车维修技术人员从业资格考试大纲》明确了考试内容、合格标准及考试范围。机动车维修技术人员从业资格考试制度的实施,对于加强我国机动车维修技术人员从业资格管理、提高机动车维修技术人员素质和车辆维修质量具有十分重要的意义。

为了配合交通运输部机动车维修技术人员从业资格考试,帮助广大应考人员系统地学习相关知识,在较短时间内掌握考试内容,顺利地通过考试,我们按照《机动车维修技术人员从业资格培训技术要求》(JT/T 698—2007)、《中华人民共和国机动车维修技术人员从业资格考试大纲》的要求,组织编写了《机动车维修技术人员从业资格培训考试丛书》。本套丛书共有九册:

1.《技术质量管理培训考试教材》(模块 A、B)

模块 A:职业道德和法律法规,模块 B:技术质量管理。

2.《维修检验技术培训考试教材》(模块 A、C)

模块 A:职业道德和法律法规,模块 C:维修检验技术。

3.《发动机与底盘检修技术培训考试教材》(模块 A、D)

模块 A:职业道德和法律法规,模块 D:发动机与底盘检修技术。

4.《电器维修技术培训考试教材》(模块 A、E)

模块 A:职业道德和法律法规,模块 E:电器维修技术。

5.《车身修复培训考试教材》(模块 A、F)

模块 A:职业道德和法律法规,模块 F:车身修复。

6.《车身涂装培训考试教材》(模块 A、G)

模块 A:职业道德和法律法规,模块 G:车身涂装。

7.《车辆技术评估培训考试教材》(模块 A、H)

模块 A:职业道德和法律法规,模块 H:车辆技术评估。

8. 机动车维修业务接待员

9. 机动车维修价格结算员

本套丛书根据现代机动车维修服务的实际需要，按照理论和实践相结合的原则而编写。根据从业人员在职学习的特点，理论部分重点介绍与实际工作紧密相关的基础理论和机动车维修发展的前沿技术；实操部分旨在提高机动车维修技术人员的检测诊断技能及综合分析能力。

《维修检验技术培训考试教材》为《机动车维修技术人员从业资格培训考试丛书》之一，由赵锦鹏主编，主要内容为：模块 A：职业道德和法律法规（包括专业知识部分、练习题及模拟试卷）、模块 C：维修检验技术（包括专业知识部分、操作技能部分、练习题及模拟试卷）、附录 1《机动车维修技术人员从业资格培训技术要求》（JT/T 698—2007）和附录 2《中华人民共和国机动车维修技术人员从业资格考试大纲》。书中练习题及模拟试卷均附参考答案。

由于编者水平有限，加之编写时间仓促，书中难免存在疏漏和不妥之处，诚请广大读者批评指正。

机动车维修技术人员从业资格培训考试丛书编委会

2014 年 1 月

第一篇　模块 A:职业道德和法律法规

第一章　专业知识部分 …… 3

第一节　机动车维修从业人员职业道德 …… 3

第二节　机动车维修法律法规 …… 14

第三节　汽车维修标准体系 …… 47

第四节　汽车维修检测主要技术标准 …… 54

第二章　练习题及模拟试卷 …… 90

第一节　机动车维修技术人员职业道德 …… 90

第二节　机动车维修法律法规 …… 97

第三节　汽车维修标准体系 …… 109

第四节　汽车维修检测主要技术标准 …… 111

第五节　模拟试卷及参考答案 …… 124

第二篇　模块 C:维修检验技术

第一章　专业知识部分 …… 133

第一节　汽车维修质量管理知识 …… 133

第二节　常用仪器、仪表和量具 …… 143

第三节　汽车维修质量检验 …… 154

第四节　汽车配件质量检验和控制 …… 202

第二章　操作技能部分 …… 221

实训 1　汽缸体和汽缸盖变形的检验 …… 221

实训 2　汽缸磨损的检验 …… 224

实训 3　活塞的检验 …… 227

实训 4　活塞环的检验 …… 229

实训 5　连杆的检验 …… 231

实训 6　曲轴弯曲变形及磨损的检验 …… 233
实训 7　凸轮轴弯曲变形及凸轮高度的检验 …… 234
实训 8　气门间隙的检查调整及汽缸压缩压力的测量 …… 236
实训 9　发动机配气相位的检查与调整 …… 238
实训 10　发动机功率的测量 …… 240
实训 11　离合器的检验 …… 242
实训 12　手动变速器的检验 …… 244
实训 13　液力变矩器的检验 …… 245
实训 14　自动变速器初步检查及试验 …… 247
实训 15　四轮定位检查及调整 …… 252
实训 16　车轮平衡的检测（就车） …… 256
实训 17　车轮侧滑量的检测（就车） …… 257
实训 18　悬架和转向系间隙的检验 …… 258
实训 19　制动鼓、制动盘及制动蹄衬片的检验 …… 260
实训 20　汽车制动力性能检验 …… 262
实训 21　机动车车速表的检验 …… 263
实训 22　机动车前照灯的检验 …… 265
实训 23　汽车底盘测功 …… 269
实训 24　汽车排气污染物的检验 …… 270
实训 25　柴油汽车排放的检验 …… 275
实训 26　汽车噪声检验 …… 279
实训 27　汽车外观检视 …… 285
实训 28　汽车综合性能检测 …… 287
第三章　练习题及模拟试卷 …… 289
第一节　汽车维修质量管理知识 …… 289
第二节　常用仪器、仪表和量具 …… 295
第三节　汽车维修质量检验 …… 297
第四节　汽车配件质量检验和控制 …… 317
第五节　模拟试卷及参考答案 …… 324

附　录

附录 1　机动车维修技术人员从业资格培训技术要求（JT/T 698—2007） …… 331
附录 2　中华人民共和国机动车维修技术人员从业资格考试大纲 …… 359

第一篇

模块 A：职业道德和法律法规

第一章　专业知识部分

第一节　机动车维修从业人员职业道德

一　机动车维修职业道德

(一)职业和职业道德

1. 职业

职业是社会成员对社会所承担的职责和工作,具有一定的社会责任性。在现实生活中,人们习惯于把每个人在社会中所从事的并作为主要生活来源的工作称之为职业。职业产生于社会分工,并随着生产力的发展,不断产生新的类别。为了规范从业人员的职业行为,确保职业活动的正常进行,必须建立用于调整职业生活中发生的各种关系的职业道德规范。

2. 职业道德

职业道德是所有从业人员在职业活动中应该遵循的行为准则,涵盖了从业人员与服务对象、职业与职工、职业与职业之间的关系。随着现代社会分工的发展和专业化程度的增强,市场竞争日趋激烈,整个社会对从业人员职业观念、职业态度、职业技能、职业纪律和职业作风的要求越来越高。

职业道德不仅是从业人员在职业活动中的行为标准和要求,而且也是本行业对社会所承担的道德责任和义务。

在内容方面,职业道德必须鲜明地表达职业义务、职业责任以及职业行为上的道德准则。由于它是在特定的职业实践基础上形成的,反映的是职业、行业乃至产业特殊利益的要求,因而它往往表现为某一职业特有的道德传统和道德习惯,表现为从事某一职业的人们所特有的道德心理和道德品质。

在表现形式方面,职业道德往往比较具体、灵活、多样。它从本职业的交流活动实际出发,采用制度、守则、公约、承诺、誓言、条例,以及标语口号之类的形式,以便于为从业人员所接受和实行,也有利于形成一种职业的道德习惯。

从调节的范围来看,一方面,职业道德可以用来调节从业人员内部关系,加强职业、行业内部人员的凝聚力;另一方面,也可以用来调节从业人员与其服务对象之间的关系,用来塑造本职业从业人员的形象。

从产生的效果来看,职业道德既能使一定的社会或阶级的道德原则和规范"职业化",又能使个人道德品质"成熟化"。任何一种形式的职业道德,都在不同程度上体现着阶级道德或社会道德的要求。同时,职业道德与各种职业要求和职业生活结合,具有较强的稳定性和连续性,形成从业人员比较稳定的职业心理和职业习惯,以致在很大程度上会改变人们在学校学习阶段和少年生活阶段所形成的品行,影响道德主体的道德风貌。

3. 社会主义职业道德

社会主义职业道德是人类社会崭新的职业道德,它批判地继承了人类社会各个历史时期的优秀成果,与以往建立在私有制基础上的职业道德有着本质的区别。

(1)社会主义职业道德是一种新型职业道德。社会主义职业道德是建立在社会主义经济基础上的、以共产主义道德为指导的新型职业道德。为人民服务是社会主义道德的集中体现,也是"爱岗敬业、诚实守信、办事公道、服务群众、奉献社会"的社会主义职业道德的核心内容。社会主义职业道德的这些特点,不仅从道德领域反映了有中国特色的社会主义制度的优越性,而且成为调整社会主义社会里职业与职业,以及职业内部利益关系的调节器,成为激励从业人员提高职业认识、培养职业感情、锻炼职业意志、树立职业理想、遵守职业纪律,以及做好本职工作的强大精神力量。

(2)社会主义职业道德体现公民权利与义务相统一的精神。在社会主义社会中,无论从事哪一种职业都是为人民服务。各种职业的从业人员处在共同理想指导下建立起来的平等、互助、团结、友爱的关系之中。在社会主义社会里,人人都是服务对象,人人又都为他人服务。这种崭新的职业关系体现了公民权利与义务相统一的精神和"我为人人,人人为我"的原则,因而易于为职工接受和实践,激发履行义务的自觉性,从而有效地发挥职业道德的作用。

(3)社会主义职业道德是整个社会主义道德结构中的一个重要组成部分。社会主义社会一切职业规范的形成,都贯穿着社会主义、共产主义道德的原则和要求。所以,用社会主义职业道德规范约束从业者的职业生活和职业行为,就为人们进行社会主义道德实践活动提供了极大的可能性和现实性。

(二)职业道德的特点、作用和标准

1. 职业道德的特点

(1)适用范围的有限性。每种职业都担负着一种特定的职业责任和职业义务。由于各种职业的职业责任和义务不同,从而形成各自特定的职业道德的具体规范。

(2)发展历史的继承性。职业具有不断发展和世代延续的特征,不仅很多技术世代延续,而且管理方法、经营方式也有一定的历史继承性。因此,职业道德具有发展的历史继承性。

(3)表达形式的多样性。由于规范各种职业的职业道德根据职业不同的特性,要求得比较具体、细致,因此,其表达形式也是多种多样。如行业规范、行为公约、内部规定、章程、制度等形式,有的甚至是口耳相传、约定俗成。

(4)贯彻执行的纪律性。纪律也是一种行为规范,但它是介于法律和道德之间的一种特殊的规范。它既要求人们能自觉遵守,又带有一定的强制性。兼有道德和法律的双重色彩,具有法令的要求。职业道德有时以制度、章程、条例的形式表达,让从业人员认识到职业道德具有纪律的规范性。

2. 职业道德的作用

职业道德是社会道德体系的重要组成部分,它既具有社会道德的一般作用,又具有自身的特殊作用。

(1)有助于调节从业人员内部以及从业人员与服务对象之间的关系。职业道德的基本职能是调节职能。一方面,职业道德可以调节从业人员内部的关系,即运用职业道德规范约束职业内部人员的行为,促进职业内部人员的团结与合作。另一方面,职业道德又可以调节从业人员和服务对象之间的关系。

(2)有助于维护和提高本行业的信誉。一个行业或一个企业的信誉,也就是它们的形象、信用和声誉,是指行业或企业及其产品与服务在社会公众中的信任程度,提高企业的信誉主要靠产品的质量和服务质量,而从业人员高尚的职业道德是产品质量和服务质量的有效保证。提高行业的信誉,要靠业内企业和从业人员的共同努力。

(3)有助于促进本行业的发展。行业或企业的发展有赖于高的经济效益,而高的经济效益源于高的员工素质。员工素质主要包含知识、能力、责任心三个方面,其中责任心是最重要的。职业道德水平高的从业人员责任心是很强的,能促进本行业的发展。

(4)有助于提高全社会的道德水平。职业道德是整个社会道德的重要内容之一。一方面,职业道德涉及每个从业者如何对待职业,如何对待工作,是一个从业人员态度、价值观念的表现,是一个人道德意识、道德行为发展是否成熟的标志,具有较强的稳定性和连续性。另一方面,职业道德也是一个职业集体,甚至一个行业全体人员的行为表现。如果每个行业、每个职业集体都具备优良的道德,对整个社会道德水平的提高必然会发挥重要的作用。

3. 为人民服务是社会主义职业道德的最高标准

"为人民服务"是社会主义道德的核心。《公民道德建设实施纲要》把"服务群众,奉献社会"作为公民职业道德建设的重要内容鲜明地提了出来。职业生活是人的生命历程中最重要的阶段,也是人们社会实践的最重要的舞台。为人民服务就是一切向人民负责,一切从人民利益出发的思想观点和行为准则,因此,它必然成为衡量每个行业制定具体职业道德规范的最高标准。在任何职业活动中,都必须始终坚持为人民服务的宗旨,树立"以服务人民为荣,以背离人民为耻"的社会主义荣辱观。

(1)为人民服务是社会主义道德的集中体现。为人民服务体现了社会主义道德的实质。社会主义道德克服了以往社会道德中目的和手段、权利和义务的分离,达到了四者的统一。

在社会主义社会,为人民服务既是目的,又是手段;人民既是权利和义务的主体,也是权利和义务的客体。人民都是服务对象,又都为他人服务,反映到道德上,就是倡导为人民服务,一切从人民利益出发,彼此互相关心、互相爱护、互相帮助,并同一切危害人民利益的现象作斗争。

(2)为人民服务是社会主义经济基础的客观要求。职业道德属于上层建筑,它由经济基础决定,同时又为经济基础服务。社会主义社会实行以公有制为主体、多种所有制经济共同发展的经济制度,社会主义社会的本质是解放生产力和发展生产力,改善人民群众的生活,消除两极分化,实现人民共同富裕。因此,社会主义职业道德建设不能忽视广大人民群众的最大利益,要将为人民服务视为社会主义职业道德建设的出发点和根本目的。

(3)为人民服务是建立和发展社会主义市场经济的需要。社会主义市场经济的目的是推动生产力的发展,创造更多物质财富,满足人民的需要,使人民生活上富裕、精神上充实。社会主义市场经济的本质就是为人民服务的经济;同时,为人民服务又为社会主义市场的健康发展和整个社会的全面发展,提供强有力的思想道德保证和巨大的精神动力。市场经济本身有它无法克服的弱点,发展社会主义市场经济要靠法制,也需要有社会伦理作为基础。在市场经济中,只有坚持为人民服务的价值导向,才能在市场竞争的强制作用下,培养起人们为人民服务的观念,从而消除市场经济带来的消极影响。

(4)为人民服务是履行职业职责的精神动力和衡量职业行为善恶的最高标准。人们在工作过程中,会遇到各种困难和曲折,需要付出许多努力与辛劳才能达到要求。此时,只有在为人民服务的精神鼓舞下,才能克服困难,取得最佳成绩。具体的职业道德准则可以规范人们的行为,而为人民服务的精神才能给人以热情与力量。

为人民服务的基本内容包括了把集体利益放在首位,它是正确处理社会主义社会各种利益关系的依据。在社会主义社会,既存在着个人与社会的利益关系,也存在着集体与国家及整个社会之间的利益关系。正确处理好这些关系,是为人民服务思想得到认真贯彻的重要表现。

(5)为人民服务体现了社会主义职业道德建设的先进性要求和广泛性要求的统一。为人民服务是共产党人的根本宗旨,同时也是对各行各业人员的共同要求。在社会主义社会,我们既提倡道德的先进性,即共产党员和先进分子为人民的利益公而忘私、勇于献身的崇高共产主义道德品质,也重视其广泛性,即普通劳动者只要诚实劳动,忠于职守,公平交易,按劳取酬,履行公民义务,热心社会公益事业,也属于为人民服务的范畴。社会主义职业道德建设必须从广大人民群众的实际出发,把社会主义道德的先进性要求和广泛性要求结合起来,通过不断教育逐步引导人们不断追求更高道德目标,调动广大人民群众履行为人民服务道德规范的积极性。

(三)机动车维修职业道德及其社会性

1.机动车维修职业道德范畴

机动车维修职业道德范畴反映的是机动车维修职业与其他职业之间、机动车维修与社会之间、机动车维修职业内部职工之间最本质、最重要、最普遍的职业道德关系的概念。

1)机动车维修职业的义务和良心

(1)机动车维修职业义务。是指机动车维修从业人员在职业生活中所履行的道德义务。道德义务是从职业(或岗位)责任中引申出来的。当机动车维修从业人员认识到自己的职业责任,从而产生积极推动机动车维修行业发展进步的使命感和责任感,并落实到修车行为上,在实际工作中自觉自愿地履行职业责任,这就是一种道德行为,就是履行机动车维修职业义务的表现。机动车维修业是道路运输事业的保障体系,是发展现代化交通运输业的重要组成部分,与社会责任相联系。我国机动车维修职业和机动车维修从业人员应承担和履行的职业道德义务是:热爱机动车维修,献身机动车维修,确保道路运输车辆技术状况完好,努力发展交通运输业。

(2)机动车维修职业良心。机动车维修职业良心主要有两层含义:一是机动车维修从业人员内心对机动车维修业、对服务对象强烈的道德责任感;二是机动车维修从业人员依据机动车维修职业道德的基本要求进行自我评价的能力。机动车维修职业良心对职业行为影响很大,它可以激发、鼓励从业人员行为从善,抑制不道德行为。机动车维修职业良心是从业人员内心的道德法庭,对职业行为的后果和影响有评价作用。履行了职业义务并产生良好后果和影响,良心上会感到满足,否则,就会受到良心的谴责。我们必须在职业活动中自觉培养职业良心,使职业行为更加符合社会主义道德要求。

2)机动车维修职业的信誉和尊严

(1)机动车维修职业的信誉。包括机动车维修职业的信用和名誉,它表现为社会对机动车维修职业的信任感和机动车维修职业在社会生活中的声誉。在社会主义市场经济条件下,信誉对于机动车维修职业至关重要。信誉高,对社会产生强大的吸引力、凝聚力,增强从业者的职业荣誉感和责任感。机动车维修职业的社会声誉，是机动车维修职业形象的外在反映，是服务对象及社会各界对行业的信誉评价。因此，机动车维修从业人员，一定要重视职业信誉在道德建设中的作用，牢固树立机动车维修职业信誉的观念。

(2)机动车维修职业的尊严。是指社会或他人对机动车维修职业的尊重，也指机动车维修从业人员对机动车维修职业的尊重和爱护。机动车维修职业尊严可以使从业人员自我控制和支配职业行为，使自己的一举一动都从维护机动车维修职业尊严出发，避免发生不利于或有损于职业尊严的行为。

职业尊严是职业形象内在素质的客观反映，与职业义务、职业责任、职业纪律、职业道德有紧密联系。从业者认真履行职业义务，尽职尽责地为服务对象服务，人们就会尊重你的职业活动，尊重你的为人，从而树立起职业形象。因此，维护职业尊严就要忠实地履行职业义务，全心全意地为人民服务。

3)机动车维修职业的责任和情感

(1)机动车维修职业的责任。是指机动车维修从业人员所承担的社会责任。在社会主义社会，任何一种正当职业都承担着一定的社会责任。机动车维修职业所承担的社会责任，具体地讲，就是对机动车技术状况负责、对托修方负责。从宏观上讲，就是承担着保障道路运输事业发展的重大职能。

(2)机动车维修职业的情感。是指为履行社会责任，而必须具备的对人民高度负责的职业情感。具备了这种情感，才能主动地、自觉地为维修机动车、为托修方服务。机动车维修从业人员在机动车维修业中承担着重要的社会责任，应时时事事关心托修方的利益，以高度的责任感和热爱机动车维修职业的饱满热情，全心全意地为托修方提供机动车维修服务，保障机动车安全、顺利运行。

2. 机动车维修职业道德的社会性

机动车维修职业道德的社会性是由机动车维修职业的特点及客观要求决定的。

我国机动车维修职业的社会责任是：恢复和提高机动车技术状况，保证安全生产，充分发挥机动车的效能和降低运行消耗。

机动车维修职业最明显的特征就是以其技术上的可靠性，恢复汽车的使用性能，使汽车能正常运行。这就决定了机动车维修人员必须牢固树立为客户服务的思想，热爱本职工作，努力钻研技术，爱岗敬业、忠于职守、尽职尽责，以精湛的技术、熟练的业务、优良的服务满足客户对车辆维修的需要。

机动车维修人员为社会提供的不是实物形态的产品，而是维修服务。对车主来说，只要交付了足够的维修费用，就要求获得一个满意的服务。因此，精工细作、完工及时、安全可靠、优质高效地向用户提供维修合格的车辆，就成为每一个机动车维修从业人员的基本职业责任。

机动车维修既有工作量大的连续性作业，也有临时性的小型修理作业，维修企业内部各层次、各环节、各工种之间存在着十分密切的关系，需要相互衔接和配合。同时，机动车维修行业作为道路运输生产的保障体系，它与整个道路运输行业又有着纵横交错的联系，与整个社会有着千丝万缕的关系。

(四)机动车维修从业人员职业道德规范

机动车维修从业人员职业道德规范，是指机动车维修从业人员在机动车维修工作中必须遵循的职业道德准则和行为规范。每一位机动车维修从业人员都要自觉遵守以爱岗敬业、诚实守信、办事公道、服务群众、奉献社会为主要内容的职业道德,为机动车维修业的发展作出贡献。

1. 爱岗敬业

爱岗敬业是为人民服务思想和集体主义精神的具体体现,是社会主义职业道德基本规范的基础。

爱岗就是热爱自己的工作岗位,热爱本职工作。爱岗是对人们工作态度的一种普遍要求。热爱本职,就是职业工作者以正确的态度对待各种职业劳动,努力培养热爱自己所从事的工作的幸福感和荣誉感。一个人,一旦爱上了自己的职业,他的身心就会融合在工作中,就能在平凡的岗位上作出不平凡的业绩。

所谓敬业就是用一种严肃的态度对待自己的工作,勤勤恳恳、兢兢业业、忠于职守、尽职尽责。敬业包含两层含义:一是谋生敬业,这种职业态度所反映的敬业道德因素较少,个人利益色彩较重;二是真正认识到自己工作的意义而敬业,这是高一层次的敬业,这种内在的精神,才是鼓舞人们勤勤恳恳、认真负责工作的强大动力。

爱岗与敬业总的精神是相通的,是相互联系在一起的。爱岗是敬业的基础,敬业是爱岗的具体表现,爱岗敬业是为人民服务精神的具体体现。

爱岗敬业不仅仅是一句口号、一种精神,在工作实践中,爱岗敬业实际上是衡量一个从业人员是否合格、是否优秀的重要标准。

热爱机动车维修工作,是机动车维修从业人员职业道德规范的首要内容。它反映了机动车维修从业人员对职业价值的正确认识和对所从事职业的真挚感情。一个人只有先爱岗位,爱自己所从事的工作,才能有高尚的职业道德。

爱岗敬业对于机动车维修从业人员的具体要求是:严守岗位、尽心尽责、注重务实、服务行业,兢兢业业地干好机动车维修各个岗位的本职工作,在机动车维修工作岗位上发扬忘我的工作精神,做到认真履行岗位职责,精通专业知识,熟练掌握专业技能,并在做好本职工作的基础上,在一定程度上和范围内争取全面发展,不断增长知识,增长才干,努力成为多面手,积极为机动车维修行业发展、为整个道路运输业发展服务,从而达到为人民服务的最终目的。

2. 诚实守信

诚实守信即忠诚老实、信守诺言,是为人处世的一种美德。

所谓诚实,就是忠诚老实,不讲假话。诚实的人能忠实于事物的本来面目,不歪曲、不篡改事实,同时也不隐瞒自己的真实思想,光明磊落、言语真切、处事实在。

所谓守信,就是信守诺言、说话算数,讲信誉、重信用,履行自己应承担的义务。

诚实和守信两者意思是相通的,是互相联系在一起的。诚实是守信的基础,守信是诚实的具体表现,不诚实很难做到守信,不守信也很难说是真正的诚实。诚实侧重于对客观事实的反映,以及对自己内心的思想、情感的表达是真实的。守信侧重于对自己应承担和应履行的责任和义务的忠实,毫无保留地实践自己的诺言。

诚实守信不仅是做人的准则,也是做事的基本准则。诚实是我们对自身的一种约束和要求,讲信誉、守信用是社会对我们的一种希望和要求。一个人要想在社会立足,干出一番事业,就必须具有诚实守信的品德。

诚实守信是任何一个从业人员应遵守的职业道德,也是每一个行业树立形象的根本。机动车维修从业人员要明确：在从事机动车维修工作时，他既代表个人，又代表企业，甚至代表整个机动车维修行业和道路运输业的形象。

诚实守信对于机动车维修从业人员的具体要求，主要在三个方面：一是严格执行国家、地方及行业相关机动车维修的法律、法规、规章、标准和规范，维护国家和机动车维修行业利益，对国家、行业做到诚实守信；二是重质量、重服务、重信誉，在企业管理、生产过程中建立和实施机动车维修质量保证体系，执行安全操作规程，按工艺规范正确完成维修作业项目，维护企业利益，对企业做到诚实守信；三是诚实劳动、合法经营，正确执行机动车维修工时定额和收费标准，不使用假冒伪劣机动车配件，维护托修方的利益，对消费者做到诚实守信。

3. 办事公道

办事公道是在爱岗敬业、诚实守信的基础上提出的更高层次的职业道德的基本要求。办事公道需要有一定的道德修养基础。

所谓办事公道是指从业人员在办事情、处理问题时 要站在公正的立场上，按照同一标准和同一原则办事的职业道德规范。

公正是几千年来为人所称道的职业道德。当前，我们正处于市场经济的大潮中，市场经济确立的平等互利原则，体现了买卖双方的平等地位，因此在经济领域中要求处事公平、办事公道。人们生活在世界上，要与人打交道，要处理各种关系，这就存在办事是否公道的问题。在机动车维修行业，无论是对团体修车的大主顾，还是对于送车小修的私家车主，同样要热情接待、认真维修，这就是办事公道。

在职业活动中的公正公平，是为了保证每个人在社会上的合法地位和平等权利。在职业活动中要做到办事公道，首先要加强从业人员的个人修养，要做到相信真理，追求正义；坚持原则，不徇私情；不谋私利，反腐倡廉；不计个人得失，不怕各种权势；加强学习，不断提高认识能力，明确是非标准，分辨善恶美丑。

办事公道是衡量每一位机动车维修从业人员职业道德水平的重要标志，特别是机动车维修企业负责人、技术负责人、质量检验员和车辆技术评估人员，尤其要做到。

办事公道，对于机动车维修从业人员的具体要求：一是依法办事，严格按照机动车维修各项工艺技术标准，进行机动车维修作业，自觉维护各项技术工艺标准的严肃性，保证机动车维修质量；二是裁量公正，机动车维修质量检验、车辆技术评估的结论要力求公正、准确、合理、适当，维护消费者的合法权益，维护企业的声誉；三是尽职尽责，敢于管理、敢于负责任、敢于承担风险，把严格管理建立在热爱本职工作的基础上，不怕困难，不回避矛盾，坚持原则，任劳任怨，以对党和国家、对行业、对人民高度负责的精神，信尽职守，保证机动车维修质量和服务水平。

4. 服务群众

服务群众是为人民服务精神的直接表达。

所谓服务群众就是为人民群众服务。服务群众指出了我们的职业与人民群众的关系，指出了我们工作的主要服务对象是人民群众，指出了我们应当依靠人民群众，时时刻刻为群众着想，急群众所急，忧群众所忧，乐群众所乐。

一切依靠人民群众，一切服务于人民群众，是我们党的群众路线的重要内容。服务群众是党的群众路线在社会主义职业道德方面的具体表现，这也是社会主义职业道德与私有制社会职业道德的分水岭。

服务群众是对所有从业人员的要求。在社会主义社会,每个从业人员都是群众中的一员,既是为别人服务的主体,又是别人服务的对象。每个人都有权享受他人职业服务,同时又承担着为他人作出职业服务的义务。因此,服务群众作为职业道德,是对所有从业者的要求。

服务群众对于机动车维修从业人员的具体要求:首先,要真正做到服务群众,不仅要树立服务群众的观念,还要将群众观念落实到机动车维修职业活动中去。要做到文明礼貌,优质服务,就要求从业人员说话和气、热情主动、耐心周到。热情主动表现为热情大方、态度积极;耐心周到表现为心平气和、沉着冷静,想服务对象所想、急服务对象所急。真正把服务对象的事情当作自己的事情来办,让服务对象体会到一种宾至如归的感觉,保持承修、托修双方之间长期的良好的合作关系。其次,要认真钻研业务,具备为群众服务的技能。机动车技术发展很快,对维修工艺和维修技术方面的要求越来越高,要做好机动车维修工作,一定要学习机动车电子控制等新技术,学会使用机动车检测诊断设备,学习机动车维修企业的技术质量管理知识,学习质量检验技术的有关理论,勇于实践,不断提高自己的工作技能;要认真学习管理业务知识,熟悉机动车维修工时定额和收费标准,努力提高管理工作业务素质,实现岗位的价值;还要不断拓宽知识层面,提高综合分析、解决问题的能力,努力提高本职工作能力和水平;对国家的方针、政策、法规和标准,更要认真学习、自觉遵守,提高思想觉悟,树立正确的人生观、价值观,为促进行业的发展和提高企业经济效益而努力工作。

5. 奉献社会

奉献社会,就是全心全意为社会作贡献,这是为人民服务精神的最高体现。有这种精神境界的人,就能把自己的一切都奉献给国家、人民和社会。

所谓奉献,就是不期望等价的回报和酬劳,而愿意为他人、为社会、为真理、为正义献出自己的力量,包括宝贵的生命。奉献社会不仅有明确的信念,而且有崇高的行为。

奉献社会的精神主要强调的是一种忘我的全身心投入的精神。当一个人专注于某种事业时,他关注的是这一事业对于人类、对于社会的意义。他会为此而兢兢业业,任劳任怨,不计较个人得失,甚至不惜献出自己的生命。

奉献社会是职业道德中的最高境界。奉献社会是一种人生境界,是一种融合在事业中的高尚人格。与爱岗敬业、诚实守信、办事公道、服务群众这四项规范相比较,奉献社会是职业道德中的最高要求,同时也是做人的最高境界。爱岗敬业、诚实守信是对从业人员职业行为的基础要求,做不到这两项要求,就很难做好工作;办事公道、服务群众比前两项要求更高了一些,需要有一定的道德修养作基础;奉献社会,则是这五项要求中最高的,一个人只要达到一心为社会作奉献的境界,他的工作就必然能做得很好,就能实现全心全意为人民服务。

奉献社会对于机动车维修从业人员的具体要求是:以本业为荣,以本职为乐,积极为机动车维修行业发展奉献出自己的力量,不能只讲索取,不讲奉献。在机动车维修工作中,不计名利、勇于吃苦、任劳任怨,用"毫不利己,专门利人"的精神,最大限度地满足服务对象的需求,在奉献中充分体现自己的人生价值。

二 机动车维修行业行为规范

(一)全国汽车维修行业行为规范公约

为加强机动车维修行业精神文明建设,建立机动车维修行业诚信机制,营造良好的机动车维修市场经济秩序，切实维护车辆所有人的合法权益，2003年，中国汽车维修行业协会制定了《全国汽车维修行业行为规范公约》。要求全国机动车维修业户共同遵守，自觉执行，相互监督。《全国汽车维修行业行为规范公约》主要内容为如下八个方面。

1. 守法经营，接受监督

遵守国家法律、法规和规章，端正经营行为，全面公开机动车维修作业规范、收费标准、监督电话；严格按照国家有关规定合理结算费用，依法开具发票；自觉接受行政监督、舆论监督、社会监督。

2. 诚信为本，公平竞争

坚持诚信为本，以优质服务、用户满意为宗旨参与市场竞争；公正签订并忠实履行机动车维修合同，不擅自减少作业项目，不使用假冒伪劣配件，不作虚假广告宣传。

3. 尊重客户，热忱服务

牢固树立"质量第一，客户至上"的观念，从业人员持证上岗，亮牌服务，举止文明；建立客户档案，定期跟踪回访，主动征求意见；开展提醒服务，答复客户咨询，排除客户疑虑；努力满足客户要求，维护客户正当权益。

4. 弘扬职业道德，建设精神文明

发展企业文化，建立服务品牌；倡导爱岗敬业精神，树立团队合作意识，充分调动企业员工的积极性，开创奋发向上的比、学、赶、帮新局面；开展服务规范化达标活动，树立行业新风尚。

5. 规范操作，保证质量

建立健全机动车维修质量保证体系，全面贯彻执行国家标准、行业标准、地方标准和企业标准；认真做好机动车维修检验记录，按规定签发汽车维修出厂合格证，及时受理客户投诉，承担质量保证责任。

6. 文明生产，保护环境

搞好文明生产和安全生产，防止污染，保护环境，不断完善设施和服务功能，做到厂区整洁，环境优美，布局合理；实现作业现场安静，维修工具、零件、场地、人身清洁，工具、零件、油水不落地。

7. 自我管理，自我发展

自觉抵制非法行为，勇于同侵害行业利益的行为作斗争，捍卫行业合法权益；通过正常渠道反映企业的意见与要求，不断提升行业整体素质。

8. 科技兴业，开拓创新

确立科技兴业新思路，积极推广应用机动车维修新技术、新工艺、新材料、新设备；更新管理理念，优化企业管理，增强市场竞争能力；加强行业培训与交流，开展业内的横向联合与协作，加速行业技术进步。

（二）守法经营，建立行业诚信机制

1. 企业诚信的重要性

对于一个企业来说，在市场经济条件下，最重要的是树立良好的信誉，树立起值得他人信赖的企业形象。所谓信誉，是由信用和名誉合成的。信用是指在职业活动中诚实可信，名誉是指在职业活动中重视名声和荣誉。信誉体现了社会承认一个行业在职业活动中的价值，从而影响到行业的地位和作用。

失信的危害主要有三点:一是破坏了企业正常经营,败坏了企业的声誉,引发信任危机;二是严重影响社会的投资和消费,企业会失去今后的市场;三是严重干扰了正常信用体系的发展,甚至造成社会风气的败坏和道德水平的滑坡。失信可能会在短时间内牟取暴利,但与种种弊端相比,实在得不偿失,最终吃亏的是自己。从长远来看,诚信就是竞争力,诚信度也将成为企业的无形资产。

2. 诚信的基础是守法经营

市场经济是法制经济,一切经济活动必须由带有普遍性、强制性的法律来规范。企业诚信的基础是守法经营,这也是企业能够长期稳定、持续发展的必要条件。作为机动车维修企业只有做到守法经营,端正经营行为,才能真正成为机动车维修市场的主体,才能建立规范有序的机动车维修市场秩序。

首先,要做到经营主体合法,即从事机动车维修经营活动的企业必须符合国家相关法律、法规要求,具备开业条件,经过审批,取得道路运输管理机构的许可证明,并在工商行政管理机关办理完工商执照,才能开展经营活动。

其次,要做到经营行为合法,应当严格按照规定的条件和行为规范开展经营活动:一要遵守国家法律、法规和规章;二要严格按照技术标准和工艺流程进行修车作业,确保修车质量,并实行质量保证期制度;三要规范收费行为,公布机动车维修工时定额和收费标准,合理收取费用;四要自觉接受行政监督、舆论监督、社会监督,依法规范经营行为,杜绝无证经营,不按规范作业,“假维护”、“假检测”,使用假冒伪劣配件,不执行质量保证期制度,不按规定明码标价,乱收费用等损害消费者合法权益的失信行为。

3. 建立机动车维修行业诚信机制

信誉是市场经济的重要基础,规范有序的机动车维修市场的经济活动需要良好的信誉环境。在机动车维修行业建立诚信机制,改革管理方式、解决维修市场信息不对称的矛盾,充分发挥优胜劣汰机制的作用,用市场的办法解决市场的问题,是对机动车维修市场实施标本兼治的有效途径。通过诚信机制的建设,促进广大机动车维修企业加强诚信意识,注重人才培养,增强技术能力,规范经营行为,提高维修质量,提供社会满意的服务,实现真正意义上的“诚信修车”,促进整个行业协调发展。

为进一步推动《全国汽车维修行业行为规范公约》的贯彻实施,促进汽车维修行业诚信机制的建设,倡导诚实守信的经营理念,营造公平竞争的市场环境,达到构建和谐社会的目的,中国汽车维修行业协会在全行业开展了创建诚信经营汽车维修企业的活动,并颁发了《全国汽车维修诚信经营企业评估指标体系》。该体系共计 9 项 39 条,几乎涵盖了与汽车维修企业诚信经营密切相关的所有内容,由接待客户、签订合同、车辆维修、车辆验交、配件保证体系、质量保证体系、服务保证体系、财务和社会资信以及客户评价等部分组成。《全国汽车维修诚信经营企业评估指标体系》在突出针对性的同时,重视保证、预防作用,注重权重差异和可操作性,包含了汽车维修诚信经营企业应当具备的物质条件、人员素质、管理水平和服务意识。

通过建立诚信企业评价体系,认真地进行等级评定,真实、及时地发布信息,使企业生产经营社会诚信透明化,让车主了解企业,到诚信企业放心修车;通过企业诚信等级发布,引导维修业务向诚信企业集中,利用市场经济资源优化配置的规律,为诚信企业创造发展机遇,促进企业开展正当竞争;进行诚信评估、定期发布信息,形成行业协会、企业、社会、媒体共同营造促进经济发展、社会进步的诚信环境。实践表明,开展“诚信维修,规范服务”为宗旨的诚信活动,有利于在全行业营造“守信用、讲信誉、重信义”的良好氛围,进一步促进维修企业强化服务意识,转变服务理念,改善服务设施,规范服务行为,提高服务质量,创建服务品牌,切实保护维修市场消费者的合法权益,树立起维修行业在社会上的良好信誉。

(三)公民道德建设的主要内容

中共中央2001年9月20日发布了《公民道德建设实施纲要》(中发〔2001〕15号)。

公民道德建设的主要内容如下:

(1)从我国历史和现实的国情出发,社会主义道德建设要坚持以为人民服务为核心,以集体主义为原则,以爱祖国、爱人民、爱劳动、爱科学、爱社会主义为基本要求,以社会公德、职业道德、家庭美德为着力点。在公民道德建设中,应当把这些主要内容具体化、规范化,使之成为全体公民普遍认同和自觉遵守的行为准则。

(2)为人民服务作为公民道德建设的核心,是社会主义道德区别和优越于其他社会形态道德的显著标志。它不仅是对共产党员和领导干部的要求,也是对广大群众的要求。每个公民不论社会分工如何、能力大小,都能够在本职岗位,通过不同形式做到为人民服务。在新的形势下,必须继续大张旗鼓地倡导为人民服务的道德观,把为人民服务的思想贯穿于各种具体道德规范之中。要引导人们正确处理个人与社会、竞争与协作、先富与共富、经济效益与社会效益等关系,提倡尊重人、理解人、关心人,发扬社会主义人道主义精神,为人民、为社会多做好事,反对拜金主义、享乐主义和极端个人主义,形成体现社会主义制度优越性、促进社会主义市场经济健康有序发展的良好道德风尚。

(3)集体主义作为公民道德建设的原则,是社会主义经济、政治和文化建设的必然要求。在社会主义社会,人民当家做主,国家利益、集体利益和个人利益根本上的一致,使集体主义成为调节三者利益关系的重要原则。要把集体主义精神渗入社会生产和生活的各个层面,引导人们正确认识和处理国家、集体、个人的利益关系,提倡个人利益服从集体利益、局部利益服从整体利益、当前利益服从长远利益,反对小团体主义、本位主义和损公肥私、损人利己,把个人的理想与奋斗融入广大人民的共同理想和奋斗之中。

(4)爱祖国、爱人民、爱劳动、爱科学、爱社会主义是作为公民道德建设的基本要求,也是每个公民都应当承担的法律义务和道德责任。必须把这些基本要求与具体道德规范融为一体,贯穿公民道德建设的全过程。要引导人们发扬爱国主义精神,提高民族自尊心、自信心和自豪感,以热爱祖国、报效人民为最大光荣,以损害祖国利益、民族尊严为最大耻辱,提倡学习科学知识、科学思想、科学精神、科学方法,艰苦创业、勤奋工作,反对封建迷信、好逸恶劳,积极投身于建设有中国特色社会主义的伟大事业。

(5)社会公德是全体公民在社会交往和公共生活中应该遵循的行为准则,涵盖了人与人、人与社会、人与自然之间的关系。在现代社会,公共生活领域不断扩大,人们相互交往日益频繁,社会公德在维护公众利益、公共秩序,保持社会稳定方面的作用更加突出,成为公民个人道德修养和社会文明程度的重要表现。要大力倡导以文明礼貌、助人为乐、爱护公物、保护环境、遵纪守法为主要内容的社会公德,鼓励人们在社会上做一个好公民。

(6)职业道德是所有从业人员在职业活动中应该遵循的行为准则,涵盖了从业人员与服务对象、职业与职工、职业与职业之间的关系。随着现代社会分工的发展和专业化程度的增强,市场竞争日趋激烈,整个社会对从业人员职业观念、职业态度、职业技能、职业纪律和职业作风的要求越来越高。要大力倡导以爱岗敬业、诚实守信、办事公道、服务群众、奉献社会为主要内容的职业道德,鼓励人们在工作中做一个好建设者。

(7)家庭美德是每个公民在家庭生活中应该遵循的行为准则,涵盖了夫妻、长幼、邻里之间的关系。家庭生活与社会生活有着密切的联系,正确对待和处理家庭问题,共同培养和发展夫妻爱情、长幼亲情、邻里友情,不仅关系到每个家庭的美满幸福,也有利于社会的安定和谐。要大力倡导以尊老爱幼、男女平等、夫妻和睦、勤俭持家、邻里团结为主要内容的家庭美德,鼓励人们在家庭中做一个好成员。

第二节 机动车维修法律法规

一《中华人民共和国道路运输条例》

《中华人民共和国道路运输条例》(以下简称《道路运输条例》)经2004年4月14日国务院第48次常务会议通过,自2004年7月1日起施行。根据2012年11月9日《国务院关于修改和废止部分行政法规的决定》修订,自2013年1月1日起施行。《道路运输条例》是我国第一部由国务院制定下达的规范道路运输经营活动和管理行为的行政法规。

机动车维修是道路运输的重要组成部分,在《道路运输条例》中对机动车维修经营与管理有专门的规定和要求。

(一)对推动我国道路运输业发展的重大意义

制定出台《道路运输条例》,主要有以下四个方面的需要。

1. 解决了我国道路运输市场管理无法可依的迫切需要

道路运输作为覆盖领域最广、线路最多、与人民群众生产生活联系最为密切的运输方式,长期以来主要依据部门规章和地方性法规进行管理,使全国统一开放、竞争有序的道路运输市场格局难以形成。《道路运输条例》的制定出台,为从根本上整治市场秩序建立了法治基础。《道路运输条例》总结了改革开放以来我国道路运输业发展的成功经验,借鉴了世界发达国家的立法经验与成果,吸收了各地在道路运输管理过程中探索的符合市场经济体制要求的成功做法,规范了政府部门的行业行政管理行为。

2. 交通行政部门落实《行政许可法》的需要

《道路运输条例》坚持以人为本和全面、协调、可持续发展观,明确了道路运输管理职责,以保障运输安全为核心,以维护旅客、货主和其他消费者的利益为重点,以建立统一开放、竞争有序的全国道路运输市场为目标,建立和完善了道路运输市场准入、市场监管、市场退出三个机制,大大减少了道路运输行政许可的项目和层次。《道路运输条例》所设定的一系列规章制度,有利于道路运输管理机构转变管理职能,有利于从被动管理向主动管理转变,从重审批弱监管向弱审批重监管方面转变,从传统管理向现代化管理转变。

3. 适应我国加入世界贸易组织后的需要

随着全球经济一体化的推进和区域经济的发展,更多的外商包括一些国际上著名的大型跨国公司将进入我国道路运输市场。《道路运输条例》的颁布实施,一方面可以确保国内企业和国外企业的公平竞争，保护国内、国外投资者的合法权益；另一方面可以为外商在我国投资道路运输业提供法律保障，履行我国政府的对外承诺。

4. 适应了建立全国统一开放、竞争有序的道路运输市场体系的需要

这部法规在规范道路运输经营者的经营行为，破除地方保护和地区封锁，打击车辆超载及非法经营等违法行为方面作出了规定，为交通部门做好市场监管、培育健康的市场发展环境和秩序等方面提供了重要依据。

（二）基本内涵和原则

《道路运输条例》根据《行政许可法》的立法精神，体现了有权必有责、用权受监督、侵权需赔偿的权力运作规律，在设立行政许可方面采取了非常慎重的态度。一方面，把关系人民群众生命财产安全的事项，如旅客运输和危险品运输，作为审批的重点，采取严格的市场准入；另一方面，对普通货物运输、运输站场经营、机动车维修和驾驶员培训等事项，放宽了市场准入条件，尽可能体现公平、公正、公开和便民、高效、降低管理成本的要求。

《道路运输条例》主要坚持了以下原则。

1. 保障运输安全生产

《道路运输条例》从市场准入、经营行为规范、市场监管等多个环节把关，设定了严格、有效的法律制度。在市场准入方面，《道路运输条例》要求有与其经营业务相适应并经检测合格的车辆、有符合规定条件的驾驶人员、有健全的安全生产管理制度，对危险货物运输管理更体现了从严管理的原则，要求必须有检测合格的专用车辆和取得上岗资格证的从业人员等。在经营行为规范方面，《道路运输条例》对旅客、运输经营者、押运人员、驾驶人员、运输站（场）经营者等作出了严格的要求。在市场监管方面，《道路运输条例》明确了道路运输管理机构的职责，并对影响运输安全的违法行为设定了相应的行政处罚条款。

2. 建立全国统一的道路运输市场

建立全国统一的道路运输市场，规范市场秩序，加强市场监管，维护公平竞争，打击扰乱市场秩序和经营欺诈等违法行为，是行政机关的重要职责。《道路运输条例》从建立诚实信用、公平竞争制度，鼓励发展乡村道路运输，打破地区封锁、地方保护，推动国内、国际市场一体化等方面提出了明确要求。由于近年来我国与周边国家间的国际道路运输发展势头增长迅猛，需求量也越来越大，《道路运输条例》专门列一章对国际道路运输进行了调整和规范，将国内运输市场和国际运输市场进行了有效衔接，实现了国内、国际运输市场和管理的一体化。

3. 维护消费者权益

保护公民、法人和其他组织的合法权益，是公共行政和公共服务的一个重要使命，是依法行政所追求的最终目标。维护人民群众利益，以人为本，是《道路运输条例》的立法重点。《道路运输条例》要求客运经营者应当为旅客提供良好的乘车环境，采取必要的措施防止在运输过程发生侵害旅客人身、财产安全的违法行为；设定了旅客和行李赔偿限额制度，规定客运经营者、危险货物运输经营者应当为旅客或者危险货物投保承运人责任险，明确规定要实行机动车维修质量保证期制度。

4. 约束和监管行政行为

道路运输管理机构依法作出的行政许可、行政处罚和行政强制措施都涉及人民群众的切身利益，如果使用不当，会直接损害人民群众的利益。为防止滥用权、乱执法，《道路运输条

例》确定了公平、公正、公开和便民的管理原则,加大了对道路运输管理机构和工作人员的监管力度,要求县级以上人民政府交通主管部门加强道路运输管理,实施对道路运输管理工作的指导监督,上级道路运输管理机构应当对下级道路运输管理机构的执法活动实施监督,道路运输管理机构及其工作人员履行职责时,应当严格按照职责权限和程序进行监督检查,不得乱设卡、乱收费、乱罚款,并自觉接受社会和公民的监督。

(三)对机动车维修经营的规定

1. 机动车维修经营属于道路运输相关业务

在总则中,规定了《道路运输条例》的立法宗旨、适用范围、道路运输经营活动的含义、基本原则、道路运输管理机关等。其中第二条规定了《道路运输条例》的适用范围和道路运输经营活动的含义,即"从事道路运输经营以及道路运输相关业务的,应当遵守本条例",以及"前款所称道路运输经营包括道路旅客运输经营(以下简称客运经营)和道路货物运输经营(以下简称货运经营);道路运输相关业务包括站(场)经营、机动车维修经营、机动车驾驶员培训"。这一条明确了机动车维修经营属于道路运输相关业务,是《道路运输条例》规范的范围,从事机动车维修经营的行为(或活动)和人(包括公民、法人或其他组织)应当遵守《道路运输条例》。本条所谓"机动车维修经营",是指经营以维持或恢复机动车技术状况和正常功能、延长机动车使用寿命为作业任务所进行的维护和修理。机动车维修分为机动车维护和机动车修理。机动车修理又分为机动车总成修理、机动车整车修理和机动车零部件修理。

在总则中,还规定了"从事道路运输经营以及道路运输相关业务,应当依法经营,诚实信用,公平竞争"。

2. 从事机动车维修经营应当具备的条件

《道路运输条例》对从事机动车维修经营应当具备的条件进行了规定,申请从事机动车维修经营的,应当具备下列条件:

(1)有相应的机动车维修场地。

(2)有必要的设备、设施和技术人员。

(3)有健全的机动车维修管理制度。

(4)有必要的环境保护措施。

申请从事机动车维修经营的,应当具备《道路运输条例》规定的条件,《道路运输条例》规定的条件是必须具备的法定条件。以上四项条件必须同时具备,缺一不可。

3. 从事机动车维修经营业务的许可程序

《道路运输条例》规范了道路运输相关业务许可程序,规定如下:

(1)维修经营业务申请。申请从事机动车维修经营业务的,应当向所在地县级道路运输管理机构提出申请。这里所说的"所在地",是指机动车维修经营者的住所地或者主要业务经营地。"提出申请",是申请人向道路运输管理机构提出从事机动车维修经营业务活动的意思表示。一般情况下,以提出书面申请为宜,一是保证提出申请的严肃性,便于道路运输管理机构审查和作出决定;二是防止因是否提出申请发生争议而无据可查。

(2)申请条件的材料。提出申请的同时,应当附送《道路运输条例》规定从事机动车维修经营应当具备的条件的相关材料。这些材料应当能够证明申请人符合《道路运输条例》规定的条件。如果申请两项以上业务的,应当同时报送相应材料。

(3)申请受理。县级道路运输管理机构应当自受理申请之日起15日内审查完毕,作出许可或者不予许可的决定,并书面通知申请人。

(4)办理营业登记。机动车维修经营者向工商行政管理机关办理有关登记手续,应当事先取得道路运输管理机构的许可证明,并必须持许可证明方可向工商行政管理机关办理有关登记手续。这里所说的"许可证明",是指县级道路运输管理机构作出许可决定后向被许可人出具的正式文书。

4. 规范机动车维修行为

《道路运输条例》对规范机动车维修行为作出了规定:

(1)按照国家有关技术规范对机动车进行维修。《道路运输条例》中规定的技术规范包括国家标准或行业标准,如《汽车维护、检测、诊断技术规范》(GB/T 18344—2001)等。

(2)保证维修质量,不得使用假冒伪劣配件维修机动车。机动车维修经营者必须对所承担的机动车维修质量负责,没有达到规定要求的,必须对当事人予以赔偿。机动车维修经营者不得使用假冒伪劣配件维修机动车。

(3)公布机动车维修工时定额和收费标准,合理收取费用。机动车维修经营者应当公布机动车维修工时定额和收费标准,让消费者明明白白消费,了解维修真相;同时,必须按照公开的《汽车维修工时定额》和《汽车维修收费标准》,计算作业工时和收取维修费用,不得随意加价,乱收费。

5. 机动车维修须建立机动车维修检验制度和质量保证期制度

《道路运输条例》对机动车维修须建立机动车维修检验制度和质量保证期制度作出了规定:

(1)机动车进行二级维护、总成修理或者整车修理的,必须进行维修质量检验。机动车进行二级维护、总成修理或者整车修理后的维修质量检验是法定的。维修质量检验的方式是多种多样的,鼓励各维修企业可自行建立符合维修质量检验要求的、满足二级维护、总成修理、整车修理检测功能的检验工序,作为机动车维修的一个环节;保证维修质量,方便机动车使用者。

(2)机动车维修实行质量保证期制度。质量保证期内因维修质量原因造成机动车无法正常使用的,机动车维修经营者应当无偿返修。

6. 关于机动车维修的禁止性规定

(1)不得承修已报废的机动车。根据国家有关规定,报废汽车应当回收。这里所指的报废车是指达到国家报废标准,或者虽未达到国家报废标准,但发动机或者底盘严重损坏,经检验不符合国家机动车运行安全技术条件,或者达不到国家机动车污染物排放标准的机动车。

(2)不得擅自改装机动车。改装机动车是指通过改变车辆技术性能,包括动力性能、经济性能,将原车改制成其他用途车辆的行为。擅自改装机动车会影响道路运输安全,本条所指的擅自改装机动车,是指未经批准,随意对机动车进行改装。不包括合法改装机动车。

7. 法律责任

(1)关于非法从事机动车维修业务的法律责任。《道路运输条例》规定,未经许可擅自从事道路运输站(场)经营、机动车维修经营、机动车驾驶员培训的,由县级以上道路运输管理机构责令停止经营;有违法所得的,没收违法所得,处违法所得2倍以上10倍以下的罚款;没有违法所得或者违法所得不足1万元的,处2万元以上5万元以下的罚款;构成犯罪的,依法追究刑事责任。

(2)关于非法转让、出租道路运输许可证件的法律责任。《道路运输条例》规定,客运经营者、货运经营者、道路运输相关业务经营者非法转让、出租道路运输许可证件的,由县级以上道路运输管理机构责令停止违法行为,收缴有关证件,处2000元以上1万元以下的罚款;有违法所得的,没收违法所得。

(3)关于违法维修机动车的法律责任。《道路运输条例》规定,机动车维修经营者使用假冒伪劣配件维修机动车,承修已报废的机动车或者擅自改装机动车的,由县级以上道路运输管理机构责令改正;有违法所得的,没收违法所得,处违法所得2倍以上10倍以下的罚款;没有违法所得或者违法所得不足1万元的,处2万元以上5万元以下的罚款,没收假冒伪劣配件及报废车辆;情节严重的,由原许可机关吊销其经营许可;构成犯罪的,依法追究刑事责任。

二《机动车维修管理规定》

《机动车维修管理规定》(交通部令2005年第7号,以下简称《维修管理规定》)于2005年8月1日起正式实施。

(一)颁布实施的意义

《维修管理规定》是机动车维修行业发展的纲领性文件,是《道路运输条例》的重要实施性规章之一,《维修管理规定》的颁布实施必将对维护机动车维修市场秩序,保护机动车维修各方当事人,特别是车主的合法权益,促进机动车维修业的健康发展等产生积极而深远的影响。

1. 是交通部门依法行政,履行维修管理职责的要求

依法行政要求交通主管部门必须严格依照法定的职权和程序履行职责,管理好、引导好机动车维修行业是交通主管部门义不容辞的责任。《维修管理规定》具体细化了《道路运输条例》及相关法律、法规的相关要求,规范了许可分类、许可条件、许可管理的层次和程序,设定了经营者应当遵循的管理制度和义务,完善了对经营者从业行为的要求,增强了管理部门实施行政许可、监督检查、行政处罚的可操作性,也为更科学、更规范地履行机动车维修管理职责搭建了服务平台。

2. 是机动车维修行业发展的迫切需要

当前,我国机动车维修行业呈现良好发展态势,机动车维修市场主体多元化、经营多样化、维修专业化日趋明显。一是品牌经营、连锁经营、专业维修、网络服务、全天候维修服务等服务方兴未艾;二是机动车维修市场中国有集体、私营、外资等不同经济成分协调发展;三是快修、连锁服务等维修经营新形式发展迅猛,特别是汽车工业的集约化发展,加快了机动车维修的专业化进程,事故车修理、品牌经营,以及汽车免拆清洗、美容等专一车型、专一维修项目和服务内容的专业维修发展迅速。同时,随着我国市场经济体制的逐步确立,汽车技术的不断进步,以及轿车进入家庭步伐的加快,机动车维修企业正处于一个从传统的"以车为本"的生产型企业向现代的"以人为本"的服务型企业转变过程中,对机动车维修服务提出了更新更高的要求。《维修管理规定》立足于解决行业发展与行业管理的热点、难点问题,对于行业发展方向、质量保证、纠纷调解等,有针对性地提出了解决措施,能动地适应了新形势下行业发展的需要。《维修管理规定》的制定下达是机动车维修行业法制化进程的重大突破,也是交通部门在机动车维修行业实现依法行政的具体体现。通过《维修管理规定》的实施,机动车维修行业服务社

会的能力将有较大幅度的提升。

（二）主要内容

《维修管理规定》共七章，即总则、经营许可、维修经营、质量管理、监督检查、法律责任和附则，共五十七条。《维修管理规定》以维护市场秩序，保障维修需求为根本出发点，特别注重管理思路的创新、管理方式的改革以及对车主权益的保护，对机动车维修经营范围及经营者义务、监督检查、法律责任等都进行了重新调整和规范。

1. 总则

主要包括《维修管理规定》的立法目的、立法依据、适用范围、基本管理思路和引导方向等内容的原则规定。

（1）立法目的。一是规范机动车维修经营活动，维护机动车维修市场秩序；二是保护机动车维修各方当事人的合法权益；三是保障机动车运行安全，保护环境，节约能源；四是促进机动车维修业的健康发展。

（2）适用范围。《维修管理规定》的适用范围，即所有从事机动车维修经营的，应当遵守《维修管理规定》。"从事机动车维修经营的"，既包含行为范围（行为或活动），又包含主体范围（公民、法人或其他组织，即个人和单位）。机动车维修经营，是指以维持或者恢复机动车技术状况和正常功能，延长机动车使用寿命为作业任务所进行的维护、修理以及维修救援等相关经营活动。

（3）机动车维修管理基本思路。机动车维修经营者的经营基本准则：机动车维修经营者应当依法经营，诚实信用，公平竞争，优质服务。

机动车维修管理工作应当遵循的基本原则：公平、公正、公开和便民。

（4）行业发展方向。《维修管理规定》在调整和规范市场经营与管理行为的同时，确立了行业发展方向，鼓励机动车维修企业实行集约化、专业化、连锁经营，促进机动车维修业的合理分工和协调发展。鼓励推广应用机动车维修环保、节能、不解体检测和故障诊断技术，推进行业信息化建设和救援、维修服务网络化建设，提高机动车维修行业整体素质，满足社会需要。

（5）机动车维修管理体制。交通运输部主管全国机动车维修管理工作。县级以上地方人民政府交通主管部门负责组织领导本行政区域的机动车维修管理工作。县级以上道路运输管理机构具体实施本行政区域内的机动车维修管理工作。

2. 经营许可

《维修管理规定》规定了机动车维修经营许可的分类、从事机动车维修经营业务的条件、许可申请程序、审批时限、许可证件有效期、许可事项变更等，是机动车维修经营许可必须坚持的最基本原则。

1）机动车维修经营许可分类

机动车维修经营依据维修车型种类、服务能力和经营项目实行分类许可。

机动车维修经营业务根据维修对象分为汽车维修经营业务、危险货物运输车辆维修经营业务、摩托车维修经营业务和其他机动车维修经营业务四类。

汽车维修经营业务、其他机动车维修经营业务根据经营项目和服务能力分为一类维修经营业务、二类维修经营业务和三类维修经营业务。

摩托车维修经营业务根据经营项目和服务能力分为一类维修经营业务和二类维修经营

业务。

2)机动车维修经营者的业务范围

(1)获得一类汽车维修经营业务、一类其他机动车维修经营业务许可的,可以从事相应车型的整车修理、总成修理、整车维护、小修、维修救援、专项修理和维修竣工检验工作。

(2)获得二类汽车维修经营业务、二类其他机动车维修经营业务许可的,可以从事相应车型的整车修理、总成修理、整车维护、小修、维修救援和专项修理工作。

(3)获得三类汽车维修经营业务、三类其他机动车维修经营业务许可的,可以分别从事发动机、车身、电气系统、自动变速器维修及车身清洁维护、涂漆、轮胎动平衡和修补、四轮定位检测调整、供油系统维护和油品更换、喷油泵和喷油器维修、曲轴修磨、汽缸镗磨、散热器(水箱)维修、空调维修、车辆装潢(篷布、坐垫及内装饰)、车辆玻璃安装等专项工作。

(4)获得一类摩托车维修经营业务许可的,可以从事摩托车整车修理、总成修理、整车维护、小修、专项修理和竣工检验工作。

(5)获得二类摩托车维修经营业务许可的,可以从事摩托车维护、小修和专项修理工作。

(6)获得危险货物运输车辆维修经营业务许可的,除可以从事危险货物运输车辆维修经营业务外,还可以从事一类汽车维修经营业务。

3)从事机动车维修经营业务应当符合的条件

(1)有与其经营业务相适应的维修车辆停车场和生产厂房。租用的场地应当有书面的租赁合同,且租赁期限不得少于1年。停车场和生产厂房面积按照国家标准《汽车维修业开业条件》(GB/T 16739—2004)相关条款的规定执行。

(2)有与其经营业务相适应的设备、设施。所配备的计量设备应当符合国家有关技术标准要求,并经法定检定机构检定合格。从事汽车维修经营业务的设备、设施的具体要求按照国家标准《汽车维修业开业条件》(GB/T 16739—2004)相关条款的规定执行;从事其他机动车维修经营业务的设备、设施的具体要求,参照国家标准《汽车维修业开业条件》(GB/T 16739—2004)执行,但所配备设施、设备应与其维修车型相适应。

(3)有必要的技术人员。具体规定如下:

①从事一类和二类维修业务的,应当各配备至少1名技术负责人员和质量检验人员。技术负责人员应当熟悉汽车或者其他机动车维修业务,并掌握汽车或者其他机动车维修及相关政策法规和技术规范;质量检验人员应当熟悉各类汽车或者其他机动车维修检测作业规范,掌握汽车或者其他机动车维修故障诊断和质量检验的相关技术,熟悉汽车或者其他机动车维修服务收费标准及相关政策法规和技术规范。技术负责人员和质量检验人员总数的60%应当经全国统一考试合格。

②从事一类和二类维修业务的,应当各配备至少1名从事机修、电器、钣金、涂漆的维修技术人员。从事机修、电器、钣金、涂漆的维修技术人员应当熟悉所从事工种的维修技术和操作规范,并了解汽车或者其他机动车维修及相关政策法规。机修、电器、钣金、涂漆维修技术人员总数的40%应当经全国统一考试合格。

③从事三类维修业务的,按照其经营项目分别配备相应的机修、电器、钣金、涂漆的维修技术人员;从事发动机维修、车身维修、电气系统维修、自动变速器维修的,还应当配备技术负责人员和质量检验人员。技术负责人员、质量检验人员及机修、电器、钣金、涂漆维修技术人员总

数的 40% 应当经全国统一考试合格。

(4)有健全的维修管理制度。包括质量管理制度、安全生产管理制度、车辆维修档案管理制度、人员培训制度、设备管理制度及配件管理制度。具体要求按照国家标准《汽车维修业开业条件》(GB/T 16739—2004)相关条款的规定执行。

(5)有必要的环境保护措施。具体要求按照国家标准《汽车维修业开业条件》(GB/T 16739—2004)相关条款的规定执行。

4)从事机动车维修经营的必须获得经营许可

(1)申请从事机动车维修经营的,应当向所在地的县级道路运输管理机构提出申请,并提交下列材料:

①《交通行政许可申请书》。

②经营场地、停车场面积材料、土地使用权及产权证明复印件。

③技术人员汇总表及相应职业资格证明。

④维修检测设备及计量设备检定合格证明复印件。

⑤按照汽车、其他机动车、危险货物运输车辆、摩托车维修经营,分别提供所规定条件的其他相关材料。

(2)道路运输管理机构应当按照《中华人民共和国道路运输条例》和《交通行政许可实施程序规定》规范的程序实施机动车维修经营的行政许可。

(3)道路运输管理机构对机动车维修经营申请予以受理的,应当自受理申请之日起 15 日内作出许可或者不予许可的决定。符合法定条件的,道路运输管理机构作出准予行政许可的决定,向申请人出具《交通行政许可决定书》,在 10 日内向被许可人颁发机动车维修经营许可证件,明确许可事项;不符合法定条件的,道路运输管理机构作出不予许可的决定,向申请人出具《不予交通行政许可决定书》,说明理由,并告知申请人享有依法申请行政复议或者提起行政诉讼的权利。

机动车维修经营者应当持机动车维修经营许可证件依法向工商行政管理机关办理有关登记手续。

道路运输管理机构在查验申请资料齐全有效后,应当场或在 5 日内予以许可,并发给相应许可证件。

(4)机动车维修经营许可证件实行有效期制。从事一、二类汽车维修业务和一类摩托车维修业务的证件有效期为 6 年;从事三类汽车维修业务、二类摩托车维修业务及其他机动车维修业务的证件有效期为 3 年。

机动车维修经营许可证件由各省、自治区、直辖市道路运输管理机构统一印制并编号,县级道路运输管理机构按照规定发放和管理。

(5)机动车维修经营者应当在许可证件有效期届满前 30 日到作出原许可决定的道路运输管理机构办理换证手续。

(6)机动车维修经营者变更名称、法定代表人、地址等事项的,应当向作出原许可决定的道路运输管理机构备案。机动车维修经营者需要终止经营的,应当在终止经营前 30 日告知作出原许可决定的道路运输管理机构办理注销手续。

3. 维修经营

《维修管理规定》规定了机动车维修经营者的基本行为准则,以及在安全生产、环保要求、收费结算、行业统计、连锁经营等经营活动中的责任和义务。

1)机动车维修经营者的基本行为准则

(1)机动车维修经营者应当按照经批准的行政许可事项开展维修服务。

(2)机动车维修经营者不得擅自改装机动车,不得承修已报废的机动车,不得利用配件拼装机动车。

(3)机动车维修经营者应当加强对从业人员的安全教育和职业道德教育,确保安全生产。机动车维修从业人员应当执行机动车维修安全生产操作规程,不得违章作业。

(4)机动车维修产生的废弃物,应当按照国家的有关规定进行处理。

(5)机动车维修经营者应当公布机动车维修工时定额和收费标准,合理收取费用。

2)关于机动车维修经营收费的规定

(1)机动车维修经营收费基本原则。公布机动车维修工时定额和收费标准,合理收取费用,以切实维护机动车维修各方当事人的合法权益。

(2)执行工时定额的方法。机动车维修工时定额可按各省机动车维修协会等行业社团组织统一制定的标准执行,也可按机动车维修经营者报所在地道路运输管理机构备案后的标准执行,也可按机动车生产厂家公布的标准执行。当上述标准不一致时,优先使用机动车维修经营者备案的标准。

(3)实行工时单价报备制度。机动车维修经营者应当将其执行的机动车维修工时单价标准报所在地道路运输管理机构备案。

(4)机动车维修经营者应当使用规定的结算票据,并向托修方交付维修结算清单。机动车维修经营者不出具规定的结算票据和结算清单的,托修方有权拒绝支付费用。

3)关于机动车维修经营统计工作的规定

(1)机动车维修经营者应当按照规定,向道路运输管理机构报送统计资料。

(2)道路运输管理机构应当为机动车维修经营者保守商业秘密。

4)关于机动车维修连锁经营企业的规定

机动车维修连锁经营企业总部应当按照统一采购、统一配送、统一标识、统一经营方针、统一服务规范和价格的要求,建立连锁经营的作业标准和管理手册,加强对连锁经营服务网点经营行为的监管和约束,杜绝不规范的商业行为。

4. 质量管理

《维修管理规定》围绕机动车维修质量工作设定了一系列法律制度,系统规范了机动车维修经营者在质量管理方面的法定义务。具体规定了机动车维修经营者从事维修作业适用的标准,使用维修配件的要求,维修技术人员的管理制度,维修竣工质量检验制度,维修质量保证期制度,维修质量信誉考核制度,维修质量纠纷的解决途径等。

1)关于机动车维修经营者维修作业适用标准的规定

机动车维修经营者应当按照国家、行业或者地方的维修标准和规范进行维修。尚无标准或规范的,可参照机动车生产企业提供的维修手册、使用说明书和有关技术资料进行维修。

2)关于机动车维修经营者在维修活动中规范使用配件的规定

(1)机动车维修经营者不得使用假冒伪劣配件维修机动车。

(2)机动车维修经营者应当建立采购配件登记制度,记录购买日期、供应商名称、地址、产品名称及规格型号等，并查验产品合格证等相关证明。

（3）机动车维修经营者对于换下的配件、总成，应当交托修方自行处理。

（4）机动车维修经营者应当将原厂配件、副厂配件和修复配件分别标识，明码标价，供用户选择。

3）关于机动车维修质量检验的规定

（1）机动车维修经营者对机动车进行二级维护、总成修理、整车修理的，应当实施维修前诊断检验、维修过程检验和竣工质量检验制度。

（2）承担机动车维修竣工质量检验的机动车维修企业或机动车综合性能检测机构，应当使用符合有关标准并在检定有效期内的检测、计量设备，按照有关标准进行检测，如实提供检测结果证明，并对检测结果承担法律责任。

4）关于机动车维修竣工出厂合格证的规定

机动车维修竣工质量检验合格的，维修质量检验人员应当签发《机动车维修竣工出厂合格证》；未签发《机动车维修竣工出厂合格证》的机动车，不得交付使用，车主可以拒绝交费或接车。《机动车维修竣工出厂合格证》由省级道路运输管理机构统一印制和编号，县级道路运输管理机构按照规定发放和管理。

禁止伪造、倒卖、转借《机动车维修竣工出厂合格证》。

5）关于机动车维修档案管理的规定

机动车维修经营者对机动车进行二级维护、总成修理、整车修理的，应当建立机动车维修档案。机动车维修档案主要内容包括：维修合同、维修项目、具体维修人员及质量检验人员、检验单、竣工出厂合格证（副本）及结算清单等。机动车维修档案保存期为两年。

6）建立机动车维修专业技术人员的考试和管理制度

道路运输管理机构应当加强对机动车维修专业技术人员的管理，严格执行专业技术人员考试和管理制度。

7）建立机动车维修竣工出厂质量保证期制度

（1）汽车和危险货物运输车辆整车修理或总成修理质量保证期为车辆行驶 2 万 km 或者 100 日；二级维护质量保证期为车辆行驶 5000km 或者 30 日；一级维护、小修及专项修理质量保证期为车辆行驶 2000km 或者 10 日。

摩托车整车修理或者总成修理质量保证期为摩托车行驶 7000km 或者 80 日；维护、小修及专项修理质量保证期为摩托车行驶 800km 或者 10 日。

其他机动车整车修理或者总成修理质量保证期为机动车行驶 6000km 或者 60 日；维护、小修及专项修理质量保证期为机动车行驶 700km 或者 7 日。

质量保证期中行驶里程和日期指标，以先达到者为准。

机动车维修质量保证期，从维修竣工出厂之日起计算。

（2）在质量保证期和承诺的质量保证期内，因维修质量原因造成机动车无法正常使用，且承修方在 3 日内不能或者无法提供因非维修原因而造成机动车无法使用的相关证据的，机动车维修经营者应当及时无偿返修，不得故意拖延或者无理拒绝。

在质量保证期内，机动车因同一故障或维修项目经两次修理仍不能正常使用的，机动车维修经营者应当负责联系其他机动车维修经营者，并承担相应修理费用。

(3)机动车维修经营者应当公示承诺的机动车维修质量保证期。

8)关于机动车维修质量投诉及调解的规定

(1)道路运输管理机构应当受理机动车维修质量投诉,积极按照维修合同约定和相关规定,调解维修质量纠纷。

(2)机动车维修质量纠纷双方当事人均有保护当事车辆原始状态的义务。必要时可拆检车辆有关部位,但双方当事人应同时在场,共同认可拆检情况。

(3)对机动车维修质量的责任认定需要进行技术分析和鉴定,且承修方和托修方共同要求道路运输管理机构出面协调的,道路运输管理机构应当组织专家组或委托具有法定检测资格的检测机构作出技术分析和鉴定。鉴定费用由责任方承担。

9)建立机动车维修经营者质量信誉考核制度

(1)机动车维修质量信誉考核内容应当包括经营者基本情况、经营业绩(含奖励情况)、不良记录等。

(2)道路运输管理机构应当建立机动车维修企业诚信档案。机动车维修质量信誉考核结果是机动车维修诚信档案的重要组成部分。

(3)道路运输管理机构建立的机动车维修企业诚信信息,除涉及国家秘密、商业秘密外,应当依法公开,供公众查阅。

5. 监督检查

(1)道路运输管理机构应当加强对机动车维修经营活动的监督检查。道路运输管理机构的工作人员应当严格按照职责权限和程序进行监督检查,不得滥用职权、徇私舞弊,不得乱收费、乱罚款。

(2)道路运输管理机构应当积极运用信息化技术手段,科学、高效地开展机动车维修管理工作。

(3)道路运输管理机构的执法人员在机动车维修经营场所实施监督检查时,应当有 2 名以上人员参加,并向当事人出示交通运输部监制的交通行政执法证件。检查的情况和处理结果应当记录,并按照规定归档。当事人有权查阅监督检查记录。

(4)从事机动车维修经营活动的单位和个人,应当自觉接受道路运输管理机构及其工作人员的检查,如实反映情况,提供有关资料。

6. 法律责任

(1)违反《维修管理规定》规定,有下列行为之一,擅自从事机动车维修相关经营活动的,由县级以上道路运输管理机构责令其停止经营;有违法所得的,没收违法所得,处违法所得 2 倍以上 10 倍以下的罚款;没有违法所得或者违法所得不足 1 万元的,处 2 万元以上 5 万元以下的罚款;构成犯罪的,依法追究刑事责任:

①未取得机动车维修经营许可,非法从事机动车维修经营的。

②使用无效、伪造、变造机动车维修经营许可证件,非法从事机动车维修经营的。

③超越许可事项,非法从事机动车维修经营的。

(2)违反《维修管理规定》规定,机动车维修经营者非法转让、出租机动车维修经营许可证件的,由县级以上道路运输管理机构责令停止违法行为,收缴转让、出租的有关证件,处以 2000 元以上 1 万元以下的罚款;有违法所得的,没收违法所得。

(3)违反《维修管理规定》规定,机动车维修经营者使用假冒伪劣配件维修机动车,承修已报废的机动车或者擅自改装机动车的,由县级以上道路运输管理机构责令改正,并没收假冒伪劣配件及报废车辆;有违法所得的,没收违法所得,处违法所得2倍以上10倍以下的罚款;没有违法所得或者违法所得不足1万元的,处2万元以上5万元以下的罚款,没收假冒伪劣配件及报废车辆;情节严重的,由原许可机关吊销其经营许可;构成犯罪的,依法追究刑事责任。

(4)违反《维修管理规定》规定,机动车维修经营者签发虚假或者不签发机动车维修竣工出厂合格证的,由县级以上道路运输管理机构责令改正;有违法所得的,没收违法所得,处以违法所得2倍以上10倍以下的罚款;没有违法所得或者违法所得不足3000元的,处以5000元以上2万元以下的罚款;情节严重的,由许可机关吊销其经营许可;构成犯罪的,依法追究刑事责任。

(5)违反《维修管理规定》规定,有下列行为之一的,由县级以上道路运输管理机构责令其限期整改;限期整改不合格的,予以通报:

①机动车维修经营者未按照规定执行机动车维修质量保证期制度的。

②机动车维修经营者未按照有关技术规范进行维修作业的。

③伪造、转借、倒卖机动车维修竣工出厂合格证的。

④机动车维修经营者只收费不维修或者虚列维修作业项目的。

⑤机动车维修经营者未在经营场所醒目位置悬挂机动车维修经营许可证件和机动车维修标志牌的。

⑥机动车维修经营者未在经营场所公布收费项目、工时定额和工时单价的。

⑦机动车维修经营者超出公布的结算工时定额、结算工时单价向托修方收费的。

⑧机动车维修经营者不按照规定建立维修档案和报送统计资料的。

⑨违反本规定其他有关规定的。

三 《道路运输从业人员管理规定》

《道路运输从业人员管理规定》(交通部令2006年第9号,以下简称《从业人员管理规定》),自2007年3月1日正式实施。

(一)颁布实施的重要意义

《从业人员管理规定》是《道路运输条例》关于道路运输从业人员管理的专项配套规章。《从业人员管理规定》对道路运输从业人员的管理原则、管理范围、资格考试和认证程序,从业资格证件管理、从业行为、违章处罚等作了具体规范,是道路运输从业人员管理的一部纲领性、系统性规章。

(二)确立的立法宗旨、基本原则和制度

(1)《从业人员管理规定》集中体现了"加强道路运输从业人员管理,提高道路运输从业人员综合素质"的立法宗旨。

《从业人员管理规定》所称道路运输从业人员是指经营性道路客货运输驾驶员、道路危险货物运输从业人员、机动车维修技术人员、机动车驾驶培训教练员、道路运输经理人和其他道路运输从业人员。

(2)《从业人员管理规定》确立了道路运输从业人员管理的基本原则:道路运输从业人员应当依法经营、诚实信用、规范操作、文明作业;道路运输从业人员管理工作应当公平、公正、公开和便民。

(3)国家对道路运输从业人员实行从业资格考试制度,对道路运输从业行为实行诚信考核和计分考核制度。

(三)道路运输从业人员资格管理的主要内容

1. 明确从业资格条件

从业资格是对道路运输从业人员所从事的特定岗位职业素质的基本评价。《道路运输条例》规定,道路运输从业人员应符合相应年龄、学历、职称、驾驶证件和安全驾车等基本条件,并应经过相应基本知识考试合格。

从事机动车维修的技术人员,应分别对机动车维修相关政策法规和技术规范,业务知识,维修、检测、诊断和检验技术,服务收费标准等经设区的市级道路运输管理机构考试合格。

2. 组织实施从业资格考试

《从业人员管理规定》提出的从业资格考试制度具体内容如下:

(1)国家对道路运输从业人员实行从业资格考试制度。机动车维修技术人员、机动车驾驶培训教练员取得从业资格的比例分别是相关经营者依法获取机动车维修和机动车驾驶员培训经营许可的必要条件之一。

(2)道路运输从业人员从业资格考试应当按照交通运输部编制的考试大纲、考试题库、考核标准、考试工作规范和程序组织实施。

(3)机动车维修技术人员从业资格考试由设区的市级道路运输管理机构组织实施,每季度组织一次考试。

(4)申请参加机动车维修技术人员从业资格考试的,应当向其户籍地或者暂住地设区的市级道路运输管理机构提出申请,填写《机动车维修技术人员从业资格考试申请表》,并提供下列材料:

①身份证明及复印件;

②学历证明及复印件,申请参加技术负责人员从业资格考试的,也可以提供技术职称证明及复印件;

申请质量检验人员从业资格考试的,应当同时提供机动车驾驶证及复印件和维修技术工作经历证明。

(5)道路运输从业人员从业资格考试成绩有效期为1年,考试成绩逾期作废。

(6)申请人在从业资格考试中有舞弊行为的,取消当次考试资格,考试成绩无效。

3. 实施从业资格管理档案

(1)交通主管部门或者道路运输管理机构应当建立道路运输从业人员从业资格管理档案。道路运输从业人员从业资格管理档案包括:从业资格考试申请材料,从业资格考试及从业资格证件记录,从业资格证件换发、补发、变更记录,违章、事故及诚信考核、继续教育记录等。

(2)交通主管部门和道路运输管理机构应当向社会提供道路运输从业人员相关从业信息的查询服务。

4. 实施从业资格证件管理

（1）经营性道路客货运输驾驶员、道路危险货物运输从业人员、机动车维修技术人员、道路运输经理人和其他道路运输从业人员经考试合格后，取得《中华人民共和国道路运输从业人员从业资格证》。

（2）已获得从业资格证件的人员需要增加相应从业资格类别的，应当向原发证机关提出申请，并按照规定参加相应培训和考试。

（3）道路运输从业人员从业资格证件由交通运输部统一印制并编号。具体工作委托交通专业人员资格评价中心负责。机动车维修技术人员从业资格证件由设区的市级道路运输管理机构发放和管理。

（4）道路运输从业人员从业资格证件有效期为6年。道路运输从业人员应当在从业资格证件有效期届满30日前到原发证机关办理换证手续。

道路运输从业人员从业资格证件遗失、毁损的，应当到原发证机关办理证件补发手续。

道路运输从业人员服务单位变更的，应当到交通主管部门或者道路运输管理机构办理从业资格证件变更手续。

道路运输从业人员从业资格档案应当由原发证机关在变更手续办结后30日内移交户籍迁入地或者现居住地的交通主管部门或者道路运输管理机构。

（5）道路运输从业人员有下列情形之一的，由发证机关注销其从业资格证件：

①持证人死亡的。

②持证人申请注销的。

③经营性道路客货运输驾驶员、道路危险货物运输从业人员、机动车驾驶培训教练员年龄超过60周岁的。

④经营性道路客货运输驾驶员、道路危险货物运输驾驶员、机动车维修质量检验人员、机动车驾驶培训教练员的机动车驾驶证被注销或者被吊销的。

⑤超过从业资格证件有效期180日未申请换证的。

凡被注销的从业资格证件，应当由发证机关予以收回，公告作废并登记归档；无法收回的，从业资格证件自行作废。

（6）交通主管部门和道路运输管理机构应当将道路运输从业人员的违章行为记录在《中华人民共和国道路运输从业人员从业资格证》的违章记录栏内，并通报发证机关。发证机关应当将该记录作为道路运输从业人员诚信考核和计分考核的依据，并存入管理档案，机动车驾驶培训教练员违章记录直接记入教练员档案，并作为诚信考核的重要内容。

（7）道路运输从业人员诚信考核和计分考核周期为12个月，从初次领取从业资格证件之日起计算，诚信考核等级分为优良、合格、基本合格和不合格，分别用AAA级、AA级、A级和B级表示。在考核周期内，累计计分超过规定的，诚信考核等级为B级。

省级交通主管部门和道路运输管理机构应当将道路运输从业人员每年的诚信考核和计分考核结果向社会公布，供公众查阅。

（四）申请道路运输从业人员资格考试的办理程序和条件

申请参加经营性道路客货运输驾驶员、机动车维修技术人员和道路危险货物运输驾驶人员、装卸管理人员、押运人员从业资格考试的，应当向其户籍地或者暂住地的设区的市级道路运输管理机构和设区的市级交通主管部门提出申请;申请参加机动车驾驶培训教练员从业资格考试的,应当向户籍地或者暂住地的省级道路运输管理机构提出申请。

申请参加道路运输从业人员资格考试,应当符合《从业人员管理规定》要求的相应条件,填写相应的《道路运输从业人员资格考试申请表》,提供《从业人员管理规定》所要求的身份证、驾驶证、学历证等复印件和安全驾驶证明、相关工作经历证明、相关培训证明等材料。

(五)道路运输从业人员从业资格证件管理及新、旧从业资格证件衔接问题

道路运输从业人员从业资格证件由交通运输部统一印制、编号,有效期 6 年,全国通用。道路运输从业人员在从事道路运输活动时,应当携带相应的从业资格证件。

(六)法律责任

(1)《从业人员管理规定》规定,有下列行为之一的人员,由县级以上道路运输管理机构责令改正,处 200 元以上 2000 元以下的罚款;构成犯罪的,依法追究刑事责任:

①未取得相应从业资格证件,驾驶道路客货运输车辆的。

②使用失效、伪造、变造的从业资格证件,驾驶道路客货运输车辆的。

③超越从业资格证件核定范围,驾驶道路客货运输车辆的。

(2)《从业人员管理规定》规定,有下列行为之一的人员,由设区的市级人民政府交通主管部门处 2 万元以上 10 万元以下的罚款;构成犯罪的,依法追究刑事责任:

①未取得相应从业资格证件,从事道路危险货物运输活动的。

②使用失效、伪造、变造的从业资格证件,从事道路危险货物运输活动的。

③超越从业资格证件核定范围,从事道路危险货物运输活动的。

(3)《从业人员管理规定》规定:道路运输从业人员有下列不具备安全条件情形之一的,由发证机关吊销其从业资格证件:

①经营性道路客货运输驾驶员、道路危险货物运输从业人员、机动车驾驶培训教练员身体健康状况不符合有关机动车驾驶和相关从业要求且没有主动申请注销从业资格的。

②经营性道路客货运输驾驶员、道路危险货物运输驾驶员、机动车驾驶培训教练员发生重大以上交通事故,且负主要责任的。

③机动车维修技术人员发生重大生产安全事故,且负主要责任的。

④发现重大事故隐患,不立即采取消除措施,继续作业的。

(七)对机动车维修从业人员的管理规定

1. 机动车维修从业人员管理的范围

机动车维修从业技术人员包括:机动车维修技术负责人员、质量检验人员以及从事机修、电器、钣金、涂漆、车辆技术评估(含检测)作业的技术人员。

机动车维修其他从业人员是指除上述人员以外的机动车维修企业价格核算员及业务接待员。

2. 机动车维修技术人员从业基本条件

(1)道路运输从业人员应当依法经营,诚实信用,规范操作,文明从业。

(2)技术负责人员应当符合下列条件:

①具有机动车维修或者相关专业大专以上学历,或者具有机动车维修或相关专业中级以

上专业技术职称。

②熟悉机动车维修业务,掌握机动车维修相关政策法规和技术规范。

(3)质量检验人员应当符合下列条件:

①具有高中以上学历。

②熟悉机动车维修检测作业规范,掌握机动车维修故障诊断和质量检验的相关技术,熟悉机动车维修服务收费标准及相关政策法规和技术规范。

(4)从事机修、电器、钣金、涂漆、车辆技术评估(含检测)作业的技术人员应当符合下列条件:

①具有初中以上学历。

②熟悉所从事工种的维修技术和操作规范,并了解机动车维修及相关政策法规。

四《机动车维修企业质量信誉考核办法(试行)》

依据《机动车维修管理规定》及有关规章,交通部(公路司)组织起草了《机动车维修企业质量信誉考核办法(试行)》(以下简称《考核办法》),2006 年 12 月 25 日交通部以(交公路发〔2006〕719 号文)《关于印发〈机动车维修企业质量信誉考核办法(试行)〉的通知》,颁布实施。

(一)质量信誉考核的原则

质量信誉考核,是指在考核周期内对机动车维修企业的从业人员素质、安全生产、维修质量、服务质量、环境保护、遵章守纪和企业管理等方面进行的综合评价。凡在中华人民共和国境内已获取经营许可的机动车维修企业,均应遵守《考核办法》。

机动车维修企业质量信誉考核工作应当遵循公平、公正、公开和便民的原则。《考核办法》要求机动车维修企业应当自觉遵守国家有关法律、法规及规章,加强管理,诚信经营,履行社会责任,为社会提供安全、优质、方便的维修服务;各级交通主管部门和道路运输管理机构应当鼓励和支持质量信誉等级高的机动车维修企业发展。

交通运输部负责全国机动车维修企业质量信誉考核工作。县级以上人民政府交通主管部门负责组织领导本行政区域的机动车维修企业质量信誉考核工作。县级以上道路运输管理机构按照本办法规定的职责,负责具体实施机动车维修企业质量信誉考核工作。

(二)质量信誉等级与考核指标

机动车维修企业质量信誉等级分为优良、合格、基本合格和不合格,分别用 AAA 级、AA 级、A 级和 B 级表示。

机动车维修企业质量信誉考核指标包括以下内容。

(1)从业人员素质指标:维修技术人员获取从业资格证件情况。

(2)安全生产指标:安全生产制度实施情况及安全生产状况。

(3)维修质量指标:质量保证体系建设和实施情况。

(4)服务质量指标:服务公示情况、有责投诉次数、服务质量事件和用户满意度。

(5)遵章守纪指标:守法经营和违章情况。

(6)环境保护指标:环保设施设备技术状况和运用情况,废气、废水、废油以及空调制冷剂等维修废物回收处理情况。

(7)企业管理指标:质量信誉档案建立情况、企业形象、获奖情况、连锁经营情况。

(三)质量信誉考核方法

机动车维修企业质量信誉考核实行计分制,考核总分为1000分,加分为100分。在考核总分中从业人员素质考核占100分,安全生产考核占150分,维修质量考核占200分,服务质量考核占200分,遵章守纪考核占150分,环境保护考核占150分,企业管理考核占50分。企业管理指标中企业形象、获奖情况、连锁经营情况为加分项目。

一、二类汽车维修企业质量信誉考核记分标准由交通运输部统一制定;三类汽车维修企业及一、二类摩托车维修企业和其他机动车维修企业的质量信誉考核记分标准由省级道路运输管理机构参照一、二类汽车维修企业质量信誉考核记分标准统一制定。

机动车维修企业质量信誉等级,由道路运输管理机构按照下列条件进行考核。

1. AAA 级企业

(1)考核期内未发生一次死亡1人及以上的安全生产责任事故和重大、特大恶性服务质量事件。

(2)考核期内未出现超越许可事项或使用无效、伪造、变造机动车维修经营许可证件,非法从事机动车维修经营的违法违章行为。

(3)考核期内未出现使用假冒伪劣配件维修机动车、承修已报废的机动车、擅自改装机动车或利用配件拼装机动车的违法违章行为。

(4)考核总分和加分合计不低于850分,且企业从业人员素质、安全生产等考核分数在该项总分的80%以上。

2. AA 级企业

(1)未达到AAA级企业的考核条件。

(2)考核期内未发生一次死亡1人及以上的安全生产责任事故和重大、特大恶性服务质量事件。

(3)考核期内未出现超越许可事项或使用无效、伪造、变造机动车维修经营许可证件,非法从事机动车维修经营的违法违章行为。

(4)考核期内未出现使用假冒伪劣配件维修机动车、承修已报废的机动车、擅自改装机动车或利用配件拼装机动车的违法违章行为。

(5)考核总分和加分合计不低于700分,且企业从业人员素质、安全生产等考核分数在该项总分的65%以上。

3. A 级企业

(1)未达到AA级企业的考核条件。

(2)考核期内未发生一次死亡1人及以上的安全生产责任事故和特大恶性服务质量事件。

(3)考核期内未出现超越许可事项或使用无效、伪造、变造机动车维修经营许可证件,非法从事机动车维修经营的违法违章行为。

(4)考核期内未出现使用假冒伪劣配件维修机动车、承修已报废的机动车、擅自改装机动车或利用配件拼装机动车的违法违章行为。

(5)考核总分和加分合计不低于600分,且企业从业人员素质、安全生产等考核分数在该项总分的60%以上。

4. B 级企业

考核期内有下列情形之一的，质量信誉等级为 B 级：

(1)发生一次死亡 1 人及以上的安全生产责任事故或特大恶性服务质量事件。

(2)出现超越许可事项或使用无效、伪造、变造机动车维修经营许可证件，非法从事机动车维修经营的违法违章行为。

(3)出现使用假冒伪劣配件维修机动车、承修已报废的机动车、擅自改装机动车或利用配件拼装机动车的违法违章行为。

(4)考核总分和加分合计低于 600 分或者企业从业人员素质、安全生产等考核分数在该项总分的 60% 以下的。

重大恶性服务质量事件是指由于企业原因，对社会造成不良影响，而受到市级交通主管部门或者道路运输管理机构通报批评的服务质量事件；特大恶性服务质量事件是指由于企业原因，对社会造成恶劣影响，而受到省级以上交通主管部门或者道路运输管理机构通报批评的服务质量事件。

(四)建立质量信誉档案

机动车维修企业应当建立质量信誉档案，并及时将相关内容和材料记入质量信誉档案。主要内容包括：

(1)企业基本情况，包括企业名称、法人代表名称、机动车维修经营许可证件、工商执照、分公司名称及所在地、从业人员情况等。

(2)安全生产事故记录，包括每次事故的时间、地点、事故原因、死伤人数、经济损失及处理情况。

(3)服务质量事件记录，包括每次事件的时间、原因、社会影响、通报部门或机构。

(4)违章经营情况，包括每次违章经营的时间、责任人、违章事实、查处机关、行政处罚和通报情况。

(5)投诉情况，包括每次投诉的投诉人、投诉内容、受理部门、投诉方式、曝光媒体名称、社会影响及处理等情况。

(6)企业管理情况，包括质量信誉档案建立情况、连锁经营情况、服务人员统一标志及持证上岗情况，以及获得市、厅级以上集体荣誉称号的情况。

机动车维修企业所在地县级或者设区的市级道路运输管理机构应当通过企业上报、行政执法、纠纷调解、受理投诉和社会举报等多种渠道，收集并汇总有关信息，建立包含机动车维修企业各年度质量信誉考核表及考核结果为主要内容的机动车维修企业诚信档案，并将相关信息存入机动车维修企业管理信息系统。

(五)质量信誉考核程序

机动车维修企业质量信誉考核工作每年进行一次。考核周期为每年的 1 月 1 日至 12 月 31 日。考核工作应当在考核周期次年 3 月至 6 月进行。机动车维修企业应在每年的 3 月底前，根据本企业的质量信誉档案对上年度的质量信誉情况进行总结，向所在地县级或设区的市级道路运输管理机构申请考核，并提交质量信誉考核申请表、本企业上年度的质量信誉情况总结及与质量信誉考核指标相对应的相关材料。

道路运输管理机构在日常工作中已经掌握被考核机动车维修企业质量信息考核指标情况的,可不再要求机动车维修企业报送此项指标的相关材料。

在异地设有分公司的机动车维修企业,按上述要求提供材料时,应当提供分公司的质量信誉情况。分公司所在地县级或设区的市级道路运输管理机构应当对分公司的质量信誉情况进行核实,出具书面证明,并对确认结果负责。

连锁经营机动车维修企业可直接由总部向所在地县级或设区的市级道路运输管理机构提出申请,按上述要求提供材料时,应当提供连锁经营网点的质量信誉情况。连锁经营网点的质量信誉情况由连锁经营总部进行核实,出具书面保证,并承担由此引发的法律责任。道路运输管理机构对连锁网点的相关情况不再进行实质考核。

对机动车维修企业进行质量信誉考核,应当依照下列程序进行:

(1)机动车维修企业所在地的县级道路运输管理机构应当根据本机构的机动车维修企业质量信誉管理档案,对机动车维修企业报送的质量信誉材料进行核实。发现不一致的,应当要求机动车维修企业进行说明或者组织调查。核实结束后,应当根据各项考核指标的初步结果进行打分,对机动车维修企业质量信誉等级进行初评,并将各项考核指标数据和所得分数、初评结果上报设区的市级道路运输管理机构。

机动车维修企业所在地为设区市的,由所在地设区的市级道路运输管理机构负责对机动车维修企业质量信誉情况进行核实,并对企业质量信誉等级进行初评。

(2)设区的市级道路运输管理机构应当将机动车维修企业的考核数据、所得分数和初步考核结果,书面通知被考核机动车维修企业。

(3)设区的市级道路运输管理机构将辖区机动车维修企业的各项考核指标数据、所得分数和初步考核结果,在当地主要新闻媒体、本机构网站或本级交通主管部门网站上进行为期15天的公示。

(4)被考核企业或其他单位、个人对公示结果有异议的,可在公示期间向设区的市级道路运输管理机构书面申诉或举报。

举报人应如实签署姓名或单位名称,并附联系方式,否则,不予受理。

道路运输管理机构应当为举报人保密,不得向其他单位或个人泄漏举报人的姓名及有关情况。

(5)公示结束后,设区的市级道路运输管理机构应当对企业的申诉和社会反映的情况进行调查核实,根据调查核实结果对企业的质量信誉等级进行评定,并将考核结果上报省级道路运输管理机构。

省级和设区的市级道路运输管理机构应于6月30日前在当地主要新闻媒体、本机构网站或本级交通主管部门网站上公布上一年度机动车维修企业质量信誉考核结果,并在网站上建立专项查询系统,方便社会各界查询机动车维修企业历年的质量信誉等级。

AAA级机动车维修企业可由省级道路运输管理机构向社会发布,AA级及以下的机动车维修企业可由设区的市级道路运输管理机构向社会发布。具体发布权限由省级道路运输管理机构确定。

机动车维修企业下设的分公司与总公司一起进行质量信誉考核;分公司所在地县级或设区的市级道路运输管理机构应当对分公司的质量信誉情况进行核实,出具书面证明,并对确认结果负责。

连锁经营机动车维修企业可直接由总部向所在地县级或设区的市级道路运输管理机构提出申请，包括提供连锁经营网点的质量信誉情况。连锁经营网点的质量信誉情况由连锁经营总部进行核实，出具书面保证，并承担由此引发的法规责任。道路运输管理机构对连锁网点的相关情况不再进行实质考核。

具备质量信誉等级的机动车维修企业需要分立或合并，应当按照本办法规定重新进行质量信誉考核，原质量信誉等级自动失效。

（六）质量信誉管理

机动车维修企业质量信誉等级标注在机动车维修经营许可证件（副本）的备注栏内。

对新办机动车维修企业，在经营满一个日历年度后，依照本办法规定进行质量信誉考核，首次考核周期为经营许可之日至考核年度的 12 月 31 日，并在质量信誉等级后注明“新办企业”，自第二个考核年度开始直接标注质量信誉等级。

机动车维修企业发生名称、法定代表人等事项变更，应当在办理经营许可证变更手续时，一并办理质量信誉管理相关手续，原质量信誉等级不变。

道路运输管理机构可以根据机动车维修企业质量信誉等级的高低，对企业采取推荐参加政府采购招投标、重大事故车维修加入全国机动车维修救援网络等激励措施。

连续 3 年考核为 AAA 级的机动车维修企业，在许可证件有效期届满时，申请继续经营的，可由作出原许可决定的道路运输管理机构直接办理换证手续。鼓励 AAA 级的机动车维修企业投资参股（股比超过 50%）或以特许经营、品牌连锁等形式扩大维修网点，维修网点可享用原企业的质量信誉等级。

道路运输管理机构应当加强对机动车维修企业质量信誉的宣传工作，引导托修车辆的单位和个人优先选择质量信誉等级高的机动车维修企业，运用市场机制鼓励机动车维修企业注重质量、维护信誉。机动车维修企业可以使用其质量信誉等级进行新闻宣传或者从事相关的商业活动。

机动车维修企业质量信誉等级为 B 级的，道路运输管理机构应当责令其进行整改，实施重点监管，整改不合格已存在重大安全隐患或者因维修质量问题造成一次死亡 3 人以上道路交通事故的，由作出原许可决定的道路运输管理机构予以通报。

机动车维修企业有下列情形之一的，其年度质量信誉等级为 B 级：

（1）不按要求参加年度质量信誉考核或不按要求提供质量信誉考核材料，且不按要求补正的。

（2）在质量信誉考核过程中弄虚作假、隐瞒情况或提供虚假材料的。

（3）未按要求建立质量信誉档案，或在质量信誉考核过程中不配合，导致质量信誉考核工作无法进行的。

五 机动车维修管理相关法规

（一）环境保护法规

1.《中华人民共和国大气污染防治法》

1)《大气污染防治法》的主要内容

《中华人民共和国大气污染防治法》（以下简称《大气污染防治法》）由中华人民共和国第

九届全国人民代表大会常务委员会第十五次会议于2000年4月29日修订通过,自2000年9月1日起施行。《大气污染防治法》共七章:总则、大气污染防治的监督管理、防治燃煤产生的大气污染、防治机动车船排放污染、防治废气、尘和恶臭污染、法律责任、附则,共六十六条。

修订后的《大气污染防治法》对重点城市的大气污染防治突出了以下内容:一是加强对机动车的污染防治;二是加大城市扬尘的控制力度;三是禁止超过排放标准排放污染物;四是实行大气污染物排放的总量控制和许可制度;五是建立排污收费制度;六是强化法律责任。

2)《大气污染防治法》提出有关防治机动车船排放污染的措施

《大气污染防治法》提出防治机动车船排放污染的具体措施如下:

(1)机动车船必须达标排放。这是对机动车船排放大气污染物控制最基本的要求。为贯彻《环境保护法》和《大气污染防治法》,控制机动车污染物排放,改善环境空气质量,近些年国家质量技术监督局和环保局组织陆续制定或修订发布了一系列有关机动车排放污染物限值及测试方法方面的国家标准。另外,根据本法的规定,省、自治区、直辖市人民政府经国务院批准,也可以制定严于国家标准的地方机动车船大气污染物排放标准。

(2)超过排放标准的机动车船,任何单位和个人不得制造、销售或者进口。国家鼓励生产和消费使用清洁能源的机动车船。

(3)加强对机动车船排放污染的监督。要控制日益严重的机动车污染,一方面是要从新车着手,控制机动车污染物排放的源头;另一方面,对在用车排放的控制也是绝对不可忽视的。本法对机动车实行了"新车新标准,老车老标准"的办法。这也是国际上通行的惯例。

在用机动车必须符合制造当时的在用机动车污染物排放标准。这一规定正是"新车新办法,老车老办法"原则的充分体现。对于达不到制造当时的在用车污染物排放标准的机动车,一律不得上路行驶。

(4)对机动车维修单位的要求。在用车的排放控制,应当以强化检查/维护(I/M)制度为主,使其保持良好的技术状态,并根据各城市的具体情况,采取适宜的鼓励车辆淘汰和更新的措施。这是控制在用车污染物排放的基本原则。机动车维修单位,应当按照防治大气污染的要求和国家有关技术规范进行维修,使在用机动车达到规定的污染物排放标准。另外,为了防止汽车维修过程中产生的有害气体排入大气,按机动车维修企业环境保护条件要求,调试车间或调试工位应设置"汽车尾气收集净化装置"。

2.《中华人民共和国固体废物污染环境防治法》

《中华人民共和国固体废物污染环境防治法》(以下简称《固废防治法》)由中华人民共和国第十届全国人民代表大会常务委员会第十三次会议于2004年12月29日修订通过,自2005年4月1日起施行。修订后的《固废防治法》共六章九十一条,除了总则、法律责任、附则外,还包括:固体废物污染环境防治的监督管理、固体废物污染环境的防治、危险废物污染环境防治的特别规定。

3.《中华人民共和国水污染防治法》及其实施细则

1)《中华人民共和国水污染防治法》

《中华人民共和国水污染防治法》(以下简称《水污染防治法》)于2008年2月28日第十届全国人民代表大会常务委员会第三十二次会议修订通过,自2008年6月1日起施行。修订后的《水污染防治法》共八章九十二条。除了总则、法律责任、附则外,还包括:水污染防治的标准和规划、水污染防治的监督管理、水污染防治措施、饮用水水源和其他特殊水体保护、水污染事故处置等的特别规定。

2)《中华人民共和国水污染防治法实施细则》

《中华人民共和国水污染防治法实施细则》(以下简称《水污染防治法实施细则》)的颁布,对新时期我国环境保护部门实施《水污染防治法》提供了有力的法律依据,是《水污染防治法》的进一步补充和完善,特别是对加强重点流域水污染防治工作,加强监督,严格执法,具有重大的意义。《水污染防治法实施细则》共六章四十九条,具有针对性和现实性,可操作性强,更利于实施等特点。

4.环境保护法规在机动车维修企业的实施

机动车维修企业承担着维护和修复机动车排放性能的艰巨任务,同时在自身生产过程中也会产生废油、废水、废气,以及废旧蓄电池、废旧轮胎、废旧汽车配件和生产与办公垃圾等大量固体废物,如果不加以控制,或回收、处理不当,对环境、对企业员工的职业健康都会造成一定危害。

机动车维修企业应具备的环境保护条件,应在环境保护管理制度和环境保护措施两部分加以落实。

1)环境保护管理制度

企业应针对环境保护法规的宣传贯彻、环境保护工作的责任和具体工作制定相关环境保护管理制度,内容主要包括:

(1)认真贯彻执行"预防为主、防治结合、综合治理"的环境保护方针,遵守国家《环境保护法》、《大气污染防治法》、《环境噪声污染防治法》等有关环境保护的法律法规、规章及标准。

(2)定期进行环境保护教育和环保常识培训,教育职工严格执行各工种工艺流程、工艺规范和环境保护制度。

(3)建立废油、废液、废气、废蓄电池、废轮胎及垃圾等有害物质集中收集、有效处理和保持环境整洁的环境保护管理制度,包括危险废物管理计划。

(4)对"三废"处理、通风、吸尘、净化、消声等设施落实管理责任,确保运行良好。

(5)严禁违法转移和非法经营危险废物回收的行为。

(6)全面实施在用车辆的检查/维护制度(I/M 制度),严格作业规范,确保车辆排放和噪声达标。

2)环境保护措施

(1)建造符合标准、防雨防渗的固体废物的暂存设施,尤其是危险废物的暂存设施;有害物质存储区域应界定清楚,必要时应有隔离、控制措施。

(2)作业环境以及按生产工艺安装、配置的处理"三废"、通风、吸尘、净化、消声等设施,均符合国家环境保护法规、标准的规定。

(3)涂漆车间设有专用的废水排放及处理设施,采用干打磨工艺的,设有粉尘收集装置和除尘设备,并设有通风设备。

(4)机动车维修调试车间或调试工位设置汽车尾气收集净化装置。

(5)在维修作业过程中,严禁车辆使用不合格的净化装置和消声装置。

(6)车辆竣工出厂前,要严格检查车辆尾气排放和噪声指标,对尾气排放和噪声指标不符合国家标准的,不得放行出厂。

(二)质量管理法规

1.《中华人民共和国产品质量法》

《中华人民共和国产品质量法》于1993年2月制定,2000年7月作了修订。新修订的《中华人民共和国产品质量法》(以下简称《产品质量法》)自2000年9月1日起实施。该法对于加强产品质量监督管理、提高产品质量水平、明确产品质量责任、保护消费者的合法权益、维护社会经济秩序具有十分重要的意义。

1)《产品质量法》的立法目的和调整范围

(1)《产品质量法》的立法目的。制定《产品质量法》是为了加强对产品质量的监督管理,提高产品质量水平,明确产品质量责任,保护消费者的合法权益,维护社会经济秩序。

(2)《产品质量法》的调整范围。《产品质量法》的调整对象是产品。《产品质量法》所称的产品是指经过加工、制作,用于销售的物品。这里所指的产品必须同时具备以下三个条件:

①产品必须是经过加工、制作的物品。而未经人们加工、制作的天然物品和自然生长品不属于《产品质量法》所称的产品。

②产品必须是用于销售的。凡不是用于销售的产品,不是《产品质量法》所调整的产品。

③产品应是动产。《产品质量法》所称产品不包括不动产。

(3)《产品质量法》的适用范围。在中华人民共和国境内从事产品生产、销售活动,必须遵守本法。

机动车维修质量管理虽然不在《产品质量法》的适用范围,但必须遵循《产品质量法》提出的有关质量管理的基本原则。

2)《产品质量法》的主要内容

修订后的《产品质量法》共六章七十四条。除了总则、法律责任、附则外,还包括:产品质量的监督,生产者、销售者的产品质量责任和义务,损害赔偿等内容。

(1)总则。对本法若干重大问题作了原则规定。

(2)产品质量的监督。强调了政府作为社会经济活动的宏观组织者和管理者,也必须对产品质量进行必要的监督和宏观管理,以维护社会经济秩序,保护消费者的合法权益。

(3)生产者、销售者的产品质量责任和义务。规定了生产者、销售者对产品质量所应当承担的责任和义务。

(4)损害赔偿。介绍了关于因产品质量问题引起的损害赔偿的规定。

3)《产品质量法》在机动车维修行业的贯彻实施

(1)建立健全机动车维修质量管理体系和质量管理制度。《产品质量法》明确的产品质量的管理方针和原则,可指导本行业进一步健全机动车维修质量管理体系,完善机动车维修质量评定标准和质量管理制度,进一步强化质量监督检查工作,积极推行企业质量体系认证,促进行业质量管理工作进一步走向规范化。

(2)加强机动车配件质量监控。机动车配件质量严重影响机动车维修质量,除了配件生产者对质量负有主要责任外,机动车维修企业同样承担着配件使用质量监控和配件代销的任务。为贯彻《产品质量法》,机动车维修企业应建立健全机动车配件质量管理制度,落实配件入库检验工作和配件质量索赔工作,切实保障承、托修双方的合法权益,保障机动车维修质量。

2.《中华人民共和国标准化法》

1)《中华人民共和国标准化法》的主要内容

《中华人民共和国标准化法》(以下简称《标准化法》)由中华人民共和国第七届全国人民代表大会常务委员会第五次会议于1988年12月29日通过并公布,自1989年4月1日起施行。《标准化法》是中华人民共和国的一项重要法律,规定了我国标准化工作的方针、政策、任务和标准化体制等。《标准化法》分为五章二十六条,其主要内容是:确定了标准体制和标准化管理体制,规定了制定标准的对象与原则以及实施标准的要求,明确了违法行为的法律责任和处罚办法。

《标准化法》是制定标准,推行标准化,实施标准化管理和监督的依据。《标准化法》的颁布,标志着我国标准化工作已进入法制管理的新阶段。标准化是组织专业化生产的技术纽带,《标准化法》的颁布,有利于发展社会化大生产,有利于发展社会主义商品经济;标准是科研、生产、交换和使用的技术依据。《标准化法》规定,企业必须按标准组织生产,对于那些涉及人民生命财产安全的产品,必须强制执行,对违反者要追究其法律责任。《标准化法》的颁布,有利于维护国家、集体和个人三者的利益。

《标准化法》将我国标准分为国家标准、行业标准、地方标准、企业标准四级。国家标准、行业标准分为强制性标准和推荐性标准。保障人体健康,人身、财产安全的标准和法律、行政法规规定强制执行的标准是强制性标准;其他标准是推荐性标准。

国家标准由国务院标准化行政主管部门制定。对没有国家标准而又需要在全国某个行业范围内统一的技术要求,可以制定行业标准。行业标准由国务院有关行政主管部门制定,并报国务院标准化行政主管部门备案,在公布国家标准之后,该项行业标准即行废止。

2)《标准化法》在机动车维修行业的实施

目前,我国机动车维修行业执行的国家标准有:《汽车维修业开业条件》(GB/T 16739—2004)、《摩托车维修业开业条件》(GB/T 18189—2008)、《汽车维护、检测、诊断技术规范》(GB/T 18344—2001)、《营运车辆综合性能要求和检验方法》(GB 18565—2001)和《机动车运行安全技术条件》(GB 7258—2012)等,是规范机动车维修行业管理,指导汽车维修、检测工作的重要依据。

3.《中华人民共和国计量法》

《中华人民共和国计量法》(以下简称《计量法》)于1986年7月1日实施。根据2009年中华人民共和国第十一届全国人民代表大会常务委员会第十次会议《全国人民代表大会常务委员会关于修改部分法律的决定》进行修正,2009年8月27日施行。《计量法》共六章三十五条,除了总则、法律责任、附则外,还包括:计量基准器具、计量标准器具和计量检定、计量器具管理、计量监督等内容。

1)立法目的

为了加强计量监督管理,保障国家计量单位制的统一和量值的准确可靠,有利于生产、贸易和科学技术的发展,适应社会主义现代化建设的需要,维护国家、人民的利益,制定本法。

2)《计量法》的适用范围

在中华人民共和国境内,建立计量基准器具、计量标准器具,进行计量检定,制造、修理、销售、使用计量器具,必须遵守本法。

3)法定计量单位制

国家采用国际单位制。国际单位制计量单位和国家选定的其他计量单位,为国家法定计量单位。国家法定计量单位的名称、符号由国务院公布。非国家法定计量单位应当废除。废除的办法由国务院制定。

4)计量工作的监督管理

国务院计量行政部门对全国计量工作实施统一监督管理。县级以上地方人民政府计量行政部门对本行政区域内的计量工作实施监督管理。

5)计量基准器具和计量标准器具

(1)计量基准器具:国务院计量行政部门负责建立各种计量基准器具,作为统一全国量值的最高依据。

(2)计量标准器具:县级以上地方人民政府计量行政部门根据本地区的需要,建立社会公用计量标准器具,经上级人民政府计量行政部门主持考核,合格后使用。

6)计量检定

计量检定必须按照国家计量检定系统表进行。国家计量检定系统表由国务院计量行政部门制定。

计量检定必须执行计量检定规程。国家计量检定规程由国务院计量行政部门制定。没有国家计量检定规程的,由国务院有关主管部门和省、自治区、直辖市人民政府计量行政部门分别制定部门计量检定规程和地方计量检定规程,并向国务院计量行政部门备案。

计量检定工作应当按照经济合理的原则,就地就近进行。

7)机动车维修质量检验中的计量管理工作

(1)计量器具的购置要求:①按照计量法的总则规定,使用计量器具必须遵守《计量法》,自觉遵守《计量法》的规定,所以,机动车维修企业在购置计量器具时,一定要认准产品是否具有生产许可证和计量检定合格证;②在购买进口计量器具时,也应注意其是否符合计量检定的要求。

(2)计量器具的使用要求:①保持计量器具的清洁和测量准确度;②定期将计量器具送计量检定机构检定;③不使用准确度有误的计量器具。

(3)计量管理工作内容:①建立计量器具管理台账;②严格使用法定计量单位;③定期进行计量检定;④服从计量行政管理部门的计量监督检查。

(三)经营管理法规

1.《中华人民共和国合同法》

1)《中华人民共和国合同法》的主要内容

《中华人民共和国合同法》(以下简称《合同法》)于1999年3月15日经第九届全国人民代表大会第二次会议审议通过,1999年10月1日起施行。《合同法》是民商法的重要组成部分,是规范市场交易,保护合同当事人合法权益,维护社会经济秩序,促进社会主义现代化建设的基本法律。《合同法》分为总则、分则和附则三部分,共二十三章四百二十八条。

《合同法》涉及生产、生活领域的方方面面,与企业的生产经营和人们的生活密切相关。制定一部统一的、较为完备的《合同法》,规范各类合同,能够更好地适应社会主义市场经济发展的需要,对于及时解决经济纠纷,保护当事人的合法权益,维护社会经济秩序,促进社会主义现代化建设,具有十分重要的作用。

2)《合同法》在机动车维修行业的实施

为加强机动车维修行业管理,维护机动车维修经营活动的正常秩序,保障承、托修双方当事人的合法权益,1992 年,交通部会同国家工商行政管理局联合发布了《汽车维修合同实施细则》;2005 年,交通部 7 号令《机动车维修管理规定》中有关机动车维修档案管理明确规定:机动车维修档案主要内容包括维修合同。

(1)机动车维修合同属于《合同法》规范的范围。因此,必须遵循《合同法》的一般规定。

①合同当事人的法律地位平等,一方不得将自己的意志强加给另一方。

②当事人依法享有自愿订立合同的权利,任何单位和个人不得非法干预。

③当事人应当遵循公平原则,确定各方的权利和义务。

④当事人行使权利、履行义务,应当遵循诚实信用原则。

⑤当事人订立、履行合同,应当遵守法律、行政法规,尊重社会公德,不得扰乱社会经济秩序,损害社会公共利益。

⑥依法成立的合同,对当事人具有法律约束力。当事人应当按照约定履行自己的义务,不得擅自变更或者解除合同。依法成立的合同,受法律保护。

(2)机动车维修合同在《合同法》中属于"承揽合同"规范的范畴。承揽合同是承揽人按照定作人的要求完成工作,交付工作成果,定作人给付报酬的合同。承揽合同的内容包括承揽的标的、数量、质量、报酬、承揽方式、材料的提供、履行期限、验收标准和方法等条款。

2.《中华人民共和国消费者权益保护法》

1)《消费者权益保护法》的主要内容

消费者是指为生活消费需要,购买、使用商品或者接受服务的单位和个人。

消费者权益保护法规是调整国家、经营者和消费者三者之间在保护消费者权益的过程中发生的社会关系的法律规范的总称。它是经济法的重要组成部分。1993 年 10 月 31 日第八届全国人大常委会第四次会议通过了《中华人民共和国消费者权益保护法》(以下简称《消费者权益保护法》),自 1994 年 1 月 1 日起实施。根据 2009 年中华人民共和国第十一届全国人民代表大会常务委员会第十次会议《全国人民代表大会常务委员会关于修改部分法律的决定》进行修正,自 2009 年 8 月 27 日起施行。《消费者权益保护法》共八章五十五条,除了总则、法律责任、附则外,还包括:消费者的权利、经营者的义务、国家对消费者合法权益的保护、消费者组织、争议的解决。

2)《消费者权益保护法》在机动车维修行业的实施

根据《消费者权益保护法》对消费者的法定范围,在机动车维修服务中,托修方是服务对象,是消费者。

(1)托修方的权益主要有以下几个方面:

①送修车的财产安全不受损害。

②有权了解机动车维修所用材料与配件价格和修车工时单价。

③有权选择与其报修作业项目相适应的机动车维修企业和作业项目。

④所付维修费用符合收费标准。

⑤受到损害有权索赔。

⑥有权监督、投诉机动车维修服务质量等侵害其权益的行为。

(2)承修方对托修方权益保护应尽的法律责任包括:

①严格履行双方约定的机动车维修合同。

②认真听取托修方对机动车维修的要求和意见,接受托修方的监督。

③确保生产安全。

④向托修方提供修理工时定额标准、实际消耗的工时以及维修所用的配件、材料价格的真实信息(工时清单、材料清单),供审核。

⑤严格执行机动车维修技术标准,确保机动车维修质量,出具《机动车维修竣工出厂合格证》(含质量保证卡)。

⑥建立并向托修方提供机动车维修检验记录、检测数据等机动车维修技术档案。

(四)安全与劳动保护法规

1.《中华人民共和国安全生产法》

安全生产,事关人民群众生命财产安全、国民经济持续快速健康发展和社会稳定大局,党中央、全国人大和国务院高度重视安全生产立法工作。《中华人民共和国安全生产法》(以下简称《安全生产法》)于2002年6月29日第九届全国人民代表大会常务委员会第二十八次会议通过,自2002年11月1日起施行。2011年对《中华人民共和国安全生产法》进行了修正。制定《安全生产法》,主要是要解决社会主义市场经济体制下安全生产工作如何法律化、制度化的问题。《安全生产法》共七章一百一十九条,除了总则、法律责任、附则外,还包括:生产经营单位的安全生产保障、从业人员的权利和义务、安全生产的监督管理、生产安全事故的应急救援与调查处理等内容。

1)立法目的

为了加强安全生产监督管理,防止和减少生产安全事故,保障人民群众生命和财产安全,促进经济发展。

2)适用范围

本法适用于在中华人民共和国领域内从事生产经营活动的单位的安全生产管理。

3)安全生产管理方针

安全生产管理坚持安全第一、预防为主的方针。

4)生产经营单位在安全生产方面的义务

(1)生产经营单位必须遵守有关安全生产的法律、法规。

(2)生产经营单位必须加强安全生产管理。生产经营单位加强安全生产管理,是一项法定义务。

(3)建立、健全安全生产责任制度。确保安全生产的关键是建立、健全安全生产责任制度,使安全生产有人管,安全生产责任制的落实有人抓。通过安全生产责任制度的落实,从源头上消除事故隐患,从制度上预防生产安全事故的发生。

(4)完善安全生产条件。这里的"安全生产条件"是指生产经营单位在安全生产中的设施、设备、场所、环境等"硬件"方面的条件,这些条件是与安全生产责任制度相配套的。

5)生产经营单位的从业人员在安全生产方面的权利与义务

从业人员既是安全生产保护的对象,又是实现安全生产的基本要素。为了实现安全生产,防止和减少生产安全事故，必须保障生产经营单位的从业人员依法享有获得安全保障的权利，同时，从业人员也必须履行安全生产方面的义务。

(1)从业人员在安全生产方面的权利主要包括：

①从业人员有依法获得社会保险的权利。生产经营单位在与从业人员订立的劳动合同中，应当载明有关保障从业人员劳动安全和依法为从业人员办理工伤社会保险的事项。生产经营单位与从业人员订立的合同中，不得含有免除或者减轻生产经营单位对从业人员因生产安全事故伤亡依法应承担的责任的内容。

②从业人员有了解作业场所和工作岗位存在的危险因素的权利。生产经营单位有义务将从业人员作业场所和工作岗位中存在的可能导致生产安全事故的危险因素如实、全面地告诉从业人员。

③从业人员有权了解和掌握事故的防范措施和事故应急措施，并对本单位的安全生产工作提出意见和建议。生产经营单位有义务将生产安全事故的防范措施和事故的应急措施告知从业人员。

④从业人员有对安全生产工作中存在的问题提出批评、检举和控告的权利，有权拒绝违章指挥和强令冒险作业。生产经营单位不得因从业人员对本单位安全生产工作提出批评、检举、控告或者拒绝违章指挥和强令冒险作业而降低从业人员的工资、福利等待遇或者解除与其签订的劳动合同。

⑤从业人员发现直接危及人身安全的紧急情况时，有进行紧急避险的权利。即可以停止作业或者在采取可能的应急措施后撤离作业场所。

⑥从业人员因生产安全事故受到损害时，除依法享有工伤社会保险外，还有依照民事法律的相关规定，向本单位提出赔偿要求的权利。

(2)生产经营单位的从业人员在享有安全生产保障的权利的同时，也必须履行相应的安全生产方面的义务。生产经营单位从业人员在安全生产方面的义务主要包括：

①遵守国家有关安全生产的法律、法规和规章。有关安全生产的法律、法规和规章是安全生产的基本要求和保证，每一个从业人员都有义务认真遵守。

②从业人员在作业过程中，应当严格遵守本单位的安全生产规章制度和操作规程，服从安全生产管理。

③从业人员在作业过程中，应当正确佩戴和使用劳动防护用品，严禁在作业过程中放弃使用防护、保护用品或者不正确佩戴和使用劳动防护用品。

④从业人员应当自觉地接受生产经营单位有关安全生产的教育和培训，掌握所从事工作应当具备的安全生产知识。

⑤从业人员在作业过程中发现事故隐患或者其他不安全因素的，应当立即向现场安全生产管理人员或者本单位的负责人报告。

6)安全生产工作监督管理体制

(1)国务院负责安全生产监督管理的部门依照本法，对全国安全生产工作实施综合监督管理；县级以上地方各级人民政府负责安全生产监督管理的部门依照本法，对本行政区域内安全生产工作实施综合监督管理。

(2)国务院有关部门依照本法和其他有关法律、行政法规的规定，在各自的职责范围内对有关的安全生产工作实施监督管理;县级以上地方各级人民政府有关部门依照本法和其他有关法律、法规的规定,在各自的职责范围内对有关的安全生产工作实施监督管理。

7)生产经营单位应当认真执行有关安全生产的国家标准或者行业标准

《安全生产法》中规定的保障安全生产的国家标准和行业标准,属于强制性标准,具有和法律、法规同等的效力。生产经营单位必须执行,任何单位和个人都无权擅自变更、降低这类标准。严格执行有关安全生产的法规是生产经营单位的一项法定义务,也是防患于未然、减少或者杜绝生产安全事故的基本条件。

8)国家实行生产安全事故责任追究制度

国家有关部门将依照本法和有关法律、法规的规定,追究生产安全事故责任人员的法律责任。

9)《安全生产法》在机动车维修企业中的具体实施

《机动车维修管理规定》规定:机动车维修经营者应当加强对从业人员的安全教育和职业道德教育,确保安全生产。机动车维修从业人员应当执行机动车维修安全生产操作规程,不得违章作业。

按照《安全生产法》的有关管理原则和交通部上述规定,机动车维修企业在创立之初就应该建立完善的安全生产管理制度及各项安全生产操作规程,并配备有丰富经验的人员,专职从事安全教育和安全监督管理工作。

机动车维修企业的安全生产管理工作主要体现在以下方面:

(1)企业员工生产过程中的安全管理。机动车维修企业的车间操作员工,面临着许多操作安全问题。对从业人员从进入企业的第一天开始,除了不断强化安全意识之外,必须不间断地对他们进行安全操作规范教育和实际生产时的监督管理,让他们牢记机动车维修中的安全"六防",并由专职安全生产管理人员随时加以监督管理。

①防溜车。机动车是随时都可以吞噬生命的"铁老虎",而维修车间以及车间周围又是车辆频繁移动的场所,职工在这样的环境中作业,首先要有足够的防范意识,具体要做到:车辆被千斤顶举升或者开进检查地沟时,必须将前后车轮用三角木块塞紧,工作人员才能接近车辆和进行维修作业;人工移动车辆或者指挥倒车,必须选择安全位置,并且应该有两人以上共同完成操作;严禁无驾驶资格的人员在作业区域驾驶操作;试车员试车时,必须悬挂试车牌照,在公安机关核定的时间和路段试车,试车时,不得随意搭乘其他人员;拖曳损坏车辆应该指派有经验的员工,按照操作要领进行作业。

②防坠落。车间举升车辆,一定要确认设备负载是否匹配,设备是否完好,确信支撑位置恰当、绑扎牢靠、锁止有效之后,作业人员才能进入车下工作;在车辆上部操作的人员,首先要顾及下部操作人员的安全,不得随意将工具、配件摆放在作业部位,以免重物下滑击打下部工位操作人员,引起伤害事故;指挥重物起吊,不能站在有可能被坠落重物击打的位置。

③防挤压。车辆之间要留有足够的操作空间;搬抬重物要有专人指挥、协调动作,以免伤及动作缓慢的个人;多人协调操作的工作,要有一人负责口令指挥。

④防中毒。机动车维修作业中涉及的有毒有害物质比较多,应该特别引起重视,主要包括:对运输危险品的车辆,维修前一定要认真冲洗,不要钻进储罐内作业;充电间要与蓄电池作业间隔离开,并且要安装通风设备;充电操作人员不进行充电操作时,要远离充电间;喷漆车间

要与漆工作业间隔离；喷漆操作人员要加强个人防护；危险品仓库与一般物品分开存放；剧毒物资要专门设库存放，指定专人保管，并且有严格的进出库审批手续和领发料登记台账。

⑤防烫伤。散热器“开锅”时严禁发动机熄火和开启散热器盖；清洗蒸煮锅没有泄压前严禁开启；利用过热蒸汽清洗零件时，必须采取有效的防护措施；焊工、锻工以及热处理车间带有余热的零件不得随意乱放，应设立明显的隔离圈；利用经验法判断零件温升时，只能用手背测试。

⑥防意外伤害。如用压缩空气吹干零件时，气管不能对着人体头、面部；所有经过机械加工的零件，不要用手触摸零件尖角处，以免割伤皮肤；不能将水倒入浓硫酸中进行稀释；车间里行走要防止误踩油污或者可以滚动的零件而滑跌等。

(2)企业用电安全管理。机动车维修企业使用的移动设备多，某些车间空气湿度高，车间里导电物体多，用电安全的责任重大，应引起高度重视。企业用电安全管理的具体工作主要包括：

①要经常检查移动用电设施完好状况，发现破损漏电器材，必须立即停止使用，进行更换或者维修。

②教育职工不能乱拉私接电线，不得在车间里扔工具和零件等，以免碰断电线引起短路或者触电事故。

③低压工作灯不能错插进高压电插座。

④一旦发生触电事故，首先切断电源，再用绝缘物对触电人员施救，以防连锁事故的发生。

(3)企业消防安全管理。机动车维修企业生产的一个显著特点是“油火不分家”，因此，消防安全是维修企业的重要职责。企业消防安全管理的具体工作主要包括：

①使用石油产品作为清洗剂和稀释剂的企业或者车间，不允许进行焊接等有明火的作业。

②运输危险品的车辆，只能在具有危险品车辆维修资格的企业维修。

③维修企业的废油废液要经常清理，不得乱堆乱放。

④机修、喷漆、充电作业等车间及仓库区，严禁烟火。

(4)环境安全管理。机动车维修企业要做好环境安全管理工作，主要包括：

①对存放剧毒品、危险品等要建立完整的安全管理规定，实行专库、专人保管。

②对送修的机动车要严格检验、识别，发现有走私、盗抢、拼装等可疑迹象时，要稳住客户，及时报警。

③严禁企业违反环保法规随意排放废液、废气。

④喷漆车间和钣金、轮胎作业等排放高噪声的车间，应该设立在下风口和尽量远离人员居住的方位。

⑤企业应加强夜间巡逻值班，防止偷盗待修或者修理竣工的机动车辆的行为发生。

(5)职业病防治安全管理工作。主要包括：

①对某些仓库保管员、涂漆工、充电工、轮胎作业工、钣金工等接触有毒有害物质和噪声危害的工作人员，要加强劳动防护，并且定期组织职工进行必要的体检，按照规定发放必须的营养补贴。

②对处于妊娠期的女工、患有慢性病的职工和已经患有职业病的职工，要调剂工种，减轻劳动强度和职业危害。

2.《中华人民共和国劳动法》

《中华人民共和国劳动法》（以下简称《劳动法》）于1994年7月5日颁布，自1995年1月1日起施行。2009年对《劳动法》进行了修正。《劳动法》共十三章一百零七条，内容丰富，规定具体，针对性强，除了总则、监督检查、法律责任、附则外，还包括促进就业、劳动合同和集体合同、工作时间和休息休假、工资、劳动安全卫生、女职工和未成年工特殊保护、职业培训、社会保险和福利、劳动争议等九章，对劳动者的权利和义务、劳动关系的确立和调整、劳动标准的确定和执行以及劳动部门的工作规范和职责，都作了明确规定。

1）《劳动法》立法的基本原则

（1）《劳动法》是依据《宪法》中有关劳动者基本权利和义务的规定制定的。

（2）《劳动法》的主要宗旨是保护劳动者的合法权益，同时也考虑到劳动者与用人单位双方的权利与义务的对等。比如在规定职工可以辞职的同时，也规定用人单位可以依法辞退职工，从而保证了劳动者择业自主权和用人单位的用人自主权。

（3）既要充分考虑到中国国情，又要借鉴外国的成功经验，承担我国已批准的国际劳工公约所应履行的义务，为逐步与国际惯例接轨创造条件。

（4）在制定《劳动法》时，既考虑到法律的统一性，又考虑到地域和经济发展水平的差异性。比如关于最低工资的规定，国家对确定和调整最低工资标准的参考因素作了明确规定，但最低工资的具体标准由各省、市、自治区自行确定。

2）《劳动法》的重大意义

（1）《劳动法》突破了计划经济按不同所有制形式分别立法的传统模式，对不同所有制下的劳动者的权利和义务，按照同一标准作了统一规定，适应了我国社会经济发展中公有制经济与非公有制经济并存的局面，有利于保护全体劳动者和不同所有制单位的合法权益，形成劳动者及企业之间平等竞争的局面，从而会促进社会主义统一市场的形成。

（2）《劳动法》以法律形式确定建立劳动关系应当建立劳动合同。

（3）按照市场经济的规律，确定了集体合同制度。《劳动法》规定工会可以代表职工与企业就劳动报酬、工作时间、休息休假、劳动安全卫生、保险福利等事项，在平等协商的基础上订立集体合同。

（4）《劳动法》以基本法律的形式第一次明确了工时休假制度，使宪法规定的劳动者这一基本权利得到具体确认。

（5）充分落实了劳动者择业、辞职自主权和企业用人、分配自主权，为劳动者成为择业主体和企业成为用人主体提供了法律保障。

（6）确立了最低工资保障制度，规定了工资支付的基本原则。

（7）《劳动法》明确了国家确定职业分类，制定职业技能标准，实行职业资格证书制度，实施职业技能考核鉴定，为我国建立职业技能开发体系，深化职业培训制度改革，全面开发劳动者的职业技能，提高我国劳动者整体素质，提供了法律依据和保障。

（8）《劳动法》肯定了社会保险制度改革的成果，充分体现了党的十四届三中全会关于社会保险制度改革的精神，明确了逐步向社会统筹过渡的方向，对基本保险、企业补充保险和个人储蓄性保险分别作了原则规定；对社会保险基金经办机构和监督机构的职责制定了法律规范，同时规定了用人单位和劳动者缴纳社会保险费的义务和法律责任，为建立有中国特色的社会保险制度指明了方向。

3)劳动者的权利和义务

(1)《劳动法》规定,劳动者的权利主要有:

①劳动权。

②民主管理权。

③休息权。

④获得劳动报酬权。

⑤劳动保护权。

⑥职业培训和业务进修权。

⑦物质帮助权等。

(2)《劳动法》规定,劳动者的义务主要有:

①按照规定的数量和质量完成生产任务和工作任务。

②遵守劳动纪律和用人单位各项规章制度。

③学习科学文化和技术业务知识。

④保守企业商业秘密。

⑤遵守各项劳动法律规范等。

4)用人单位的权利和义务

(1)《劳动法》规定,用人单位的权利主要有:

①决定录用、调动和解除与职工劳动关系的权利。

②用人单位机构设置的决定权。

③用人单位管理人员的任用、聘任权及解聘权。

④工资、奖金分配的提出权。

⑤对职工依法奖惩权等。

(2)《劳动法》规定,用人单位的义务主要有:

①依法考核录用和招聘职工。

②合理组织生产。

③保障职工代表大会和工会行使其职权。

④支付职工劳动报酬。

⑤不断改善劳动条件等。

5)关于劳动安全卫生

(1)《劳动法》规定劳动者在劳动安全卫生方面的权利主要有:

①劳动者对用人单位管理人员违章指挥、强令冒险作业,有权拒绝执行。

②对危害生命安全和身体健康的行为,有权提出批评、检举和控告。

③劳动者在劳动安全卫生方面的义务主要是:劳动者在劳动过程中必须遵守安全操作规程。

(2)《劳动法》规定用人单位在劳动安全卫生方面的义务是:

①用人单位必须建立、健全劳动安全卫生制度,严格执行国家劳动安全卫生规程和标准,对劳动者进行劳动安全卫生教育,防止劳动过程中的事故,减少职业危害。

②用人单位必须为劳动者提供符合国家规定的劳动安全卫生条件和必要的劳动防护用品,对从事有职业危害作业的劳动者应当定期进行健康检查。

③劳动安全卫生设施必须符合国家规定的标准。新建、改建、扩建工程的劳动安全卫生设施必须与主体工程同时设计、同时施工、同时投入生产和使用。

6)关于职业培训

《劳动法》规定:

(1)国家通过各种途径,采取各种措施,发展职业培训事业,开发劳动者的职业技能,提高劳动者素质,增强劳动者的就业能力和工作能力。

(2)国家确定职业分类,对规定的职业制定职业技能标准,实行职业资格证书制度,由经过政府批准的考核鉴定机构负责对劳动者实施职业技能考核鉴定。

(3)用人单位应当建立职业培训制度,按照国家规定提取和使用职业培训经费,根据本单位实际,有计划地对劳动者进行职业培训。

(4)从事技术工种的劳动者,上岗前必须经过培训。

7)《劳动法》在机动车维修企业中的具体实施

《劳动法》从法律的角度规范了劳资双方的行为,成为最直接关系到劳动者权益的法律依据,因此对《劳动法》在企业的实施广泛受到各行各业劳动者的关注。在机动车维修企业中,《劳动法》的具体实施主要体现在以下方面:

(1)与劳动者签订有效的劳动合同。机动车维修企业的劳动力资源流动比较频繁,许多企业高技能员工的流失现象,已经成为令企业经营者头痛的问题。另一方面,由于许多企业没有按时与员工签订有效的劳动合同,员工的切身利益也受到种种侵害。长此以往,这个问题将变为困扰企业良性发展的障碍之一。

签订劳动合同应该在双方自愿和平等的基础上,严格依照《劳动法》所规定的条款和劳动主管部门与合同主管部门所设定的劳动合同示范文本格式进行,不能采取实用主义和各取所需的态度,任意节选和删改这些相关条款。

机动车维修企业在与劳动者签订劳动合同时,一定要注意以下问题:

①除了明确双方的权利和义务之外,还要写明双方均认为合情合理的违约责任,以便于双方互相约束,逐步减少技术工人频繁"跳槽"、影响整个行业健康发展的问题。

②在签订劳动合同时,不要将合同期限定得过于短暂,特别是对那些具有一定技术专长的技术人员和操作能手,更要给他们一个比较稳定和宽松的工作环境,以利于促进企业的技术进步。

③在企业和劳动者之间,企业是强者,对劳动合同的格式条款,更要注意其所拟的劳动合同应该符合法律规定,否则,一旦发生劳动争议,劳动仲裁部门将会作出不利于企业的解释。

(2)按照国家有关规定,及时给付劳动者合理的报酬。按照《劳动法》的有关规定,企业在给付劳动者报酬时应该具体做到:

①企业必须向劳动者提供必要的生活保障,严格实行不低于当地政府制定的最低生活保障水平的薪酬制度。

②实行计件工资制的企业,在确定工资发放方案时,应该保证职工在生产淡季也能取得不低于当地政府规定的最低基本生活费用。

(3)对员工进行必要的技能培训。机动车维修行业不仅是一个劳动密集型产业链,同时也是一个技能密集型产业机构。企业要想取得良好的业绩,必须花大力气着力提高从业人员的业务素质、技术水平和操作技能。

(4)重视劳动保护。毋庸置疑,机动车维修企业的许多工种,作业条件都比较艰苦,其中部分工种作业中还会产生有毒有害物质,直接威胁着职工的身体健康。因此,企业一定要关注工作场所的环境治理和重视职工的劳动保护,具体工作主要包括:

①车身维修车间要单独设置,与周围其他车间有效隔离,以避免钣金作业中的噪声侵扰和喷漆作业中的芳香烃等有害气味危害,造成对职工身体的不良影响。

②喷漆车间应该具有良好通风条件和污水处理装置,要与漆工作业间有效隔离。

③为钣金工配备消声耳塞和护目眼镜,为喷漆工配备防毒口罩,并给他们发放相应营养补贴,定期进行尘肺等职业健康安全检查。

④蓄电池作业间应该与充电车间实施隔离,充电车间要阴凉通风,避免使用可能产生电火花的无屏蔽插座和禁止一切明火作业。

⑤设置专门的焊接车间、锻工车间和热处理车间、电镀车间的企业,对这些工种要按照规定发放相应的劳动防护用品,避免高温作业和有毒有害物质对这些职工的伤害。

⑥轮胎维修作业人员应佩戴护目眼镜和防尘口罩,定期对他们进行尘肺检查。

⑦危险品和剧毒品仓库应该指定专人负责,加强安全保护,防止意外发生。

⑧禁止使用含铅汽油和其他危害人体健康的清洗剂,注意车间的夏季通风和冬期保暖。

⑨定期组织职工参加常规体检。

(5)合理解决劳资纠纷。机动车维修企业和其他行业一样,都难免存在劳资纠纷。解决劳资纠纷应该体现人性化的管理思路,尽量避免激化矛盾,通过平等协商、亲情呼唤,调解纠纷,达成共识。解决劳资纠纷应特别注意以下方面:

①在企业与员工发生分歧时,严禁使用暴力手段威胁、恐吓员工,企业经营者应该心平气和地约请职工代表对话协商,或者采取召开特别职工代表大会以及通过工会组织出面广泛征求意见的方法,化解矛盾、取得谅解。

②在企业没有能力化解纠纷的情况下,可以动员职工通过向上一级主管部门反映,劳动仲裁,或者运用法律途径寻求妥善解决的办法,使劳资纠纷得到在法律规定范围内的合理解决。

第三节 汽车维修标准体系

一 标准的基本知识

(一)标准的定义和作用

标准是对重复性事物和概念所做的统一规定。它以科学、技术和实践经验的综合成果为基础,经有关方面协商一致,由主管机构批准,以特定形式发布,作为共同遵守的准则和依据。

标准定义包含下列含义:

(1)制定标准的对象是重复性事物或概念。虽然制定标准的对象,早已从生产、技术领域延伸到经济工作和社会活动的各个领域,但这里所指的并不是所有事物或概念,而是比较稳定的重复性事物或概念。如汽车维修工作。

(2)标准产生的客观基础是“科学、技术和实践经验的综合成果”。这就是说,一是科学技术成果,二是实践经验的总结,并且这些成果与经验都是经过分析、比较和选择,能综合反映其客观规律性的“成果”。

(3)标准在产生过程中要“经有关方面协商一致”。标准不能凭少数人的主观意志,而应该发扬民主、与各有关方面协商一致,“三稿定标”。

(4)标准的本质特征是统一。标准是“由标准主管机构批准以特定形式发布,作为共同遵守的准则和依据”的统一规定。不同级别的标准是在不同适用范围内进行统一,不同类型的标准是从不同侧面进行的统一。

(二)标准的分类及代号

1. 标准的分类

1)按标准的约束性分类

标准具有相对统一的、固定的特性,既具有法律的约束性,在理论上又是可协调的。依据《中华人民共和国标准化法》(以下简称《标准化法》)的规定,标准按法律的约束性程度不同分为强制性标准和推荐性标准两类。

(1)强制性标准。国家通过法律的形式明确要求对于一些标准所规定的技术内容和要求必须强制执行,不允许以任何理由或方式加以违反或变更,这样的标准称之为强制性标准。根据《标准化法》规定,保障人体健康,人身、财产安全的标准和法律、行政法规规定强制执行的标准是强制性标准,其他标准是推荐性标准。省、自治区、直辖市标准化行政主管部门制定的有关工业产品安全、卫生要求的地方标准,在本行政区域内是强制性标准。

强制性标准是国家技术法规的重要组成部分。根据《标准化法》的规定,企业和有关部门对涉及经营、生产、服务、管理有关的强制性标准都必须严格执行。对违反强制性标准而造成不良后果以至重大事故者由法律、行政法规规定的行政主管部门依法根据情节轻重给予行政处罚,直至由司法机关追究刑事责任。

(2)推荐性标准(在标准代号后加“/T”)。国家鼓励自愿采用的具有指导作用而又不宜强制执行的标准属于推荐性标准。推荐性标准所规定的技术内容和要求具有普遍的指导作用,允许使用单位结合自身的实际情况,灵活加以选用。

2)按标准的适用范围或审批权限分类

标准按适用范围,即应用领域和有效范围可分为国际标准、国外先进标准(区域标准)、国家标准、行业标准、地方标准和企业标准。

(1)国际标准。是指国际标准化组织(ISO)和国际电工委员会(IEC)等所制定的标准,以及目前国际标准化组织已列入《国际标准题内关键词索引》中的27个国际组织制定的标准和公认具有国际先进水平的其他国际组织制定的某些标准。如ISO 9000质量保证标准就是由国际标准化组织(ISO)制定的国际标准。国家鼓励积极采用国际标准。

(2)国外先进标准。是指国际上有影响的区域标准。

(3)国家标准。由国务院标准化行政主管部门,包括国家质量监督检验检疫总局、中国国家标准化管理委员会等制定的需要在全国范围内统一的技术要求。

(4)行业标准。没有国家标准而又需在全国某个行业范围内统一的技术标准,由国务院有关行政主管部门制定并报国务院标准化行政主管部门备案。

(5)地方标准。没有国家标准和行业标准而又需在省、自治区、直辖市范围内统一的工业产品的安全、卫生要求，由省、自治区、直辖市标准化行政主管部门制定并报国务院标准化行政主管部门和国务院有关行业行政主管部门备案的标准。

(6)企业标准。企业生产的产品没有国家标准、行业标准和地方标准，由企业制定的作为组织生产的依据的相应标准，或在企业内制定适用的严于国家标准、行业标准或地方标准的企业标准(含内控标准)，并按省、自治区、直辖市人民政府的规定备案(不含内控标准)的标准。

综上所述，虽然各类标准有各自不同的适用范围，但在权威性方面，国内各级标准中国家标准权威最高，其他标准在类似要求上不得与其抵触。

3)按标准的内容属性分类

标准可分为技术标准、管理标准和工作标准。各类标准分别介绍如下：

(1)技术标准。技术标准是对标准化领域中需要协调统一的技术事项而制定的标准。技术标准主要用以规范事物的技术性内容，主要包括：基础标准、产品标准、方法标准和安全、卫生与环保标准、信息技术标准等。

(2)管理标准。管理标准是对标准化领域中需要协调统一的管理事项所制定的标准。其主要作用是规定人们在生产活动和社会生活中的组织结构、职责权限、过程方法、程序文件以及资源分配等事宜。管理标准主要包括生产管理、技术管理、经营管理和劳动组织管理等。

(3)工作标准。工作标准是对标准化领域中需要协调统一的工作事项所制定的标准。工作标准主要包括作业方法、设计程序、工艺流程等，也包括针对具体岗位而规定的人员和组织在生产经营管理活动中的职责、权限，对各种过程的定性要求，以及活动程序和考核评价要求。

4)按标准作用的对象分类

按作用的对象分类，技术标准可分为基础标准、产品标准、方法(检测、试验)标准、安全标准、卫生标准和环境保护标准等。

(1)基础标准。在一定范围内作为其他标准的基础并普遍通用，具有广泛指导意义的标准。

(2)产品标准。为保证产品的适用性，对产品必须达到的某些或全部特性要求所制定的标准。

(3)方法(检测、试验)标准。以产品性能与质量方面的试验、检查、分析、抽样、统计、计算、测定、作业等各种方法为对象而制定的标准。

(4)安全标准。以保护人和物的安全为目的而制定的标准。如《机动车安全运行技术条件》(GB 7258—2012)。

(5)卫生标准。为保护人的健康，对食品、医药及其他方面的卫生要求而制定的标准。

(6)环境保护标准。为保护环境和有利于生态平衡对大气、水体、土壤、噪声、振动、电磁波等环境质量、污染管理、监测方法及其他事项而制定的标准。

2. 标准的代号

为便于研究和应用标准，国家规定了标准的编号规则。标准代号由4部分组成，例如“《汽车维护、检测、诊断技术规范》(GB/T 18344—2001)”。标准代号第1部分为标准级别代号(如例中的“GB/T”，表示推荐性国家标准)；第2部分为标准顺序号(如例中的“18344”)；第

3 部分为标准发布年号(如例中的“2001”);第 4 部分为标准名称(如例中的“《汽车维护、检测、诊断技术规范》”)。标准级别代号的编制规则如下:

(1)国家标准代号。强制性国家标准代号为 GB,推荐性国家标准代号为 GB/T。

(2)行业标准代号。按行业不同分别代号,一般取行业汉语拼音的前两个字母。如机械行业标准代号为 JB,汽车行业标准代号为 QC,交通行业标准代号为 JT。推荐性行业标准为行业标准代号后加“/T”。

(3)地方标准代号。由汉语拼音字母“DB”加上省、自治区、直辖市行政区划代码前两位数再加斜线,组成强制性地方标准代号。再加“/T”,组成推荐性地方标准代号。各省、自治区、直辖市代码,如:北京市为 110000、上海市为 310000。

(4)企业标准代号。由符号“Q/”加企业代号(3 位字母)组成企业标准代号。

(三)标准的制定、发布、管理、实施与监督

1. 标准的制定与发布

目前,世界上有近 300 个国际和区域性组织制定标准或技术规则,其中最大的是国际标准化组织(ISO)、国际电工委员会(IEC)、国际电信联盟(ITU)。ISO、IEC、ITU 标准为国际标准。此外,被 ISO 认可的其他国际组织制定的标准也视为国际标准。

我国的标准化工作职责,按照《标准化法》规定,具体分工和落实要求如下:

(1)国家标准由国务院标准化行政主管部门制定。

(2)行业标准由国务院有关行政主管部门按行业标准计划的安排,组织行业标准负责起草单位提出行业标准征求意见稿,经征求各有关方面意见的修改稿为送审稿,送全国专业标准化技术委员会或专业标准化技术归口单位,并报国务院标准化行政主管部门备案,在公布相关国家标准之后,该项行业标准即行废止。行业标准由行业标准归口部门审批、编号、发布。

(3)地方标准由省、自治区、直辖市标准化行政主管部门制定,并报国务院标准化行政主管部门和国务院有关行政主管部门备案,在公布国家标准或者行业标准之后,该项地方标准即行废止。

(4)企业的产品标准须报当地政府标准化行政主管部门和有关行政主管部门备案。已有国家标准或者行业标准的,国家鼓励企业制定严于国家标准或者行业标准的企业标准,在企业内部适用。法律对标准的制定另有规定的,依照法律的规定执行。

2. 标准的管理、实施与监督

(1)标准的修订、更新与废止。《标准化法》要求:标准实施后,制定标准的部门应当根据科学技术的发展和经济建设的需要适时进行复审,以确认现行标准继续有效或者予以修订或废止。标准复审周期一般不超过 5 年。

(2)标准的组织实施。标准的实施,即有组织、有计划、有措施地将标准规定的内容贯彻到生产、流通、使用等领域中去的过程。它是标准化工作的任务之一,也是标准化工作的目的。标准的组织实施工作,大致分为计划、准备、实施、检查和总结 5 个阶段。标准实施的主要形式有 3 种:①直接贯彻,即对标准的条文不作任何压缩和补充,原原本本地进行贯彻;②压缩贯彻,即标准贯彻时,对标准的内容进行压缩与部分选用;③补充贯彻,即其内容比较概括、标准中的指标不能满足需要时,对其内容和质量指标补充,以技术规范的形式下达,包括质量手册、维修手册(作业指导书)等贯彻落实。

(3)标准实施的监督。标准实施的监督是国家行政机关对标准贯彻执行情况进行督促、检查、处理的活动。它是政府标准化行政主管部门和其他有关行政主管部门领导和管理标准化活动的重要手段,也是标准化工作任务之一,其目的是促进标准的贯彻,监督标准贯彻执行的效果,考核标准的先进性和合理性。通过对标准实施的监督,随时发现标准中存在的问题,为进一步修订标准提供依据。

二 汽车维修标准体系

多年来,我国的汽车维修行业已初步建立健全了汽车维修与检测方面的标准体系。汽车维修标准化技术委员会遵循"全面成套、层次恰当、划分明确"的原则,结合国外成功经验,把汽车维修专业范围内的标准按标准对象、标准项目、标准级别与性质及相互间内在联系,编制成系统性技术文件,形成标准体系表,使其按内在联系形成一个整体,既便于标准制定与管理部门对标准不断更新和完善,更方便标准使用部门对标准更好地掌握和运用。

(一)汽车维修标准体系结构

汽车维修标准体系总结构分为两个部分三个层次,如图1-1-1所示。其中,两个部分为"汽车维修管理、服务标准"和"汽车维修基础和通用标准";三个层次的第一层(101~102)为基础和通用标准,这类标准在一定范围内作为其他标准的基础并普遍使用,对汽车维修工作具有广泛的指导作用;第二层(201~203)为专用修理技术标准,也可称为方法标准,是以试验、检查、分析、抽样、统计、计算、测定、作业等各种方法为对象制定的标准;第三层(301~303)为维护、修理、检测设备标准,属于产品标准,包括品种规格、技术性能、试验方法、检验规则、包装、储存、运输等标准。每个层次的类别不同,但是标准内在之间都有着密切联系。考虑到标准的发展,结构框图中预留了"质量保证"的位置。

(二)汽车维修检测技术标准的发展方向

为了进一步发挥汽车维修标准在推动行业技术进步、规范市场秩序方面的作用,根据我国目前有关汽车维修标准的现状与国外先进国家的差距,全国汽车维修标准化技术委员会提出发展我国汽车维修标准步骤的设想,主要包括:

1.优先制定、修订汽车维修行业最高层次的基础标准

基础标准的重要性已被标准化工作者所认识,近几年来,已陆续组织制定并发布了如《汽车维修术语》(GB/T 5624—2005)、《汽车维修业开业条件》(GB/T 16739—2004)、《汽车综合性能检测站通用技术条件》(GB/T 17993—2005)、《汽车修理业质量检验人员技术水平要求》(JT/T 425—2000)等标准,被排在"体系表"中"101"、"102"的基础标准之中。这些标准都是为政府或行业规范汽车维修市场、提高汽车维修行业整体素质及水平的一些重要标准,今后还应优先考虑这些基础标准的制定、修订工作。

2.重视有关安全、环保、节能方面的标准

这类标准有《在用燃气汽车改装技术要求》、《汽车防抱制动系统检测技术条件》(JT/T 510—2004)、《汽车举升机》(JT/T 155—2004)、《滚筒反力式汽车制动检验台》(GB/T 13564—2005)、《汽车排气分析仪》(JT/T 386—2004)等。这些标准紧紧围绕了国家可持续发展的战略方针。

3. 发动企业开发产品标准

产品标准在“体系表”中占了很大的比重，主要有汽车维护设备、修理加工设备和检测诊断设备。这类标准是提高汽车维修行业汽车维修质量和效率的基础。随着汽车的技术进步和汽车维修向专业化方向发展，产品不断更新换代，产品标准将发挥越来越重要的作用。制定、修订产品标准应发挥企业的优势和积极性，尽可能多使企业参加到产品标准的制定、修订工作中来。

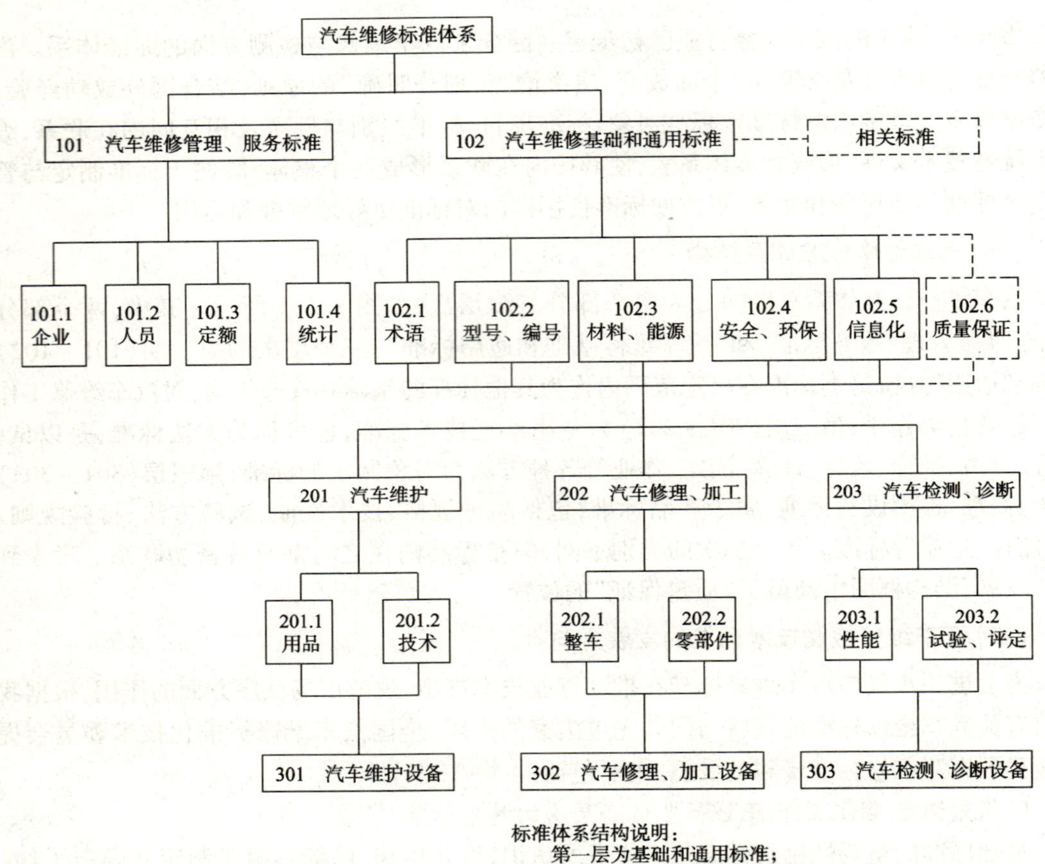

图 1-1-1 汽车维修标准体系结构

三 汽车维修企业标准化工作

(一)企业标准化工作的重要性

1. 技术标准是企业科学管理的基础

(1)技术标准是合同中确认质量的重要依据。市场经济进行的商品交换和经济往来，主要通过合同的形式来实现，在这些合同中，技术标准是质量的技术依据。如汽车维修竣工出厂质量验收的技术标准，合同中应明确规定，并以此作为供需双方检验产品质量的依据，当然首先是作为生产单位的质量考核依据。

(2)技术标准是企业组织生产的重要技术依据。企业进行正常生产,必须有适合的原辅材料,只有使用合格的原辅材料,只有规范的操作工艺才能生产出合格的产品。何谓“合格”、“规范”,其衡量的载体就是技术标准。只有严格按照技术标准组织生产、进行质量把关,才能确保最终产品的合格。因此,技术标准是企业正常生产过程中必不可少的技术支撑。

(3)技术标准是质量纠纷仲裁的重要依据。随着汽车维修质量保证期的法定化,车主维权意识的日益增强,汽车维修质量纠纷处理会越来越成为困扰企业经营者和维修行业管理部门的难题。汽车维修质量问题主要反映在维修过程中执行操作规范的到位程度,因而,质量纠纷的调解、仲裁或判决,很大程度上取决于技术标准的执行情况。

2. 运用技术标准战略提高企业竞争能力

在当今知识经济时代,专利、著作权、商标、专有权、政策、互联网域名等,所有有价值的知识资源,都正在成为新经济的先知先觉者们“争圈”的对象。如今,若对知识做一个全新的分类,可分为:内容类知识、方法类知识、规则类知识等。方法类知识比内容类知识重要,规则类知识则是最有力量的知识。因为内容类知识是关于“是什么”和“为什么”的知识,方法类知识是关于“怎么做”及“谁来做”的知识,而规则类知识不但约束了怎么做事,约束了什么人做事,更重要的是约束了竞争对手:你只能这样做,不能那样做。人们当今流行的一种说法,即:三流企业卖力气,二流企业卖产品,一流企业卖技术,而超一流企业则是卖规则！这里讲的规则是什么？在技术领域与知识产权战略领域就是技术标准,在市场经济中就是“游戏规则”。超一流企业是通过创造和运作标准或规则获得超额利润的。因此,企业实施技术标准战略的最高目标就是要形成自己的技术标准,然后推而广之有效地用它来左右市场,跨越技术性的贸易壁垒。

但是,在目前我国总体技术标准水平比较落后的大背景下,企业直接引进、使用别国或国际先进的技术标准,既有利于提高产品质量和市场竞争力,也有助于扩大服务领域,也是技术标准战略在企业层面运用的重点。因此,目前在许多以引进国外先进的管理规范和维修技术标准而建立的集汽车销售、维修、配件供应及质量信息反馈为一体的4S站,在市场上的技术竞争力是突出的,得到了广泛的社会认可,就是一个很好的例证。

(二)企业标准化工作的任务

根据《企业标准化管理办法》的规定,企业标准化管理工作的基本任务是:执行国家有关标准化的法律、法规,实施国家标准、行业标准和地方标准,制定和实施企业标准,并对标准的实施进行检查。

作为专业从事汽车维修的企业或业户,应根据企业规模的大小,酌情在企业技术质量管理层次设置专门机构(技术科或质检科)或专人(技术员、质量检验员、档案员),专职负责企业标准化工作。其任务是:

(1)贯彻国家的标准化工作方针、政策、法律、法规,编制本企业标准化工作计划。

(2)搜集、整理、更新、统一归口管理各类企业相关技术、管理标准和国内外标准化资料,建立档案;组织制定、修订企业标准,健全企业标准体系。

(3)组织实施国家标准、行业标准、地方标准和企业标准。

(4)负责对本企业实施标准的情况进行监督检查。

(5)参与研制新产品、改进产品、技术改造和技术引进中的标准化工作,提出标准化要求,做好标准化审查。

(6)做好标准化效果的评价与计算,总结标准化工作经验。

(7)对本企业有关人员进行标准化宣传教育,对本企业有关部门的标准化工作进行指导。

(8)承担上级标准化行政主管部门和有关行政主管部门委托的标准化工作任务。

(三)企业标准的搜集、选用、制定和管理

1. 企业标准选用和制定的基本原则

(1)贯彻国家和地方有关的方针、政策、法律、法规,全面搜集并及时更新有关标准版本,严格执行强制性国家标准、行业标准和地方标准,即企业标准一定要保证严于上级标准,包括国家、行业及地方标准。

(2)保证安全、卫生,充分考虑使用要求,保护消费者利益,保护环境。

(3)有利于企业技术进步,保证和提高产品质量,改善经营管理和增加社会经济效益。

(4)积极采用国际标准和国外先进标准。

(5)有利于合理利用国家资源、能源,推广科学技术成果,有利于产品的通用互换,符合使用要求,技术先进,经济合理。

(6)有利于对外经济技术合作和对外贸易。

(7)本企业内的企业标准之间应协调一致。

2. 制定企业标准的程序

制定企业标准的程序主要包括:编制计划、调查研究,起草标准草案、征求意见,对标准草案进行必要的验证,审查、批准、编号,发布标准。

(四)标准与规范的实施和监督

汽车维修标准是指导企业生产过程与经营管理的基本准则,标准可以通过相配套的技术规范,包括维修手册、检验规程等,在企业生产技术管理过程中得到具体实施,主要体现在以下方面:

(1)用国家标准《汽车维修业开业条件》等来指导企业建设和经营发展的决策。

(2)用国家标准《机动车维修从业人员从业资格条件》等实施企业人力资源管理。

(3)用国家标准《汽车维护、检测、诊断技术规范》及维护工艺规程、车型维修手册等维修技术标准和规范指导维修作业,实施生产技术管理。

(4)用国家标准《机动车安全运行技术条件》、《营运车辆综合性能要求和检验方法》和具体各项检验规范,指导维修质量检验工作。

对标准与规范的执行实施监督是企业管理的重要手段,目前通过企业建立健全 ISO 质量管理体系的形式,完善企业标准化工作,使技术规范渗透到每个工位、每一个生产经营管理过程,是经实践证明行之有效的一种技术质量管理模式,值得推广。

第四节　汽车维修检测主要技术标准

一 汽车维修管理主要技术标准

汽车维修管理标准在“汽车维修标准体系结构”中属于“基础和通用标准”类,是为协调统一汽车维修行业管理事项所制定的标准，如规范企业市场准入条件的标准、规范行业从业人员技术要求的标准等，是行业管理和企业管理的重要依据。此类标准主要内容介绍如下。

(一)《汽车维修业开业条件》(GB/T 16739—2004)

该标准由中华人民共和国国家质量监督检验检疫总局、中国国家标准化管理委员会2004年1月6日发布，2005年1月1日起实施。

该标准分为两部分：《汽车维修业开业条件 第1部分：汽车整车维修企业》(GB/T 16739.1—2004)；《汽车维修业开业条件 第2部分：汽车专项维修业户》(GB/T 16739.2—2004)。两部分分别规定了汽车整车维修企业和汽车专项维修业户必须具备的人员、组织管理、设施、设备等条件。

该标准属于推荐性国家标准，但是，交通部门规章《机动车维修管理规定》(交通部令2005年第7号)将其确定为汽车维修企业开业的必要条件，而具有强制力。该标准是交通行政主管部门对汽车整车维修企业(一类、二类)和专项维修业户(三类)进行开业审核和管理的依据。标准第1部分适用于汽车整车维修企业；第2部分适用于汽车专项维修业户，分别介绍如下。

1.《汽车维修业开业条件 第1部分：汽车整车维修企业》(GB/T 16739.1—2004)

1)汽车整车维修企业的定义及分类

标准定义的“汽车整车维修企业”为：有能力对所维修车型的整车、各个总成及主要零部件进行各级维护、修理及更换，使汽车的技术状况和运行性能完全(或接近完全)恢复到原车的技术要求，并符合相应国家标准和行业标准的规定的汽车维修企业。整车维修企业按规模大小分为一类汽车整车维修企业和二类汽车整车维修企业。

2)汽车整车维修企业按主修车型的分类

整车维修企业可以有主修车型，并根据主修车型的不同在开业条件方面有所区别。标准将主修车型分为三种情形，具体划分规定是：

(1)小型车——车身总长不超过6m的载客车辆和最大设计总质量不超过3500kg的载货车辆。

(2)大中型客车——车身总长超过6m的载客车辆。

(3)大型货车——最大设计总质量超过3500kg的载货车辆、挂车及专用汽车的车辆部分。

3)汽车整车维修企业人员条件

标准对企业关键岗位人员的数量配备和持证上岗等人员条件作了明确规定。企业关键岗位人员包括：管理负责人、技术负责人及检验、业务、价格核算、维修(机修、电器、钣金、涂漆)等。

(1)企业管理负责人、技术负责人及检验、业务、价格核算、维修(机修、电器、钣金、涂漆)等关键岗位至少应配备1人，并应经过有关培训，取得行业主管部门颁发的从业资格证书，持证上岗。

(2)企业管理负责人应熟悉汽车维修业务，具备企业经营、管理能力，并了解汽车维修及相关行业的法规及标准。

(3)技术负责人应具有汽车维修或相关专业的大专以上文化程度，或具有汽车维修或相关专业的中级以上专业技术职称。应熟悉汽车维修业务,并掌握汽车维修及相关行业的法规及标准。

(4)检验人员数量应与其经营规模相适应,其中至少应有1名总检验员和1名进厂检验员。

(5)业务人员应熟悉各类汽车维修检测作业,从事汽车维修工作3年以上,具备丰富的汽车技术状况诊断经验,熟练掌握汽车维修服务收费标准及相关政策法规。

(6)企业工种设置应覆盖维修业务中涉及的各专业。维修人员的专业知识和业务技能应达到行业主管部门规定的要求。

4)汽车整车维修企业组织管理条件

标准重点对汽车整车维修企业在经营管理和质量管理条件方面作出相应规定。

(1)经营管理条件。标准从具备相关法规等文件资料、规范业务工作流程、健全经营管理体系、实行计算机管理等制度4个方面对整车维修企业经营管理条件作出相应规定。

①应具有与汽车维修有关的法规等文件资料。

②应具有规范的业务工作流程,并明示业务受理程序、服务承诺、用户抱怨受理制度等。

③应具有健全的经营管理体系,设置技术负责、业务受理、质量检验、文件资料管理、材料管理、仪器设备管理、价格结算等岗位并落实责任人。

④应实行计算机管理。

(2)质量管理条件。标准从具备技术标准和相关维修资料、健全各项制度、建立技术档案等制度4个方面对整车维修企业质量管理条件作出相应规定。

①应具有汽车维修的国家标准和行业标准以及相关技术标准。

②应具有所维修车型的维修技术资料及工艺文件,确保完整有效并及时更新。

③应具有汽车维修质量承诺、进出厂登记、检验、竣工出厂合格证管理、技术档案管理、标准和计量管理、设备管理及维护、人员技术培训等制度。

④应建立汽车维修档案和进出厂登记台账。汽车维修档案应包括维修合同,进厂、过程、竣工检验记录,出厂合格证副页,结算凭证和工时、材料清单等。

5)汽车整车维修企业安全生产条件

标准重点对汽车整车维修企业在建立安全管理制度和安全保护措施,健全安全操作规程,具有危险品使用与存储安全防护措施和设施,厂房场地符合安全、环保和消防的要求4个方面提出汽车整车维修企业安全生产条件。

(1)企业应具有与其维修作业内容相适应的安全管理制度和安全保护措施,建立并实施安全生产责任制。安全保护设施、消防设施等应符合有关规定。

(2)企业应有各工种、各类机电设备的安全操作规程,并将安全操作规程明示在相应的工位或设备处。

(3)使用、存储有毒、易燃、易爆物品,腐蚀剂,压力容器等均应有相应的安全防护措施和设施。

(4)生产厂房和停车场应符合安全、环保和消防等各项要求。

6)汽车整车维修企业环境保护条件

标准对建立环境保护管理制度,“三废”处理,涂漆车间和测试车间的环境保护4个方面作出规定。

(1)企业应具有废油、废液、废气、废蓄电池、废轮胎及垃圾等有害物质集中收集、有效处理和保持整洁的环境保护管理制度。有害物质存储区域应界定清楚,必要时应有隔离、控制措施。

(2)作业环境以及按生产工艺配置的处理“三废”(废油、废液、废气)、通风、吸尘、净化、消声等设施,均应符合有关规定。

(3)涂漆车间应设有专用的废水排放及处理设施,采用干打磨工艺的,应用粉尘收集装置和除尘设备,应设有通风设备。

(4)调试车间或调试工位应设置汽车尾气收集净化装置。

7)汽车整车维修企业设施条件

标准规定汽车整车维修企业接待室、停车场、生产厂房三者在面积和设置方面应满足相关设施条件。

(1)接待室(含客户休息室)。企业应设有接待室,一类企业的面积不少于40m^2,二类企业的面积不少于20m^2。接待室应整洁明亮,明示各类证、照、主修车型、作业项目、工时定额及单价等,并应有客户休息的设施。

(2)停车场。企业应有与承修车型、经营规模相适应的合法停车场地,一类企业的面积不少于200m^2,二类企业的面积不少于150m^2。企业租赁的停车场地,应具有合法的书面合同书。停车场地面平整坚实,区域界定标志明显。

(3)生产厂房。生产厂房地面应平整坚实,面积应能满足所有设备的工位布置、生产工艺和正常作业。一类企业的面积不少于800m^2,二类企业的面积不少于200m^2。租赁的生产厂房应具有合法的书面合同书。

8)汽车整车维修企业设备条件

标准规定汽车整车维修企业应配备与其所承修车型相适应的量具、机工具及手工具。量具应定期进行检定。通用设备、专用设备及检测设备,其规格和数量应与其生产纲领和生产工艺相适应。各种设备应符合相应的产品技术条件等国家标准和行业标准的要求。在汽车维修专用设备配置方面,对维修不同类型车辆的企业提出不同的设备配置要求,并规定部分不常用设备或大型设备允许外协,主要检测设备中检测排放污染以外的设备对二类企业允许外协,强调了一类企业和二类企业在规模和功能上的区别,也充分体现了标准的科学性和合理性。

(1)整车维修企业通用设备配置要求见表1-1-1,对一、二类企业有统一要求。

整车维修企业通用设备 表1-1-1

序 号	设 备 名 称	序 号	设 备 名 称
1	钻床	4	压力机
2	电焊及气体保护焊设备	5	空气压缩机
3	气焊设备		

(2)整车维修企业专用设备配置要求见表1-1-2,其中对主修车型不同的企业分别提出不同要求。

整车维修企业专用设备 表 1-1-2

<table>
<tr><th>序号</th><th>设 备 名 称</th><th>大中型客车</th><th>大型货车</th><th>小型车</th><th>其 他 要 求</th></tr>
<tr><td>1</td><td>换油设备</td><td colspan="3">✓</td><td></td></tr>
<tr><td>2</td><td>轮胎轮辋拆装设备</td><td colspan="3">✓</td><td></td></tr>
<tr><td>3</td><td>轮胎螺母拆装机</td><td>✓</td><td>✓</td><td>—</td><td></td></tr>
<tr><td>4</td><td>车轮动平衡机</td><td colspan="3">✓</td><td></td></tr>
<tr><td>5</td><td>四轮定位仪</td><td>—</td><td>—</td><td>✓</td><td></td></tr>
<tr><td>6</td><td>转向轮定位仪</td><td>✓</td><td>✓</td><td>—</td><td></td></tr>
<tr><td>7</td><td>制动鼓和制动盘维修设备</td><td>✓</td><td>✓</td><td>—</td><td></td></tr>
<tr><td>8</td><td>汽车空调制冷剂加注回收设备</td><td>✓</td><td>—</td><td>✓</td><td></td></tr>
<tr><td>9</td><td>总成吊装设备</td><td colspan="3">✓</td><td></td></tr>
<tr><td>10</td><td>汽车举升机</td><td>—</td><td>—</td><td>✓</td><td>一类应不少于 5 台</td></tr>
<tr><td>11</td><td>地沟设施</td><td>✓</td><td>✓</td><td>—</td><td>一类应不少于 2 个</td></tr>
<tr><td>12</td><td>发动机检测诊断设备</td><td colspan="3">✓</td><td>应具备示波器、转速表、发动机检测专用真空表的功能</td></tr>
<tr><td>13</td><td>数字式万用电表</td><td colspan="3">✓</td><td></td></tr>
<tr><td>14</td><td>故障诊断设备</td><td>—</td><td>—</td><td>✓</td><td></td></tr>
<tr><td>15</td><td>汽缸压力表</td><td colspan="3">✓</td><td></td></tr>
<tr><td>16</td><td>汽油喷油器清洗及流量测量仪</td><td>—</td><td>—</td><td>✓</td><td></td></tr>
<tr><td>17</td><td>正时仪</td><td colspan="3">✓</td><td></td></tr>
<tr><td>18</td><td>燃油压力表</td><td>—</td><td>—</td><td>✓</td><td></td></tr>
<tr><td>19</td><td>液压油压力表</td><td colspan="3">✓</td><td></td></tr>
<tr><td>20</td><td>连杆校正器</td><td colspan="3">✓</td><td>允许外协</td></tr>
<tr><td>21</td><td>无损探伤设备</td><td colspan="3">✓</td><td>修理大中型客车必备,其他允许外协</td></tr>
<tr><td>22</td><td>车身清洗设备</td><td>—</td><td>—</td><td>✓</td><td></td></tr>
<tr><td>23</td><td>打磨抛光设备</td><td>✓</td><td>—</td><td>✓</td><td></td></tr>
<tr><td>24</td><td>除尘除垢设备</td><td>✓</td><td>—</td><td>✓</td><td></td></tr>
<tr><td>25</td><td>型材切割机</td><td colspan="3">✓</td><td></td></tr>
<tr><td>26</td><td>车身整形设备</td><td colspan="3">✓</td><td></td></tr>
<tr><td>27</td><td>车身校正设备</td><td>—</td><td>—</td><td>✓</td><td></td></tr>
<tr><td>28</td><td>车架校正设备</td><td>✓</td><td>✓</td><td>—</td><td>二类允许外协</td></tr>
<tr><td>29</td><td>悬架试验台</td><td>—</td><td>—</td><td>✓</td><td>二类允许外协</td></tr>
<tr><td>30</td><td>喷烤漆房及设备</td><td>✓</td><td>—</td><td>✓</td><td></td></tr>
</table>

续上表

序号	设备名称	大中型客车	大型货车	小型车	其他要求
31	喷油泵试验设备		✓		允许外协
32	喷油器试验设备		✓		
33	调漆设备	✓	—	✓	
34	自动变速器维修设备（见 GB/T 16739.2—2004 中 5.4.4）	—	—	✓	
35	立式精镗床		✓		
36	立式珩磨机		✓		
37	曲轴磨床		✓		
38	曲轴校正设备		✓		
39	凸轮轴磨床		✓		
40	激光淬火设备		✓		
41	曲轴、飞轮与离合器总成动平衡机		✓		

注：✓——要求具备。

— ——不要求具备。

（3）整车维修企业主要检测设备配置要求见表 1-1-3，对一、二类企业有不同要求。

整车维修企业主要检测设备　　表 1-1-3

序号	设备名称	其他要求	序号	设备名称	其他要求
1	声级计		5	制动检验台	修理大型货车及二类允许外协
2	排气分析仪或烟度计				
3	汽车前照灯检测设备	二类允许外协	6	车速表检验台	二类允许外协
4	侧滑试验台	二类允许外协	7	底盘测功机	允许外协

2.《汽车维修业开业条件　第 2 部分：汽车专项维修业户》（GB/T 16739.2—2004）

1）汽车专项维修业户的定义及分类

该标准将汽车专项维修业户定义为：从事汽车发动机、车身、电气系统、自动变速器、车身清洁维护、涂漆、轮胎动平衡及修补、四轮定位检测调整、供油系统维护及油品更换、喷油泵和喷油器维修、曲轴修磨、汽缸镗磨、散热器（水箱）、空调维修、汽车装潢（篷布、坐垫及内装饰）、门窗玻璃安装等专项维修作业的业户（三类），共 16 项。

2）汽车专项维修业户开业通用条件

对汽车专项维修业户开业通用条件，即在其服务技术能力上的基本要求，标准作了详细规定，包括：

（1）人员条件。从事专项维修关键岗位的人员数量应能满足生产的需要，并取得行业主管部门颁发的从业资格证书，持证上岗。

(2)法规、标准、技术文件要求。应具有相关的法规、标准、规章等文件以及相关的维修技术资料和工艺文件等,并确保完整有效、及时更新。

(3)业务工作流程与明示内容的要求。应具有规范的业务工作流程,并明示业务受理程序、服务承诺、用户抱怨受理制度等。

(4)设施条件(一般性要求)。生产厂房的面积、结构及设施应满足专项维修作业设备的工位布置、生产工艺和正常作业要求。停车场地界定标志明显,不得占用道路和公共场所进行作业和停车,地面应平整坚实。租赁的生产厂房、停车场地应具有合法的书面合同书。应符合安全生产、环保和消防等各项要求。

(5)设备条件(一般性要求)。配备的设备应与其生产作业规模及生产工艺相适应,其技术状况应完好,符合相应的产品技术条件等国家标准或行业标准的要求,并能满足加工、检测精度的要求和使用要求。检测设备及量具应按规定经有资质的计量检定机构检定合格。

(6)安全生产与环境保护条件。使用、存储有毒、易燃、易爆物品,粉尘、腐蚀剂、污染物、压力容器等均应有安全防护措施和设施。作业环境以及按生产工艺安装、配置的处理“三废”(废油、废液、废气)、通风、吸尘、净化、消声等设施,均应符合国家有关法规、标准的规定。

3)汽车专项维修业户开业专用条件

汽车专项维修业户开业,除必须具备通用技术条件外,标准还分别就各类专项维修的不同经营范围规定了开业的专用条件,分别简述如下:

(1)发动机专项修理开业专用条件:

①人员条件。企业管理负责人、技术负责人及检验人员等均应经过有关培训,并取得行业主管部门颁发的从业资格证书,持证上岗。企业管理负责人应熟悉汽车维修业务,具备企业经营、管理能力,并了解发动机维修及相关行业的法规及标准。技术负责人应具有汽车维修或相关专业的大专以上文化程度,或具有汽车维修或相关专业的中级以上专业技术职称。应熟悉汽车维修业务,并掌握汽车维修相关行业的法规及标准。检验人员应不少于 2 名。发动机主修人员应不少于 2 名。

②组织管理。应具有健全的经营管理体系,设置技术负责、业务受理、质量检验、文件资料管理、材料管理、仪器设备管理、价格结算等岗位并落实责任人。应具有汽车维修质量承诺、进出厂登记、检验记录及技术档案管理、标准和计量管理、设备管理及维护、人员技术培训等制度并严格实施。

③设施条件。应设有接待室,其面积应不少于 $20m^2$。接待室应整洁明亮,明示各类证、照、作业项目及计费工时定额等,并应有客户休息的设施。停车场面积应不少于 $30m^2$。生产厂房应不少于 $200m^2$。

④主要设备。从发动机总成修理工艺需求出发,标准规定应配置:压力机,空气压缩机,发动机解体清洗设备,发动机等总成吊装设备,发动机试验设备,废油收集机,数字式万用电表,汽缸压力表,量缸表,正时仪,汽油喷油器清洗及流量测量仪,燃油压力表,喷油泵试验设备,喷油器试验设备,连杆校正器,排气分析仪,烟度计,无损探伤设备,立式精镗床,立式珩磨机,曲轴磨床,曲轴校正设备,凸轮轴磨床,激光淬火设备,曲轴、飞轮与离合器总成动平衡机等,共

25 项维修设备。

(2)车身专项维修开业专用条件:

①人员条件。企业管理负责人、技术负责人及检验人员条件与“发动机专项修理开业专用条件”中的要求相同。检验人员应不少于1名。车身主修及维修涂漆人员均不少于2名。

②组织管理条件。企业的组织管理条件与“发动机专项修理开业专用条件”中的的要求相同。

③设施条件。应设有接待室,其面积应不少于$20m^2$。接待室应整洁明亮,明示各类证、照、作业项目及计费工时定额等,并应有客户休息的设施。停车场面积应不少于$30m^2$。生产厂房应不少于$120m^2$。

④主要设备。从车身维修工艺需求出发,标准规定应配置:电焊及气体保护焊设备,气焊设备,压力机,空气压缩机,汽车外部清洗设备,打磨抛光设备,除尘除垢设备,型材切割机,车身整形设备,车身校正设备,车身尺寸测量设备,喷烤漆房及设备,调漆设备(允许外协),共13项维修设备。

(3)电气系统专项维修开业专用条件:

①人员条件。企业管理负责人、技术负责人及检验人员条件与“发动机专项修理开业专用条件”中的要求相同。检验人员应不少于1名。电子电器主修人员应不少于2名。

②组织管理条件。企业的组织管理条件与“发动机专项修理开业专用条件”中的要求相同。

③设施条件。应设有接待室,其面积应不少于$20m^2$。接待室应整洁明亮,明示各类证、照、作业项目及计费工时定额等,并应有客户休息的设施。停车场面积应不少于$30m^2$。生产厂房应不少于$120m^2$。

④主要设备。从电气系统维修工艺需求出发,标准规定应配置:空气压缩机,故障诊断设备,数字式万用电表,充电机,电解液比重计,高频放电叉,汽车前照灯检测设备(允许外协),电路检测设备等,共8项维修设备。

(4)自动变速器专项修理开业专用条件:

①人员条件。企业管理负责人、技术负责人及检验人员条件与“发动机专项修理开业专用条件”中的要求相同。检验人员应不少于1名。自动变速器专业主修人员应不少于2名。

②组织管理条件。企业的组织管理条件与“发动机专项修理开业专用条件”中的要求相同。

③设施条件。应设有接待室,其面积应不少于$20m^2$。接待室应整洁明亮,明示各类证、照、作业项目及计费工时定额等,并应有客户休息的设施。停车场面积应不少于$30m^2$。生产厂房应不少于$200m^2$。

④主要设备。从自动变速器修理工艺需求出发,标准规定应配置:自动变速器翻转设备,自动变速器拆解设备,变矩器维修设备,变矩器切割设备,变矩器焊接设备,变矩器检测(漏)设备,零件高压清洗设备,电控变速器测试仪,油路总成测试机,液压油压力表,自动变速器总成测试机,自动变速器专用测量器具,共12项维修设备。

(5)车身清洁维护专项维修开业专用条件:

①人员条件。至少有 2 名经过专业培训的车身清洁人员。

②设施条件。生产厂房面积不少于 $40m^2$。停车场面积不少于 $30m^2$。

③主要设备。标准规定应配置:举升设备或地沟,汽车外部清洗设备及污水处理设备,吸尘设备,除尘、除垢设备,打蜡设备,抛光设备,共 6 项维修设备。

④节水条件。取得节水管理部门的批准,符合当地节水及环保要求。

(6)车身涂漆专项维修开业专用条件:

①人员条件。至少有 1 名经过专业培训的汽车维修涂漆人员。

②设施条件。生产厂房面积不少于 $120m^2$。停车场面积不少于 $40m^2$。

③主要设备。标准规定应配置:举升设备,除锈设备,砂轮机,空气压缩机,喷烤漆房(从事轿车喷漆必备)或喷漆设备,调漆设备(允许外协),吸尘、通风设备,共 7 项维修设备。

(7)轮胎动平衡及修补专项维修开业专用条件:

①人员条件。至少有 1 名经过专业培训的轮胎维修人员。

②设施条件。生产厂房面积不少于 $30m^2$。停车场面积不少于 $30m^2$。

③主要设备。标准规定应配置:空气压缩机,漏气试验设备,轮胎气压表,千斤顶,轮胎螺母拆装机或专用拆装工具,轮胎轮辋拆装、除锈设备或专用工具,轮胎修补设备,车轮动平衡机,共 9 项维修设备。

(8)四轮定位检测调整专项维修开业专用条件:

①人员条件。至少有 1 名经过专业培训的汽车四轮定位检测调整维修人员。

②设施条件。生产厂房面积不少于 $40m^2$。停车场面积不少于 $30m^2$。

③主要设备。标准规定应配置:举升设备,四轮定位仪,空气压缩机,轮胎气压表,共 4 项维修机具设备。

(9)供油系统维护及油品更换专项维修开业专用条件:

①人员条件。至少有 1 名经过专业培训的汽车供油系统维护及油品更换维修人员。

②设施条件。生产厂房面积不少于 $40m^2$。停车场面积不少于 $30m^2$。

③主要设备。标准规定应配置:不解体油路清洗设备,换油设备,废油收集设备,举升设备或地沟,空气压缩机,共 5 项维修设备。

(10)喷油泵、喷油器专项维修开业专用条件:

①人员条件。至少有 1 名经过专业培训的汽车高压油泵维修人员。

②设施条件。生产厂房面积不少于 $30m^2$。停车场面积不少于 $30m^2$。

③主要设备。标准规定应配置:喷油泵、喷油器清洗和试验设备,喷油泵、喷油器密封性试验设备(从事喷油泵、喷油器维修的业户),弹簧试验仪,千分尺,塞尺,共 5 项维修机具设备。

(11)曲轴修磨专项维修开业专用条件:

①人员条件。至少有 1 名经过专业培训的曲轴修磨人员。

②设施条件。生产厂房面积不少于 $60m^2$。停车场面积不少于 $30m^2$。

③主要设备。标准规定应配置:曲轴磨床,曲轴校正设备,曲轴动平衡设备,平板,V 形块,百分表及磁力表座,外径千分尺,无损探伤设备,吊装设备,共 9 项维修机具设备。

(12)汽缸镗磨专项维修开业专用条件：

①人员条件。至少有1名经过专业培训的汽缸镗磨人员。

②设施条件。生产厂房面积不少于60m^2。停车场面积不少于30m^2。

③主要设备。标准规定应配置：立式精镗床，立式珩磨机，压力机，吊装起重设备，汽缸体水压试验设备，量缸表，外径千分尺，塞尺，激光淬火设备（从事激光淬火必备），平板，共10项维修机具设备。

(13)散热器专项维修开业专用条件：

①人员条件。至少有1名经过专业培训的散热器维修人员。

②设施条件。生产厂房面积不少于30m^2。停车场面积不少于30m^2。

③主要设备。标准规定应配置：清洗及管道疏通设备，气焊设备，钎焊设备，空气压缩机，喷漆设备，散热器密封试验设备，共6项维修机具设备。

(14)空调专项维修开业专用条件：

①人员条件。至少有1名经过专业培训的汽车空调维修人员。

②设施条件。生产厂房面积不少于40m^2。停车场面积不少于30m^2。

③主要设备。标准规定应配置：汽车空调制冷剂加注回收设备，气焊设备，空调电器检测设备，空调专用检测设备，数字式万用电表，共5项维修机具设备。

(15)汽车装潢（篷布、坐垫及内装饰）专项维修开业专用条件：

①人员条件。至少有1名经过专业培训的汽车装潢维修人员。

②设施条件。生产厂房面积不少于30m^2。停车场面积不少于30m^2。

③主要设备。标准规定应配置：缝纫机，锁边机，工作台或工作案，台钻或手电钻，电熨斗，裁剪工具，烘干设备，共7项维修机具设备。

(16)汽车玻璃安装专项维修开业专用条件：

①人员条件。至少有1名经过专业培训的汽车玻璃安装维修人员。

②设施条件。生产厂房面积不少于30m^2，停车场面积不少于30m^2。

③主要设备。标准规定应配置：工作台，玻璃切割工具，注胶工具，玻璃固定工具，直尺、弯尺，玻璃拆装工具，吸尘器，共7项维修机具设备。

(二)《摩托车维修业开业条件》(GB/T 18189—2008)

该标准由中华人民共和国国家质量监督检验检疫总局、中国国家标准化管理委员会于2008年10月21日发布，2009年4月1日起实施。该标准规定了摩托车维修业的分类及开业应具备的人员、组织管理、安全生产与环境保护、设施、设备等条件。该标准属于推荐性国家标准，适用于一类、二类摩托车维修企业的经营许可审验，是交通行政主管部门对摩托车维修企业开业审核和管理的依据。标准的主要内容介绍如下。

1. 摩托车维修业的分类

标准规定：摩托车维修业按经营规模大小分为一类摩托车维修企业和二类摩托车维修企业。

2. 摩托车维修企业开业条件

1)人员

(1)岗位设置及人员数量要求见表1-1-4。

人员数量、生产厂房面积、维修工具及设备要求　　表1-1-4

项　目	一类摩托车维修企业	二类摩托车维修企业
人员数量	应设置技术负责人岗位至少配备1名检验员和4名维修技术人员	应设置技术负责人和检验员岗位至少配备2名维修技术人员
生产厂房面积（m^2）	≥50	≥20
维修工具及设备	①轮胎拆装设备或专用工具； ②补胎专用工具； ③充电设备； ④空气压缩机； ⑤砂轮机； ⑥钳工作业台及工具； ⑦扭力扳手； ⑧塞尺； ⑨万用表； ⑩手电钻； ⑪轮胎气压表； ⑫汽缸压力表； ⑬外径千分尺； ⑭内径千分表； ⑮游标卡尺； ⑯气门研磨设备或工具； ⑰维修专用工具及各种拉压具； ⑱台钻； ⑲举升作业平台； ⑳焊接设备； ㉑镗缸设备； ㉒磨缸设备； ㉓涂漆设备； ㉔排气分析仪	①轮胎拆装工具； ②补胎专用工具； ③充电设备； ④空气压缩机； ⑤砂轮机； ⑥钳工作业台及工具； ⑦扭力扳手； ⑧塞尺； ⑨万用表； ⑩手电钻； ⑪轮胎气压表； ⑫汽缸压力表； ⑬外径千分尺； ⑭内径千分表； ⑮游标卡尺； ⑯气门研磨设备或工具； ⑰镗缸设备（允许外协）； ⑱磨缸设备（允许外协）； ⑲涂漆设备（允许外协）； ⑳排气分析仪（允许外协）

(2)技术负责人应熟悉摩托车维修业务及专业知识，了解相关的行业法规及标准。

(3)检验员应熟悉摩托车维修的相关标准、政策法规和技术要求，具有行业主管部门颁发的从业资格证书。

(4)维修技术人员应熟悉所从事工种的维修技术和操作规范，并了解摩托车维修及相关技术要求。

2)组织管理、安全生产与环境保护

(1)应明示各类证、照、作业项目、收费标准及服务承诺等。

(2)应备有国家、行业和地方的摩托车维修技术标准及所承修摩托车的维修技术资料。

(3)应制定质量保证、检验、设备及配件管理、技术档案管理、安全管理等各项制度。

(4)应建立安全生产责任制，制定安全操作规程并明示。安全防护、消防设施等应符合有关规定。

(5)摩托车维修产生的废弃物,其收集、存放和处理应符合国家有关的环保规定。

3)设施

(1)应有与维修作业相适应的生产厂房和停车场地。

(2)租赁的生产厂房和停车场,应具有合法的租赁合同,租赁期限不得少于1年。

(3)生产厂房应整洁、明亮,通风、排水、照明设施良好,地面平整坚实。

(4)摩托车配件应按类别摆放整齐,存放在清洁、干燥处。

4)设备

应配备与其维修作业相适应的维修工具及设备,其技术状况应完好,符合相应的产品技术条件等国家标准或行业标准的要求。应配备的维修工具及设备见表1-1-4。

(三)《机动车维修从业人员从业资格条件》(GB/T 21338—2008)

《机动车维修从业人员从业资格条件》(GB/T 21338—2008)由中华人民共和国国家质量监督检验检疫总局中国国家标准化管理委员会于2008年1月9日发布,2008年7月1日实施。该标准规定了机动车维修从业人员的岗位职责、任职资格等要求。适用于机动车维修企业负责人、机动车维修企业技术负责人、机动车维修质量检验员、机修人员、电器维修人员、钣金(车身修复)人员和涂漆(车身涂装)人员、车辆技术评估人员、机动车维修业务员和机动车维修价格结算员等从业人员的资格判定和审核。

1.有关机动车维修从业人员的定义

(1)机动车维修企业负责人:机动车维修企业中全面负责各项经营活动的责任人。

(2)机动车维修技术负责人:机动车维修企业中全面负责各项技术管理工作的责任人。

(3)机动车维修质量检验员:机动车维修企业中从事各项质量检验的人员。

(4)机修人员:机动车维修企业中从事机动车机械及其控制系统维修作业的人员。

(5)电器维修人员:机动车维修企业中从事机动车电气系统维修作业的人员。

(6)钣金(车身修复)人员:机动车维修企业中从事车身修复作业(涂装作业除外)的人员。

(7)涂漆(车身涂装)人员:机动车维修企业中从事车身涂装作业的人员。

(8)车辆技术评估人员:机动车维修企业或机动车综合性能检测站中从事机动车性能检测和机动车技术状态评定的人员。

(9)机动车维修业务员:机动车维修企业中从事客户接待工作的人员。

(10)机动车维修价格核算员:机动车维修企业中对机动车维修进行价格核定和结算的人员。

2.从业资格条件

1)机动车维修企业负责人

(1)岗位职责。

①执行国家、地方和行业相关法律、法规、规章、标准和规范,依法经营企业。

②负责企业的经营管理工作,对企业的经营和企业的发展全面负责。

③负责制定企业的各项管理制度,并组织实施。

④负责设置企业内部管理机构,领导、协调、监督各职能部门的工作。

⑤负责建立健全维修质量保证体系,并组织实施。

⑥负责建立健全安全生产、环境保护等管理体系,并组织实施。

(2)任职资格。

①基本条件:具有大专(含)以上文化程度;具有3年以上的机动车维修企业管理实践。

②专业知识:掌握国家、地方和行业相关的法律、法规、规章及制度;了解机动车维修专业知识及相关的标准和规范;熟悉机动车维修企业管理知识;掌握机动车维修企业管理软件操作知识;了解机动车维修专业知识;熟悉机动车维修企业管理(包括人事、财务、行政、业务、配件、质量等)知识;熟悉机动车后市场相关知识。

③专业技能:具有经营和策划能力;具有人力资源管理及组织协调能力;具有生产、技术和质量管理能力;具有计划、统计、分析及基本的资金运作能力。

2)机动车维修技术负责人

(1)岗位职责。

①负责建立和实施企业机动车维修质量保证体系,对质量保证体系进行监控及文件修订。

②负责制定企业各项技术质量管理制度和工艺文件,并组织实施、检查和修订。

③负责企业日常技术管理工作,对机动车维修质量负责,组织解决机动车维修中出现的疑难技术问题,对机动车维修质量事故和质量纠纷提出处理意见和改进措施。

④负责制定本企业技术开发、技术改造、技术革新方案并组织实施,对技术成果组织推广运用。

⑤负责制定技术培训计划并组织实施。

⑥贯彻执行机动车维修工时定额和收费标准。

(2)任职资格。

①基本条件:具有机动车维修或相关专业的大专(含)以上学历,或具有机动车维修或相关专业的中级(含)以上专业技术职称;具有在机动车维修企业5年以上的工作实践。

②专业知识:熟悉与机动车维修相关的法律、法规、规章及制度;掌握与机动车维修相关标准和规范;掌握机动车维修专业知识;掌握机动车维修企业的技术质量管理知识;熟悉机动车维修工时定额和收费标准。

③专业技能:能熟练使用机动车检测诊断设备,对车辆进行检测诊断;具有机动车故障分析诊断能力,组织解决机动车维修中出现的疑难技术问题;具有制定企业各项技术质量管理制度和工艺文件的能力;具有处理机动车维修质量事故和质量纠纷的能力;能搜集和整理技术资料,指导生产实践;能制定完善的技术培训计划并组织实施;具有机动车维修企业管理软件的操作应用能力。

3)机动车维修质量检验员

(1)岗位职责。

①负责机动车维修进厂检验,确定维修项目,填写进厂检验单。

②负责机动车维修过程的质量监控,填写过程检验单,并指导维修人员对维修车辆的故障进行深入诊断。

③负责机动车维修竣工出厂检验,填写维修竣工出厂检验单,签发维修竣工出厂合格证。

④协助技术负责人分析处理质量事故和纠纷,提出改进和预防措施,并组织实施。

⑤配合业务员完成机动车或总成维修进厂和竣工出厂的交接工作。

⑥负责对机动车配件的质量进行监控。

⑦负责指导和培训相关人员对机动车维修质量进行检验。

(2)任职资格。

①基本条件:具有高中(含)以上学历,获得机修人员或电器维修人员职业资格并连续在该岗位工作2年以上;具有与本企业承修车型相适应的机动车驾驶证,并安全驾驶1年以上。

②专业知识:熟悉机动车维修管理的相关法律、法规、规章及制度;掌握机动车的结构、原理和性能以及主修车型的维修技术标准和规范;掌握机动车检测诊断和机动车维修质量检验原理、方法和技术规范;掌握常用仪器、仪表和量具的工作原理、性能和使用方法;掌握常用检测诊断设备的工作原理、性能和使用方法;熟悉机动车维修质量保证体系知识;熟悉机动车常用材料的性能和机动车配件质量控制知识;了解机动车综合性能要求和检验方法。

③专业技能:能熟练运用相应检验仪器、仪表和量具以及检测诊断设备完成机动车维修进厂、维修过程和维修竣工出厂的各项质量检验工作,正确填写机动车维修进厂检验单、过程检验单和维修竣工出厂检验单和维修竣工出厂合格证;能协助技术负责人对机动车维修质量事故进行分析和鉴定,提出改进和预防措施,并组织实施;能配合业务员进行车辆或总成维修进厂和维修竣工出厂的检验交接;能对机动车配件质量进行常规检验;能指导和培训相关人员对机动车维修质量进行检验;具有查阅和运用技术资料对维修车辆的故障进行深入诊断的能力;具有正确执行标准判定检验结果的能力。

4)机修人员

(1)岗位职责。

①在生产过程中执行安全操作规程,按工艺规范正确完成机动车机械及其控制系统的维修作业。

②协助质量检验员工作,对机修质量负责。

③指导本岗位其他人员的技术操作。

④配合协调其他岗位的工作。

⑤负责本岗位技术问题的搜集、整理和上报。

⑥负责本岗位的现场管理。

(2)任职资格。

①基本条件。具有初中(含)以上文化程度。连续从事机修工作3年以上,或本专业中职毕业连续从事机修工作2年以上,或本专业高职(含)以上毕业连续从事机修工作1年以上。

②专业知识。了解本岗位工艺、工时、标准和规范。熟悉安全生产、环境保护和质量管理的知识。熟悉电工电子学的基本知识,掌握机动车电路图识图知识。掌握机械制图、液压传动、公差与配合、机动车常用材料知识。掌握机动车维修专业知识,了解机动车新材料、新工艺、新设备和新技术。掌握发动机、底盘及其控制系统零部件的常规检验方法。掌握发动机、底盘及其控制系统维修工艺规程和竣工验收标准。掌握发动机、底盘及其控制系统故障诊断原理和方法。了解常用维修检测仪器和设备的工作原理及使用方法。

③专业技能。具有按工艺规范完成机动车发动机、底盘及其控制系统的故障诊断和维修作业的能力。能熟练使用维修检测仪器和设备准确诊断并排除车辆故障。能熟练应用技术资料解决本岗位的技术问题。具有搜集、整理、分析和处理本岗位技术问题的能力。能指导本岗位其他人员完成机修作业。

5)电器维修人员

(1)岗位职责。

①负责机动车电气系统的检测诊断和维修作业。

②在生产过程中执行安全操作规程,按工艺规范正确完成机动车电气系统的维修作业。

③协助质量检验员工作,对机动车电器维修质量负责。

④指导本岗位其他人员的技术操作。

⑤配合协调其他岗位的工作。

⑥负责本岗位技术问题的搜集、整理和上报。

⑦负责本岗位的设备的日常管理。

⑧负责本岗位的现场管理。

(2)任职条件。

①基本条件:具有初中(含)以上文化程度;连续从事机动车电器维修工作 3 年以上,或本专业中职毕业连续从事机动车电器维修工作 2 年以上,或本专业高职(含)以上毕业连续从事机动车电器维修工作 1 年以上。

②专业知识:了解本岗位工艺、工时、标准和规范;熟悉安全生产、环境保护和质量管理的知识;掌握电工电子学的基本知识、电路图识图知识,掌握车用传感器的基本知识;掌握机动车电器的结构、电路原理和检测诊断方法;熟悉发动机、底盘及其控制系统的结构和基本工作原理;熟悉常用机动车维修检测仪器和设备的工作原理及使用方法。

③专业技能:具有完成机动车电气系统故障诊断和维修作业的能力;能熟练使用电器维修所需要的各种检测仪器和设备,准确判断并排除车辆电气系统故障;能应用技术资料解决机动车电器维修的技术问题;具有搜集、整理、分析处理机动车电器维修技术问题的能力;能指导本岗位其他人员完成机动车电器维修作业。

6)钣金(车身修复)人员

(1)岗位职责。

①负责制定合理的车身修复工艺方案并实施车身修复作业。

②配合协调其他岗位的工作。

③指导本岗位其他人员的技术操作。

④协助质量检验员工作,对车身修复质量负责。

⑤负责本岗位技术问题的搜集、整理和上报。

⑥负责本岗位设备的日常管理、使用与维护。

⑦负责本岗位的现场管理。

(2)任职资格。

①基本条件:具有初中(含)以上文化程度;连续从事车身修复工作 3 年(含)以上,或相关专业中职毕业连续从事车身修复工作 2 年以上,或相关专业高职毕业连续从事车身修复工作 1 年以上;应持有相关部门发放的具有焊工初级以上的职业资格证书。

②专业知识:了解本岗位工艺、工时、标准和规范;熟悉劳动安全与环境保护知识;了解机动车构造知识与维修知识、机械基础知识,熟悉车身材料知识;了解机动车碰撞知识及定损知识;了解机械制图知识,掌握车身测量知识;掌握车身修复工艺知识与车身修复相关的技术标

准;掌握车身修复设备的工作原理与使用、维护知识;掌握材料加热及焊接知识。

③专业技能:能制定合理的车身修复工艺方案,并实施车身修复作业;能应用车身技术资料正确实施车身修复;能正确使用和维护车身检测、维修设备;能根据车身材料采取相应的防腐工艺;能对车身修复过程记录并正确填写车身修复档案;能指导本岗位其他人员完成车身修复作业;能按照劳动安全和环境保护操作规程作业,能正确使用各种防护器具,能实施简单救护。

7)涂漆(车身涂装)人员

(1)岗位职责。

①负责制定合理的车身涂装工艺方案并实施车身涂装作业。

②配合协调其他岗位的工作。

③指导本岗位其他人员的技术操作。

④协助质量检验员工作,对车身涂装质量负责。

⑤负责本岗位技术问题的搜集、整理和上报。

⑥负责本岗位的设备的日常管理。

⑦负责本岗位的现场管理。

(2)任职资格。

①基本条件:具有初中(含)以上文化程度;连续从事车身涂装工作3年(含)以上,或相关专业中职毕业连续从事车身涂装工作2年以上,或相关专业高职毕业连续从事车身涂装工作1年以上;具有与从事本岗位工作需求相适应的身体条件。

②专业知识:了解本岗位工艺、工时、标准和规范;了解劳动安全与环境保护知识;了解机动车结构与机动车维修的基本知识;掌握机动车车身材料知识及车身涂装材料知识,掌握车身涂装颜色知识;掌握机动车涂装设备的工作原理与使用、维护知识;掌握车身涂装工艺知识与相关技术标准;掌握车身养护基本知识。

③专业技能:能制定合理的车身涂装工艺方案,并实施车身涂装作业;能熟练进行调漆操作;能根据车身材料采取相应的防腐工艺;能进行车身维护的基本作业和划痕修复;能熟练使用3种以上品牌的涂料进行涂装作业;能熟练使月、维护涂装工具和设备;能对车身涂装过程检验进行记录并正确填写车身涂装档案;能对本岗位其他人员进行培训并指导其完成车身涂装作业;能按照劳动安全和环境保护操作规程作业,能正确使用各种防护器具,能实施简单救护。

8)车辆技术评估人员

(1)岗位职责。

①严格执行国家检测标准,把好质量关。

②负责实施机动车技术性能检测,对检测的机动车做出技术状态的评定。

③负责向委托单位提供技术咨询,并提供客观真实的检测数据。

④对检测有疑问的车辆进行复检,对发生的检测质量问题及时处理解决。

(2)任职资格。

①基本条件:具有机动车维修或相关专业的高中(含)以上文化程度;具有机动车检测站连续3年以上的工作实践;具有相应机动车驾驶证,且2年以上驾龄。

②专业知识:掌握国家、地方和行业相关的法律、法规、规章、标准和规范;掌握机动车结构、原理和性能及主要车型的相关检测标准;掌握机动车检测诊断原理、方法和技术规范;掌握常用检测诊断设备、仪器、仪表和量具的工作原理和性能,掌握其使用及校准方法;掌握机动车性能要求和检验方法,熟悉车辆技术评定的基本知识;熟悉质量保证体系的知识;熟悉机动车检测站计算机控制系统、联网的使用和维护知识。

③专业技能;能熟练使用机动车检测设备,对车辆进行检测;具有组织实施机动车性能检测,并对机动车作出技术状态评定的能力;具有车辆技术评估检测质量管理及处理检测质量纠纷的能力;能制订技术培训计划并付诸实施;具有计算机控制系统操作应用能力。

9)机动车维修业务员

(1)岗位职责。

①负责机动车维修业务接待工作。

②负责对报修车辆进行初步诊断、估算维修费用、签订维修合同。

③负责跟踪检查维修过程、维修进度和维修质量。

④协助质量检验员对车辆进行竣工检查验收和车辆移交工作,协助办理维修费用结算手续。

⑤负责客户的跟踪服务,建立和管理客户档案,接待及协助处理客户投诉。

(2)任职资格。

①基本条件:具有机动车维修专业中职(含)以上的文化水平;具有2年以上机动车维修工作经验,有机动车驾驶证。

②专业知识:熟悉与本行业相关的各种法律法规;熟悉机动车维修工时、收费标准及零配件价格;掌握机动车构造和工作原理;了解机动车常见故障及故障诊断的基本方法;熟悉机动车各工种维修工艺流程及技术要求;熟悉机动车零配件常识。

③专业技能:能制定及实施业务接待流程;能对车辆进行初步诊断,确定维修项目,估算维修费用,签订维修合同,引导客户正确进行车辆维护和修理;能协助相关人员对维修过程、维修进度和维修质量进行跟踪;能协助质量检验员对竣工车辆进行检查验收;能熟练操作计算机;能建立客户档案。

10)价格结算人员

(1)岗位职责:执行国家、地方有关汽车维修价格的政策和标准;负责机动车维修价格的核算和结算。

(2)任职资格。

①基本条件:具有高中以上(含高中)文化程度;具有在机动车维修企业2年以上工作实践。

②专业知识:熟悉国家、地方、行业有关机动车维修价格的政策和标准;熟悉机动车维修工时定额及机动车零配件定价方法;了解机动车维修工艺流程及技术要求;了解零部件的修复工艺和常用材料;了解机动车零配件知识;掌握计算机办公软件及机动车维修企业管理软件。

③专业技能:能进行机动车维修价格核算和结算,能进行信息搜集、统计和分析,能熟练使用计算机办公软件及机动车维修企业管理软件。

(四)《汽车维修行业计算机管理信息系统技术规范》(JT/T 640—2005)

该标准由中华人民共和国交通部于2005年9月21日发布,2006年1月1日起实施。该标准规定了汽车维修行业计算机管理信息系统的构成、数据信息、系统功能、配置、接口和性能,以及系统的安装和维护要求。该标准属于推荐性交通行业标准,适用于道路运输管理机构的汽车维修行业计算机信息管理和汽车维修企业计算机信息管理。其他机动车维修行业的计算机信息管理可参照执行。标准的主要内容介绍如下。

1. 系统构成和数据信息

1)系统构成

该标准规定,汽车维修行业计算机管理信息系统由两部分组成:一是汽车维修行业管理信息系统;二是汽车维修企业管理信息系统。

2)汽车维修行业管理信息系统建立的基本原则

该标准规定:汽车维修行业管理信息系统数据信息集应符合要求,主要数据信息包括:业户信息、车辆信息、人员信息、单证信息,并以附录A规定了该系统的详细数据信息项目。

3)汽车维修企业管理信息系统建立的基本原则

该标准规定:汽车维修企业管理信息系统数据信息集应符合要求,主要数据信息包括:基本信息、车辆维修业务管理信息,并以附录B规定了该系统的详细数据信息项目。

2. 系统功能

1)汽车维修行业管理信息系统功能

该标准规定:汽车维修行业管理信息系统对业户、车辆、从业人员等管理应具有相应的增加、删除、修改等权限控制机制,实现业务办理、业户管理、车辆管理、从业人员管理、单据管理、查询统计等功能。

2)汽车维修企业管理信息系统功能

该标准规定:汽车维修企业管理信息系统对业务接待、采购进货、配件销售、工具、人员等管理应具有相应的增加、删除、修改等权限控制机制,实现以下功能:

(1)车辆维修管理,包括业务接待、生产调度、检验、车辆维修技术档案、维修结算、查询统计等。

(2)配件管理,包括采购进货、配件销售储存管理、账务管理、工具设备管理、人员管理、基本信息管理、查询统计等。

(五)《汽车综合性能检测站能力的通用要求》(GB/T 17993—2005)

该标准由中华人民共和国国家质量监督检验检疫总局、中国国家标准化管理委员会于2005年7月21日发布,2005年12月1日起实施。该标准规定了汽车综合性能检测站开展汽车综合性能检测工作应具备的服务功能,管理、技术能力,以及场地和设施的要求。

1. 汽车综合性能及汽车综合性能检测站的定义

1)汽车综合性能

该标准将汽车综合性能定义为:在用汽车动力性、安全性、燃料经济性、使用可靠性、排气污染物和噪声,以及整车装备完整性与状态、防雨密封性等多种技术性能的组合。

2)汽车综合性能检测站

该标准将汽车综合性能检测站定义为:按照规定程序、方法,通过一系列技术操作行为,对在用汽车综合性能进行检测(验)评价工作并提供检测数据、报告的社会化服务机构,简称综检站。

2. 综检站的功能

(1)依法对营运车辆的技术状况进行检测;

(2)依法对车辆维修竣工质量进行检测;

(3)接受委托,对车辆改装(造)、延长报废期,及其相关新技术、科研鉴定等项目进行检测;

(4)接受交通、公安、环保、商检、计量、保险和司法机关等部门、机构的委托,对其进行规定项目的检测。

3. 综检站管理要求

该标准对综检站在组织,质量体系,文件控制,服务,抱怨处理,事故、差错控制,记录、报告的控制,质量审核和评审等方面的具体管理要求作了详细规定。

4. 综检站技术能力要求

综检站作为一个提供技术性能检测服务的机构,应该具有一定的技术能力,为此,该标准从人员、检测项目与参数、检测仪器设备、计算机控制检测系统等方面的技术能力要求作了具体规定。

5. 综检站场地和设施要求

该标准对综检站在场地和设施方面规定了基本要求,并对检测线的工位设计、检测工艺流程布置、检测线出入口指示及安全防护装置,检测间的空间布局、通风和防雨设施、通道地面平整度以及采光照明、停车场和试车道路等的设计要求作了严格规定。

二 汽车维修主要技术标准

汽车维修技术标准在"汽车维修标准体系结构"中属于"专用修理技术标准"类,也称为"方法"类标准,用以规范汽车维修作业行为,如有关汽车维护作业规范、汽车修理竣工技术要求方面的标准等,是汽车维修技术质量管理的重要依据。此类标准主要介绍如下。

(一)《汽车维护、检测、诊断技术规范》(GB/T 18344—2001)

该标准由中华人民共和国国家质量监督检验检疫总局、中国国家标准化管理委员会于2001年3月26日发布,2001年12月1日起实施。该标准规定了汽车日常维护、一级维护、二级维护的周期,作业内容和技术规范。该标准属于推荐性国家标准,适用于所有在用汽车。

1. 汽车维护的定义及作业中心内容

(1)日常维护。以清洁、补给和安全检视为作业中心内容,由驾驶员负责执行的车辆维护作业。

(2)一级维护。除日常维护作业外,以清洁、润滑、紧固为作业中心内容。并检查有关制动、操纵等安全部件,由维修企业负责执行的车辆维护作业。

(3)二级维护。除一级维护作业外。以检查、调整转向节、转向摇臂、制动蹄片、悬架等经过一定时间的使用容易磨损或变形的安全部件为主,并拆检轮胎,进行轮胎换位,检查调整发动机工作状况和排气污染控制装置等,由维修企业负责执行的车辆维护作业。

2. 汽车维护分级和周期

该标准规定:汽车维护分为日常维护、一级维护和二级维护,各级维护周期分别是:

(1)日常维护的周期为出车前,行车中,收车后。

(2)汽车一、二级维护周期的确定,应以汽车行驶里程为基本依据。汽车一、二级维护行驶里程依据车辆使用说明书的有关规定,同时依据汽车使用条件的不同,由省级交通行政主管部门确定。对于不便用行程里程统计、考核的汽车,可用行驶时间间隔确定一、二级维护周期。其时间(天)间隔可依据汽车使用强度和条件的不同。参照汽车一、二级维护里程周期确定。

3. 维护作业规范

在该标准中,对日常维护、一级维护和二级维护的维护作业规范作了详细说明。

(二)《液化石油气汽车维护检测规范》(JT/T 511—2004)

该标准由中华人民共和国交通部2004年4月16日发布,2004年7月15日起实施。该标准规定了液化石油气(以下简称LPG)汽车维修企业具备的技术条件,LPG汽车维护、检测的周期、作业内容和技术要求。该标准属于推荐性交通行业标准,适用于LPG汽车,包括单一燃料LPG汽车和LPG/汽油两用燃料汽车。标准的主要内容介绍如下。

1. LPG汽车相关定义

(1)单一燃料液化石油气汽车。只有一套液化石油气燃料供给系统、只能燃用液化石油气单一燃料的汽车。

(2)液化石油气/汽油两用燃料汽车。具有两套相互独立的燃料供给系统,一套供给液化石油气,另一套供给汽油,这两套燃料供给系统可分别但不可同时向发动机供给燃料的汽车。

(3)液化石油气专用装置。为了在汽车上燃用液化石油气,在汽车上专门安装的由储气部件、供气部件、控制部件或燃料转换部件等组成的一整套燃料供给系统。

2. LPG汽车维修企业应具备的条件

(1)基本条件。LPG汽车维修企业应符合《汽车维修业开业条件》(GB/T 16739—2004)的相关规定。

(2)人员条件(专项要求)。进行LPG汽车维修的作业人员需经过专业培训,经考核合格,取得行业主管部门颁发的LPG汽车维修上岗证;竣工检验人员应取得行业主管部门核准的LPG汽车检验员资格证。

(3)LPG专项维修生产技术条件。

①具备维修LPG汽车专用装置特殊要求所需的维修、检测、诊断仪器设备,包括密封性及压力检查等手段;

②设有密封性检查、卸压操作的专用场地和存放专用装置的库房;

③LPG汽车维修作业车间通风良好,不得有地沟及通往地下设施的通口,在有LPG泄漏可能的场所应明示防明火、防静电的标志;

④有可行有效的消防安全管理措施和必备的设备、消防人员等。

(4)LPG专用装置产品技术条件及使用技术条件。维修所用LPG专用装置的产品质量应符合《汽车用液化石油气加气口(螺旋式)》(GB/T 18364.1—2001)、《机动车用液化石油气钢瓶》(GB 17259—2009)、《液化石油气汽车专用装置技术条件》(QC/T 247—2002)、《汽车用液化石油气蒸发调压器》(QC/T 672—2000)、《汽车用液化石油气电磁阀》(QC/T 673—2007)、

《汽车用汽油电磁阀》(QC/T 675—2000)等相应技术法规,并由经批准具备LPG专用装置生产资质的企业提供;气瓶的运输、储存、经销和使用应符合有关部门的规定。

3. LPG汽车维护分级、周期、作业内容与安全生产技术要求

(1)LPG汽车维护的分级和周期。LPG汽车除了燃料供应系统与燃油汽车有所区别,其他部分是相同的,因此,对LPG汽车的定期强制维护,该标准规定:LPG汽车维护的分级和周期应符合《汽车维护、检测、诊断技术规范》(GB/T 18344—2001)的规定。

(2)LPG汽车各级维护作业中心内容。该标准分别对LPG汽车日常维护、一级维护和二级维护的作业中心内容作了规定,基本内容与《汽车维护、检测、诊断技术规范》(GB/T 18344—2001)相仿,重点强调了对LPG装置检查、紧固的维护要求,并规定LPG汽车一级维护以上作业必须由LPG汽车维修企业负责执行。

(3)LPG汽车维护作业的安全生产技术要求。LPG及LPG装置属于易燃易爆物品,且鉴于气体燃料的特点,维修作业应特别注意安全操作规程。标准对此作了特别规定,并规定了在发生险情时应采取的安全应急措施,内容包括LPG汽车维护作业前的安全检查规定;维护作业中操作步骤安排应先进行涉及LPG装置的维护;当需要进行焊割等有明火的作业时的安全操作规程;如需在气瓶附近打磨或切割时的安全操作规程;LPG汽车如发生漏气应采取的安全处理措施;如发生火情时应采取的安全处理措施。

4. LPG汽车维护、检测作业技术规范

在该标准中,分别LPG汽车日常维护作业规范、LPG汽车一级维护作业规范、LPG汽车二级维护作业规范和LPG汽车检验要求作了详细规定。

(三)《轿车车身维护技术要求》(JT/T 509—2004)

该标准由中华人民共和国交通部于2004年4月16日发布,2004年7月15日起实施。该标准规定了轿车车身、底盘外表及发动机舱外表维护的主要内容与工艺要求。该标准属于推荐性交通行业标准,适用于轿车车身维护。标准的主要内容介绍如下。

1. 轿车车身维护主要内容

标准对轿车车身维护部位和项目作了规定,车身维护作业部位包括车身、底盘外表和发动机舱外表三部分,各部作业内容包括:

(1)车身维护。含车身清洁,研磨,抛光,新车开蜡,打蜡,封釉,玻璃贴膜,内部清洁维护,附件清洁维护作业。

(2)底盘外表清洁。

(3)发动机舱外表清洁。

2. 轿车车身维护工艺要求

按照上述车身维护作业内容,标准逐项对其操作工艺要求作了规定,主要内容有:

(1)车身清洁工艺要求。标准分别规定了车身清洁的条件和步骤,并对各道工序的操作工艺和用料(包括高压水冲洗工艺、清洗用水和洗涤剂、擦拭工艺、清除沥青的工艺、冲净的工艺、擦干及车内清洁的要求等)分别作了规定。

(2)车身漆面研磨工艺要求。标准分别规定了车身漆面研磨的环境条件和步骤,并对各道工序的操作要点以及研磨后对车体的处理工艺作了规定。

(3)车身漆面抛光工艺要求。标准分别规定了车身漆面抛光前应进行的操作项目、抛光

时的操作要点、抛光完成后的检查和清洁要求,以及车身漆面抛光后应达到的质量标准。

(4)新车开蜡工艺要求。标准分别规定了车身漆面开蜡前应进行的操作项目、开蜡的环境温度要求、开蜡操作要点和新车开蜡完成后的清洁和应及时打蜡的要求。

(5)打蜡工艺要求。标准分别规定了车身漆面上蜡前应进行的清洁和漆面检查要求、车身表面温度要求、车蜡选用要求,以及前风窗玻璃下方的塑胶板等一些特殊部位进行清洁、上蜡处理的要求。

(6)封釉工艺要求。标准分别规定了车身漆面封釉工艺操作的环境条件、封釉前应进行的漆面处理(包括打磨、研磨、抛光、除蜡清洁等工序)的工艺要求、振抛封釉操作要点,以及封釉后的处理工艺规范。

(7)玻璃贴膜工艺要求。标准分别规定了玻璃贴膜工艺操作的环境条件、玻璃贴膜的工艺要求和质量标准。

(8)车身内部清洁维护工艺要求。标准分别规定了车身内部清洁维护作业的环境条件,规定了车身内部清洁维护内容,包括:地毯、绒布座椅及座椅面料、仪表台、空调通风口、转向盘、变速杆、驻车制动器操纵杆、安全带、车门、门柱、门框边缘、车门内衬(旁板)和拉扶手、车门锁、铰链部位、踏板的支点处、车门内侧底部的排水孔等部位清洁、检查的工艺要求和技术要点,并规定:作业完成后,打开汽车电器、仪表等应工作正常。

(9)附件清洁维护工艺要求。标准分别规定了对车身附件,包括保险杠等塑胶件、轮毂、轮胎、金属、电镀件、铝合金件等不同材料的部件的清洁维护工艺要求。

3. 底盘外表清洁工艺要求

标准分别规定了对底盘外表清洗并干燥,对车身底部和底盘、悬架等处的锈痕或伤痕的处理,对底盘部位全面喷涂底盘防护材料,喷涂操作工艺,施工后对底盘漆面的要求。

4. 发动机舱外表清洁工艺要求

标准分别规定了对发动机舱外表进行清洁、检查的工艺要求,包括"对熔断器(配电)盒、发电机、分电器、汽车控制主电控单元,以及各功能的控制模块、传感器及接插件等,应进行覆盖、包裹,防止潮湿","线束或塑胶物件,应喷涂胶质件润光剂加以保护"等的要求,以及电气线路清洁安全操作的技术要点。

(四)《汽车发动机电子控制系统修理技术要求》(GB/T 19910—2005)

该标准由中华人民共和国国家质量监督检验检疫总局、中国国家标准化管理委员会于2005年9月14日发布,2006年4月1日起实施。该标准规定了汽车发动机电子控制系统维修前检查、视情维修,以及维修后检验的技术要求。该标准属于推荐性国家标准,适用于装用汽车发动机电子控制系统的点燃式汽油发动机的车辆,是指导汽车维修企业对汽车发动机电子控制系统修理和维修质量管理的主要技术依据。标准的主要内容介绍如下。

1. 汽车发动机电子控制系统的术语和定义

该标准将汽车发动机电子控制系统定义为:汽车发动机电子控制单元根据各传感器传送来的信息,分析发动机运行中的各种参数,并予以综合处理,以期达到较为满意的工作效果。一般分为3个子系统,即进排气控制系统、燃油控制系统和计算机控制系统。

2. 汽车发动机电子控制系统维修前检查技术要求

标准规定了对汽车发动机电子控制系统维修前检查的要求、检查项目、检验方法、安全操作技术要点等。

3. 汽车发动机电子控制系统视情维修技术要求

标准规定:针对所检查到的非正常工作的系统部件,需更换的元器件应予以更换,根据该标准附录中的故障分析及维修方案中的提示进行维修,使之恢复正常的工作状态并记录,并提出维修技术要求。

4. 汽车发动机电子控制系统维修后检验技术要求

标准规定:系统在视情修理后,应对有故障的系统部件用专用或通用的检测仪逐项进行检查,其测量参数、信号应在正常范围内或处于正常状态,并对检验项目和操作技术要点作出相应规定。

(五)《汽车盘式制动器修理技术条件》(GB/T 18343—2001)

该标准由中华人民共和国国家质量监督检验检疫总局于 2001 年 3 月 26 日发布,自 2001 年 12 月 1 日起实施。该国家标准是汽车修理系列标准之一,以保证修理完毕车辆的制动性能为目标,与《机动车运行安全技术条件》(GB 7258—2012)配套使用,规定了汽车盘式制动器主要零部件的修理技术要求及有关参数,对盘式制动器的修理提出了具体的要求,包括盘式制动器主要零配件的拆卸、检验、修理、换新、安装等工艺过程。该标准是指导维修操作和实施维修质量检验工作的重要依据。标准的主要内容如下。

1. 盘式制动器维修总体要求

标准对盘式制动器维修的针对性(修前准备工作)、安全性及操作基本要点作了具体规定。

2. 盘式制动器主要零部件修理技术要领

标准规定了包括制动钳、制动盘和制动摩擦块的拆卸分解、检查、维修、装配的技术要领,包括具体操作工艺过程,强调液压部件检修的注意事项,并给出一般技术参数。

3. 盘式制动器维修检验规则

标准规定了盘式制动器维修检验规则,要求:汽车进行更新制动摩擦块和(或)修理制动盘之后,必须进行磨合,整车应进行制动性能的检验;标准规定了制动器磨合和制动性能检验的具体方法,并规定:经检验合格后应出具检验合格证或相关证明。

(六)《汽车制动传动装置修理技术条件》(GB/T 18275.1~.2—2000)

该标准由中华人民共和国国家质量监督检验检疫总局于 2000 年 12 月 18 日发布,2001 年 9 月 5 日起实施。该标准分为两部分:《汽车制动传动装置修理技术条件　气压制动》(GB/T 18275.1—2000)、《汽车制动传动装置修理技术条件　液压制动》(GB/T 18275.2—2000)。两部分分别规定了汽车气压或液压制动传动装置修理的基本技术要求、试验方法和检验规则,适用于汽车制动气压或液压传动装置的修理。该标准属于推荐性国家标准,为规范维修操作、使修理后制动操作装置的能量能够顺利有效地提供给制动器,确保制动安全可靠,为加强汽车修理行业技术管理提供依据。标准各部分内容分别介绍如下。

1.《汽车制动传动装置修理技术条件　气压制动》(GB/T 18275.1—2000)

本部分标准适用于汽车气压制动传动装置的修理。标准对气压制动传动装置各部件规定了修理基本技术要求、传动系统试验方法和检验规则等,主要内容包括:

(1)气压制动传动装置各部件修理基本技术要求。标准分别规定了空气压缩机修理技术要求、压力控制器修理技术要求、油水分离器修理技术要求、储气筒修理技术要求、制动阀修理技术要求、制动气室修理技术要求、制动连接件及制动管路修理技术要求、制动踏板技术要求、整车制动系统密封性技术要求。

(2)检验方法的规定。标准分别规定了制动阀密封性试验方法、制动阀静特性试验方法、制动气室密封性试验方法的技术要求和有关限值。

(3)检验规则。标准规定了制动传动系统经对各零部件检验、空气压缩机磨合试验、制动阀逐件进行密封性试验后合格方能投入使用的有关原则,明确规定:制动阀应逐件进行密封性试验,符合制动阀密封性能的要求,方能出厂和投入使用;各零部件须经检验合格后,方能出厂或交付使用;修理的空气压缩机应进行磨合试验,达到原厂规定的技术要求后,方能出厂和投入使用。

(4)其他技术要求。本标准规定未规定的技术要求,应符合原设计规定;修竣的各部件,经防锈处理后,应存放在通风、干燥、清洁之处。

2.《汽车制动传动装置修理技术条件 液压制动》(GB/T 18275.2—2000)

本部分标准适用于汽车液压制动传动装置的修理。标准对液压制动传动装置各部件规定了修理基本技术要求、传动系统试验方法和检验规则等,主要内容包括:

(1)液压制动传动装置各部件修理基本技术要求。标准分别规定了液压制动主缸和轮缸修理技术要求、真空增压器修理技术要求、真空助力器修理技术要求、气压增压器修理技术要求、气压加力器修理技术要求、其他维修技术要求。

(2)试验方法规定。标准分别规定了主缸和轮缸密封性试验、主缸和轮缸耐压性能试验、真空增压器止回阀密封性试验、真空助力器真空密封性试验的测试参数和试验操作具体方法。

(3)检验规则。标准规定了制动传动装置经对修理后各零部件检验,主缸、轮缸密封性和耐压性试验,真空增压器止回阀密封性试验,真空助力器真空密封性试验合格后方能投入使用的有关原则。

(4)其他技术要求。本标准未规定的技术要求,应符合原设计规定;修复后的各部件,经防锈处理后,应存放在通风、干燥、清洁之处。

(七)《汽车大修竣工出厂技术条件》(GB/T 3798.1~.2—2005)

该标准由中华人民共和国国家质量监督检验检疫总局、中国国家标准化管理委员会于2005年3月21日发布,2005年8月1日起实施。

该标准分为两部分:《汽车大修竣工出厂技术条件 第1部分:载客汽车》(GB/T 3798.1—2005);《汽车大修竣工出厂技术条件 第2部分:载货汽车》(GB/T 3798.2—2005)。两部分分别规定了载客汽车或载货汽车大修竣工出厂的技术要求及质量保证要求。

该标准属于推荐性国家标准,第1部分适用于大修竣工出厂的载客汽车,第2部分适用于大修竣工出厂的载货汽车。这里所指的载客汽车,标准定义为——在设计和技术特性上用于载运乘客及其随身行李的包括驾驶员座位在内座位数超过9座的汽车;载货汽车,标准定义为——在设计和技术特性上主要用于运送货物的汽车。该标准是指导汽车整车大修作业和汽车维修质量检验人员进行9座以上客车和所有各类载货汽车大修质量检验,包括过程检验和竣工检验的依据。标准的主要内容介绍如下。

1.《汽车大修竣工出厂技术条件　第1部分:载客汽车》(GB/T 3798.1—2005)

该标准对包括驾驶员座位在内座位数超过9座的载客汽车,规定了其整车大修竣工出厂的技术条件和质量保证要求。

1)竣工出厂基本要求

标准规定了载客汽车整车大修竣工出厂检验时的基本检验项目和技术要求,共13项,可以归纳为如下3部分:

(1)整车基本检查要求。标准对整车外观,主要结构参数(包括整备质量、轴距),各部运行温度和密封性,各仪表运行状况,发动机、底盘喷(涂)漆等各方面规定了基本检查项目和技术要求。

(2)各工作介质的检查要求。标准对润滑及其他工作介质的使用规定了检查的项目和技术要求,包括:各润滑脂(油)嘴,各总成润滑剂,动力转向装置、变速器、分动器、主减速器,液力传动装置,发动机冷却系统,气压制动防冻装置,液压制动装置,空调制冷剂,风窗清洗装置等,要求"加注规定品质与数量的介质"。

(3)各部安全可靠性检查要求。对各连接部位和连接件,包括各总成与车架连接部位、全车所有螺栓和螺母、一般紧固件、各铆接件、各焊接部位等,标准分别规定了检查要求,并特别强调:一次性锁止螺栓不得重复使用,不得用螺栓连接代替铆钉连接等。对"影响汽车行驶安全的转向系、制动系和行驶系的关键零部件",标准规定:"不得使用修复件。"对有关悬架减振系统的大修竣工出厂检验技术要求,标准规定:"不应改变其原车的平稳性能指标。"

2)竣工出厂各总成机构要求

标准分别规定了竣工出厂各总成机构要求,包括:①发动机的技术要求;②转向操纵机构技术要求;③转向盘的最大自由转动量、车轮定位、最大转向角、汽车转向轮的横向侧滑量等基本参数检验、测试项目与技术要求;④传动机构技术要求;⑤行走机构技术要求;⑥制动机构技术要求;⑦车身、车架技术要求;⑧照明和信号装置及其他电气设备技术要求。

3)竣工出厂主要性能指标要求

标准分别规定了竣工出厂主要性能指标要求,包括:动力性、经济性、排放性能、制动性能、滑行性能、转向轻便性、汽车噪声和喇叭声级。

4)整车大修质量保证

标准规定了整车大修质量保证的形式(签发"汽车大修出厂合格证"及有关技术文件)和质量保证期(半年或行驶2万km)。

2.《汽车大修竣工出厂技术条件　第2部分:载货汽车》(GB/T 3798.2—2005)

该标准对载货汽车,规定了其整车大修竣工出厂的技术条件和质量保证要求。

1)竣工出厂基本要求

标准规定了载货汽车整车大修竣工出厂检验时的基本检验项目和技术要求,共12项。

2)竣工出厂各总成机构要求

标准分别规定了竣工出厂各总成机构要求,包括:①发动机的技术要求;②转向操纵机构技术要求;③传动机构技术要求;④行走机构技术要求;⑤制动机构技术要求;⑥车身、车架、驾驶室技术要求;⑦照明和信号装置及其他电气设备技术要求。

3)竣工出厂主要性能指标要求

标准分别规定了竣工出厂主要性能指标要求，包括：动力性、经济性、排放性能、制动性能、滑行性能、转向轻便性、汽车噪声和喇叭声级。

4）整车大修质量保证

标准规定了整车大修质量保证的形式（签发“汽车大修出厂合格证”及有关技术文件）和质量保证期（半年或行驶2万km）。

（八）《商用汽车发动机大修竣工出厂技术条件》（GB/T 3799.1～.2—2005）

该标准由中华人民共和国国家质量监督检验检疫总局、中国国家标准化管理委员会于2005年3月21日发布，2005年8月1日起实施。该标准分为两部分：《商用汽车发动机大修竣工出厂技术条件　第1部分：汽油发动机》（GB/T 3799.1—2005）、《商用汽车发动机大修竣工出厂技术条件　第2部分：柴油发动机》（GB/T 3799.2—2005）。两部分分别规定了商用汽车汽油发动机和商用汽车柴油发动机大修竣工出厂的技术要求、质量保证和包装要求。该标准所指商用汽车，按国家标准GB/T 3730.1—2001确立的术语定义应为：除乘用车（在其设计和技术特性上主要用于载运乘客及其随身行李和/或临时物品的汽车，包括驾驶员座位在内最多不超过9个座位）之外的所有车辆。该标准属于推荐性国家标准，第1部分适用于大修竣工出厂的汽油发动机，第2部分适用于大修竣工出厂的柴油发动机。该标准是汽车维修质量检验人员进行商用汽车发动机大修质量检验，包括过程检验和竣工检验的依据。主要内容介绍如下。

1.《商用汽车发动机大修竣工出厂技术条件　第1部分：汽油发动机》（GB/T 3799.1—2005）

该标准规定了商用汽车汽油发动机大修竣工出厂的技术要求、质量保证和包装要求，适用于商用汽车汽油发动机（往复活塞式）。

1）发动机大修竣工出厂外观检验技术要求

（1）发动机外观整洁与漆面检查技术要求。发动机的外观应整洁、无油污。发动机外表应按规定喷漆，漆层应牢固，不得有起泡、剥落和漏喷现象。

（2）发动机各部件及附件检查技术要求。发动机点火、燃料供给、润滑、冷却和进排气等系统的附件应齐全，安装正确、牢固。

（3）发动机各部分密封性能和电气部分检查技术要求。发动机各部分应密封良好，不得有漏油、漏水、漏气现象；电气部分应安装正确、绝缘良好。

2）发动机装备大修竣工出厂检验技术要求

标准规定了汽油发动机大修各装备过程检验和竣工检验的项目和技术要求，共8项，主要包括：

（1）外购的零部件和附件的产品质量要求。

（2）零部件修复质量及装配工艺技术要求。

（3）发动机增压装置检验技术要求。

（4）发动机限速装置安装、调整与拆除的技术要求。

（5）电子控制燃油喷射系统装置检验技术要求。

（6）发动机冷磨、热试技术要求。

3）发动机大修竣工出厂性能检测技术要求

标准规定了汽油发动机大修竣工出厂性能检测的项目和技术要求，共11项，包括：

(1)发动机运转状况检验技术要求。

(2)启动性能检验技术要求。

(3)怠速运转性能检验技术要求。

(4)进气歧管真空度(怠速时)检验技术要求。

(5)增压发动机的增压压力及温度检验技术要求。

(6)机油压力(怠速和高速时)和警示装置检验技术要求。

(7)额定功率和最大转矩测试技术要求。其中规定:在标准状态下,发动机额定功率和最大转矩不得低于原设计标定值的90%。

(8)最低燃料消耗率和机油消耗量(经济性)测试技术要求。

(9)排放性能,包括排放控制装置和排放污染物含量检验技术要求。

(10)发动机噪声测量技术要求。

(11)电子控制燃油喷射系统技术参数和性能检验技术要求。

4)发动机大修质量保证技术要求

标准规定了商用汽车汽油发动机大修质量保证的竣工质量检验技术措施、过程质量控制要求、大修技术档案和质量保证期方面的要求。其主要内容包括:

(1)必须对修竣发动机性能指标(额定功率、最大转矩、燃料经济性)进行检验。

(2)发动机在装配过程中,要进行过程检验并记录,竣工检验合格的发动机应签发合格证。

(3)发动机维修技术资料应归档管理。

(4)大修竣工出厂的发动机质量保证期。规定为:自竣工之日起,不少于半年或行驶里程为20000km(以先到者为准),并强调实施质量保证期的前提——送修方应按技术文件要求进行使用和维护。

5)发动机总成包装技术要求

标准规定了按“送修方提出的包装要求”进行发动机总成包装的技术要求。

2.《商用汽车发动机大修竣工出厂技术条件　第2部分:柴油发动机》(GB/T 3799.2—2005)

本部分规定了商用汽车柴油发动机大修竣工出厂的技术要求、质量保证和包装要求,适用于商用汽车柴油发动机(往复活塞式)。

1)发动机大修竣工出厂外观检验技术要求

标准规定了柴油发动机大修竣工出厂外观检验的项目和技术要求,共3项。

(1)发动机外观整洁与漆面检查技术要求。

(2)发动机各部件及附件,包括辅助启动装置的检查技术要求。

(3)发动机各部分密封性能和电气部分检查技术要求。

2)发动机装备大修竣工出厂检验技本要求

标准规定了柴油发动机大修各装备过程检验和竣工检验的项目和技术要求,共10项,主要包括:外购的零部件和附件的产品质量要求,零部件修复质量及装配工艺技术要求,发动机装有的排气制动装置检验技术要求,喷油泵、喷油器、调速器调试、检测技术要求,发动机增压装置检验技术要求,发动机限速装置安装、调整与拆除的技术要求,电子控制燃油喷射系统装置检验技术要求,发动机冷磨、热试技术要求。

3)发动机大修竣工出厂性能检测技术要求

标准规定了柴油发动机大修竣工出厂性能检测的项目和技术要求,共11项,主要包括:

(1)发动机运转状况检验技术要求,特别强调发动机超速断油控制装置和紧急停机装置检验技术要求。

(2)启动性能检验技术要求。

(3)怠速运转性能检验技术要求。

(4)增压发动机的增压压力及温度检验技术要求。

(5)柴油发动机稳定调速率检测技术要求。

(6)机油压力和警示装置检验技术要求。

(7)额定功率和最大转矩测试技术要求。规定:在标准状态下,发动机额定功率和最大转矩不得低于原设计标定值的90%。

(8)最低燃料消耗率和机油消耗量(经济性)测试技术要求。

(9)排放性能,包括排放控制装置和排放污染物含量检验技术要求。

(10)发动机噪声测量技术要求。

(11)电子控制燃油喷射系统技术参数和性能检验技术要求。

4)发动机大修质量保证技术要求

标准规定了商用汽车柴油发动机大修质量保证的竣工质量检验技术措施、过程质量控制要求、大修技术档案和质量保证期。其主要内容包括:

(1)必须对修竣发动机性能指标(额定功率、最大转矩、燃料经济性)进行检验。

(2)发动机在装配过程中,要进行过程检验并记录,竣工检验合格的发动机应签发合格证。

(3)发动机维修技术资料应归档管理。

(4)大修竣工出厂的发动机质量保证期规定为:自竣工之日起,不少于半年或行驶里程为2万km(以先到者为准),并强调实施质量保证期的前提——送修方应按技术文件要求进行使用和维护。

5)发动机总成包装技术要求

标准规定了按"送修方提出的包装要求"进行发动机总成包装的技术要求。

(九)《大客车车身修理技术条件》(GB/T 5336—2005)

该标准由中华人民共和国国家质量监督检验检疫总局、中国国家标准化管理委员会于2005年3月21日发布,2005年8月1日起实施。该标准规定了大客车车身修理的技术要求、附件及电器的安装与使用要求、竣工检验及质量保证要求。该标准将所述大客车定义为:在设计和技术特性上用于载运乘客及其随身行李,包括驾驶员座位在内座位数超过16座的汽车。该标准属于推荐性国家标准,适用于大客车车身修理规范操作行为和质量检验,是大客车车身修理质量评定的依据之一。标准的主要内容介绍如下。

1. 车身修理技术要求

标准规定了大客车车身各部修理作业和过程检验技术要求,主要包括:①车身骨架修理技术要求;②车身内外蒙皮及饰件修理技术要求;③铆接与焊接修理技术要求;④喷漆修理技术要求;⑤其他技术要求。

2. 车身附件及电器的安装要求

标准规定了大客车车身附件安装技术要求和电器安装技术要求。

3. 车身修理竣工检验项目及技术要求

标准规定了车身修理竣工检验项目及技术要求,包括:①车身外观、外形尺寸和装备检查;②整备质量及各轴负荷分配的最大值所增加的质量要求;③各操纵机构的安装情况检查;④车窗玻璃、顶窗、安全门检查;⑤路试车身各部蒙皮安装可靠性要求;⑥电气设备及各种仪表工作状况检查。

4. 车身修理质量保证

标准规定了车身修理质量保证的要求和质量保证期(半年或行驶2万km)。

三 汽车检测主要技术标准

汽车检测技术标准在“汽车维修标准体系结构”中属于“专用修理技术标准”类,为检验“方法”类标准,用以规范汽车检测和技术评定行为,如有关汽车安全性能检验标准、汽车排放检测标准等,是汽车检测技术管理和汽车维修质量评定工作的重要依据。此类标准主要介绍如下。

(一)《营运车辆综合性能要求和检验方法》(GB 18565—2001)

该标准由中华人民共和国国家质量监督检验检疫总局、中国国家标准化管理委员会于2000年7月13日发布,2002年8月1日起实施。该标准规定了营运车辆,即从事道路客货运输的经营性车辆的动力性、燃料经济性、制动性、转向操纵性、照明和信号装置及其他电气设备、排放与噪声控制、密封性、整车装备的基本技术要求和检验方法。该标准是车辆综合性能检测、评定的重要依据之一。该标准属于强制性国家标准,适用于营运车辆,非营运车辆可参照执行。标准的主要内容介绍如下。

1. 营运车辆动力性要求和检验方法

标准分别规定了发动机性能和整车动力性能的要求和检验方法,其主要内容如下。

1)发动机性能要求

包括:发动机动力性,启动性能,各汽缸压缩压力及每缸压力与各缸平均压力的差,发动机点火、燃料供给、润滑、冷却和排气等系统的完好性,柴油机的停机装置技术状况。标准具体规定了各项发动机性能参数的限值及检验方法。

2)整车动力性能要求

标准分别规定了整车动力性的评价指标、检测工况、限值及合格条件等,主要内容归纳如下:

(1)整车动力性评价指标及检测工况。标准规定:整车动力性可用底盘测功机,采用汽车发动机额定转矩和额定功率时的工况,检测汽车驱动轮输出功率来评价。

(2)驱动轮输出功率的限值及动力性合格的条件。标准规定:采用校正驱动轮输出功率与相应的发动机输出总功率的百分比作为驱动轮输出功率的限值,并给出相应计算公式和国产营运车辆的校正驱动轮输出功率的限值,其他车辆可参照执行。

(3)整车动力性检测和评价工况。标准特别规定:轿车的动力性按额定转矩工况进行检测和评价。

2. 营运车辆燃油经济性要求和检验方法

标准规定了燃油经济性指标、检验方法及限值:按规定的检验方法测得的汽车百公里燃油消耗量不得大于该车型原厂规定的相应车速等速百公里燃料消耗量的110%。

3. 营运车辆制动性要求和检验方法

标准对营运车辆制动性的各项要求和检验方法作了明确规定,主要包括:①制动系统功能要求;②制动系统基本参数要求;③驻车制动性能要求;④制动装置的要求;⑤台试制动性能要求;⑥路试制动性能要求;⑦当车辆经台试后,对其制动性能有质疑时的处理规定。

4. 营运车辆转向操纵性技术要求和检验方法

标准对营运车辆转向操纵性的各项要求和检验方法作了明确规定,主要包括:①转向盘最大自由转动量的要求;②转向轻便性测试要求;③转向轮的横向侧滑量要求;④车轮定位值要求;⑤车辆的最小转弯直径、转向轮的最大转向角技术要求;⑥悬架特性要求;⑦动力转向(或助力转向)性能参数的要求;⑧转向操作稳定性和行驶稳定性要求;⑨转向机构部件检验要求。

5. 照明和信号装置及其他电气设备技术要求和检验方法

标准对营运车照明和信号装置及其他电气设备的各项要求和检验方法作了明确规定,主要包括:①前照灯光束照射位置技术要求;②前照灯远光光束发光强度要求;③汽车灯具及操作装置安装要求;④灯光照射技术要求;⑤仪表与信号装置技术要求;⑥照明和信号装置电源及线路技术要求。

6. 排放与噪声控制技术要求和检验方法

1)排气污染物控制技术要求和检验方法

标准分别对装配点燃式发动机和装配压燃式发动机车辆的排气污染物控制,规定了检测方法和排放限值。主要内容包括:①双怠速法或加速模拟工况(ASM)法测试装配点燃式发动机车辆排气污染物的规定;②怠速法测试装配点燃式发动机车辆排气污染物的规定;③自由加速排气可见污染物试验法测试装配压燃式发动机的车辆排气污染物的规定;④自由加速烟度试验测试装配压燃式发动机的车辆排气污染物的规定;⑤汽油车燃油蒸发污染物排放控制技术要求;⑥汽车曲轴箱污染物排放控制技术要求。

2)汽车噪声控制技术要求和检验方法

标准分别规定了汽车定置噪声、客车车内噪声声级、汽车驾驶员耳旁噪声声级、喇叭声级的测量方法和限值标准。

7. 密封性技术要求和检验方法

标准分别对客车防雨密封性、汽车各部连接件密封性和制动系统密封性的技术要求和检验方法作了规定。

8. 整车装备技术要求

标准对客车整车装备的各项技术要求作了明确规定,主要包括:①基本要求;②车辆尺寸参数要求;③车辆质量参数要求;④车速表检查技术要求;⑤滑行性能检测及技术要求;⑥异响检查技术要求;⑦润滑状况检查技术要求;⑧车架、车身与驾驶室技术要求;⑨行驶系统技术要求;⑩传动系统技术要求;⑪安全防护装置要求;⑫危险货物运输车辆技术要求;⑬汽车列车技术要求;⑭集装箱运输车技术要求。

9. 检验方法

标准分别对汽车驱动轮输出功率、燃料经济性、制动性能、转向操纵性、汽车噪声等各项性能参数的检验方法作了具体规定。主要内容如下:

(1)用底盘测功机按给定有关标准检测汽车驱动轮输出功率的规定。

(2)用底盘测功机或路试检测汽车等速百公里燃料消耗量,并规定了检测条件、检测步骤、检测方法、检测结果计算、检测数据校正、重复性检验等要求。

(3)分别规定了台试或路试制动性能的检验方法,并规定可采取新型制动性能测试仪器进行路试制动性能检验,如采用平板式制动试验台等。

(4)规定了转向操纵性检验,包括转向盘最大自由转动量检验、转向轮侧滑量检验的方法。

(5)分别规定了用悬架装置检测台或用平板检测台,进行悬架特性检验的方法和技术要点。

(6)分别规定了用底盘测功机或用路试方法进行滑行距离检验,以及滑行阻力测试的方法和技术要求。

(7)按相关标准进行前照灯光束照射位置检验规定。

(8)分别对各种汽车排气污染物检验方法,包括双怠速试验、加速模拟工况试验、怠速试验、自由加速试验,提出依据相应技术标准进行检验的技术要求。

(9)分别对汽车定置噪声检验、客车车内噪声检验、驾驶员耳旁噪声检验的技术要求作了规定。

(10)规定了客车防雨密封性的检验方法。

(11)规定了车速表检验方法。

(二)《机动车运行安全技术条件》(GB 7258—2012)

国家标准《机动车运行安全技术条件》(GB 7258—2012)是我国机动车运行安全管理最基本的技术标准,是进行注册登记检验和在用机动车检验、机动车查验、事故车检验的主要技术依据,同时也是我国机动车新车定型强制性检验、新车出厂检验及进口机动车检验的重要技术依据之一。

该标准于2012年5月11日由国家质量监督检验检疫总局和国家标准化管理委员会批准发布,自2012年9月1日起在全国范围内实施。本标准适用于在我国道路上行驶的所有机动车,但不适用于有轨电车及并非为在道路上行驶和使用而设计和制造、主要用于封闭道路和场所作业施工的轮式专用机械车。标准主要内容介绍如下。

1. 各类机动车的术语和定义

该标准对所提及的机动车及各类机动车等术语和定义作了规定,对区别不同机动车的安全运行技术条件有指导意义。被定义的各类机动车包括:机动车、汽车、载客汽车、乘用车客车、公路客车、长途客车、卧铺客车、旅游客车、公共汽车、城市客车、校车、幼儿校车、小学生校车、中小学生校车、专用校车、载货汽车、货车、半挂牵引车、低速汽车、三轮汽车、低速货车、低速载货汽车、危险货物运输车、专项作业车、气体燃料汽车、两用燃料汽车、双燃料汽车、纯电动汽车、插电式混合动力汽车、教练车、残疾人专用汽车、挂车、牵引杆挂车、全挂车、中置轴挂车、半挂车、汽车列车、乘用车列车、货车列车、牵引杆挂车列车、全挂拖斗车、全挂汽车列车、中置轴挂车列车、铰接列车、半挂汽车列车、摩托车、普通摩托车、两轮普通摩托车、边三轮摩托车、正三轮摩托车、轻便摩托车、两轮轻便摩托车、正三轮轻便摩托车、拖拉机运输机组、轮式专用机械车、特型机动车等。

2. 整车技术条件

标准对整车标志、外廓尺寸、后悬、轴荷和质量参数、核载、比功率、侧倾稳定角及驻车稳定角、图形和文字标志、外观、漏水检查、漏油检查、车速表指示误差、行驶轨迹、驾驶员耳旁噪声要求、环保要求、产品使用说明书、其他要求等技术要求分别作了规定。

3. 发动机技术条件

标准规定了发动机动力性能(功率限值)、启动性能、柴油机停机装置、发动机点火、燃料供给、润滑、冷却和进排气等系统完好技术要求。

4. 转向系统技术条件

标准规定了机动车转向系统设置、结构参数、技术性能、各部件的完好性等方面的要求。

5. 制动系统技术条件

标准规定了机动车制动系统基本结构要求、各制动系统的技术性能、储气筒、制动报警装置、制动性能检验等方面的技术要求。主要包括以下内容:制动系统基本要求、行车制动、应急制动、驻车制动、辅助制动、液压制动的特殊要求、气压制动的特殊要求、储气筒、制动报警装置、路试检验制动性能、台试检验制动性能等。

6. 照明、信号装置和其他电气设备技术条件

标准规定了机动车电气系统基本要求、照明和信号装置的要求、前照灯的技术要求、其他电气设备和仪表的技术。主要包括以下内容:电气系统基本要求,照明和信号装置的数量、位置、光色和最小几何可见度,照明和信号装置的一般要求,车身反光标识和车辆尾部标志板,前照灯,其他电气设备和仪表。

7. 行驶系统技术条件

标准规定了行驶系统各部件,包括轮胎、车轮总成、悬架系统及连接件的技术要求,规定了有关技术参数的标准和测试方法。

8. 传动系统技术条件

标准规定了传动系统各总成部件的技术要求、工作性能和有关技术参数的限值。主要包括以下内容:离合器、变速器和分动器、传动轴、驱动桥、超速报警和限速功能、车速受限车辆的特殊要求等。

9. 车速受限车辆的特殊要求

标准规定了三轮汽车和低速货车等车速受限车辆的技术特性要求。

10. 车身技术条件

标准规定了车身的基本要求、客车的特殊要求、货运机动车的特殊要求、摩托车的特殊要求、车门和车窗、座椅(卧铺)、内饰材料和隔声隔热材料、号牌板(架)、其他要求等。

11. 机动车安全防护装置技术要求

标准规定了对机动车各项安全防护装置的技术要求。主要包括:汽车安全带、车外后视镜和前下视镜、前风窗玻璃刮水器、应急出口、燃料系统的安全保护、气体燃料专用装置的安全防护、牵引车与被牵引车的连接装置、货车和专项作业车和挂车侧面及后下部防护装置、客车的

特殊要求、货车的特殊要求、危险货物运输车的特殊要求、三轮汽车和拖拉机运输机组的特殊要求、其他要求等。

12. 消防车、救护车、工程救险车和警车的附加要求

标准分别对消防车、救护车、工程救险车和警车提出安全技术条件方面的附加要求,主要包括:车身颜色的规定、装备与其功能相适应的装置的技术要求、安装使用的警报器和标志灯具的规定和安装技术要求。

(三)《机动车安全技术检验项目和方法》(GB 21861—2008)

该标准由中华人民共和国国家质量监督检验检疫总局、中国国家标准化管理委员会于2008年5月26日发布,2009年6月1日起实施。该标准规定了机动车安全技术检验的检验项目和检验方法等要求。

该标准适用于机动车安全技术检验机构对在我国道路上行驶的机动车进行安全技术检验,该标准也适用于进口机动车检验机构对入境机动车进行安全技术检验。对经有关部门批准进行实际道路试验的机动车进行安全技术检验时,可参照该标准进行。

该标准规定了机动车检验方式和检验项目、检验流程和对送检机动车的基本要求、车辆唯一性认定、联网查询、线外检验、线内检验、路试检验、二轮和三轮机动车检验的补充说明、检验结果审核和检验报告处置、检验报告签发与资料收存等要求。标准主要内容介绍如下。

1. 机动车安全技术检验方式和检验项目

该标准以表的形式分别列出机动车安全技术检验方式和检验项目。其中检验方式包括:车辆唯一性认定、联网查询、线外检验、线内检验和路试检验。

2. 机动车检验流程和对送检机动车的基本要求

(1)检验流程。该标准以流程图的形式给出“机动车安全技术检验流程”,包括从“车辆登记(登录)→车辆唯一性认定→联网查询→线外检验→线内检验→审核→签章→车辆出站”全过程及其过程中的其他处理程序要求。

(2)对送检机动车的基本要求。该标准规定:送检机动车应清洁,无明显漏油、漏水、漏气现象,轮胎完好,轮胎气压正常且胎冠花纹中无异物,发动机怠速应正常。对达不到以上基本要求的送检机动车,机动车安全技术检验机构应要求整改符合要求后再进行安全技术检验。在用车检验时,送检人应提供送检机动车的机动车行驶证和有效的机动车第三者责任强制保险凭证,对不能提供以上证件、凭证的送检机动车,机动车安全技术检验机构不应予以安全技术检验。

3. 机动车安全检验方法

该标准详细规定了线外检验、线内检验、路试检验、二轮和三轮机动车检验方法的操作规程和技术要求。

(四)《点燃式发动机汽车排气污染物限值及测量方法(双怠速法和简易工况法)》(GB 18285—2005)

该标准由国家环境保护总局、国家质量监督检验检疫局于2005年5月30日发布,2005年7月1日起实施。该标准规定了装用点燃式发动机汽车怠速和高怠速工况下排气污染物排放限值及测量方法,同时规定了点燃式发动机轻型汽车稳态工况法、瞬态工况法和简易瞬态工况

法三种简易工况法的测量方法。本标准具有强制执行的效力，适用于装用点燃式发动机的新生产和在用汽车。标准的主要内容介绍如下。

1. 排气污染物排放限值

(1)新生产汽车排气污染物排放限值。对装用点燃式发动机的新生产汽车，形式核准和生产一致性检查的排气污染物排放限值作了规定，其中以 2005 年 7 月 1 日为时限，对此期起生产的第一类轻型汽车、第二类轻型汽车和重型汽车在怠速和高怠速两种工况下 CO 和 HC 排放的体积分数分别作了规定。

(2)在用汽车排气污染物排放限值。对装用点燃式发动机的在用汽车的排气污染物排放限值作了规定。分别以 1995 年 7 月 1 日、2000 年 7 月 1 日、2001 年 10 月 1 和 2004 年 9 月 1 日为时限，对此期前或此期起生产的轻型、重型汽车分别作了规定。

标准对在用车辆的排放限值，紧密结合了车辆的新旧程度和技术含量，科学、合理地作了不同规定，差距较大。

(3)过量空气系数(λ)的要求。对于使用闭环控制电子燃油喷射系统和三元催化转化器技术的汽车，标准规定要进行过量空气系数(λ)的测定，并给出了发动机在高怠速转速时参数 λ 的标准范围(1.00 ±0.03 或制造厂规定的范围内)和测试前应按照制造厂使用说明书的规定预热发动机的测试技术要点。

2. 排气污染物排放测量方法

(1)对排放测量仪器作了规定。该标准规定，按不同排放标准生产的汽油车，或装用不同阶段生产的发动机的车辆，排放测量仪器应分别符合相应要求。

(2)对排放测量程序，包括测量技术要求作了规定。标准规定了怠速法排放测量程序，给出了被测车的技术要求、仪器安装的技术要领、测量步骤、操作要求和数据读取等技术要点。

(3)规定了对单一燃料车和两用燃料车排放检测的不同要求。标准规定：单一燃料车按燃气进行排放检测；两用燃料车应分别进行排放检测。

3. 排放测量结果的判定规则

该标准给出两条对排放测量结果进行判定的规则：

(1)所列车型 CO 和 HC 排放测试结果有一项不合格，即判为不合格。

(2)对于使用闭环控制电子燃油喷射系统和三元催化转化器技术装置的汽车，过量空气系数(λ)超出范围，即判为不合格。

4. 在用汽车的排放监控

(1)排放监控测量方法。标准规定，自本标准实施之日起，全国点燃式发动机排放监控采用双怠速法；在机动车保有量大、污染严重的地区，也可按规定采用简易工况法。标准分别给出了稳态工况、瞬态工况和简易瞬态工况法三种简易工况的测量方法。

(2)排放监控方案的确定。标准规定：各省级环境保护行政主管部门根据当地实际情况，确定排放监控方案、选择排放监控测量方法，但同一类型车辆环保定期检测时不得采用二种或二种以上测量方法。

(3)简易工况法测量的排放限值。标准规定：采用简易工况法测量的地区，应按国务院下达的相关原则和方法，制定地方排气污染物限值，经省级人民政府批准、报国务院备案后实施。

(五)《车用压燃式发动机和压燃式发动机汽车排气烟度排放限值及测量方法》(GB 3847—2005)

该标准由国家环境保护总局、国家质量监督检验检疫总局于2005年5月30日发布,2005年7月1日起实施。该标准为贯彻《中华人民共和国环境保护法》和《中华人民共和国大气污染防治法》,控制汽车污染物排放,改善环境空气质量而制定。对车用压燃式发动机和压燃式发动机汽车的排气烟度排放限值及测量方法作了规定。本标准具有强制执行的效力,适用范围包括:

(1)压燃式发动机排气烟度的排放,包括发动机形式核准和生产一致性检查。

(2)压燃式发动机汽车排气烟度的排放,包括新车形式核准和生产一致性检查。

(3)按《柴油车自由加速烟度排放标准》(GB 14761.6—1993)生产制造的在用汽车测量方法与原《柴油车自由加速烟度测量滤纸烟度法》(GB 3846—1993)规定的波许烟度法相同,相应的排放限值及测量方法列入本标准。

(4)污染物排放符合GB 18352—2005的装用压燃式发动机的轻型汽车。

本标准不适用于低速载货汽车和三轮汽车。

标准对所采用的有关术语和定义作了规定,包括:净功率、压燃式发动机、冷启动装置、不透光烟度计、最高额定转速、最低额定转速、轮边功率、最大轮边功率(MaxHP)。光吸收系数(k)、发动机最大转速(MaxPPM)、实测最大轮边功率时的转鼓线速度(VelMaxHP)、新生产汽车和在用汽车。本标准由国家环境保护总局解释。

标准具体规定共分4个部分,包括第Ⅰ部分:压燃式发动机的排气烟度排放控制要求;第Ⅱ部分:装用发动机形式核准已批准的压燃式发动机汽车的排气烟度排放控制要求;第Ⅲ部分:装用未单独进行发动机形式核准的压燃式发动机汽车的排气烟度排放控制要求;第Ⅳ部分:在用汽车的排气烟度排放控制要求。

(六)《营运车辆技术等级划分及技术评定要求》(JT/T 198—2004)

该标准由中华人民共和国交通部于2004年3月17日发布,2004年6月1日起实施。标准规定了营运车辆技术状况等级的评定内容、评定规则、等级划分、评定项目和技术要求,适用于营运车辆,是交通行政主管部门对营运车辆进行技术管理的重要依据,也是指导汽车维修和汽车综合性能检测部门对营运车辆实施维修和检验工作的技术法规之一。标准的主要内容介绍如下。

1.营运车辆技术评定内容

标准明确规定了营运车辆技术评定内容,包括:营运车辆整车装备及外观检查、动力性、燃料经济性、制动性、转向操纵性、前照灯发光强度和光束照射位置、排放污染物限值、车速表示值误差等。

2.营运车辆技术评定规则

标准分别对营运车辆技术评定的原则和营运车辆技术等级划分作了有关规定。其中:

(1)评定原则。标准规定了营运车辆综合性能应达到的技术要求,营运车辆技术等级评定项目和技术要求,营运车辆的技术等级评定的检测方法。

(2)等级划分。标准规定:营运车辆技术等级划分为一级、二级和三级,并分别对各级应达到的技术要求作了具体规定。

3. 营运车辆技术评定项目和技术要求

标准给出营运车辆技术等级的评定项目和技术要求，评定项目包括 10 个部分，共 43 项：整车装备与外观（23 项，含：整车装备与标识，车架、车身、驾驶室、车门、车窗、车轮、轮胎等各部件完好、齐全，各部密封性能，无异响，润滑良好，安全可靠）；动力性（2 项，驱动轮输出功率和滑行性能）；燃料经济性（1 项，等速百公里油耗）；制动性（5 项，制动力、制动力平衡、制动协调时间、车轮阻滞力、驻车制动）；转向操纵性（3 项，转向轮横向侧滑量、转向盘最大自由转动量、悬架特性）；前照灯（2 项，发光强度、光束照射位置）；排放污染物控制（4 项，汽油车怠速污染物排放、双怠速污染物排放、柴油车自由加速烟度、排气可见污染物）；喇叭声级（1 项）；车辆防雨密封性（1 项）；车速表示值误差（1 项）。

各项评定项目的技术要求，包括参数标准和测试方法，在本标准中都有针对不同营运车辆技术等级要求给出在《营运车辆综合性能要求和检验方法》（GB 18565—2001）中相对应的规定。

第二章　练习题及模拟试卷

第一节　机动车维修技术人员职业道德

一 练习题

(一)判断题

1. 职业是社会成员对社会所承担的职责和工作。 (　　)
2. 人们通常将所从事的、作为主要生活来源的工作称之为职业。 (　　)
3. 职业道德是从业人员在职业活动中应该遵循的行为准则。 (　　)
4. 职业道德表现为从事某一职业的人们所特有的道德心理和道德品质。 (　　)
5. 职业道德可以帮助从业人员形成比较稳定的职业心理和职业习惯。 (　　)
6. 职业道德在很大程度上会影响整个社会的道德风貌。 (　　)
7. 职业道德往往采用制度、守则、公约、承诺、誓言、条例以及标语口号等表现形式。 (　　)
8. 社会主义职业道德体现了公民权利与义务相统一的精神。 (　　)
9. 从业人员职业道德水平的高低影响职业形象,与产品质量和服务质量关系不大。 (　　)
10. 为人民服务是社会主义职业道德的最高标准。 (　　)
11. 机动车维修职业道德反映了机动车维修职业与其他职业之间、机动车维修与社会之间、机动车维修职业内部职工之间的职业道德关系。 (　　)
12. 机动车维修职业信誉表现为社会对机动车维修职业的信任感和机动车维修在社会生活中的声誉。 (　　)
13. 精工细作、完工及时、安全可靠、优质高效地向用户提供维修服务,是机动车维修从业人员的基本职业责任。 (　　)
14. 机动车维修职业尊严是指社会或他人对机动车维修职业的尊重,也指机动车维修从业人员对机动车维修职业的尊重和爱护。 (　　)
15. 机动车维修技术人员可以利用所掌握的维修技术,利用工作之便为自己牟利。 (　　)
16. 机动车维修从业人员按规范操作,不需要精打细算、点滴节约。 (　　)
17. 敬业就是兢兢业业、忠于职守。 (　　)
18. 诚实守信就是忠诚老实、信守承诺,是为人处世的一种美德。 (　　)
19. 机动车维修严格执行国家标准、地方标准及行业相关的法律、法规、规章和规范是从业人员对托修方诚实守信的基本体现。 (　　)

20. 机动车维修从业人员不能诚实守信会直接影响企业的诚信度。（　　）

21. 无论对什么样的客户都同样热情，是在机动车维修服务过程中“办事公道”的具体体现。（　　）

22. 奉献就是不期望等价的回报和酬劳，而愿意为他人、为社会、为真理、为正义献出自己的力量，包括宝贵的生命。（　　）

23. 奉献精神是一种融合在事业中的高尚人格。（　　）

24. 在市场经济条件下，倡导无私奉献的精神，目的是使企业减少劳动力成本。（　　）

25. 一个人只要达到一心为社会作奉献的境界，他的工作就必然能做得很好，就能实现全心全意为人民服务。（　　）

26.《全国汽车维修行业行为规范公约》的主要内容有 8 个方面。（　　）

27.《全国汽车维修行业行为规范公约》中的“接受监督”仅指自觉接受托修方监督。（　　）

28.“不擅自减少作业项目，不使用假冒伪劣配件，不作虚假广告宣传”是《全国汽车维修行业行为规范公约》中“守法经营，接受监督”提出的要求。（　　）

29.“开展服务规范化达标活动，树立行业新风尚”是建设机动车维修行业精神文明的有效措施之一。（　　）

30. 企业认真做好机动车维修检验记录，是具体落实《全国汽车维修行业行为规范公约》中“规范操作，保证质量”的行为之一。（　　）

31.《全国汽车维修行业行为规范公约》中“文明生产，保护环境”一条对作业现场未提出明确要求。（　　）

32.“维修工具、零件、场地、人身清洁；工具、零件、油水不落地”，是《全国汽车维修行业行为规范公约》中“文明生产，保护环境”提出的具体要求。（　　）

33.“信誉”具有信用和名誉两方面的含义。（　　）

34. 企业能够长期稳定、持续发展主要靠社会关系，企业诚信差一点不是很重要。（　　）

35. 诚信的基础是守法经营，包括经营主体合法、经营行为合法。（　　）

36. 在机动车维修行业建立诚信机制，是对机动车维修市场实施标本兼治的有效途径。（　　）

37.“企业信誉”是指企业在职业活动中的名声。（　　）

38. 为人民服务体现了社会主义职业道德建设的先进性和广泛性要求的统一。（　　）

39. 行业信誉体现了社会承认的该行业在职业活动中的价值。（　　）

40. 实践表明，开展“诚信维修，规范服务”为宗旨的诚信建设活动，有利于在全行业营造“守信用、讲信誉、重信义”的良好氛围。（　　）

41.《公民道德建设实施纲要》要求：社会主义道德建设要坚持以为人民服务为核心，以集体主义为原则。（　　）

42.《公民道德建设实施纲要》要求：要把集体主义精神渗入社会生产和生活的各个层面，引导人们正确认识和处理国家、集体、个人的利益关系。（　　）

43. 在改革开放、市场经济全球化的今天，不再强调民族自尊心、自信心和自豪感。（　　）

44.《公民道德建设实施纲要》提出:要大力倡导家庭美德,鼓励人们在家庭里做一个好成员。 ( )

(二)单项选择题

1. 职业具有一定的( )。

A. 社会责任性　　B. 社会公益性　　C. 社会实践性

2.《公民道德建设实施纲要》规定,社会主义道德建设要坚持以为人民服务为( )。

A. 原则　　B. 核心　　C. 基本要求

3. ( )是社会主义道德的集中体现,也是社会主义职业道德的核心内容。

A. 爱岗敬业　　B. 诚实守信　　C. 为人民服务

4. 纪律是介于法律与道德之间的一种( ),它既要求人们能自觉遵守,又带有一定的强制性。

A. 法令　　B. 制度　　C. 行为规范

5. 职业道德的基本职能是( )。

A. 服务职能　　B. 调节职能　　C. 保证职能

6.《公民道德建设实施纲要》规定,社会主义道德建设要坚持以爱祖国、爱人民、爱劳动、爱科学、爱社会主义为( )。

A. 基本要求　　B. 核心　　C. 原则

7. 在实际工作中自觉自愿地履行职业责任,就是( )的具体表现。

A. 完成生产任务　　B. 履行机动车维修职业义务　　C. 遵纪守法

8. 机动车维修职业所承担的社会责任从宏观上讲,具有( )的职能。

A. 保障机动车技术状况　　B. 保障托修方利益　　C. 保障道路运输事业发展

9. 机动车维修从业人员应自觉控制和支配职业行为,努力维护机动车维修的( )。

A. 职业尊严　　B. 职业良心　　C. 职业义务

10. 恢复机动车技术状况,保证安全生产,充分发挥机动车的效能和降低运行消耗,是我国机动车维修职业的( )。

A. 质量要求　　B. 评价标准　　C. 社会责任

11. 机动车维修最主要的特征就是以其( ),恢复汽车的使用性能,使汽车能正常运行。

A. 服务的周到性　　B. 技术的可靠性　　C. 设施的完备性

12. 机动车维修从业人员职业道德规范是指机动车维修从业人员在机动车维修工作中( )的职业道德准则和行为规范。

A. 必须遵循　　B. 努力提倡　　C. 积极推广

13. 爱岗是敬业的( )。

A. 结果　　B. 体现　　C. 基础

14. 办事公道是衡量机动车维修从业人员( )水平的重要标志。

A. 政策　　B. 职业道德　　C. 领导

15. 在职业活动中做到( ),是为了保证每个人在社会上的合法地位和平等权利。

A. 公正公平　　B. 廉洁奉公　　C. 团结协作

16. 服务群众是(　　)的直接表达。

A. 党的群众路线　　B. 共产主义理想　　C. 为人民服务精神

17. 认真钻研业务、提高工作技能是在服务群众方面对于机动车维修从业人员的(　　)。

A. 基本条件　　B. 具体要求　　C. 具体体现

18. 在机动车维修服务工作中,不计名利、勇于吃苦、任劳任怨,最大限度地满足服务对象的需求,积极为机动车维修行业发展奉献出自己的力量,这是(　　)对于机动车维修从业人员的具体要求。

A. 爱岗敬业　　B. 诚实守信　　C. 奉献社会

19. 奉献社会就是(　　)。

A. 大公无私的情怀　　B. 克己奉公的品德　　C. 全心全意为社会作贡献

20. 与爱岗敬业、诚实守信、办事公道、服务群众这四项道德规范相比较,奉献社会是职业道德中的(　　),同时也是做人的最高境界。

A. 最高要求　　B. 基础要求　　C. 严格要求

21. 爱岗敬业、诚实守信是对从业人员职业行为的(　　)。

A. 最高要求　　B. 基础要求　　C. 严格要求

22. 为加强行业精神文明建设,(　　)组织制定了《全国汽车维修行业行为规范公约》。

A. 中国汽车维修行业协会　　B. 交通部　　C. 国务院文明办

23. 公正签订并忠实履行机动车维修合同是《全国汽车维修行业行为规范公约》中所提出的"(　　)"要求的一种体现。

A. 守法经营,接受监督　　B. 诚信为本,公平竞争　　C. 尊重客户,热忱服务

24. 牢固树立"质量第一,客户至上"的观念,从业人员持证上岗,亮牌服务,举止文明,是《全国汽车维修行业行为规范公约》中所提出的"(　　)"要求的一种体现。

A. 守法经营,接受监督　　B. 尊重客户,热忱服务

C. 弘扬职业道德,建设精神文明

25. "发展企业文化,建立服务品牌,倡导爱岗敬业精神,树立团队合作意识,充分调动企业员工积极性,开创奋发向上的比、学、赶、帮新局面"是《全国汽车维修行业行为规范公约》中"(　　)"的具体要求。

A. 诚信为本,公平竞争　　B. 自我管理,自我发展

C. 弘扬职业道德,建设精神文明

26. "认真做好机动车维修检验记录,按规定签发机动车维修出厂合格证",是《全国汽车维修行业行为规范公约》中"(　　)"的具体要求。

A. 诚信为本,公平竞争　　B. 规范操作,保证质量

C. 弘扬职业道德,建设精神文明

27. "搞好文明生产和安全生产,防止污染,保护环境,不断完善设施和服务功能,做到厂区整洁,环境优美,布局合理"是《全国汽车维修行业行为规范公约》中"(　　)"的具体要求。

A. 弘扬职业道德,建设精神文明　　B. 规范操作,保证质量

C. 文明生产,保护环境

28.《全国汽车维修行业行为规范公约》中“(　　)”提出要“确立科技兴业新思路”。

A. 诚信为本,公平竞争　　B. 科技兴业,开拓创新

C. 弘扬职业道德,建设精神文明

29.“更新管理理念,优化企业管理,增强市场竞争能力”是《全国汽车维修行业行为规范公约》中“(　　)”的具体要求。

A. 诚信为本,公平竞争　　B. 科技兴业,开拓创新

C. 弘扬职业道德,建设精神文明

30.“加强行业培训与交流,开展业内的横向联合与协作,加速行业技术进步”是《全国汽车维修行业行为规范公约》中“(　　)”的具体要求。

A. 诚信为本,公平竞争　　B. 自我管理,自我发展　　C. 科技兴业,开拓创新

31. 维修企业诚信的基础是(　　)。

A. 文明礼貌　　B. 热忱服务　　C. 守法经营

32. 市场经济是法制经济,一切经济活动必须由带有普遍性、强制性的(　　)来规范。

A. 法律　　B. 领导指示　　C. 技术标准

33. 企业守法经营,首先要做到经营主体合法,即从事机动车维修经营活动的企业必须符合国家相关法律、法规要求,具备相应开业条件,经过许可取得(　　)。

A. 工商执照　　B. 经营许可证　　C. 维修资质

34.“严格按照技术标准和工艺流程进行修车作业,并实行质量保证期制度”是企业守法经营方面有关(　　)的具体体现。

A. 经营主体合法　　B. 经营行为合法　　C. 维修工艺规范

35. 维修企业“假维护”、“假检测”,使用假冒伪劣配件,是损害(　　)合法权益的失信行为。

A. 经营者　　B. 行业　　C. 消费者

36. 通过诚信机制的建设,促进广大汽车维修企业增强(　　),增强技术能力,规范经营行为,提高维修质量,实现真正意义上的“诚信修车”。

A. 质量意识　　B. 法制意识　　C. 诚信意识

37.《公民道德建设实施纲要》要求:社会主义道德建设要坚持以(　　)为核心。

A. 四项基本原则　　B. 党的领导　　C. 为人民服务

38.《公民道德建设实施纲要》要求:社会主义道德建设要以(　　)为原则。

A. 共产主义　　B. 社会主义　　C. 集体主义

39.《公民道德建设实施纲要》要求:社会主义道德建设要以社会公德、职业道德、家庭美德为(　　)。

A. 目标　　B. 着力点　　C. 基本要求

40. 在公民道德建设中,应当把《公民道德建设实施纲要》所要求的主要内容具体化、规范化,使之成为全体公民普遍认同和自觉遵守的(　　)。

A. 法律条款　　B. 规章制度　　C. 行为准则

41. 爱祖国、爱人民、爱劳动、爱科学、爱社会主义作为公民道德建设的(　　),是每个公民都应当承担的道德责任。

A. 目标　　B. 着力点　　C. 基本要求

42. 社会公德是公民个人(　　)和社会文明程度的重要表现。

A. 文化素质　　B. 道德修养　　C. 精神状态

43. (　　)涵盖了夫妻、长幼、邻里之间的关系。

A. 社会公德　　B. 职业道德　　C. 家庭美德

44. 尊老爱幼、男女平等、夫妻和睦、勤俭持家、邻里团结是(　　)的主要表现。

A. 社会公德　　B. 职业道德　　C. 家庭美德

(三)多项选择题

1. 建立职业道德规范用于(　　)。

A. 强化人们的法制观念　　B. 规范从业人员的职业行为

C. 调整职业生活中发生的各种关系　　D. 确保职业活动正常进行

2. 职业道德涵盖了(　　)之间的关系。

A. 职工与家庭　　B. 职业与职工　　C. 职业与职业　　D. 从业人员与服务对象

3. 在内容方面,职业道德必须鲜明地表达(　　)方面的道德准则。

A. 职业义务　　B. 职业责任　　C. 职业行为　　D. 职业生涯

4. (　　)是职业道德的具体表现形式。

A. 法律　　B. 守则　　C. 公约　　D. 技术标准

5. 职业道德具有以下特点:(　　)。

A. 适用范围的有限性　　B. 发展历史的继承性

C. 表达形式的多样性　　D. 贯彻执行的纪律性

6. 职业道德是社会道德体系的重要组成部分,它既具有社会道德的一般作用,又具有自身的特殊作用,具体表现为:(　　)。

A. 有助于调节从业人员内部以及从业人员与服务对象间的关系

B. 有助于维护和提高本行业的信誉

C. 有助于促进本行业的发展

D. 有助于提高全社会的道德水平

7. 我国机动车维修职业的社会责任主要是(　　)。

A. 恢复机动车技术性能

B. 保证安全生产

C. 充分发挥机动车的效能和降低运行消耗

D. 为汽车制造业作贡献

8. 每一位机动车维修从业人员都要自觉遵守以爱岗敬业、(　　)为主要内容的职业道德,为机动车维修业的发展作出奉献。

A. 诚实守信　　B. 办事公道　　C. 服务群众　　D. 奉献社会

9.《公民道德建设实施纲要》把"(　　)"作为公民职业道德建设的重要内容。

A. 服务群众　　B. 公平竞争　　C. 爱岗敬业　　D. 奉献社会

10. 机动车维修从业人员应承担和履行的职业道德义务是(　　)。

A. 热爱机动车维修　　B. 献身机动车维修

C. 确保道路运输车辆技术状况完好　　D. 努力发展交通运输业

11. 职业尊严与(　　)有密切关系。

A. 职业义务　B. 职业责任　C. 职业纪律　D. 职业道德

12. 机动车维修的社会责任具体讲就是对(　　)负责。

A. 机动车技术状况　B. 托修方　C. 企业员工　D. 本企业

13. 机动车维修职业道德的主要内容包括爱岗敬业、诚实守信、(　　)。

A. 办事公道　B. 服务群众　C. 不怕困难　D. 奉献社会

14. "诚信"就是(　　)。

A. 忠诚老实　B. 信守承诺　C. 自信　D. 宽容

15.《全国汽车维修行业行为规范公约》要求"守法经营,接受监督"包括自觉接受(　　)。

A. 行政监督　B. 舆论监督　C. 社会监督　D. 同行监督

16.《全国汽车维修行业行为规范公约》中"科技兴业,开拓创新"提出"积极推广应用机动车维修(　　)"。

A. 新技术　B. 新工艺　C. 新材料　D. 新设备

17. 失信的危害包括(　　)。

A. 破坏了企业正常经营,败坏了企业的声誉,引发信任危机

B. 严重影响社会的投资和消费,企业会失去今后的市场

C. 严重干扰了正常信用体系的建立

D. 造成社会风气的败坏和道德水平的滑坡

18.《公民道德建设实施纲要》提出公民道德建设要引导人们正确处理(　　)等关系。

A. 个人与社会　B. 竞争与协作　C. 先富与共富　D. 经济效益与社会效益

二 练习题答案

(一)判断题

1. ✓　2. ✓　3. ✓　4. ✓　5. ✓　6. ✓　7. ✓　8. ✓　9. ×　10. ✓　11. ✓
12. ✓　13. ✓　14. ✓　15. ×　16. ×　17. ✓　18. ✓　19. ✓　20. ✓　21. ✓　22. ✓
23. ✓　24. ×　25. ✓　26. ✓　27. ×　28. ×　29. ✓　30. ✓　31. ×　32. ✓　33. ✓
34. ×　35. ✓　36. ✓　37. ×　38. ✓　39. ✓　40. ✓　41. ✓　42. ✓　43. ×　44. ✓

(二)单项选择题

1. A　2. B　3. C　4. C　5. B　6. A　7. B　8. C　9. A　10. C　11. B
12. A　13. C　14. B　15. A　16. C　17. B　18. C　19. C　20. A　21. B　22. A
23. B　24. B　25. C　26. B　27. C　28. B　29. B　30. C　31. C　32. A　33. A
34. B　35. C　36. C　37. C　38. C　39. B　40. C　41. C　42. B　43. C　44. C

(三)多项选择题

1. BCD　2. BCD　3. ABC　4. BC　5. ABCD　6. ABCD　7. ABC
8. ABCD　9. AD　10. ABCD　11. ABCD　12. AB　13. ABD　14. AB
15. ABC　16. ABCD　17. ABCD　18. ABCD

第二节 机动车维修法律法规

一 练习题

(一)判断题

1. 机动车维修经营属于道路运输相关业务。 ( )

2. 按《道路运输条例》的规定,申请机动车维修的经营者,取得机动车维修经营许可证件后,还应当依法向工商行政管理机关办理有关登记手续。 ( )

3.《道路运输条例》规定,机动车维修经营者不得使用假冒伪劣配件维修机动车。( )

4. 按《道路运输条例》的规定,机动车维修经营者不得承修已报废的机动车。 ( )

5. 机动车维修经营依据维修车型种类、服务能力和经营项目实行分类许可。 ( )

6. 一类机动车维修企业可以从事危险货物运输车辆维修。 ( )

7. 获得危险货物运输车辆维修经营许可的,可以从事相应车型一类汽车维修经营业务。 ( )

8. 获得二类汽车维修经营业务许可的,不可以从事整车修理、总成修理工作。 ( )

9. 机动车维修经营者不得擅自改装机动车,但可以利用配件拼装机动车。 ( )

10.《机动车维修管理规定》中规定,机动车维修产生的废弃物,应当按照国家的有关规定进行处理。 ( )

11. 机动车维修经营者不出具规定的结算票据和结算清单的,托修方有权拒绝支付费用。 ( )

12.《机动车维修管理规定》中规定,机动车维修经营者应当将配件明码标价,供用户选择。 ( )

13. 承担机动车维修竣工质量检验的机动车维修企业或机动车综合性能检测机构应对检测结果承担法律责任。 ( )

14.《机动车维修管理规定》所指的质量检验制度包括自检、互检和专职检验。 ( )

15. 未签发机动车维修竣工出厂合格证的机动车,不得交付使用,车主可以拒绝交费或接车。 ( )

16.《机动车维修管理规定》中规定机动车维修档案的主要内容包括:托修方、车牌号码、车型、发动机型号、底盘号、维修类别、维修合同编号和进出厂日期。 ( )

17.《机动车维修管理规定》中规定,质量保证期中行驶里程和日期指标,以行驶里程为主,以日期为参考。 ( )

18. 出现机动车维修质量纠纷,质量纠纷双方当事人均可以向道路运输管理机构提出维修质量纠纷调解申请。 ( )

19. 当出现机动车维修质量纠纷时,承修方为了查实"因非维修原因而造成机动车无法使用的相关证据",必要时可自行拆检车辆有关部位。 ( )

20. 当事人无权向道路运输管理机构提出查阅质量信誉考核监督检查记录的要求。 ( )

21.《机动车维修管理规定》中规定,承修已报废的机动车或者擅自改装机动车,情节严重的,由原许可机关吊销其经营许可;构成犯罪的,依法追究刑事责任。（ ）

22.《机动车维修管理规定》中规定,机动车维修经营者未在经营场所公布收费项目、工时定额和工时单价,由县级以上道路运输管理机构责令其停止经营。（ ）

23. 道路运输从业人员应当依法经营,诚实信用,规范操作,文明从业。（ ）

24. 机动车维修技术人员取得从业资格的比例是机动车维修经营者依法获取经营许可的必要条件之一。（ ）

25. 质量检验人员无须了解机动车维修服务收费标准及行业相关政策法规。（ ）

26. 申请参加机动车维修技术人员从业资格考试的,都必须提供学历证明及复印件。（ ）

27. 道路运输从业人员从业资格管理档案中包括违章、事故及诚信考核、继续教育记录。（ ）

28. 机动车维修技术人员经考试合格后,可以取得《道路运输从业人员从业资格证》。（ ）

29. 已获得从业资格证件的人员需要增加相应从业资格类别的,应当向原发证机关提出申请,并按照规定参加相应培训和考试。（ ）

30. 道路运输从业人员服务单位变更的,无须到交通主管部门或者道路运输管理机构办理从业资格证件变更手续。（ ）

31. 机动车维修质量检验人员的机动车驾驶证被注销或者被吊销的,由发证机关注销其从业资格证件。（ ）

32. 道路运输管理机构应当将道路运输从业人员的违章行为记录在《道路运输从业人员从业资格证》的违章记录栏内,并通报发证机关。（ ）

33. 道路运输管理机构应当将道路运输从业人员每年的诚信考核和计分考核结果向社会公布,供公众查阅。（ ）

34. 机动车维修技术人员发现重大事故隐患,不立即采取消除措施,继续作业的,由发证机关吊销其从业资格证件。（ ）

35.《机动车维修企业质量信誉考核办法(试行)》规定:质量信誉考核工作每年进行一次,机动车维修企业在每年的 12 月底前,向所在地县级或设区的市级道路运输管理机构提交相关材料。（ ）

36. 在中华人民共和国境内,已获取经营许可的机动车维修企业,自愿申请进行机动车维修企业质量信誉考核,也可以不参加。（ ）

37. 机动车维修企业质量信誉等级分为优良、合格、基本合格和不合格,分别用 AAA 级、AA 级、A 级和 B 级表示。（ ）

38. 机动车维修企业质量信誉考核中,从业人员素质指标主要考核维修技术人员获取从业资格证件的情况。（ ）

39.《机动车维修企业质量信誉考核办法(试行)》规定:机动车维修企业质量信誉考核中环境保护考核项目占 100 分。（ ）

40. 交通运输部对各类别汽车维修企业和摩托车维修企业规定了全国统一的质量信誉考

核记分标准。 ( )

41. 机动车维修企业质量信誉考核期内未发生一次死亡 1 人及以上的安全生产责任事故和特大恶性服务质量事件，是获得机动车维修企业质量信誉等级 A 级以上的必要条件之一。 ( )

42. 机动车维修企业质量信誉考核为 A 级的，考核总分和加分合计不低于 600 分。 ( )

43. 机动车维修企业质量信誉档案不包括安全生产事故记录。 ( )

44. 机动车维修企业质量信誉档案包括质量投诉情况。 ( )

45. 道路运输管理机构在日常工作中，已经掌握被考核机动车维修企业质量信息考核指标情况的，可不再要求机动车维修企业报送此项指标的相关材料。 ( )

46. 机动车维修企业下设的分公司与总公司单独进行质量信誉考核；子公司的质量信誉等级由其所在地道路运输管理机构单独考核。 ( )

47.《机动车维修企业质量信誉考核办法（试行）》规定：连锁经营网点的质量信誉情况应由连锁经营总部进行核实，出具书面保证，道路运输管理机构对连锁网点的相关情况可不再进行实质考核。 ( )

48. 被质量信誉考核企业或其他单位、个人对机动车维修企业的质量信誉考核公示结果有异议的，可随时向设区的市级道路运输管理机构书面申诉或举报。 ( )

49. 道路运输管理机构应当为机动车维修企业的质量信誉考核举报人保密，不得向其他单位或个人泄露举报人的姓名及有关情况。 ( )

50. 机动车维修企业发生名称、法定代表人等事项变更，原质量信誉等级失效。 ( )

51. 道路运输管理机构可以根据机动车维修企业质量信誉等级的高低，对企业采取推荐参加政府采购招投标、重大事故车维修、加入全国机动车维修救援网络等激励措施。 ( )

52. 机动车维修经营者，应当按照防治大气污染的要求和国家有关技术规范进行维修，使在用机动车达到规定的污染物排放标准。 ( )

53. 按机动车维修企业环境保护条件要求，企业应具备废油、废液、废气、废蓄电池、废轮胎及垃圾等有害物质集中收集、有效处理和保持环境整洁的环境保护管理制度。 ( )

54. 严禁机动车维修企业违反环保法规随意排放废液、废气。 ( )

55. 严禁违法转移和非法经营危险废物回收的行为。 ( )

56. 实施机动车排放污染控制的 I/M（检查/维护）制度，是机动车维修企业贯彻《大气污染防治法》的具体体现。 ( )

57.《产品质量法》明确了产品质量管理的方针和原则，与提供技术服务的机动车维修企业无关。 ( )

58. 按《计量法》的要求，机动车维修企业在购置计量器具时一定要认准产品是否具有生产许可证和计量检定合格证。 ( )

59. 计量器具购买时严格把好关，以后就不用送检了。 ( )

60. 用人单位必须为劳动者提供符合国家规定的劳动安全卫生条件和必要的劳动防护用品。 ( )

61.《劳动法》从法律的角度规范了劳资双方的行为，是最直接关系到劳动者权益的法律。 ( )

62. 签订劳动合同应该在双方自愿和平等的基础上,严格依照劳动合同示范文本格式进行。 ( )

63. 按《劳动法》规定,企业要关注工作场所的环境治理和重视职工的劳动保护。 ( )

64. 机动车维修合同对承修、托修双方不具有法律约束力。 ( )

65. 可以由修理厂单方面更改机动车维修合同中的修理内容或所用配件,以保证维修质量。 ( )

66. 从业人员既是安全生产保护的对象,又是实现安全生产的基本要素。 ( )

67. 按《安全生产法》规定,从业人员有权拒绝违章指挥和强令冒险作业。 ( )

68. 从业人员发现直接危及人身安全的紧急情况时,可以停止作业或者在采取可能的应急措施后撤离作业场所。 ( )

69. 无驾驶资格的修理人员在作业区域可以驾驶车辆,但不能出厂门。 ( )

70. 维修企业危险品仓库与一般物品应分开存放,剧毒物资要专门设库存放,指定专人保管,并且有严格的进出库审批手续和领发料登记台账。 ( )

71. 按维修企业用电安全管理要求,要经常检查移动用电设施的完好状况。 ( )

72. 按维修企业消防安全管理要求,使用石油产品作为清洗剂和稀释剂的企业或者车间,不允许进行焊接等有明火的作业。 ( )

73. 机动车维修车间及仓库区,严禁烟火。 ( )

74. 轮胎维修作业人员应佩戴护目眼镜和防毒口罩。 ( )

75. 企业与员工发生分歧时,严禁使用暴力手段威胁恐吓员工。 ( )

76. 国家有关部门应当依照《安全生产法》追究生产安全事故责任人员的法律责任。 ( )

(二)单项选择题

1.《道路运输条例》是我国第一部规范道路运输经营活动和管理行为的( )。

A. 行政法规　　B. 国家标准　　C. 行业规章

2. 在国家行政管理中,机动车维修业是( )的组成部分。

A. 汽车制造业　　B. 道路运输业　　C. 机械行业

3.《道路运输条例》规定,申请从事机动车维修经营业务的,应当向所在地县级( )提出申请。

A. 道路运输管理机构　　B. 公安机关交通管理部门　　C. 工商管理部门

4.《机动车维修管理规定》中规定,机动车维修经营者应当持( )依法向工商行政管理机关办理有关登记手续。

A. 营业执照　　B. 税务登记证　　C. 机动车维修经营许可证件

5.《机动车维修管理规定》中规定,在质量保证期内因维修质量原因造成机动车无法正常行驶的,维修经营者应该( )。

A. 返修,并收取少量维修费用　　B. 无偿返修

C. 仅收取返修材料费

6.《道路运输条例》规定,机动车维修经营者对机动车进行二级维护、总成修理或者整车修理的,应当进行维修质量检验。检验合格的,维修质量检验人员应当签发( )。

A. 维修记录　　B. 过程检验单

C. 机动车维修竣工出厂合格证

7.《机动车维修管理规定》中规定，机动车维修经营者应当将其执行的机动车维修工时单价标准报所在地道路运输管理机构(　　)。

A. 批准　　B. 审核　　C. 备案

8.《机动车维修管理规定》中规定，机动车维修经营业务根据维修对象分为(　　)类。

A. 二　　B. 三　　C. 四

9.《机动车维修管理规定》鼓励机动车维修企业实行集约化、专业化、(　　)，促进机动车维修业的合理分工和协调发展。

A. 现代化　　B. 连锁经营　　C. 多种经营

10.《机动车维修管理规定》鼓励推广应用机动车维修环保、节能、(　　)和故障诊断技术。

A. 高科技　　B. 安全　　C. 不解体检测

11.《机动车维修管理规定》中规定，(　　)以上道路运输管理机构负责具体实施本行政区域内的机动车维修管理工作。

A. 省级　　B. 市级　　C. 县级

12.《机动车维修管理规定》中规定，获得(　　)类汽车维修经营业务许可的，可以从事相应车型的维修竣工检验工作。

A. 一　　B. 二　　C. 三

13. 按《机动车维修管理规定》，获得(　　)维修经营业务许可的，除可以从事危险货物运输车辆维修经营业务外，还可以从事一类汽车维修经营业务。

A. 汽车　　B. 危险货物运输车辆　　C. 其他机动车

14.《机动车维修管理规定》中规定，机动车维修经营许可证件实行有效期制。从事一、二类汽车维修业务和一类摩托车维修业务的证件有效期为(　　)年。

A. 3　　B. 5　　C. 6

15.《机动车维修管理规定》中规定，从事三类汽车维修业务、二类摩托车维修业务及其他机动车维修业务的证件有效期为(　　)年。

A. 3　　B. 5　　C. 6

16.《机动车维修管理规定》中规定，从事一类和二类维修业务的企业，其技术负责人员和质量检验人员总数的(　　)应当经全国统一考试合格。

A. 40%　　B. 50%　　C. 60%

17.《机动车维修管理规定》中规定，质量检验人员应当熟悉各类汽车或者其他机动车维修检测(　　)。

A. 技术参数　　B. 作业规范　　C. 程序

18.《机动车维修管理规定》中规定，从事一类和二类维修业务的应当各配备至少 1 名技术负责人员和(　　)。

A. 业务负责人员　　B. 结算员　　C. 质量检验人员

19.《机动车维修管理规定》中规定，机动车维修经营者应当加强对从业人员的安全教育和(　　),确保安全生产。

A. 操作技能教育　　B. 职业道德教育　　C. 安全操作规程教育

20.《机动车维修管理规定》中规定,为确保安全生产,机动车维修从业人员应当执行机动车维修(　　),不得违章作业。

A. 技术规范　　B. 业务流程　　C. 安全生产操作规程

21.《机动车维修管理规定》中规定,机动车维修经营者应当按照国家、行业或者地方的(　　)和规范进行维修。

A. 维修制度　　B. 法规政策　　C. 维修标准

22.《机动车维修管理规定》中规定,机动车维修经营者应当建立采购配件(　　)制度,记录购买日期、供应商名称、地址、产品名称及规格型号等。

A. 管理　　B. 出入库管理　　C. 登记

23.《机动车维修管理规定》中规定,采购配件在登记入库时,应查验(　　)等相关证明。

A. 采购发票　　B. 产品合格证　　C. 检验单

24.《机动车维修管理规定》中规定,承担机动车维修竣工质量检验的机动车维修企业或机动车综合性能检测机构应当使用符合有关标准并在检定有效期内的设备,按照(　　)进行检测。

A. 岗位职责　　B. 设备操作规范　　C. 有关标准

25.《机动车维修管理规定》中规定,机动车维修竣工出厂合格证由(　　)道路运输管理机构统一印制和编号,县级道路运输管理机构按照规定发放和管理。

A. 省级　　B. 市级　　C. 县级

26.《机动车维修管理规定》中规定,道路运输管理机构应加强对机动车维修专业技术人员的管理,严格执行专业技术人员(　　)和管理制度。

A. 培训　　B. 奖励　　C. 考试

27. 机动车维修档案保存期为(　　)年。

A. 一　　B. 二　　C. 三

28.《机动车维修管理规定》中规定,在质量保证期内,机动车因同一故障或维修项目经(　　)次修理仍不能正常使用的,机动车维修经营者应当负责联系其他机动车维修经营者,并承担相应修理费用。

A. 一　　B. 二　　C. 三

29.《机动车维修管理规定》中规定,对机动车维修经营者实行(　　)考核制度。

A. 产值利润　　B. 质量信誉　　C. 返修率

30.《机动车维修管理规定》中规定,机动车维修质量保证期,从维修(　　)之日起计算。

A. 竣工　　B. 竣工出厂　　C. 结算

31.《机动车维修管理规定》中规定,在质量保证期和承诺的质量保证期内,因维修质量原因造成机动车无法正常使用,且(　　)在 3 日内不能或者无法提供因非维修原因而造成机动车无法使用的相关证据的,机动车维修经营者应当及时无偿返修。

A. 车主　　B. 承修方　　C. 托修方

32.《机动车维修管理规定》中规定,道路运输管理机构应当受理机动车维修质量投诉,积极按照(　　)和相关规定调解维修质量纠纷。

A. 行业标准　　B. 维修合同约定　　C. 投诉方要求

33.《机动车维修管理规定》中规定,道路运输管理机构在调解维修质量纠纷时,组织专家组或委托具有法定检测资格的检测机构进行技术分析和鉴定所产生的费用由(　　)承担。

A. 承修方　　B. 托修方　　C. 责任方

34.《机动车维修管理规定》中规定,道路运输管理机构应当建立机动车维修企业诚信档案。机动车维修(　　)考核结果是机动车维修诚信档案的重要组成部分。

A. 上线检测一次合格率　　B. 返修率　　C. 质量信誉

35.《机动车维修管理规定》中规定,道路运输管理机构的执法人员在机动车维修经营场所实施监督检查时,应当由(　　)名以上人员参加,并向当事人出示交通部监制的交通行政执法证件。

A. 4　　B. 3　　C. 2

36.《机动车维修管理规定》中规定,机动车维修经营者使用假冒伪劣配件维修机动车,由县级以上道路运输管理机构责令改正,并没收假冒伪劣配件,有违法所得的,没收违法所得,处违法所得(　　)的罚款。

A. 2 倍以上 10 倍以下　　B. 1 倍以上 5 倍以下　　C. 1 倍以上 3 倍以下

37.《道路运输从业人员管理规定》中规定,机动车维修技术人员从业资格考试由设区的市级道路运输管理机构组织实施,每(　　)组织一次考试。

A. 年　　B. 季度　　C. 月

38.《机动车维修管理规定》中规定,机动车维修经营者超出备案的结算工时定额、结算工时单价向托修方收费的,由县级以上道路运输管理机构(　　)。

A. 处以违法所得 2 倍以上 10 倍以下的罚款

B. 责令其停止经营

C. 责令其限期整改

39.《机动车维修管理规定》中规定,机动车维修经营者不按照规定建立维修档案和报送统计资料的,由县级以上道路运输管理机构责令其限期整改;限期整改不合格的,予以(　　)。

A. 罚款处理　　B. 通报批评　　C. 吊销执照

40.《道路运输从业人员管理规定》中规定,国家对道路运输从业人员实行(　　)。

A. 持证上岗制度　　B. 从业资格考试制度　　C. 人力资源管理制度

41.《道路运输从业人员管理规定》明确指出,从业资格是对道路运输从业人员所从事的特定岗位(　　)的基本评价。

A. 职业资格　　B. 任职条件　　C. 职业素质

42.《道路运输从业人员管理规定》中规定,机动车维修技术负责人应当具有机动车维修或者相关专业(　　)以上学历,或者具有机动车维修或相关专业中级以上专业技术职称。

A. 本科　　B. 中专　　C. 大专

43.《道路运输从业人员管理规定》中规定,申请参加机动车维修技术人员从业资格考试的,应当向其户籍地或者暂住地设区的(　　)道路运输管理机构提出申请,填写《机动车维修技术人员从业资格考试申请表》。

A. 县、区级　　B. 市级　　C. 省级

44.《道路运输从业人员管理规定》中规定,道路运输从业人员从业资格证件由(　　)统一印制并编号,具体工作委托交通专业人员资格评价中心负责。

A. 市级行业管理部门　　B. 省级行业管理部门　　C. 交通部

45.《道路运输从业人员管理规定》中规定,机动车维修技术人员从业资格证件由(　　)发放和管理。

A. 交通部　　B. 省级道路运输管理机构

C. 设区的市级道路运输管理机构

46.《道路运输从业人员管理规定》中规定,道路运输从业人员诚信考核等级分为四级,最好的一级为优良,用(　　)级表示。

A. A　　B. AA　　C. AAA

47.《道路运输从业人员管理规定》中规定,道路运输从业人员诚信考核和计分考核周期为(　　)个月,从初次领取从业资格证件之日起计算。

A. 6　　B. 12　　C. 24

48.(　　)以上道路运输管理机构按照《机动车维修企业质量信誉考核办法(试行)》规定的职责,负责具体实施机动车维修企业质量信誉考核工作。

A. 省级　　B. 市级　　C. 县级

49.《机动车维修企业质量信誉考核办法(试行)》规定,质量信誉等级分为优良、合格、基本合格和不合格,分别用(　　)表示。

A. 优、良、中、差　　B. AAA 级、AA 级、A 级和 B 级

C. 甲、乙、丙、丁

50. 机动车维修企业质量信誉考核中,安全生产指标包括(　　)实施情况及安全生产状况。

A. 质量管理制度　　B. 安全生产制度　　C. 安全生产岗位职责

51. 机动车维修企业质量信誉考核中,维修质量指标包括(　　)建设和实施情况。

A. 质量管理制度　　B. 质量管理网络　　C. 质量保证体系

52. 机动车维修企业质量信誉考核中,企业管理指标包括(　　)建立情况、企业形象、获奖情况和连锁经营情况等。

A. 质量管理制度　　B. 企业管理程序　　C. 质量信誉档案

53. 托修方有权了解机动车维修所用材料与配件的价格和修车(　　)。

A. 技术秘密　　B. 盈利状况　　C. 工时单价

54.《机动车维修企业质量信誉考核办法(试行)》规定,重大恶性服务质量事件是指由于企业原因,对社会造成不良影响,而受到(　　)交通主管部门或者道路运输管理机构通报批评的服务质量事件。

A. 县区级　　B. 市级　　C. 省级

55.《机动车维修企业质量信誉考核办法(试行)》规定,特大恶性服务质量事件是指由于企业原因,对社会造成恶劣影响,而受到省级以上交通主管部门或者道路运输管理机构

(　　)的服务质量事件。

A. 通报批评　　B. 严重警告　　C. 经济处罚

56. 按机动车维修企业安全生产条件要求，企业应具备与其维修作业相适应的安全管理制度和安全保护措施，建立并实施(　　)。

A. 安全操作规程　　B. 岗位责任制　　C. 安全生产责任制

57.《机动车维修企业质量信誉考核办法(试行)》规定，连续三年考核为(　　)级的机动车维修企业，在许可证件有效期届满时，申请继续经营的，可由作出原许可决定的道路运输管理机构直接办理换证手续。

A. A　　B. AA　　C. AAA

58.《大气污染防治法》规定，机动车船必须达标排放。这里所说的达标是指达到国家或者(　　)制定的机动车船大气污染物排放标准。

A. 行业　　B. 地方　　C. 制造厂

59. 机动车维修企业采用干打磨工艺的(　　)，设有粉尘收集装置、除尘设备和通风设备，是环境保护措施之一。

A. 钣金车间　　B. 机修车间　　C. 涂漆车间

60. 按《大气污染防治法》的要求，机动车维修调试车间或调试工位应设置(　　)。

A. 除尘设备　　B. 汽车尾气收集净化装置　　C. 消声装置

61. (　　)不符合《产品质量法》所称的产品条件。

A. 经过加工、制作的物品　　B. 用于销售　　C. 不动产

62. 对没有国家标准而又需要在全国某个行业范围内统一的技术要求，可以制定(　　)。

A. 企业标准　　B. 行业标准　　C. 国家标准

63. 按《计量法》规定，维修企业使用的计量器具应定期送到计量检定机构(　　)。

A. 检验　　B. 校正　　C. 检定

64. 机动车维修合同在《合同法》中属于(　　)规范的范畴。

A. 承揽合同　　B. 委托合同　　C. 技术合同

65. 按维修企业安全生产要求，车辆开进检查地沟，必须将前后车轮(　　)后，工作人员才能接近车辆和进行维修作业。

A. 停稳　　B. 用千斤顶顶起　　C. 用三角木块塞紧

66. 按维修企业用电安全管理要求，一旦发生触电事故，应首先(　　)。

A. 用绝缘物对触电人员施救　　B. 拨打 110

C. 切断电源

67. 按职业病防治安全管理工作要求，对接触有毒有害物质和噪声危害的工作人员，要加强劳动防护，并且定期组织职工进行必要的(　　)。

A. 防护训练　　B. 体检　　C. 疗养

68. 按《劳动法》规定，企业应与劳动者签订(　　)。

A. 责任书　　B. 协议　　C. 劳动合同

69. 机动车维修企业在与劳动者签订劳动合同时，除了明确双方的权利和义务之外，还要写明双方均认为合情合理的(　　)，以便于双方互相约束。

A. 劳动报酬　　B. 违约责任　　C. 岗位职责

70. 员工出现劳动纠纷,在本企业没有能力化解的情况下,可以通过(　　)进行劳动仲裁。

A. 劳动仲裁部门　　B. 工会组织　　C. 上一级主管部门

71.《劳动法》明确了国家确定职业分类,制定职业技能标准,实行(　　)制度。

A. 持证上岗　　B. 职业资格证书　　C. 等级工

(三)多项选择题

1. 制定出台《道路运输条例》是为了(　　)。

A. 解决我国道路运输市场管理无法可依的迫切需要

B. 落实《行政许可法》管理道路运输市场的需要

C. 适应加入世界贸易组织后道路运输市场管理的需要

D. 适应建立全国统一开放、竞争有序的道路运输市场体系的需要

2. 根据《道路运输条例》的规定:"申请从事机动车维修经营的,应当具备(　　)等条件。"

A. 有相应的机动车维修场地　　B. 有必要的设备、设施和技术人员

C. 有健全的机动车维修管理制度　　D. 有必要的环境保护措施

3. 机动车维修经营者应当公布机动车维修(　　),合理收取费用。

A. 技术标准　　B. 工时定额　　C. 管理制度　　D. 收费标准

4. 从事机修、电器、钣金、涂漆的维修技术人员应当熟悉所从事工种的(　　),并了解汽车或者其他机动车维修及相关政策法规。

A. 岗位职责　　B. 维修技术　　C. 职业道德　　D. 操作规范

5. 从事发动机维修、车身维修、电气系统维修、自动变速器四类专项维修的,除了按照其经营项目配备相应的机修、电器、钣金、涂漆的维修技术人员外,还应当配备(　　)。

A. 技术负责人员　　B. 质量检验人员　　C. 业务人员　　D. 结算人员

6. 申请从事机动车维修经营的,应当向所在地的县级道路运输管理机构提出申请,并提交(　　)。

A. 申请书和经营场地证明　　B. 技术人员名单及资质证明

C. 资金账号　　D. 设备及计量检定证明

7. 机动车维修连锁经营企业总部应当按照(　　)的要求,建立连锁经营的作业标准和管理手册。

A. 统一经营方针、统一服务规范和价格　　B. 统一标识

C. 统一店面大小、统一人员数量　　D. 统一采购、统一配送

8.《机动车维修管理规定》规定,机动车维修经营者对机动车进行(　　)的,应当实行维修前诊断检验、维修过程检验和竣工质量检验制度。

A. 故障排除　　B. 二级维护　　C. 总成修理　　D. 整车修理

9. 机动车维修经营者对机动车进行(　　)的,应当建立机动车维修档案。

A. 小修　　B. 二级维护　　C. 总成修理　　D. 整车修理

10. 机动车维修经营者有(　　)行为的,由县级以上道路运输管理机构责令其限期整改;限期整改不合格的,予以通报。

A. 未按照规定执行机动车维修质量保证期制度

B. 未按有关技术规范进行维修作业

C. 伪造、转借、倒卖机动车维修竣工出厂合格证

D. 机动车维修经营者只收费不维修或者虚列维修作业项目

11.《道路运输从业人员管理规定》中所指的机动车维修技术人员，包括机动车维修(　　)，以及从事机修、电器、钣金、涂漆、车辆技术评估(含检测)作业的技术人员。

A. 企业负责人　　B. 质量检验人员　　C. 技术负责人员　　D. 业务接待员

12.《道路运输从业人员管理规定》中规定，道路运输从业人员从业资格考试应当按照交通部编制的(　　)组织实施。

A. 考试大纲　　B. 考试题库　　C. 考核标准　　D. 考试工作规范和程序

13.《道路运输从业人员管理规定》中规定，质量检验人员应具有高中以上学历，熟悉机动车维修检测作业规范，掌握机动车维修(　　)的相关技术。

A. 操作工艺　　B. 故障诊断　　C. 竣工验收　　D. 质量检验

14.《道路运输从业人员管理规定》中规定，申请参加质量检验人员从业资格考试，必须提供(　　)。

A. 身份证明及复印件　　B. 维修技术工作经历证明

C. 学历证明及复印件　　D. 机动车驾驶证及复印件

15. 质量信誉考核是指在考核周期内对机动车维修企业的(　　)等方面进行的综合评价。

A. 从业人员素质　　B. 维修和服务质量

C. 安全生产和环境保护　　D. 遵章守纪和企业管理

16.《机动车维修企业质量信誉考核办法(试行)》中规定，机动车维修企业质量信誉考核过程中，对服务质量的考核指标应包括：(　　)。

A. 服务公示情况　　B. 有责投诉次数

C. 服务质量事件　　D. 用户满意度

17.《机动车维修企业质量信誉考核办法(试行)》中规定，机动车维修企业质量信誉考核过程中，对企业环境保护的考核指标，包括：环保设施设备技术状况和运用情况，废气、废水、废油以及空调制冷剂等维修废物(　　)情况。

A. 清除　　B. 回收　　C. 保存　　D. 处理

18.《机动车维修企业质量信誉考核办法(试行)》中规定，机动车维修企业质量信誉考核总分和加分合计低于600分或者(　　)等考核分数在该项总分的60%以下的，质量信誉等级为B级。

A. 企业从业人员素质　　B. 服务质量

C. 维修质量　　D. 安全生产

19.《机动车维修企业质量信誉考核办法(试行)》中规定，服务质量事件记录，包括每次事件的(　　)。

A. 时间　　B. 原因　　C. 社会影响　　D. 通报部门或机构

20. 修订后的《大气污染防治法》对重点城市的大气污染防治突出了(　　)等内容。

A. 加强对机动车的污染防治

B. 加大城市扬尘的控制力度

C. 禁止超过排放标准排放污染物

D. 实行大气污染物排放的总量控制和许可制度

21. 机动车维修企业在维修生产中产生的固体废物,包括(　　)等。

A. 废旧蓄电池　B. 废旧轮胎　C. 废旧汽车配件　D. 生产与办公垃圾

22. 企业应按国家环境保护法规的规定,按生产工艺要求安装、配置(　　)等设施。

A. 处理"三废"　B. 通风　C. 吸尘　D. 净化和消声

23.《固体废物污染环境防治法》的主要内容包括(　　)。

A. 固体废物污染环境防治的监督管理　B. 固体废物污染环境的防治

C. 危险废物污染环境防治的特别规定　D. 法律责任

24.《中华人民共和国标准化法》规定,我国标准分为(　　)。

A. 国家标准　B. 行业标准　C. 地方标准　D. 企业标准

25. 机动车维修经营者必须按照公开的(　　)计算作业工时和收取维修费用,不得随意加价、乱收费。

A. 汽车维修技术标准　B. 汽车维修工时定额

C. 汽车维修收费标准　D. 汽车维修质量标准

26.《安全生产法》规定,国家安全生产管理坚持(　　)方针。

A. 安全第一　B. 三不放过　C. 防患未然　D. 预防为主

27. 机动车维修企业经营条件中的"安全生产条件"是指:生产经营单位在安全生产中(　　)等"硬件"方面的条件。

A. 设施　B. 设备　C. 场所　D. 环境

28.《机动车维修管理规定》中规定,机动车维修经营者应当加强对从业人员的(　　),确保安全生产。

A. 安全教育　B. 职业道德教育　C. 法制教育　D. 文化培训

29. 车间举升车辆,一定要确认(　　)。

A. 设备负载匹配　B. 设备完好　C. 支承位置恰当　D. 锁止有效

30. 从业人员在作业过程中,应当严格遵守本单位的安全生产(　　),服从安全生产管理。

A. 规章制度　B. 工作规范　C. 制度　D. 操作规程

31. 从业人员在作业过程中发现事故隐患或者其他不安全因素的,应当立即向(　　)报告。

A. 消防部门　B. 现场安全生产管理人员

C. 公安部门　D. 本单位的负责人

32.《劳动法》规定,劳动者的权利主要有:(　　);劳动保护权;职业培训和业务进修权等。

A. 劳动权　B. 享受保险和福利的权利

C. 休息权　D. 获得劳动报酬权

二 练习题答案

(一)判断题

1. ✓ 2. ✓ 3. ✓ 4. ✓ 5. ✓ 6. × 7. ✓ 8. × 9. × 10. ✓ 11. ✓
12. ✓ 13. ✓ 14. × 15. ✓ 16. × 17. × 18. ✓ 19. × 20. × 21. ✓ 22. ×
23. ✓ 24. ✓ 25. × 26. ✓ 27. ✓ 28. ✓ 29. ✓ 30. × 31. ✓ 32. ✓ 33. ✓
34. ✓ 35. × 36. × 37. ✓ 38. ✓ 39. × 40. × 41. ✓ 42. ✓ 43. × 44. ✓
45. ✓ 46. × 47. ✓ 48. × 49. ✓ 50. × 51. ✓ 52. ✓ 53. ✓ 54. ✓ 55. ✓
56. ✓ 57. × 58. ✓ 59. × 60. ✓ 61. ✓ 62. ✓ 63. ✓ 64. × 65. × 66. ✓
67. ✓ 68. ✓ 69. × 70. ✓ 71. ✓ 72. ✓ 73. ✓ 74. × 75. ✓ 76. ✓

(二)单项选择题

1. A 2. B 3. A 4. C 5. B 6. C 7. C 8. C 9. B 10. C 11. C
12. A 13. B 14. C 15. A 16. C 17. B 18. C 19. B 20. C 21. C 22. C
23. B 24. C 25. A 26. C 27. B 28. B 29. B 30. B 31. B 32. B 33. C
34. C 35. C 36. A 37. B 38. C 39. B 40. B 41. C 42. C 43. B 44. C
45. C 46. C 47. B 48. C 49. B 50. B 51. C 52. C 53. C 54. B 55. A
56. C 57. C 58. B 59. C 60. B 61. C 62. B 63. C 64. A 65. C 66. C
67. B 68. C 69. B 70. C 71. B

(三)多项选择题

1. ABCD 2. ABCD 3. BD 4. BD 5. AB 6. ABD 7. ABD
8. BCD 9. BCD 10. ABCD 11. BC 12. ABCD 13. BD 14. ABCD
15. ABCD 16. ABCD 17. BD 18. AD 19. ABCD 20. ABCD 21. ABCD
22. ABCD 23. ABCD 24. ABCD 25. BC 26. AD 27. ABCD 28. AB
29. ABCD 30. AD 31. BD 32. ACD

第三节 汽车维修标准体系

一 练习题

(一)判断题

1. 标准是由主管机构批准,以特定形式发布,应该共同遵守的准则和依据。 ( )
2. 标准是对重复性事物和概念所作的统一规定。 ( )
3. 标准具有法律的约束性,都必须强制执行。 ( )
4. 国家标准权威性最高,要求也最高,行业标准或企业标准可以比国家标准要求低。 ( )
5. 强制性国家标准代号为 GB,推荐性国家标准代号为 GB/T。 ( )
6. 对标准实施进行监督,是政府有关部门领导和管理标准化活动的重要手段。 ( )

7. 汽车维修标准体系是在汽车维修专业范围内按标准对象、标准项目、标准级别与性质及相互间内在联系编制成的系统性技术文件。 ( )

8. 汽车维修标准体系总结构分为“汽车维修管理、服务标准”和“汽车维修基础和通用标准”两个部分。 ( )

9. 技术标准是企业科学管理的基础。 ( )

10. 对本企业实施标准的情况负责监督检查是企业标准化工作的主要任务之一。 ( )

11. 企业标准化工作的任务就是搜集、整理、更新、统一归口管理各类标准。 ( )

12. 调查研究是制定企业标准的必要程序。 ( )

13. 技术规范是为标准在企业生产技术管理过程中得到具体实施相配套的。 ( )

14. 企业建立健全 ISO 质量管理体系,是对标准与规范执行情况实施监督的重要手段。 ( )

(二)单项选择题

1. 标准按法律的( )程度不同分为强制性标准和推荐性标准两类。

A. 强制性 B. 约束性 C. 规范性

2. 涉及保障人体健康、人身财产安全的标准和法律、行政法规规定强制执行的标准,都是( )。

A. 推荐性标准 B. 国家标准 C. 强制性标准

3. ( )是国家技术法规的重要组成部分。

A. 推荐性标准 B. 强制性标准 C. 国际标准

4. 没有国家标准而又需在全国某个行业范围内统一的标准是( )。

A. 国家标准 B. 行业标准 C. 地方标准

5. 汽车维修标准体系第二层次为专用修理技术标准,也可称为( )。

A. 产品标准 B. 技术管理标准 C. 方法标准

6. 对标准实施进行( ),可以随时发现标准中存在的问题,为进一步修订标准提供依据。

A. 宣贯 B. 动员 C. 监督

7.《汽车维修业开业条件》是规范汽车维修市场准入的( )。

A. 国家标准 B. 行业标准 C. 企业标准

(三)多项选择题

1. 标准是对( )所作的统一规定。

A. 行为 B. 重复性事物 C. 概念 D. 事物

2. 标准制定以( )的综合成果为基础。

A. 法规 B. 科学 C. 技术 D. 实践经验

3. 我国标准按适用范围分为( )。

A. 国家标准 B. 行业标准 C. 地方标准 D. 企业标准

4. 按标准的内容属性分类,通常把标准分为( )几类。

A. 技术标准 B. 管理标准 C. 工作标准 D. 产品标准

5. 技术标准主要用以规范事物的技术性内容，主要包括：基础标准、(　　)、信息技术标准。

A. 产品标准　　B. 技术管理标准　　C. 方法标准　　D. 安全、卫生与环保标准

6. 汽车维修标准可以通过相配套的技术规范，包括(　　)等，在企业生产技术管理过程中得到具体实施。

A. 检验规程　　B. 维修手册　　C. 工时定额　　D. 车辆使用说明书

二 练习题答案

(一)判断题

1. ✓　2. ✓　3. ×　4. ×　5. ✓　6. ✓　7. ✓　8. ✓　9. ✓　10. ✓　11. ×　12. ✓　13. ✓　14. ✓

(二)单项选择题

1. B　2. C　3. B　4. B　5. C　6. C　7. A

(三)多项选择题

1. BC　2. BCD　3. ABCD　4. ABC　5. ACD　6. AB

第四节　汽车维修检测主要技术标准

一 练习题

(一)判断题

1.《汽车维修业开业条件》(GB/T 16739.1～.2—2004)是交通行政主管部门对汽车整车维修企业和专项维修业户进行开业审核和管理的依据。(　　)

2.《汽车维修业开业条件》(GB/T 16739.1～.2—2004)是强制性的行业标准。(　　)

3.《汽车维修业开业条件　第1部分：汽车整车维修企业》(GB/T 16739.1—2004)对汽车整车维修企业的定义是：有能力对所维修车型的整车、各个总成及主要零部件进行各级维护、修理及更换的维修企业。(　　)

4.《汽车维修业开业条件　第1部分：汽车整车维修企业》(GB/T 16739.1—2004)规定，汽车整车维修企业按服务能力分为一类汽车整车维修企业和二类汽车整车维修企业。(　　)

5.《汽车维修业开业条件　第1部分：汽车整车维修企业》(GB/T 16739.1—2004)中所指的一、二类汽车整车维修企业，其经营范围不相同。(　　)

6.《汽车维修业开业条件　第2部分：汽车专项维修业户》(GB/T 16739.2—2004)中没有设定“供油系统维护及油品更换”汽车专项维修项目。(　　)

7.《汽车维修业开业条件　第1部分：汽车整车维修企业》(GB/T 16739.1—2004)对汽车整车维修企业关键岗位的人员条件作了规定。(　　)

8.《汽车维修业开业条件　第1部分：汽车整车维修企业》(GB/T 16739.1—2004)规定，

汽车整车维修企业接待室、停车场、生产厂房在面积和设置方面应满足相关条件。（　）

9.《汽车维修业开业条件　第 1 部分:汽车整车维修企业》(GB/T 16739.1—2004)对维修不同类型车辆的汽车整车维修企业提出了不同的设备配置要求。（　）

10. 按《汽车维修业开业条件　第 1 部分:汽车整车维修企业》(GB/T 16739.1—2004)规定,汽车整车维修企业部分不常用设备或大型设备允许外协。（　）

11.《汽车维修业开业条件　第 1 部分:汽车整车维修企业》(GB/T 16739.1—2004)中要求汽车整车维修企业配置的所有检测设备,对二类整车维修企业均允许外协。（　）

12.《汽车维修业开业条件　第 1 部分:汽车整车维修企业》(GB/T 16739.1—2004)规定,汽车整车维修企业必须配置发动机检测诊断设备。（　）

13. 按《汽车维修业开业条件　第 1 部分:汽车整车维修企业》(GB/T 16739.1—2004)规定,汽车整车维修企业都必须配备无损探伤设备。（　）

14. 从事汽车发动机、车身、电气系统等专项维修作业的业户是汽车专项维修业户。（　）

15.《汽车维修业开业条件　第 2 部分:汽车专项维修业户》(GB/T 16739.2—2004)规定,汽车专项维修业户开业,除必须满足规定的通用技术条件外,还必须满足专项维修开业的专用条件。（　）

16.《摩托车维修业开业条件》(GB/T 18189—2008)规定了一二类摩托车维修企业的人员、组织管理、安全生产与环境保护、设施、设备等条件。（　）

17.《摩托车维修业开业条件》(GB/T 18189—20008)规定,一类摩托车维修企业必须至少配备 1 名检验员。（　）

18.《摩托车维修业开业条件》(GB/T 18189—2008)规定,二类摩托车维修企业应设置技术负责人和检验员岗位。（　）

19.《机动车维修从业人员从业资格条件》(GB/T 21338—2008)规定,机动车维修企业负责人是机动车维修企业中全面负责各项技术管理工作的责任人。（　）

20.《机动车维修从业人员从业资格条件》(GB/T 21338—2008)规定,机修人员是机动车维修企业中从事机动车机械及其控制系统维修作业的人员。（　）

21.《机动车维修从业人员从业资格条件》(GB/T 21338—2008)规定,机动车维修质量检验员任职资格的基本条件:应具有中专以上学历,获得机修人员或电器维修人员职业资格并连续在该岗位工作 2 年以上;具有与本企业承修车型相适应的机动车驾驶证,并安全驾驶 1 年以上。（　）

22.《机动车维修从业人员从业资格条件》(GB/T 21338—2008)规定,电器维修人员应具有初中(含)以上文化程度。（　）

23.《汽车维修行业计算机管理信息系统技术规范》(JT/T 640—2005)规定,汽车维修行业管理信息系统应能实现业务办理、业户管理、车辆管理、从业人员管理、单据管理、查询统计等功能。（　）

24.《汽车综合性能检测站能力的通用要求》(GB/T 17993—2005)对汽车综合性能检测站开展汽车综合性能检测工作应具备的场地和设施没有明确要求。（　）

25.《汽车维护、检测、诊断技术规范》(GB/T 18344—2001)适用于所有在用汽车。（　）

26.《汽车维护、检测、诊断技术规范》(GB/T 18344—2001)规定,汽车一级维护作业以清洁、润滑、紧固为中心,以确保行车安全和排放合格为目标。 ( )

27.《汽车维护、检测、诊断技术规范》(GB/T 18344—2001)规定,汽车一级维护、二级维护周期的确定,应以汽车行驶里程为基本依据。 ( )

28.《汽车维护、检测、诊断技术规范》(GB/T 18344—2001)规定,汽车二级维护以更换"三滤"为作业中心内容。 ( )

29.《汽车维护、检测、诊断技术规范》(GB/T 18344—2001)规定,汽车二级维护以检查、调整为作业中心内容。 ( )

30.《液化石油气汽车维护检测规范》(JT/T 511—2004)规定了液化石油气汽车维修企业应具备的技术条件。 ( )

31.按《液化石油气汽车维护检测规范》(JT/T 511—2004)的定义,液化石油气专用装置包括储气部件、供气部件和控制部件或燃料转换部件等。 ( )

32.按《液化石油气汽车维护检测规范》(JT/T 511—2004)规定,LPG 汽车各级维护作业分为 LPG 汽车日常维护、一级维护和二级维护。 ( )

33.《轿车车身维护技术要求》(JT/T 509—2004)规定了轿车车身、底盘外表及发动机舱外表维护的主要内容与工艺要求。 ( )

34.《轿车车身维护技术要求》(JT/T 509—2004)中所指车身维护,包括车身清洁、研磨、抛光、新车开蜡、打蜡、封釉、玻璃贴膜等。 ( )

35.《汽车发动机电子控制系统修理技术要求》(GB/T 19910—2005)规定了汽车发动机电子控制系统维修前检查、视情维修以及维修后检验的技术要求。 ( )

36.《汽车发动机电子控制系统修理技术要求》(GB/T 19910—2005)规定,发动机电子控制系统在视情修理后,应对有故障的系统部件用专用或通用的检测仪逐项进行检查。 ( )

37.《汽车盘式制动器修理技术条件》(GB/T 18343—2001)是指导汽车盘式制动器维修操作和实施维修质量检验工作的重要依据。 ( )

38.《汽车制动传动装置修理技术条件》(GB/T 18275.1 ~ 2—2000)分别规定了汽车气压或液压制动传动装置修理的基本技术要求、试验方法和检验规则。 ( )

39.《汽车大修竣工出厂技术条件》(GB/T 3798.1 ~ .2—2005)中所定义载客汽车为在设计和技术特性上用于载运乘客及其随身行李的包括驾驶员座位在内座位数超过 6 座的汽车。
( )

40.《汽车大修竣工出厂技术条件》(GB/T 3798.1 ~ .2—2005)规定,一次性锁止螺栓不得重复使用。 ( )

41.《汽车大修竣工出厂技术条件》(GB/T 3798.1 ~ .2—2005)规定,汽车大修质量保证的形式是签发"汽车大修出厂合格证"及有关技术文件。 ( )

42.《汽车大修竣工出厂技术条件》(GB/T 3798.1 ~ .2—2005)规定,可以用螺栓连接代替铆钉连接。 ( )

43.《汽车大修竣工出厂技术条件》(GB/T 3798.1 ~ .2—2005)对车辆的整备质量、轴距有规定。 ( )

44.《汽车大修竣工出厂技术条件》(GB/T 3798.1 ~ .2—2005)规定,整车大修质量保证期

为半年或行驶 2 万 km。（ ）

45.《商用汽车发动机大修竣工出厂技术条件》(GB/T 3799.1～.2—2005)规定了商用汽车汽油发动机和商用汽车柴油发动机大修竣工出厂的技术要求、质量保证和包装要求。（ ）

46.《商用汽车发动机大修竣工出厂技术条件　第 1 部分:汽油发动机》(GB/T 3799.1—2005)规定,汽油发动机大修竣工出厂发动机外表应视情喷漆。（ ）

47.《商用汽车发动机大修竣工出厂技术条件》(GB/T 3799.1～.2—2005)发动机大修竣工检验要求中,规定了机油压力和警示装置的检验技术要求。（ ）

48.《商用汽车发动机大修竣工出厂技术条件》(GB/T 3799.1～.2—2005)规定,在标准状态下,发动机额定功率和最大转矩不得低于原设计标定值的 75%。（ ）

49.《大客车车身修理技术条件》(GB/T 5336—2005)规定了大客车车身修理的技术要求和竣工检验及质量保证要求等。（ ）

50.《大客车车身修理技术条件》(GB/T 5336—2005)规定了大客车车身附件及电器的安装与使用要求。（ ）

51.《大客车车身修理技术条件》(GB/T 5336—2005)规定的车身修理竣工检验项目中,包括修理后整备质量增加量的限值要求。（ ）

52.《营运车辆综合性能要求及检验方法》(GB 18565—2001)为强制性行业标准。（ ）

53.《营运车辆综合性能要求和检验方法》(GB 18565—2001)规定了营运车辆动力性、燃料经济性、制动性、转向操纵性、照明和信号装置及其他电气设备、排放与噪声控制、密封性、整车装备的基本技术要求和检验方法。（ ）

54.在我国道路上运行的所有车辆必须达到《营运车辆综合性能要求和检验方法》(GB 18565—2001)规定的要求。（ ）

55.《营运车辆综合性能要求和检验方法》(GB 18565—2001)规定,轿车的动力性按额定转矩工况进行检测和评价。（ ）

56.《营运车辆综合性能要求和检验方法》(GB 18565—2001)规定:按规定的检验方法测得的汽车百公里燃油消耗量不得大于该车型原厂规定的相应车速等速百公里燃料消耗量的 120%。（ ）

57.《机动车运行安全技术条件》(GB 7258—2012)是我国机动车运行安全管理最基本的技术标准。（ ）

58.《机动车运行安全技术条件》(GB 7258—2012)是我国机动车新车定型强制性检验、新车出厂检验及进口机动车检验的重要技术依据之一。（ ）

59.《机动车运行安全技术条件》(GB 7258—2012)适用于在我国道路上行驶的包括有轨电车在内的所有机动车。（ ）

60.《机动车安全技术检验项目和方法》(GB 21861—2008)规定了机动车安全技术检验的检验项目和检验方法等要求。（ ）

61.《机动车安全技术检验项目和方法》(GB 21861—2008)不适用于进口机动车检验机构对入境机动车进行安全技术检验。（ ）

62. 自《点燃式发动机汽车排气污染物限值及测量方法(双怠速法和简易工况法)》(GB 18285—2005)实施之日起,所有点燃式发动机排放监控采用怠速法。 ( )

63.《点燃式发动机汽车排气污染物限值及测量方法(双怠速法和简易工况法)》(GB 18285—2005)具有强制执行的效力。 ( )

64.《点燃式发动机汽车排气污染物限值及测量方法(双怠速法和简易工况法)》(GB 18285—2005)中所指简易工况法包括稳态工况法、瞬态工况法和简易瞬态工况法三种。 ( )

65.《点燃式发动机汽车排气污染物限值及测量方法(双怠速法和简易工况法)》(GB 18285—2005)适用于装用点燃式发动机的新生产汽车,不包括在用汽车。 ( )

66.《点燃式发动机汽车排气污染物限值及测量方法(双怠速法和简易工况法)》(GB 18285—2005)规定,对于使用闭环控制电子燃油喷射系统和三元催化转化器技术的汽车进行过量空气系数(λ)的测定。 ( )

67. 在进行过量空气系数(λ)测试前,《点燃式发动机汽车排气污染物限值及测量方法(双怠速法和简易工况法)》(GB 18285—2005)没有严格规定要预热发动机。 ( )

68. 对于两用燃料汽车,《点燃式发动机汽车排气污染物限值及测量方法(双怠速法和简易工况法)》(GB 18285—2005)要求对两种燃料分别进行排放检测。 ( )

69. 对于使用闭环控制电子燃油喷射系统和三元催化转化器的车辆,《点燃式发动机汽车排气污染物限值及测量方法(双怠速法和简易工况法)》(GB 18285—2005)规定,检测的过量空气系数(λ)若超出规定范围,可提供故障分析的参考,不作为排放不合格的判定依据。 ( )

70.《点燃式发动机汽车排气污染物限值及测量方法(双怠速法和简易工况法)》(GB 18285—2005)规定,在机动车保有量大、污染严重的地区,可采用简易工况法实施在用汽车排放监控。 ( )

71.《点燃式发动机汽车排气污染物限值及测量方法(双怠速法和简易工况法)》(GB 18285—2005)规定,对于同一类型车辆环保定期检测时,可以采用二种或二种以上的排气污染物排放检测方法。 ( )

72.《车用压燃式发动机和压燃式发动机汽车排气烟度排放限值及测量方法》(GB 3847—2005)适用范围包括低速载货汽车和三轮汽车。 ( )

73. 自《车用压燃式发动机和压燃式发动机汽车排气烟度排放限值及测量方法》(GB 3847—2005)实施之日起,压燃式发动机在用汽车排放监控,采用排气烟度排放限值(自由加速)及测量方法。 ( )

74.《车用压燃式发动机和压燃式发动机汽车排气烟度排放限值及测量方法》(GB 3847—2005)对车用压燃式发动机和压燃式发动机汽车的排气烟度排放限值及测量方法作了规定。 ( )

75.《营运车辆技术等级划分和评定要求》(JT/T 198—2004)规定了营运车辆技术状况等级的评定内容、评定规则、等级划分、评定项目和技术要求。 ( )

76.《营运车辆技术等级划分和评定要求》(JT/T 198—2004)规定,营运车辆技术等级划分为一级、二级和三级。 ( )

77. 按《营运车辆技术等级划分和评定要求》(JT/T 198—2004)规定，营运汽车技术等级评定检测应依据《营运车辆综合性能要求和检验方法》(GB 18565—2001)规定的要求进行。
( )

78. 按《营运车辆技术等级划分和评定要求》(JT/T 198—2004)规定，营运车辆技术评定内容，不包括排放污染物检测。 ( )

(二)单项选择题

1.《汽车维修业开业条件》(GB/T 16739—2004)规定，汽车整车维修企业检验人员数量应与其(　　)相适应。

A. 维修车型　　B. 企业性质　　C. 经营规模

2.《汽车维修业开业条件》(GB/T 16739—2004)规定，具有相关汽车维修技术标准是汽车整车维修企业(　　)之一。

A. 经营管理条件　　B. 质量管理条件　　C. 安全生产条件

3. 按《汽车维修业开业条件》(GB/T 16739.1—2004)规定，有各工种、各类机电设备的安全操作规程，是汽车整车维修企业(　　)之一。

A. 经营管理条件　　B. 质量管理条件　　C. 安全生产条件

4.《汽车维修业开业条件　第1部分:汽车整车维修企业》(GB/T 16739.1—2004)中规定，大型货车整车维修企业主要检测设备中(　　)允许外协。

A. 声级计　　B. 排气分析仪或烟度计　　C. 制动检验台

5. 按《汽车维修业开业条件　第2部分:汽车专项维修业户》(GB/T 16739.2—2004)的规定，汽车专项维修业户按专项维修作业范围不同分为(　　)种。

A. 10　　B. 12　　C. 16

6. 按《汽车维修业开业条件　第2部分:汽车专项维修业户》(GB/T 16739.2—2004)的规定，发动机专项修理业户开业专用条件中检验员配置要求不少于(　　)人。

A. 1　　B. 2　　C. 3

7.《摩托车维修业开业条件》(GB/T 18189—2008)中规定，摩托车维修企业分为(　　)类。

A. 一　　B. 二　　C. 三

8.《机动车维修从业人员从业资格条件》(GB/T 21338—2008)规定机动车维修企业负责人任职资格基本条件:具有(　　)大专(含)以上文化程度;具有3年以上的机动车维修企业管理实践。

A. 本科　　B. 大专　　C. 高中

9.《机动车维修从业人员从业资格条件》(GB/T 21338—2008)规定机动车维修技术负责人任职资格基本条件:具有机动车维修或相关专业的大专(含)以上学历，或具有机动车维修或相关专业的中级(含)以上专业技术职称，具有在机动车维修企业(　　)以上的工作实践。

A. 2年　　B. 3年　　C. 5年

10. 机动车维修企业应严格按(　　)指导汽车二级维护作业和竣工质量检验。

A.《汽车维护、检测、诊断技术规范》(GB/T 18344—2001)

B.《商用发动机大修竣工出厂技术条件》(GB/T 3799.1～.2—2005)

C.《机动车安全运行技术条件》(GB 7258—2012)

11.《汽车维护、检测、诊断技术规范》(GB/T 18344—2001)规定,由驾驶员负责执行的车辆维护作业是(　　)。

A. 日常维护　　B. 一级维护　　C. 二级维护

12.《汽车维护、检测、诊断技术规范》(GB/T 18344—2001)规定,日常维护作业中心内容是(　　)。

A. 清洁、补给和安全检视　　B. 清洁、润滑、紧固　　C. 检查、调整

13.《汽车维护、检测、诊断技术规范》(GB/T 18344—2001)规定,汽车二级维护基本作业项目的作业内容以(　　)为主。

A. 小修　　B. 检查、调整　　C. 拆检

14. 按《液化石油气汽车维护检测规范》(JT/T 511—2004)规定,进行 LPG 汽车维修的作业人员需经过(　　),经考核合格,取得行业主管部门颁发的 LPG 汽车维修上岗证。

A. 中级工培训　　B. 专业培训　　C. 安全培训

15.《轿车车身维护技术要求》(JT/T 509—2004)中车身清洁工艺要求规定了车身清洁的(　　)和步骤。

A. 项目　　B. 条件　　C. 工艺

16.《轿车车身维护技术要求》(JT/T 509—2004)规定,车身清洁工艺过程最后一道工序是(　　)。

A. 擦干　　B. 清除车身表面的焦油、沥青等污物

C. 车内清洁

17.《轿车车身维护技术要求》(JT/T 509—2004)规定了车身漆面上蜡前应进行的清洁和(　　)要求。

A. 漆面检查　　B. 漆面除锈　　C. 漆面抛光

18.《汽车发动机电子控制系统修理技术要求》(GB/T 19910—2005)适用于(　　)的车辆。

A. 装用汽车发动机电子控制系统的点燃式汽油发动机

B. 装用汽车发动机电子控制系统的压燃式柴油发动机

C. 装用汽车发动机电子控制系统的双燃料发动机

19.《汽车发动机电子控制系统修理技术要求》(GB/T 19910—2005)是指导汽车维修企业对汽车发动机电子控制系统修理和(　　)的主要技术依据。

A. 经营管理　　B. 维修质量管理　　C. 安全生产

20.《汽车盘式制动器修理技术条件》(GB/T 18343—2001)规定了汽车盘式制动器(　　)的修理技术要求及有关参数。

A. 制动盘　　B. 主要零部件　　C. 制动摩擦块

21.《汽车制动传动装置修理技术条件　液压传动》(GB/T 18275.2—2000)规定:修复后的各部件,经防锈处理后,应存放在通风、(　　)、清洁之处。

A. 阴凉　　B. 干燥　　C. 潮湿

22. 按《汽车大修竣工出厂技术条件　第1部分:载客汽车》(GB/T 3798.1—2005)规定,

载客汽车是指在设计和技术特性上用于载运乘客及其随身行李的,包括驾驶员座位在内座位数超过(　　)座的汽车。

A. 9　　B. 19　　C. 22

23. 按《商用汽车发动机大修竣工出厂技术条件　第 1 部分:汽油发动机》(GB/T 3799.1—2005)规定,发动机大修出厂时,在标准状态下,发动机额定功率和最大转矩不得低于原设计标定值的(　　)。

A. 85%　　B. 90%　　C. 80%

24. 按《商用汽车发动机大修竣工出厂技术条件　第 1 部分:汽油发动机》(GB/T 3799.1—2005)规定了大修竣工出厂的发动机质量保证期为:自竣工之日起,不少于(　　)(以先到者为准)。

A. 半年或行驶里程为 10000km　　B. 半年或行驶里程为 20000km

C. 一年或行驶里程为 40000km

25.《大客车车身修理技术条件》(GB/T 5336—2005)将大客车定义为包括驾驶员座位在内座位数超过(　　)的汽车。

A. 9 座　　B. 16 座　　C. 35 座

26.《营运车辆综合性能要求和检验方法》(GB 18565—2001)规定,营运车辆油耗限值应小于等于该车型原厂规定的相应车速等速百公里燃料耗量的(　　)。

A. 100%　　B. 105%　　C. 110%

27.《机动车运行安全技术条件》(GB 7258—2012)标准规定了三轮汽车和(　　)等车速受限车辆的技术特性要求。

A. 载客汽车　　B. 低速货车　　C. 教练车

28. 自《点燃式发动机汽车排气污染物排放限值及测量方法(双怠速法及简易工况法)》(GB 18285—2005)实施之日起,全国点燃式发动机在用汽车排放监控,采用(　　)排气污染物排放限值及测量方法。

A. 怠速法　　B. 双怠速法　　C. 自由加速工况法

29.《车用压燃式发动机和压燃式发动机汽车排气烟度排放限值及测量方法》(GB 3847—2005)自(　　)起实施。

A. 2005 年 7 月 1 日　　B. 2006 年 7 月 1 日　　C. 2007 年 1 月 1 日

30.《车用压燃式发动机和压燃式发动机汽车排气烟度排放限值及测量方法》(GB 3847—2005)中规定了压燃式发动机汽车(　　)下排气污染物排放限值及测量方法。

A. 怠速工况　　B. 高怠速工况　　C. 自由加速工况

31.《营运车辆技术等级划分和评定要求》(JT/T 198—2004)是(　　)。

A. 国家标准　　B. 行业标准　　C. 地方标准

32. 营运车辆技术等级评定和检测依据(　　)进行。

A.《营运车辆综合性能要求和检验方法》(GB 18565—2001)

B.《营运车辆技术等级划分和评定要求》(JT/T 198—2004)

C.《机动车运行安全技术条件》(GB 7258—2012)

33.《营运车辆技术等级划分和评定要求》(JT/T 198—2004)适用于(　　)。

A. 所有在用车　　B. 所有新车　　C. 营运车辆

34.《营运车辆技术等级划分和评定要求》(JT/T 198—2004)规定,营运车辆技术等级分(　　)级。

A. 一　　B. 二　　C. 三

(三)多项选择题

1. 国家标准《汽车维修业开业条件》(GB/T 16739.1 ~.2—2004)分为(　　)两部分。

A. 汽车一类维修企业　　B. 汽车二类维修企业

C. 汽车整车维修企业　　D. 汽车专项维修业户

2.《汽车维修业开业条件》(GB/T 16739.1 ~.2—2004)规定了汽车整车维修企业和汽车专项维修业户必须具备的(　　)等条件。

A. 人员　　B. 组织管理　　C. 设施　　D. 设备

3.《汽车维修业开业条件》(GB/T 16739.1 ~.2—2004)对汽车整车维修企业管理负责人、技术负责人及(　　)等关键岗位人员配备和持证上岗作了规定。

A. 检验　　B. 业务

C. 价格核算　　D. 维修(机修、电器、钣金、涂漆)

4.《汽车维修业开业条件》(GB/T 16739.1 ~.2—2004),将汽车整车维修企业按主修车型分为(　　)三种。

A. 小型车　　B. 中型车　　C. 大中型客车　　D. 大型货车

5.《汽车维修业开业条件》提出的汽车整车维修企业设备条件,包括(　　)配备的要求。

A. 通用设备　　B. 专用设备　　C. 主要检测设备　　D. 诊断仪表

6.《汽车维修业开业条件　第1部分:汽车整车维修企业》(GB/T 16739.1—2004)规定,汽车整车维修企业应配置发动机检测诊断设备,且应具备(　　)的功能。

A. 示波器　　B. 点火正时检测

C. 发动机检测专用真空表　　D. 转速表

7. 按《汽车维修业开业条件》(GB/T 16739.2—2004)规定,汽车专项维修业户开业通用条件包括(　　)。

A. 人员条件

B. 设施条件、设备条件一般性要求和安全生产与环境保护条件

C. 规范的业务工作流程要求

D. 法规、标准、技术文件要求

8.《汽车维修业开业条件》(GB/T 16739.2—2004)规定,从事供油系统维护及油品更换专项维修业务的业户,应具备的设备包括(　　)。

A. 不解体油路清洗设备　　B. 换油设备和废油收集设备

C. 举升设备或地沟　　D. 空气压缩机

9.《汽车维修业开业条件》(GB/T 16739.1—2004)规定了汽车整车维修企业必须具备的组织管理条件,重点包括(　　)。

A. 经营管理　　B. 生产管理　　C. 业务管理　　D. 质量管理

10.《摩托车维修业开业条件》(GB/T 18189—2008)规定了摩托车维修业的分类及开业应

具备的(　　)等条件。

A. 人员　　B. 组织管理

C. 安全生产与环境保护　　D. 设施和设备

11.《机动车维修从业人员从业资格条件》(GB/T 21338—2008)规定了(　　)等从业人员的岗位职责、任职资格等要求。

A. 机动车维修企业负责人　　B. 机动车维修业务员

C. 机动车维修价格结算员　　D. 机动车维修技术人员

12.《机动车维修从业人员从业资格条件》(GB/T 21338—2008)规定了价格结算人员所应具备的专业技能包括(　　)等。

A. 能进行机动车维修价格核算和结算　　B. 能进行信息搜集、统计和分析

C. 能熟练使用计算机办公软件　　D. 能熟练使用机动车维修企业管理软件

13.《汽车维修行业计算机管理信息系统技术规范》(JT/T 640—2005)规定了汽车维修行业计算机管理信息系统的构成、(　　)、配置、接口和性能,以及系统的安装和维护要求。

A. 数据信息　　B. 系统功能　　C. 网页设计　　D. 安全措施

14.《汽车维修行业计算机管理信息系统技术规范》(JT/T 640—2005)规定,汽车维修行业计算机管理信息系统由(　　)两部分组成。

A. 汽车维修行业管理信息系统　　B. 维修费用结算系统

C. 汽车维修企业管理信息系统　　D. 维修救援网络系统

15.《汽车维修行业计算机管理信息系统技术规范》(JT/T 640—2005)规定,车辆维修管理信息系统应具有(　　)功能。

A. 业务接待、生产调度　　B. 检验、车辆维修技术档案

C. 维修结算、查询统计　　D. 配件管理

16.《汽车综合性能检测站能力的通用要求》(GB/T 17993—2005)规定,汽车综合性能检测站的功能是(　　)。

A. 依法对营运车辆的技术状况进行检测

B. 依法对车辆维修竣工质量进行检测

C. 接受委托,对车辆改装(造)、延长报废期及相关新技术、科研鉴定等项目进行检测

D. 接受有关部门、机构的委托,进行规定项目的检测

17.《汽车综合性能检测站能力的通用要求》(GB/T 17993—2005)提出了汽车综合性能检测站技术能力要求,包括(　　)。

A. 人员　　B. 检测项目与参数

C. 检测仪器设备　　D. 计算机控制检测系统

18.《汽车维护、检测、诊断技术规范》(GB/T 18344—2001)规定了汽车日常维护、一级维护、二级维护的(　　)。

A. 周期　　B. 作业内容　　C. 工时定额　　D. 技术规范

19.《汽车维护、检测、诊断技术规范》(GB/T 18344—2001)规定,汽车一级维护,除日常维护作业外,以清洁、润滑、紧固为作业中心内容。并检查有关(　　)等安全部件,由维修企业负责执行的车辆维护作业。

A. 发动机　　B. 变速器　　C. 制动　　D. 操纵

20.《汽车维护、检测、诊断技术规范》(GB/T 18344—2001)规定,汽车二级维护以检查、调整(　　)等经过一定时间的使用容易磨损或变形的安全部件为主,由维修企业负责执行的车辆维护作业。

A. 转向节　　B. 转向摇臂　　C. 制动蹄片　　D. 悬架

21.《液化石油气汽车维护、检测规范》(JT/T 511—2004)适用于液化石油气(LPG)汽车,包括(　　)。

A. 单一燃料 LPG 汽车　　B. CNG 汽车

C. LPG/汽油两用燃料汽车　　D. 双燃料汽车

22.《液化石油气汽车维护、检测规范》(JT/T 511—2004)中,对液化石油气汽车各级维护作业内容与技术要求,强调了对液化石油气装置(　　)的要求。

A. 检查　　B. 调整　　C. 修理　　D. 紧固

23.《轿车车身维护技术要求》(JT/T 509—2004)规定了轿车车身、底盘外表及发动机舱外表维护的(　　)。

A. 周期　　B. 主要内容　　C. 技术标准　　D. 工艺要求

24.《汽车发动机电子控制系统修理技术要求》(GB/T 19910—2005)将汽车发动机电子控制系统定义为:汽车发动机电子控制单元根据各传感器传送来的信息,分析发动机运行中的各种参数,并予以综合处理,以期达到较为满意的工作效果。一般分为(　　)个子系统。

A. 进排气控制系统　B. 燃油控制系统　　C. 润滑系统　　D. 计算机控制系统

25.《汽车盘式制动器修理技术条件》(GB/T 18343—2001)规定,盘式制动器主要零配件的(　　)安装等工艺过程。

A. 拆卸　　B. 检验　　C. 修理　　D. 换新

26.《汽车制动传动装置修理技术条件》(GB/T 18275.1 ~.2—2000)分别规定了汽车(　　)修理的基本技术要求、试验方法和检验规则。

A. 制动器　　B. 制动管路

C. 气压制动传动装置　　D. 液压制动传动装置

27.《汽车制动传动装置修理技术条件　液压传动》(GB/T 18275.2—2000)主要内容包括(　　)。

A. 液压制动传动装置各部件修理基本技术要求

B. 试验方法规定

C. 检验规则

D. 其他技术要求

28.《汽车大修竣工出厂技术条件》(GB/T 3798.1 ~2—2005)适用于(　　)。

A. 载客汽车　　B. 载货汽车　　C. 轿车　　D. 乘用车

29.《汽车大修竣工出厂技术条件》(GB/T 3798.1 ~2—2005)规定了载客或载货汽车大修竣工出厂的(　　)。

A. 检验　　B. 技术条件要求　　C. 质量保证　　D. 排放性能

30.《汽车大修竣工出厂技术条件》(GB/T 3798.1 ~2—2005)规定,影响汽车行驶安全的

(　　)的关键零部件,不得使用修复件。

A. 传动系统　　B. 制动系统　　C. 转向系统　　D. 行驶系统

31.《商用汽车发动机大修竣工出厂技术条件》(GB/T 3799.1～.2—2005)规定了商用汽车大修竣工出厂的(　　)和包装要求。

A. 检验　　B. 技术要求　　C. 质量保证　　D. 排放性能

32.《商用汽车发动机大修竣工出厂技术条件　第1部分:汽油发动机》(GB/T 3799.1—2005)规定,汽油发动机大修竣工出厂外观检验的项目包括(　　)。

A. 发动机外观整洁与漆面检查　　B. 发动机各部及附件检查

C. 发动机各部分密封性能　　D. 电气部分检查

33. 按《商用汽车发动机大修竣工出厂技术条件　第1部分:汽油发动机》(GB/T 3799.1—2005)规定,发动机大修竣工要求,电子控制燃油喷射系统(　　)应符合原制造厂维修技术要求。

A. 技术参数　　B. 故障显示　　C. 性能　　D. 控制方式

34. 按《商用汽车发动机大修竣工出厂技术条件》(GB/T 3799.1～.2—2005)的规定,承修单位应按要求对修竣发动机的(　　)等性能参数进行检验。

A. 点火提前角　　B. 额定功率　　C. 最大转矩　　D. 燃料经济性

35. 按《商用汽车发动机大修竣工出厂技术条件》(GB/T 3799.1—2005)的规定,发动机大修竣工检验要求进行试机检查(　　)时的机油压力。

A. 中速　　B. 高速　　C. 怠速　　D. 最高转速

36. 按《商用汽车发动机大修竣工出厂技术条件　第1部分 汽油发动机》(GB/T 3799.1—2005)的规定,发动机大修竣工检验要求检测发动机动力性的参数是(　　)等。

A. 额定功率　　B. 最大功率　　C. 额定转矩　　D. 最大转矩

37.《大客车车身修理技术条件》(GB/T 5336—2005)标准规定了车身修理竣工检验项目及技术要求,包括(　　)等。

A. 车身外观、外形尺寸和装备检查　　B. 各操纵机构的安装情况检查

C. 电气设备及各种仪表工作状况检查　　D. 车窗玻璃、顶窗、安全门检查

38.《营运车辆综合性能要求和检验方法》(GB 18565—2001)规定,营运车辆整车动力性评价指标是(　　)。

A. 发动机性能　　B. 整车动力性能　　C. 启动性能　　D. 滑行性能

39.《机动车运行安全技术条件》(GB 7258—2012)是进行(　　)的主要技术依据。

A. 注册登记检验　　B. 机动车检验　　C. 机动车查验　　D. 事故车检验

40.《机动车运行安全技术条件》(GB 7258—2012)定义的校车包括(　　)。

A. 幼儿校车　　B. 小学生校车　　C. 中小学生校车　　D. 专用校车

41.《机动车运行安全技术条件》(GB 7258—2012)规定了机动车转向系统(　　)等方面的要求。

A. 设置　　B. 结构参数　　C. 技术性能　　D. 各部件的完好性

42.《机动车安全技术检验项目和方法》(GB 21861—2008)规定了机动车安全检验的方式有(　　)等。

A. 线外检验　　B. 线内检验　　C. 路试检验　　D. 外观检验

43.《机动车安全技术检验项目和方法》(GB 21861—2008)规定在用车检验时,送检人应提供(　　)。

A. 机动车驾驶员驾驶证　　B. 机动车行驶证

C. 有效的机动车第三者责任强制保险凭证　　D. 机动车环保凭证

44. 对(　　),国家标准《点燃式发动机汽车排气污染物排放限值及测量方法(双怠速法及简易工况法)》(GB 18285—2005)规定,要进行过量空气系数(λ)的测定。

A. 使用闭环控制电子燃油喷射系统的汽车　　B. 轿车

C. 装有三元催化转化器的汽车　　D. 污染严重超标的汽车

45.《点燃式发动机汽车排气污染物排放限值及测量方法(双怠速法及简易工况法)》(GB 18285—2005)规定,所列车型(　　)排放测试结果有一项不合格,即判为不合格。

A. CO_2　　B. CO　　C. HC　　D. NO

46.《营运车辆技术等级划分及技术评定要求》(JT/T 198—2004)规定了营运车辆技术状况等级的(　　)等。

A. 评定内容　　B. 评定规则

C. 等级划分　　D. 评定项目和技术要求

47.《营运车辆技术等级划分及技术评定要求》(JT/T 198—2004)明确规定了营运车辆技术评定内容,包括:营运车辆整车装备及外观检查(　　)等。

A. 动力性　　B. 燃料经济性　　C. 排放污染物限值　　D. 车速表示值误差

二　练习题答案

(一)判断题

1. ✓　2. ×　3. ✓　4. ✓　5. ×　6. ×　7. ✓　8. ✓　9. ✓　10. ✓　11. ×
12. ✓　13. ×　14. ✓　15. ✓　16. ✓　17. ✓　18. ✓　19. ×　20. ✓　21. ×　22. ✓
23. ✓　24. ×　25. ✓　26. ×　27. ✓　28. ×　29. ✓　30. ✓　31. ✓　32. ✓　33. ✓
34. ✓　35. ✓　36. ✓　37. ✓　38. ✓　39. ×　40. ✓　41. ✓　42. ×　43. ✓　44. ✓
45. ✓　46. ×　47. ✓　48. ×　49. ✓　50. ✓　51. ✓　52. ×　53. ✓　54. ×　55. ✓
56. ×　57. ✓　58. ✓　59. ×　60. ✓　61. ×　62. ×　63. ✓　64. ✓　65. ×　66. ✓
67. ×　68. ✓　69. ×　70. ✓　71. ×　72. ×　73. ✓　74. ✓　75. ✓　76. ✓　77. ✓
78. ×

(二)单项选择题

1. C　2. B　3. C　4. C　5. C　6. B　7. B　8. B　9. C　10. A　11. A
12. A　13. B　14. B　15. B　16. C　17. A　18. A　19. B　20. B　21. B　22. A
23. B　24. B　25. B　26. C　27. B　28. B　29. A　30. C　31. B　32. B　33. C
34. C

(三)多项选择题

1. CD　2. ABCD　3. ABCD　4. ACD　5. ABC　6. ACD　7. ABCD

8. ABCD 9. AD 10. ABCD 11. ABCD 12. ABCD 13. AB 14. AC
15. ABC 16. ABCD 17. ABCD 18. ABD 19. CD 20. ABCD 21. AC
22. AD 23. BD 24. ABD 25. ABCD 26. CD 27. ABCD 28. AB
29. BC 30. BCD 31. BC 32. ABCD 33. AC 34. BCD 35. BC
36. AD 37. ABCD 38. AB 39. ABCD 40. ABCD 41. ABCD 42. ABC
43. BC 44. AC 45. BC 46. ABCD 47. ABCD

第五节 模拟试卷及参考答案

一 模拟试卷

(一)判断题(30题,每题1分,共30分)

1. 人们通常将所从事的、作为主要生活来源的工作称之为职业。 ( )

2. 为人民服务是社会主义职业道德的最高标准。 ( )

3. 诚实守信就是忠诚老实、信守承诺,是为人处世的一种美德。 ( )

4.《全国汽车维修行业行为规范公约》的主要内容有8个方面。 ( )

5.《全国汽车维修行业行为规范公约》中"文明生产,保护环境"一条对作业现场未提出明确要求。 ( )

6. 行业信誉体现了社会承认的该行业在职业活动中的价值。 ( )

7. 获得二类汽车维修经营业务许可的,不可以从事整车修理、总成修理工作。 ( )

8.《机动车维修管理规定》中规定机动车维修档案的主要内容包括:托修方、车牌号码、车型、发动机型号、底盘号、维修类别、维修合同编号和进出厂日期。 ( )

9. 机动车维修技术人员取得从业资格的比例是机动车维修经营者依法获取经营许可的必要条件之一。 ( )

10. 道路运输管理机构应当将道路运输从业人员的违章行为记录在《道路运输从业人员从业资格证》的违章记录栏内,并通报发证机关。 ( )

11.《机动车维修企业质量信誉考核办法(试行)》规定:质量信誉考核工作每年进行一次,机动车维修企业在每年的12月底前,向所在地县级或设区的市级道路运输管理机构提交相关材料。 ( )

12. 机动车维修企业质量信誉考核为A级的,考核总分和加分合计不低于600分。 ( )

13. 实施机动车排放污染控制的I/M(检查/维护)制度,是机动车维修企业贯彻《大气污染防治法》的具体体现。 ( )

14. 用人单位必须为劳动者提供符合国家规定的劳动安全卫生条件和必要的劳动防护用品。 ( )

15. 按《安全生产法》规定,从业人员有权拒绝违章指挥和强令冒险作业。 ( )

16. 轮胎维修作业人员应佩戴护目眼镜和防毒口罩。 ( )

17. 对标准实施进行监督,是政府有关部门领导和管理标准化活动的重要手段。 ( )

18. 调查研究是制定企业标准的必要程序。（　　）

19.《汽车维修业开业条件　第1部分：汽车整车维修企业》（GB/T 16739.1—2004）中所指的一、二类汽车整车维修企业，其经营范围不相同。（　　）

20.《汽车维修业开业条件　第1部分：汽车整车维修企业》（GB/T 16739.1—2004）规定，汽车整车维修企业接待室、停车场、生产厂房在面积和设置方面应满足相关条件。（　　）

21. 按《汽车维修业开业条件　第1部分：汽车整车维修企业》（GB/T 16739.1—2004）规定，汽车整车维修企业都必须配备无损探伤设备。（　　）

22.《摩托车维修业开业条件》（GB/T 18189—20008）规定，一类摩托车维修企业必须至少配备1名检验员。（　　）

23.《机动车维修从业人员从业资格条件》（GB/T 21338—2008）规定，机动车维修企业负责人是机动车维修企业中全面负责各项技术管理工作的责任人。（　　）

24.《汽车维护、检测、诊断技术规范》（GB/T 18344—2001）规定，汽车一级维护、二级维护周期的确定，应以汽车行驶里程为基本依据。（　　）

25.《汽车发动机电子控制系统修理技术要求》（GB/T 19910—2005）规定了汽车发动机电子控制系统维修前检查、视情维修，以及维修后检验的技术要求。（　　）

26.《汽车大修竣工出厂技术条件》（GB/T 3798.1～.2—2005）规定，可以用螺栓连接代替铆钉连接。（　　）

27.《大客车车身修理技术条件》（GB/T 5336—2005）规定的车身修理竣工检验项目中，包括修理后整备质量增加量的限值要求。（　　）

28.《机动车运行安全技术条件》（GB 7258—2012）适用于在我国道路上行驶的包括有轨电车在内的所有机动车。（　　）

29. 在进行过量空气系数（λ）测试前，《点燃式发动机汽车排气污染物限值及测量方法（双怠速法和简易工况法）》（GB 18285—2005）没有严格规定要预热发动机。（　　）

30.《营运车辆技术等级划分和评定要求》（JT/T 198—2004）规定了营运车辆技术状况等级的评定内容、评定规则、等级划分、评定项目和技术要求。（　　）

（二）单项选择题（30题，每题1分，共30分）

1. 职业道德的基本职能是（　　）。

A. 服务职能　　B. 调节职能　　C. 保证职能

2. 爱岗是敬业的（　　）。

A. 结果　　B. 体现　　C. 基础

3. 爱岗敬业、诚实守信是对从业人员职业行为的（　　）。

A. 最高要求　　B. 基础要求　　C. 严格要求

4. “更新管理理念，优化企业管理，增强市场竞争能力”是《全国汽车维修行业行为规范公约》中“（　　）”的具体要求。

A. 诚信为本，公平竞争　　B. 科技兴业，开拓创新

C. 弘扬职业道德，建设精神文明

5.《公民道德建设实施纲要》要求：社会主义道德建设要坚持以（　　）为核心。

A. 四项基本原则　　B. 党的领导　　C. 为人民服务

6. 尊老爱幼、男女平等、夫妻和睦、勤俭持家、邻里团结是(　　)的主要表现。

A. 社会公德　　B. 职业道德　　C. 家庭美德

7.《道路运输条例》规定,申请从事机动车维修经营业务的,应当向所在地县级(　　)提出申请。

A. 道路运输管理机构　　B. 公安机关交通管理部门　　C. 工商管理部门

8.《道路运输条例》规定,机动车维修经营者对机动车进行二级维护、总成修理或者整车修理的,应当进行维修质量检验。检验合格的,维修质量检验人员应当签发(　　)。

A. 维修记录　　B. 过程检验单

C. 机动车维修竣工出厂合格证

9.《机动车维修管理规定》中规定,机动车维修经营业务根据维修对象分为(　　)类。

A. 二　　B. 三　　C. 四

10.《机动车维修管理规定》中规定,从事一类和二类维修业务的企业,其技术负责人员和质量检验人员总数的(　　)应当经全国统一考试合格。

A. 40%　　B. 50%　　C. 60%

11.《机动车维修管理规定》中规定,道路运输管理机构应加强对机动车维修专业技术人员的管理,严格执行专业技术人员(　　)和管理制度。

A. 培训　　B. 奖励　　C. 考试

12.《道路运输从业人员管理规定》中规定,国家对道路运输从业人员实行(　　)。

A. 持证上岗制度　　B. 从业资格考试制度　　C. 人力资源管理制度

13.《道路运输从业人员管理规定》中规定,道路运输从业人员诚信考核等级分为四级,最好的一级为优良,用(　　)级表示。

A. A　　B. AA　　C. AAA

14. 机动车维修企业质量信誉考核中,企业管理指标包括(　　)建立情况、企业形象、获奖情况和连锁经营情况等。

A. 质量管理制度　　B. 企业管理程序　　C. 质量信誉档案

15.《大气污染防治法》规定,机动车船必须达标排放。这里所说的达标是指达到国家或者(　　)制定的机动车船大气污染物排放标准。

A. 行业　　B. 地方　　C. 制造厂

16. 机动车维修合同在《合同法》中属于(　　)规范的范畴。

A. 承揽合同　　B. 委托合同　　C. 技术合同

17.《劳动法》明确了国家确定职业分类,制定职业技能标准,实行(　　)制度。

A. 持证上岗　　B. 职业资格证书　　C. 等级工

18. 汽车维修标准体系第二层次为专用修理技术标准,也可称为(　　)。

A. 产品标准　　B. 技术管理标准　　C. 方法标准

19.《汽车维修业开业条件》(GB/T 16739.1～.2—2004)规定,汽车整车维修企业检验人员数量应与其(　　)相适应。

A. 维修车型　　B. 企业性质　　C. 经营规模

20. 按《汽车维修业开业条件》(GB/T 16739.1—2004)规定,有各工种、各类机电设备的安全操作规程，是汽车整车维修企业（ ）之一。

A. 经营管理条件　　B. 质量管理条件　　C. 安全生产条件

21.《汽车维修业开业条件 第1部分：汽车整车维修企业》（GB/T 16739.1—2004）中规定，大型货车整车维修企业主要检测设备中（ ）允许外协。

A. 声级计　　B. 排气分析仪或烟度计　　C. 制动检验台

22. 按《汽车维修业开业条件 第2部分：汽车专项维修业户》（GB/T 16739.2—2004）的规定，发动机专项修理业户开业专用条件中检验员配置要求不少于（ ）人。

A. 1　　B. 2　　C. 3

23.《摩托车维修业开业条件》（GB/T 18189—2008）中规定，摩托车维修企业分为（ ）类。

A. 一　　B. 二　　C. 三

24.《机动车维修从业人员从业资格条件》（GB/T 21338—2008）规定机动车维修企业负责人任职资格基本条件：具有（ ）（含）以上文化程度；具有3年以上的机动车维修企业管理实践。

A. 本科　　B. 大专　　C. 高中

25.《汽车维护、检测、诊断技术规范》（GB/T 18344—2001）规定，日常维护作业中心内容是（ ）。

A. 清洁、补给和安全检视　　B. 清洁、润滑、紧固　　C. 检查、调整

26.《轿车车身维护技术要求》（JT/T 509—2004）规定，车身清洁工艺过程最后一道工序是（ ）。

A. 擦干　　B. 清除车身表面的焦油、沥青等污物

C. 车内清洁

27.《汽车盘式制动器修理技术条件》（GB/T 18343—2001）规定了汽车盘式制动器（ ）的修理技术要求及有关参数。

A. 制动盘　　B. 主要零部件　　C. 制动摩擦块

28. 按《商用汽车发动机大修竣工出厂技术条件 第1部分：汽油发动机》（GB/T 3799.1—2005）规定了大修竣工出厂的发动机质量保证期为：自竣工之日起，不少于（ ）（以先到者为准）。

A. 半年或行驶里程为10000km　　B. 半年或行驶里程为20000km

C. 一年或行驶里程为40000km

29. 自《点燃式发动机汽车排气污染物排放限值及测量方法（双怠速法及简易工况法）》（GB 18285—2005）实施之日起，全国点燃式发动机在用汽车排放监控，采用（ ）排气污染物排放限值及测量方法。

A. 怠速法　　B. 双怠速法　　C. 自由加速工况法

30.《营运车辆技术等级划分和评定要求》（JT/T 198—2004）适用于（ ）。

A. 所有在用车　　B. 所有新车　　C. 营运车辆

（三）多项选择题（20题，每题2分，共40分）

1. 建立职业道德规范用于（ ）。

A. 强化人们的法制观念　　B. 规范从业人员的职业行为
C. 调整职业生活中发生的各种关系　　D. 确保职业活动正常进行

2. 职业道德具有以下特点：(　　)。
A. 适用范围的有限性　　B. 发展历史的继承性
C. 表达形式的多样性　　D. 贯彻执行的纪律性

3.《公民道德建设实施纲要》把“(　　)”作为公民职业道德建设的重要内容。
A. 服务群众　　B. 公平竞争　　C. 爱岗敬业　　D. 奉献社会

4. 机动车维修职业道德的主要内容包括爱岗敬业、诚实守信、(　　)。
A. 办事公道　　B. 服务群众　　C. 不怕困难　　D. 奉献社会

5. 根据《道路运输条例》的规定：“申请从事机动车维修经营的，应当具备(　　)等条件。”
A. 有相应的机动车维修场地　　B. 有必要的设备、设施和技术人员
C. 有健全的机动车维修管理制度　　D. 有必要的环境保护措施

6. 从事发动机维修、车身维修、电气系统维修、自动变速器四类专项维修的，除了按照其经营项目配备相应的机修、电器、钣金、涂漆的维修技术人员外，还应当配备(　　)。
A. 技术负责人员　　B. 质量检验人员　　C. 业务人员　　D. 结算人员

7.《机动车维修管理规定》规定，机动车维修经营者对机动车进行(　　)的，应当实行维修前诊断检验、维修过程检验和竣工质量检验制度。
A. 故障排除　　B. 二级维护　　C. 总成修理　　D. 整车修理

8.《道路运输从业人员管理规定》中所指的机动车维修技术人员，包括机动车维修(　　)，以及从事机修、电器、钣金、涂漆、车辆技术评估(含检测)作业的技术人员。
A. 企业负责人　　B. 质量检验人员　　C. 技术负责人员　　D. 业务接待员

9.《机动车维修企业质量信誉考核办法(试行)》中规定，服务质量事件记录，包括每次事件的(　　)。
A. 时间　　B. 原因　　C. 社会影响　　D. 通报部门或机构

10. 机动车维修企业经营条件中的“安全生产条件”是指：生产经营单位在安全生产中(　　)等“硬件”方面的条件。
A. 设施　　B. 设备　　C. 场所　　D. 环境

11.《劳动法》规定，劳动者的权利主要有：(　　)；劳动保护权；职业培训和业务进修权等。
A. 劳动权　　B. 享受保险和福利的权利
C. 休息权　　D. 获得劳动报酬权

12. 标准是对(　　)所作的统一规定。
A. 行为　　B. 重复性事物　　C. 概念　　D. 事物

13.《汽车维修业开业条件》(GB/T 16739.1～.2—2004)对汽车整车维修企业管理负责人、技术负责人及(　　)等关键岗位人员配备和持证上岗作了规定。
A. 检验　　B. 业务
C. 价格核算　　D. 维修(机修、电器、钣金、涂漆)

14.《汽车维修业开业条件　第1部分：汽车整车维修企业》(GB/T 16739.1—2004)规定，

汽车整车维修企业应配置发动机检测诊断设备，且应具备(　　)的功能。

A. 示波器　　B. 点火正时检测

C. 发动机检测专用真空表　　D. 转速表

15.《摩托车维修业开业条件》(GB/T 18189—2008)规定了摩托车维修业的分类及开业应具备的(　　)等条件。

A. 人员　　B. 组织管理

C. 安全生产与环境保护　　D. 设施和设备

16.《汽车维护、检测、诊断技术规范》(GB/T 18344—2001)规定了汽车日常维护、一级维护、二级维护的(　　)。

A. 周期　　B. 作业内容　　C. 工时定额　　D. 技术规范

17.《汽车盘式制动器修理技术条件》(GB/T 18343—2001)规定，盘式制动器主要零配件的(　　)安装等工艺过程。

A. 拆卸　　B. 检验　　C. 修理　　D. 换新

18.《商用汽车发动机大修竣工出厂技术条件　第1部分：汽油发动机》(GB/T 3799.1—2005)规定，汽油发动机大修竣工出厂外观检验的项目包括：(　　)。

A. 发动机外观整洁与漆面检查　　B. 发动机各部分及附件检查

C. 发动机各部分密封性能　　D. 电气部分检查

19.《机动车运行安全技术条件》(GB 7258—2012)是进行(　　)的主要技术依据。

A. 注册登记检验　　B. 机动车检验　　C. 机动车查验　　D. 事故车检验

20.《营运车辆技术等级划分及技术评定要求》(JT/T 198—2004)规定了营运车辆技术状况等级的(　　)等。

A. 评定内容　　B. 评定规则　　C. 等级划分　　D. 评定项目和技术要求

二　模拟试卷参考答案

(一)判断题

1. ✓　2. ✓　3. ✓　4. ✓　5. ×　6. ✓　7. ×　8. ×　9. ✓　10. ✓　11. ×
12. ✓　13. ✓　14. ✓　15. ✓　16. ×　17. ✓　18. ✓　19. ×　20. ✓　21. ×　22. ✓
23. ×　24. ✓　25. ✓　26. ×　27. ✓　28. ×　29. ×　30. ✓

(二)单项选择题

1. B　2. C　3. B　4. B　5. C　6. C　7. B　8. C　9. C　10. C　11. C
12. B　13. C　14. C　15. B　16. A　17. B　18. C　19. C　20. C　21. C　22. B
23. B　24. B　25. A　26. C　27. B　28. B　29. B　30. C

(三)多项选择题

1. BCD　2. ABCD　3. AD　4. ABD　5. ABCD　6. AB　7. BCD
8. BC　9. ABCD　10. ABCD　11. ACD　12. BC　13. ABCD　14. ACD
15. ABCD　16. ABD　17. ABCD　18. ABCD　19. ABCD　20. ABCD

第二篇

模块 C：维修检验技术

第一章　专业知识部分

第一节　汽车维修质量管理知识

一　汽车维修质量与质量管理概述

(一)汽车维修质量及质量评定

1. 汽车维修质量

汽车维修质量可分解为两个方面:一方面是维修服务全过程的服务质量,包括维修业务接待、维修生产进度、维修经营管理(包括收费)的质量水平;另一方面是汽车维修作业的生产技术质量,具体是指维修竣工车辆是否满足相应的竣工出厂技术条件的一种定量评价。

2. 汽车维修质量的评定参数

汽车维修质量的主要评定参数包括以下7项:

(1)动力性。汽车的动力性通常用发动机功率、底盘输出功率和汽车直接挡加速时间等参数来衡量。

(2)燃料经济性。汽车的燃料经济性通常用汽车经济车速百千米耗油量参数来衡量。

(3)制动性能。汽车的制动性能通常用制动距离、制动稳定性或制动力、制动力平衡、车轮阻滞力、制动系统协调时间和驻车制动力等参数来衡量。

(4)转向操纵性。汽车的转向操纵性通常用转向轮的侧滑、转向盘操纵力及转向盘最大自由转动量等参数来衡量。

(5)废气排放和噪声。汽车废气排放和噪声主要用怠速污染物排放量(汽油车)、自由加速烟度排放量或光吸收系数(柴油车)和噪声级等参数来衡量。

(6)密封性。汽车的密封性包括:汽车防雨密封性、防尘密封性和连接件密封性等几个方面。

(7)可靠性。汽车可靠性包括:各总成部件的连接状况,灯光、仪表及信号装置的工作状况等。

3. 汽车维修企业的维修质量评定指标

汽车维修企业的维修质量评定指标是:汽车维修竣工出厂质量监督检验一次合格率、返修率,以及汽车维修质量纠纷和质量事故发生的情况等。

(1)汽车维修竣工出厂质量监督检验一次合格率。汽车维修竣工出厂质量监督检验一次合格率,即上线检测所有项目一次合格(无复检项目)的台次与所有送检台次的比值。

一般行业管理部门对企业考核汽车维修竣工出厂质量监督检验一次合格率考核指标要求达到80%~85%。

(2)返修率。汽车维修质量保证期内,因维修质量原因造成汽车无法正常使用,需要重新返回修理厂进行相应维修的称之为“返修”。返修率是以一定时间范围内车辆维修出现返修的次数与该时间范围内所有维修车次的比值。

一般行业管理部门对企业考核指标要求返修率≤5%。

(3)汽车维修质量纠纷和质量事故发生的情况。《机动车维修管理规定》(交通部令 2005 年第 7 号)(以下简称“交通部 7 号令”)规定,道路运输管理机构应当受理汽车维修质量投诉,积极按照维修合同约定和相关规定调解维修质量纠纷。

(二)汽车维修质量管理

1. 汽车维修质量管理的概念

汽车维修质量管理是为保证和提高汽车维修质量所进行的调查、计划、组织、协调、控制、检验、处理及信息反馈等各项活动的总称。因而,汽车维修质量管理可以理解为是一项经常性的和有计划的工作过程,应贯穿于汽车维修服务全过程,其目的在于完善工艺方法和维修组织形式,以保证竣工出厂车辆的技术状况及其使用性能的最佳水平。

2. 汽车维修质量管理职能

汽车维修质量管理职能包括制定汽车维修质量方针和目标、实施汽车维修质量控制。

汽车维修质量控制过程包括以下几个步骤:

(1)确定汽车维修质量的控制对象,即确定所要控制的汽车维修竣工出厂技术经济指标,如汽车二级维护竣工出厂时其发动机动力性能应满足发动机功率不小于额定功率的 80%;

(2)制定作为汽车维修质量控制依据的技术标准;

(3)确定评价和衡量汽车维修质量控制对象的方法,一般应以各项标准规定的方法进行;

(4)衡量和评价被控制对象,即衡量和评价维修车辆的各项技术性能指标;

(5)说明经维修的车辆实际技术状况与控制标准之间的差异;

(6)找出存在差异的原因,采取纠正措施。

3. 汽车维修行业质量管理体系

按《质量管理体系基础和术语》(GB/T 19000—2008)中的定义,质量管理体系是指“在质量方面指挥和控制组织的管理体系”。从整个行业来讲,为实施汽车维修全面质量管理,将管理工作的各项内容分别落实到一定的责任机构和责任人,由承担汽车维修各项管理责任的责任机构和责任人所形成的管理组织结构系统,简称“汽车维修质量管理体系”。

4. 汽车维修质量管理制度

(1)汽车维修质量检验制度。交通部 7 号令第三十二条规定:机动车维修经营者对机动车进行二级维护、总成修理、整车修理的,应当实行维修前诊断检验、维修过程检验和竣工质量检验制度。

(2)维修竣工出厂合格证管理制度。交通部 7 号令第三十三条规定:机动车维修竣工质量检验合格的,维修质量检验人员应当签发《机动车维修竣工出厂合格证》;未签发《机动车维修竣工出厂合格证》的机动车,不得交付使用,车主可以拒绝交费或接车。

(3)汽车维修竣工出厂质量保证期制度。交通部 7 号令规定的汽车维修竣工出厂质量保证期制度主要包括:质量保证期、质量保证期承诺,以及质量保证期内质量问题处理的基本原则三部分。

质量保证期的长短是根据维修作业的级别,即作业的范围来确定的。交通部 7 号令明确

了汽车维修质量保证期,具体规定如下:

汽车和危险货物运输车辆整车修理或总成修理质量保证期为车辆行驶 20000km 或者 100 日;二级维护质量保证期为车辆行驶 5000km 或者 30 日;一级维护、小修及专项修理质量保证期为车辆行驶 2000km 或者 10 日。摩托车整车修理或者总成修理质量保证期为摩托车行驶 7000km 或者 80 日;维护、小修及专项修理质量保证期为摩托车行驶 800km 或者 10 日。其他汽车整车修理或者总成修理质量保证期为汽车行驶 6000km 或者 60 日;维护、小修及专项修理质量保证期为机动车行驶 700km 或者 7 日。

质量保证期中行驶里程和日期指标,以先达到者为准。汽车维修质量保证期,从维修竣工出厂之日起计算。

在质量保证期和承诺的质量保证期内,因维修质量原因造成机动车无法使用,且承修方在 3 日内不能或者无法提供因非维修原因而造成机动车无法使用的相关证据的,机动车维修经营者应当及时无偿返修,不得故意拖延或者无理拒绝。

(4)汽车维修档案管理制度。按照交通部 7 号令第三十四条规定,机动车维修经营者对机动车进行二级维护、总成修理、整车修理的,应当建立机动车维修档案。机动车维修档案主要内容包括:维修合同、维修项目、具体维修人员及质量检验人员、检验单、竣工出厂合格证(副本)及结算清单等。机动车维修档案保存期为 2 年。

(5)质量信誉考核制度。交通部 7 号令第四十三条规定:“对机动车维修经营者实行质量信誉考核制度。机动车维修质量信誉考核内容应当包括经营者基本情况、经营业绩(含奖励情况)、不良记录等。道路运输管理机构应当建立机动车维修企业诚信档案。机动车维修质量信誉考核结果是机动车维修诚信档案的重要组成部分。道路运输管理机构建立的机动车维修企业诚信信息,除涉及国家秘密、商业秘密外,应当依法公开,供公众查阅。”

(6)专业技术人员考试和管理制度。交通部 7 号令第三十五条规定:“道路运输管理机构应当加强对机动车维修专业技术人员的管理,严格执行专业技术人员考试和管理制度。”《道路运输从业人员管理规定》(2006 年交通部第 9 号令)规定:国家对道路运输从业人员实行从业资格考试和持证上岗制度;对道路运输从业行为实行诚信考核和计分考核制度;道路运输从业人员从业资格证件由交通部统一印制、编号;证件有效期 6 年,全国通用。

5. 全面质量管理的知识

(1)全面质量管理的性质。全面质量管理的性质与企业效益目标是一致的。在全面质量管理过程中,质量目标和企业效益目标,包括经济效益和社会效益的实现有着密切的联系。

(2)企业全面质量管理基础工作。汽车维修质量保证体系中的基础工作主要包括:建立质量责任制、质量教育工作、计量工作、标准化和法规建设工作、质量信息工作等。

质量责任制就是明确规定各级领导、各个部门、所有职工在汽车维修质量管理工作中的职务、责任、权限和利益,做到汽车维修质量工作“事事有人管,人人有专职,办事有标准,工作有检查”,这样不仅使汽车维修质量问题具有可追溯性,而且能够做到职责明确,功过分明,奖惩有据。从而把保证和提高汽车维修质量的工作与调动全体职工积极性的工作结合起来,最终使维修企业形成一个严密、高效的汽车维修质量管理职责系统。

汽车维修质量教育工作的主要内容包括:“坚持质量第一”的思想教育;质量管理学基本知识的普及教育;专业技术基础知识培训;汽车新技术、检测技术培训;质量检验人员的岗位培训。

标准化和法规建设工作包括标准化工作和法规建设工作。

计量工作指对企业生产质量管理工作中所涉及计量器具(仪器和设备)的管理工作。

质量信息工作包括收集、整理汽车维修生产技术质量和服务质量的基本数据、原始记录,以及维修竣工车辆在使用过程中反映出来的各种情报资料,通常称作“信息反馈”。

6. 汽车维修质量保证体系

汽车维修质量保证是指:为使车主确信维修竣工出厂车辆维修质量要求所必需的有计划有系统的活动。质量保证与前面所讲的质量控制是两个完全不同的概念。质量控制是质量保证的重要内容,只有在生产技术活动中严格质量控制,才能使汽车维修服务及竣工质量全面满足托修方的要求,才能为质量保证提供足够的信任。

汽车维修质量保证体系是指在汽车维修行业或企业内,为了满足汽车维修技术标准所规定的质量要求而建立的与汽车维修质量直接有关的、由技术活动和管理活动所构成的工作系统,并通过一定的制度、规章、方法、程序和机构等,把汽车维修质量保证活动系统化、标准化、制度化。

汽车维修质量保证体系是一个有机整体。汽车维修质量保证体系以保证和提高汽车维修质量为目标,运用系统的观念和方法,把汽车维修各阶段、各环节的质量管理职能组织起来,形成一个既有明确任务、职责、权限,又把工作方法和程序、技术力量、信息等协调起来的有机整体,从而保证汽车维修质量得以不断提高。

汽车维修质量保证体系的核心是“人”。即依靠人的积极性和创造性,发挥科学技术力量,确保汽车维修质量。

7. 企业质量管理体系认证工作

质量管理体系认证,是随着现代工业发展和市场贸易的需要,作为一种提供质量保证的模式逐步发展起来的确认和实证制度。

(1)质量管理体系认证的含义。质量管理体系(QMS)主要包括管理职责、资源提供和管理、产品实现、监视测量和改进四大过程。质量管理体系是客观存在的,但是否按科学的质量管理原则完善健全地建立起来,并有效运行、持续改进,是能否稳定地提供不断满足需求的合格产品的根本保证。

(2)企业质量管理体系文件的内容、编制和更新。质量管理体系文件是描述一个企业质量管理体系结构、职责、工作程序和具体操作要求的一整套文件,主要由质量手册、质量管理体系程序、作业指导书、质量记录(表格和报告)等文件构成。

①质量手册是根据企业经营的战略目标和认证标准,在充分识别质量管理过程的基础上,具体体现保证质量方针和质量目标实现的纲领性文件。

②质量管理体系程序文件是针对质量手册所提出的管理与控制要求,规定如何达到这些要求的具体实施流程和步骤。包括:质量管理岗位职责、过程管理步骤、生产业务流程、质量考核方法等。

③作业指导书用以表述质量体系程序中每一步更详细的操作方法或规程,是为保证过程的质量而制订的质量活动规范或准则,如某车型的“汽车维护作业规范”、“汽车发动机大修竣工检验规程”等,以指导员工执行具体的工作任务。

④质量记录是记载具体质量活动(即一个具体工作任务)的基本凭证,是为反映质量管理体系有效运行而设计的一些实用的表式或对质量活动结果所作的报告。

二 汽车维修质量检验

(一)汽车维修质量检验概述

1.汽车维修质量检验的定义与检验方法

(1)汽车维修质量检验的定义。汽车维修质量检验是指采用一定的检验测试手段和检查方法,测定汽车维修过程中和维修后(含整车、总成、零件、工序等)的质量特性,然后将测定的结果与规定的汽车维修质量评定参数标准相比较,从而对汽车维修质量作出合格或不合格判断的过程。

(2)汽车维修质量检验的目的。汽车维修质量检验的目的是为了对汽车维修过程实行全面质量控制;判断汽车维修后是否符合有关质量标准,对竣工车辆代表汽车维修企业,同时也代表托修方验收维修质量。

(3)汽车维修质量检验的方法。汽车维修质量检验的方法分为两类:一是传统的经验检视方法,二是借助于各种量具、仪器、设备进行参数测试的方法。

(4)汽车维修质量检验的工作步骤。汽车维修质量检验是一个过程,一般包括明确要求、测试、比较、判定。

对维修质量合格的汽车发放《汽车维修竣工出厂合格证》,对不合格的维修汽车,记录所测得的数值和判定的结果,查找原因并进行反馈,以便促使维修工序进一步改进。

2.汽车维修质量检验分类及检验内容

(1)按检验对象分类。汽车维修质量检验按检验对象一般可分为汽车维修作业的质量检验;自制件、改装件的质量检验;燃料、润滑油及原材料(含外购、外协件)的质量检验;机械设备、计量器具等技术性能的检验。

(2)按检验的组织方式分类。企业内部质量检验组织方式一般分为三级,即自检、互检和专职检验,俗称“三检”。自检是指维修人员对自己操作完成的工作,认真地对照汽车维修技术标准,自我进行质量评定(是否合格,分析原因,提出改进措施,杜绝不合格维修质量)。互检是指维修人员之间对维修作业质量进行相互检验。专职检验是指由专职检验员对汽车维修过程中的维修质量控制点(关键项目、关键作业部位、关键的维修配件材料)进行预防性检验,以及整车维修竣工出厂的把关性总检验。

(3)按汽车维修工艺过程分类。汽车维修质量检验按汽车维修工艺过程可分为进厂检验、零件分类检验、汽车维修过程检验、汽车维修竣工出厂检验、汽车的返修鉴定、汽车维修质量评定检验。

进厂检验是对送修汽车进行外部检视和交接的检验,必要时进行简单的测量和路试以验证报修项目的准确性(严格地讲,进厂送修车交接时的外检并不属于质量检验的范畴)。在现行的汽车维护制度中,要求汽车二级维护前进行各部分技术性能参数的检测诊断,为确定附加作业项目提供分析依据。这种维护前检测也应归为进厂检验的一种。

零件分类检验是指汽车整车大修或总成解体、零部件清洗后,应按技术标准进行检验分类,将原件分为可用的、可修的和报废的三大类。

汽车维修过程检验又称工序检验,其目的在于防止不合格的零件或总成装配到车上;防止不规范的维修作业行为发生,造成汽车维修质量隐患。

汽车维修竣工出厂检验必须由专职汽车维修质量检验员承担,一般在汽车维修竣工后、交车(或送汽车维修质量监督检测站检测)前进行。汽车维修质量检验员对照维修质量技术标准,全面检查汽车,测试有关性能参数。汽车检验合格后签发《汽车维修竣工出厂合格证》,并向用户交付有关技术资料。

汽车的返修鉴定是指汽车维修竣工出厂后在质量保证期内汽车发生故障或损坏,为使承修方和托修方按有关规定"划分和承担相应的责任"并确定相应返修项目而进行的检验。

汽车维修质量评定检验是指经道路运输管理机构认定的汽车维修质量监督检验站,对汽车维修企业的维修竣工车辆进行质量评定的抽检。

3. 汽车维修质量检验规范

机动车维修经营者对机动车进行二级维护、总成修理、整车修理的,应当实施维修前诊断检验、维修过程检验和竣工质量检验制度。该规定明确提出了汽车维修质量检验的重点要求。

只有通过维修前的诊断检验,才能对车辆技术情况有实际了解,才能制定出合理的维修方案,这是落实视情修理维修制度的具体要求。维修过程检验包括作业规范和作业质量的控制,是质量控制的关键。没有过程控制就难以保证竣工车辆的整体技术性能。竣工质量检验是对维修竣工车辆是否满足出厂要求的判断性评价检验。

4. 汽车维修质量检验的工作职能

汽车维修质量检验的工作职能包括保证职能、预防职能、报告职能。

交通部 7 号令规定:机动车维修经营者对机动车进行二级维护、总成修理、整车修理的,应当建立机动车维修档案。机动车维修档案主要内容包括:维修合同、维修项目、具体维修人员及质量检验人员、检验单、竣工出厂合格证(副本)及结算清单等。在质量检验过程中,认真填写好各种检验记录表,建立完善的机动车维修档案,是质量检验工作的重要内容之一。

(二)汽车维修质量检验员

1. 汽车维修质量检验员的定义

汽车维修质量检验员是指机动车维修企业中从事机动车维修进厂和竣工出厂检验以及监控维修过程质量的人员,如汽车维修进、出厂检验,维修过程检验,配件质量控制检验等各项工作的责任人。

2. 汽车维修质量检验员的从业管理

(1)汽车维修质量检验员的配备要求。汽车维修企业必须配备质量检验员,这是汽车维修业开业条件的基本要求。《汽车维修业开业条件》(GB/T 16739.1 ~ .2—2004)第 4 条人员技术条件中,对汽车维修企业检验人员数量的要求专门作了规定,其中,《汽车维修业开业条件　整车维修企业》(GB/T 16739.1—2004)4.4 规定:检验人员数量应与其经营规模相适应,其中至少应有 1 名总检验员和 1 名进厂检验员;《汽车维修业开业条件　专项维修业户》(GB/T 16739.2—2004)发动机专项维修 5.1.1.4 规定:检验人员数量应不少于 2 名。

(2)汽车维修质量检验员从业资格管理。交通部第 7 号令规定:质量检验人员总数的 60% 应当经全国统一考试合格。按照上述政府有关规定,从事汽车维修质量检验工作的从业人员，尤其是负责汽车维修竣工出厂质量检验的从业人员，必须经过当地交通部门组织的岗位培训，完成规定的学习任务，考核合格，取得《中华人民共和国道路运输从业人员从业资格证》，方可上岗。

(3)汽车维修质量检验人员的任职资格。交通部《道路运输从业人员管理规定》要求机动车维修检验技术人员应当符合下列条件：一是具有高中以上学历；二是熟悉机动车维修检测作业规范，掌握机动车维修故障诊断和质量检验的相关技术，熟悉机动车维修服务收费标准及相关政策法规和技术规范。

(三)汽车维修质量检验技术档案

1. 汽车维修合同

(1)合同签订的范围。对整车大修、主要总成大修、二级维护和维修预算费用(包括更换配件)超过额度(应写明具体费用，通常以市场行情为参考依据)的维修项目，承、托修双方必须签订书面维修合同。

(2)合同的主要内容。汽车维修合同作为经营活动中制约双方行为的具体条约，主要内容包括：承、托修双方的信息，送修车的情况，维修类别及项目，交接车辆的日期，验收标准和方式及质量保证期，预计费用和结算相关事项，违约责任及纠纷处理等。

2. 汽车维修进厂检验单

(1)大修进厂检验单。

①汽车整车大修需要一定工期，即停厂车日，所以进厂时双方首先需要对送修车装备的齐全状况进行鉴定和交接，其次应结合车主报修内容进行送修车各部技术状况的检验，这是非常必要的。因为整车大修以全面恢复车辆技术性能为目标，对送修车技术状况有详细的了解，为制订合理的维修方案和修理工艺，为出厂检验时对维修质量，即整车技术状况的控制，都有着非常重要的作用。因此，整车大修进厂检验主要包括：车辆交接和整车技术状况检验两部分。

②总成大修在技术、工艺上与整车大修类似，进厂检验的目的和要求与整车大修基本类同，也包括车辆交接和总成技术状况检验两部分。

③《汽车维护、检测、诊断技术规范》(GB/T 18344—2001)中规定："汽车二级维护首先要进行检测。汽车进厂后，根据汽车技术档案的记录资料(包括车辆运行记录，维修记录，检测记录，总成修理记录等)和驾驶员反映的车辆使用技术状况(包括汽车动力性，异响，转向，制动及燃、润料消耗等)确定所需检测项目，依据检测结果及车辆实际技术状况进行故障诊断，从而确定附加作业。"

(2)汽车小修进厂检验单

汽车小修作业以排除故障为目的，因此进厂检验以了解故障现象、判断故障部位，确定修理方案为目标，也包括进厂交接的内容。

3. 过程检验单

(1)大修过程检验单。汽车整车大修过程检验主要体现在各总成大修的工艺过程和主要零部件的质量检验方面。以发动机大修为例，发动机大修过程检验单包括维修基本信息(进厂编号、施工日期、主修人等)、主要零部件换/修检验记录及发动机主要零部件尺寸与公差配合检验数据检验记录3个部分。

(2)汽车二级维护过程检验记录表。汽车二级维护过程检验作为维护质量控制的重要手段,其检验项目应包含汽车二级维护作业的所有内容(基本作业项目和附加作业项目),作业合格与否应以"各维护项目的技术要求需满足相应的有关技术标准"为依据。

4. 竣工检验表

(1)大修竣工出厂检验表。

①汽车整车大修以全面恢复车辆技术性能为目标,因此竣工检验应该是全方位的。

②总成大修竣工出厂以该总成修理技术条件为依据进行检验,汽车发动机大修竣工检验项目分为人工检查和仪器测试项目。

(2)汽车二级维护竣工出厂检验表。汽车二级维护竣工检验方法,可以根据维修企业实际进行选择;所有检测项目应正确填写检测结果数据;对检验技术要求"符合有关标准的规定"的,必须查询出具体规定的参数,作为合格与否的评定依据。

(3)汽车小修竣工出厂检验表。汽车小修竣工出厂检验交通部 7 号令中没有严格规定,但是,作为质量控制的需要,竣工出厂是必须进行检验的,这是维修服务过程必不可少的一项内容。

5. 汽车综合性能检测报告单

为切实贯彻强制性国家标准《营运车辆综合性能要求和检验方法》(GB 18565—2001),进一步规范营运汽车综合性能检测工作,交通部 2002 年组织制订了全国统一的"汽车综合性能检测报告单"。交通部规定检测报告单由省级交通主管部门统一编号,任何单位和个人不得伪造、倒卖。

6. 汽车维修竣工出厂合格证

汽车维修竣工出厂合格证是道路运输管理机构监督、检查汽车维修企业维修质量和售后服务质量及处理汽车维修质量纠纷的依据。

要严格按"机动车维修竣工出厂合格证"反面的要求填写有关内容,尤其对质量保证卡上应承诺的质量保证期,应按规定予以写明。在交付"机动车维修竣工出厂合格证"于托修方时,应予以交代,以提醒托修方在质量保证期内出现问题及时处理。

7. 返修记录单及返修率统计表

在交通部 7 号令规定的机动车维修质量保证期或维修企业承诺的质量保证期内,因维修质量原因造成机动车无法正常使用,需要进厂修理的作业项目,属于返修。返修检验和修理情况应作记录,填入"返修记录单"作为维修质量考核和管理的依据之一。维修质量检验员应根据返修率统计分析表的内容作专项统计、随时掌握其动态,为有针对性地展开质量管理工作提供第一手资料。

三 汽车维修返修与质量事故的鉴定与处理

(一)汽车维修返修与质量事故鉴定与处理的基本原则和操作程序

1. 汽车维修返修与质量事故的概念

汽车维修确因维修质量原因,包括工艺流程不规范、作业漏项、维修操作不符合要求等造成在维修质量保证期内"汽车无法正常使用",需要返工的维修作业,叫做"返修"。

2. 汽车维修返修与质量事故鉴定与处理的基本原则

汽车维修返修与质量事故鉴定,是针对"汽车无法正常使用"的现象,确认是否属于"返修”与“质量事故”的一项技术工作。

交通部7号令第五章第三十八条规定：在质量保证期和承诺的质量保证期内，因维修质量原因造成机动车无法正常使用，且承修方在3日内不能或者无法提供因非维修原因而造成机动车无法正常使用的相关证据的，机动车维修经营者应当及时无偿返修，不得故意拖延或者无理拒绝。在质量保证期内，机动车因同一故障或维修项目经两次修理仍不能正常使用的，机动车维修经营者应当负责联系其他机动车维修经营者，并承担相应修理费用。

(1)质量鉴定的责任。明确规定应由承修方负责汽车维修返修与质量事故的鉴定。

(2)质量鉴定的技术要求。质量鉴定的技术要求是找到故障的真实原因，“提供因维修或非维修原因而造成汽车无法正常使用或造成机件损坏的相关证据”。

(3)质量鉴定的时间要求。为及时为托修方排忧解难，鉴定时间要求在3日内完成，否则作默认承修方责任处置。

(4)质量鉴定的费用。交通部7号令第四十二条规定：对机动车维修质量的责任认定需要进行技术分析和鉴定，且承修方和托修方共同要求道路运输管理机构出面协调的，道路运输管理机构应当组织专家组或委托具有法定检测资格的检测机构作出技术分析和鉴定。鉴定费用由责任方承担。

(5)返修与质量事故修复的要求：

①及时返修，不得故意拖延；

②无返修，不得无理拒绝；

③提高返修质量，同一故障或维修项目应不超过两次修理达到正常使用，否则由承修方负责联系其他机动车维修经营者，并承担相应修理费用。

3.汽车维修返修与质量事故鉴定与处理的基本程序

(1)报修。维修企业应设立“返修报案绿色通道”或类似的专项返修报修处理渠道，由托修方将故障或事故信息、使用情况报给专职业务接待员，同时提供相关《机动车维修竣工出厂合格证》和《质量保证卡》等相关资料。

(2)填写返修记录单。由专职业务接待员调取车辆原始维修技术档案，填写返修记录单，并将其随同返修车辆或事故车辆交付返修专职检验员。

(3)技术鉴定。由专职检验员结合故障或事故现象进行检测诊断和分析鉴定，同时提取因维修或非维修原因而造成汽车无法使用或造成机件损坏的相关证据，做好鉴定结论，提出返修方案交付专职业务接待员。

为保持技术鉴定的公正性，交通部7号令第四十一条规定：机动车维修质量纠纷双方当事人均有保护当事车辆原始状态的义务。必要时可拆检车辆有关部位，但双方当事人应同时在场，共同认可拆检情况。

(4)开具返修单。由专职业务接待员开具返修作业单，将车辆交由维修作业班组。

(5)返修作业。维修作业班组利用设立的“返修绿色通道”，优先安排并严格按相关工艺规范将车辆故障和事故予以排除。

(6)竣工检验。修竣车辆直接交付检验员进行返修竣工质量检验。

(7)填写技术档案，交接车辆。检验合格后，由检验员填写返修技术档案，与业务员共同交付车辆，并向托修方提供《机动车维修竣工出厂合格证》与《质量保证卡》。

4. 汽车维修返修与质量事故的统计分析

对汽车维修返修与质量事故的发生情况进行及时的统计分析,是企业掌握维修质量实际情况,完善技术质量管理的重要内容。统计分析的主要依据是"返修记录表"和"返修率统计分析表",其中,因维修质量原因造成机件损坏质量事故的,应重点列出,并作典型案例分析报告,提出相应整改措施。

此项工作应由企业质量总检验员专职负责,并及时上报企业分管技术质量的负责人。由企业技术负责人据此及时掌握维修质量动态,定期召开质量分析会,提出相应整改措施,包括:技术培训计划、责任处罚条款、设备改进预案等。

(二)汽车维修质量纠纷调解

1. 质量纠纷调解的范围

申请由维修管理部门出面进行纠纷调解的范围是:在汽车维修质量保证期内或汽车维修合同约定期内当事人双方所发生的争执。在质量保证期内,托修方遇有汽车维修质量问题或者发生机件事故,应首先与承修方协商解决。不愿协商或协商不成,当事人可在双方一致同意的基础上向当地道路运政机构申请调解。

2. 申请调解应提供的资料

(1)申请调解方(当事人单位或人)的名称,法定代表人的姓名、单位、地址、电话;

(2)当事人的名称、单位、地址、电话;

(3)纠纷的详细经过及申请调解的理由与要求和书面报告;

(4)汽车维修合同、车辆竣工出厂合格证、汽车维修费用结算凭证等其他必要的资料。

3. 技术分析和鉴定

技术分析和鉴定由各级道路运政机构组织有关人员或委托有质量检测资格的汽车综合性能检测站进行。参与技术分析和鉴定工作的人员必须经道路运政机构审定并聘用。参与鉴定的人员不得少于两人。

4. 责任认定

(1)承修方应承担的责任。

①承修方不按技术标准、有关技术资料和维修操作工艺规程维修车辆或不按使用说明规定选用配件、油料所引起的质量责任由承修方负责。

②承修方因装配使用有质量问题的配件、油料或装配使用托修方自带配件、油料且未在维修合同中明确责任的,所引起的质量责任由承修方负责。

③承修方在进行总成大修、小修和二级维护作业时,未对所装(拆)配件进行鉴定或虽发现相关配件质量不符合技术要求但未与托修方签订责任协议,在质量保证期内确因该零部件质量引起的质量事故,由承修方负责。

④汽车维修合同中另有约定的按合同规定的责任确定。

(2)托修方应承担的责任。因托修方违反驾驶操作规程和车辆使用、维护规定而引起的质量责任,由托修方负责。

5. 经济损失的认定

经济损失主要指直接经济损失,包括:

(1)在质量事故中直接损失的机件、燃润料及其他车用液体、气体、材料;

(2)返修工时费、材料费、材料管理费、辅助材料费、委外加工费、检测费。

6. 调解达成协议及履行

调解达成协议的,当事人各方应当自动履行。达成协议后当事人反悔或逾期不履行协议的,视为调解不成,有关当事方可依法提请仲裁机构或向人民法院提起民事诉讼。

第二节 常用仪器、仪表和量具

一 游标卡尺

1. 游标卡尺的用途及结构原理

用于直接测量机件内外径、长度、宽度和深度的量具。游标卡尺读数部分由尺身与游标组成,如图 2-1-1 所示。其尺身刻线间距 n 为 1mm,若令尺身刻线 $n-1$ 格的宽度,等于游标刻线一格的宽度,则游标的刻线间距 $b=(n-1)a/n$,而尺身刻线与游标刻线间距宽度差(即游标读数值)$i=a-b=a/n$。当游标在尺身两个刻线间移动时,游标零线离开尺身前一刻线的距离,等于游标刻线的标号和游标读数值的乘积,这个乘积即为读数时小数部分的值。此值加上游标零线前面尺身上的刻度值,即为测量结果。

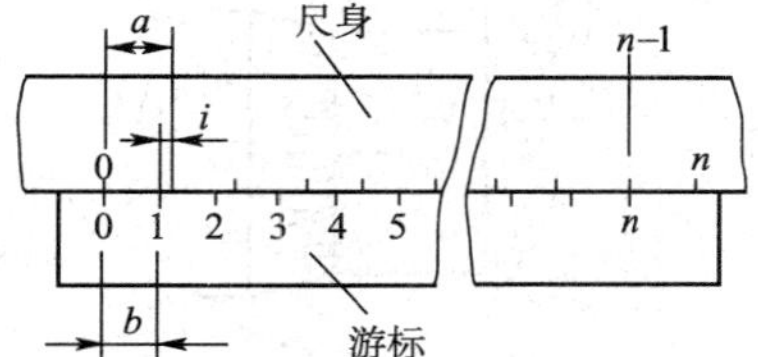

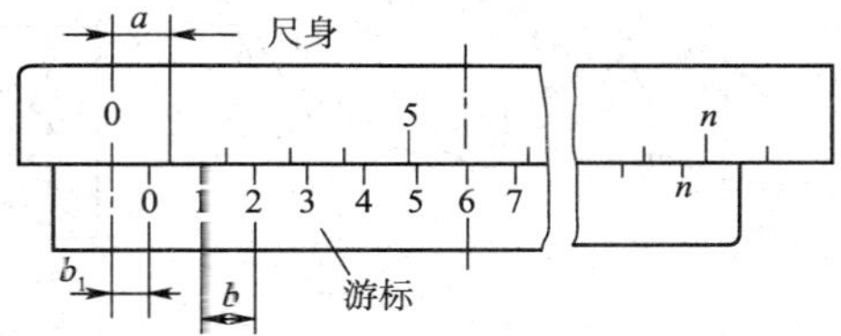

图 2-1-1 游标卡尺的刻线原理

2. 游标卡尺的规格及读数方法

游标、卡尺的种类和外形结构较多,规格常用测量范围和游标读数值来表示。比如:某游标卡尺的型号为 0 ~ 125mm × 0. 02mm,则说明其测量范围为 0 ~ 125mm,游标读数值为 0. 02mm。最常用的为三用游标卡尺,如图 2-1-2 所示,它可以测量内外尺寸、深度、孔距、环形壁厚和沟槽。

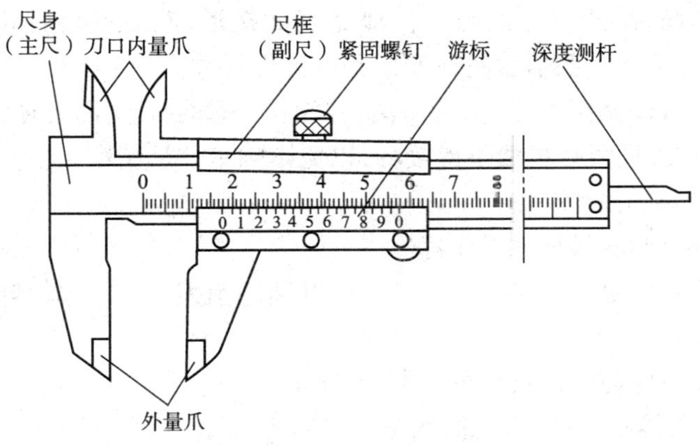

图 2-1-2 三用游标卡尺

游标卡尺的读数方法是:

(1)读出副尺“0”刻线所指示主尺上左边刻线的毫米整数。

(2)察看副尺上“0”刻线右边第几条刻线与主尺某一刻线对准,然后将游标精度乘以副尺上的格数,即为毫米小数值。

(3)将主尺上的毫米整数值和副尺上的毫米小数值相加,即为被测机件的尺寸。即:机件尺寸=主尺整数+游标卡尺精度×副尺格数。

二 外径千分尺

外径千分尺又称螺旋测微器,按照测量范围可分为0~25mm、25~50mm、50~75mm、75~100mm、100~125mm等多种规格,但每种千分尺的测量范围均为25mm,其结构如图2-1-3所示。

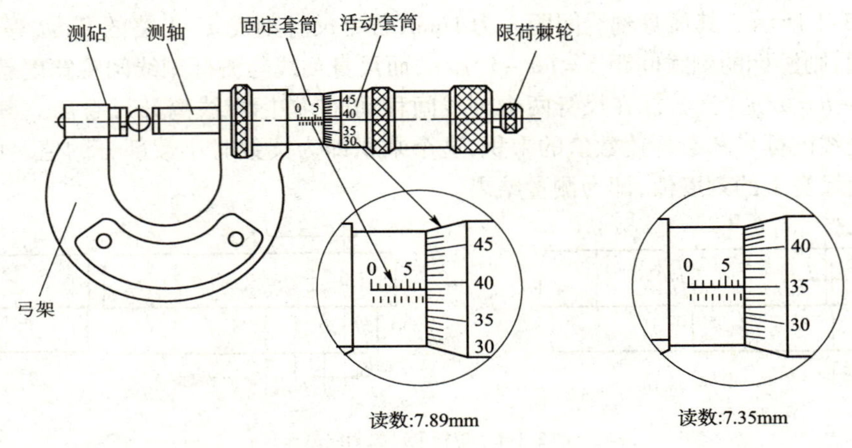

图2-1-3　外径千分尺

1. 使用方法

(1)将工件被测表面擦拭干净,并置于千分尺测砧与测轴两测量面(下称两测量面)之间,见图2-1-3,使千分尺螺杆轴线与工件中心线垂直或平行。若歪斜着测量,则直接影响测量的准确性。

(2)旋转活动套筒,使两测量面与工件测量表面接近,然后旋转棘轮,直到棘轮发出“咔咔”声响时为止,这时的指示数值就是所测量到的工件尺寸。

(3)用后应将千分尺擦拭干净,保持清洁,并涂抹一薄层工业凡士林,然后放入盒内保存。禁止重压、弯曲千分尺,且两测量面不得接触,以免影响千分尺精度。

2. 外径千分尺的鉴定方法

(1)把外径千分尺两测量面擦拭干净。

(2)旋转棘轮,使两测量面夹住标准量规,直到轮盘发出二三响“咔咔”声,这时检视指示值。

(3)活动套筒前端应与固定套筒的“零”线对齐。

(4)活动套筒的“零”线与固定套筒的基线应对齐。

(5)若两者中有一个“零”不能对齐,则该外径千分尺应调整后才能用于测量。

三 百分表

1. 百分表的结构

百分表是齿轮传动式测微量具，其结构，如图 2-1-4 所示。它常用来测量机器零件的各种几何形状偏差和表面相互位置偏差，也可测量工件的长度尺寸，具有外廓尺寸小、重量轻和使用方便等特点。使用时，必须将其固定到可靠的支架上。百分表架是专门用来夹持百分表的，可变换各种方向，以适应不同的测量工作，通常有轨道座式、磁力座式和磁力座软轴式三种。

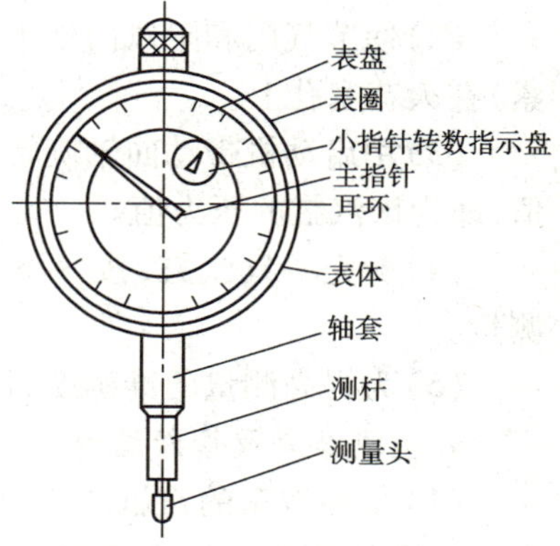

图 2-1-4　百分表

2. 百分表的工作原理

百分表的工作原理是将测杆的直线位移，经过齿条与齿轮传动转变为指针的角位移。

3. 百分表使用方法

(1)使用磁力座式百分表测量工件时，必须将其固定在可靠的支架上。

(2)测量时，应使测量头处于被测工件表面的正确位置，否则将产生较大的测量误差。

(3)测量时，应轻提测杆，缓慢放下，使测量头与工件接触。

4. 百分表的鉴定方法

百分表的夹装应牢固，夹紧力适当，夹紧后百分表不松动，测杆要灵活移动，不卡滞。

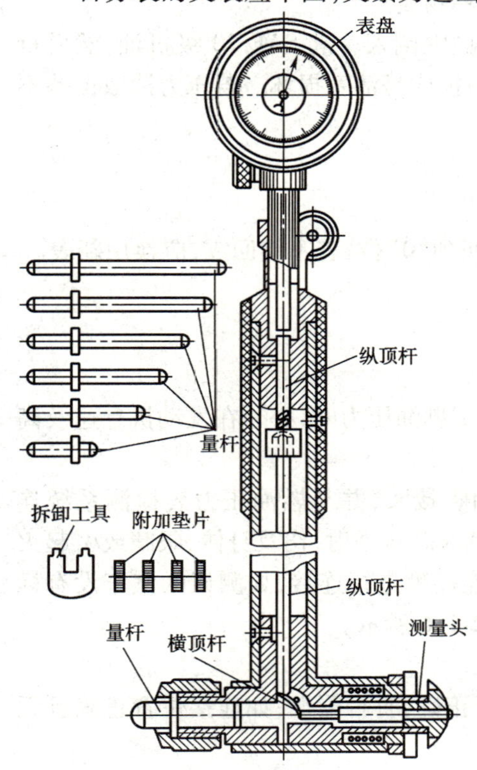

图 2-1-5　量缸表的外观和结构

四 量缸表

1. 结构

量缸表又称为内径百分表，是一种借助于百分表为读数机构、配备杠杆传动系统或楔形传动系统的杆部组合而成。它用比较法来测量孔的直径及其几何形状偏差，其外观和结构如图 2-1-5 所示。

2. 量缸表使用方法及鉴定方法

(1)用量缸表测量缸径时，先根据缸径选用合适的量杆，将量缸表放入汽缸上部。如果表针能转动 1 圈左右，则为调整适宜，然后将量杆上的固定螺母锁紧。

(2)测量缸径时，量杆必须与汽缸轴线垂直，读数才能准确。为此，测量时可稍稍摆动量缸表，当指针指示到最小数值，即表明量杆已垂直汽缸轴线，记下该处数值，然后用外径千分尺测量此位置的读数值即为缸径值。

五 汽缸压力表

1. 汽缸压力表的结构

汽缸压力表是用来测量汽缸内压缩终了时的气体

压力的,其主要组成部件是压力表。按结构和用途分为汽油机压力表和柴油机压力表两种。汽油机汽缸压力表的量程通常为 $0 \sim 1.4 \times 10^3$kPa。

2. 使用方法

(1)启动发动机并运转到正常工作温度,熄火,拆下全部火花塞。

(2)使节气门和阻风门处于完全打开状态,将压力表的锥形橡胶头压紧(或将螺纹接口拧紧)在火花塞孔上。

(3)用启动机带动曲轴旋转3~5s(转速为150~180r/min),此时汽缸压力表所指示的数值,即为该汽缸的压力值。

(4)测完一只汽缸,按一下压力表上的放气阀,使压力表上的指针回“0”位后,再进行测量。

(5)为提高测量的准确度,每只汽缸应重复测量2~3次,取平均值。

3. 检测结果及诊断结论

(1)每种汽车的汽缸压力,汽车制造商在说明书中都标明其压力值。如果被检测车每个汽缸所检测得的压力读数,与标准压力值相差不超过10%,则可认为该车汽缸压力是正常的。

(2)如果显示的压力值,比被检车说明书载明的压力值高得多,可能是该车燃烧室积炭过多。

(3)若相邻汽缸相比,一个汽缸的压力读数比其他的低138kPa或更多,则肯定是汽缸垫有故障。这种情况下,在这两个汽缸中就能发现水或油等物质。

(4)若汽缸压力读数很低或变化很大,可向每个汽缸中倒入一匙SAE 30级机油,然后重新测试:若压力读数上升很大,则故障可能出现在底座破损或是活塞损坏。若压力读数保持不变,则故障可能出在气门或有关的零件上。

4. 汽缸压力表的鉴定

(1)锥形橡胶头应完好,无破损、老化、变形。

(2)按一下压力表上的放气阀,压力表上的指针应回到“0”位,若不能回零,应换用新表。

六 燃油压力表

1. 燃油压力表的结构及使用

燃油压力表由压力表、油管以及三通接头组成。测试燃油压力时,必须在发动机怠速及高转速情况下进行。

(1)连接检测系统。使发动机熄火,找出汽车进油管接头,并与燃油压力表检测系统连接。如所测试汽车无燃油阀,则在拆开油管时,要防止汽油高压溢射,伤及身体、眼睛或引起火灾;连接时,必须正确选用燃油压力检测配件接头中的连接嘴进行连接,如测试的汽车没有标准的连接嘴时,则需用软管加接头锁紧,连接方法如图2-1-6所示。

(2)查明技术资料规定的压力单位和工作压力。

(3)启动发动机,令汽油泵工作,检查连接位置是否正确,有否漏油;如连接位置正确且无漏油,读取显示被测车燃油工作压力。

(4)测得的压力(测量中的最小压力)如低于最低压力值,说明有故障隐患,应检修。

(5)熄火,关闭汽油泵,有需要时可用布或纸卷连接接头,慢慢松开放压管道连接器。

(6)启动发动机,测试有否任何地方泄漏。

(7)将燃油压力表检测系统套件内的汽油放出抹干,结束测试。

2. 燃油压力表的鉴定

(1)燃油压力表指针运转灵活,无压力时指针应指示零位。

(2)燃油压力表三通接头应畅通,管接头密封良好,无漏油。

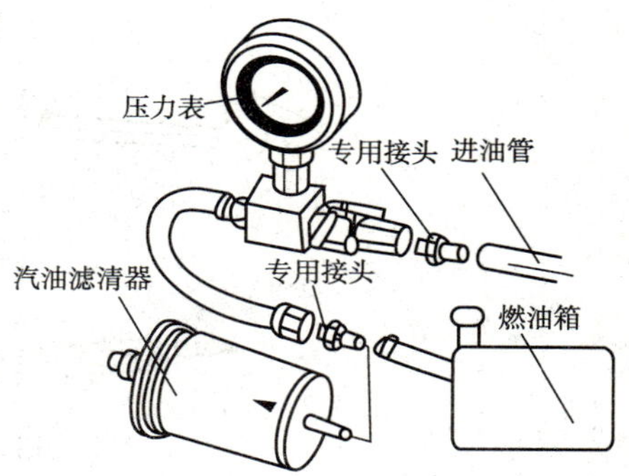

图 2-1-6　燃油压力表的连接

七 真空压力表

1. 真空压力表的结构

连接真空压力表时,将真空表接头与发动机进气歧管上真空接头通过一根橡胶真空软管连接在一起,真空压力表要安装在节气门的后方。

2. 真空压力与故障诊断

(1)正常运转的发动机,表针停于 19 ~25 之间。

(2)活塞不正常时,发动机怠速的时候,表针虽然稳定但是如果比正常值小 2 或 3,则说明润滑油的状态不良。

(3)正常运转的发动机,在急剧地开闭节气门时,如果表针突然降到 2,再抖动到 24 或者 25 之后,稳定在正常的空转状态,这说明活塞环和气门的工作无异常。

(4)活塞环不正常或润滑不良时,在急剧地开闭节气门时指针一下子降到 0,再上升到 23 或 23 以下。

(5)气门黏结时,指示数比怠速时常常少 4。

(6)排气系统堵塞,启动发动机时,表针从较高值突降至 1 或 0,再徐徐上升至 15 或 16。

(7)进气系统漏气,发动机以怠速或比怠速略高的转速运转时,表针指示在 3 和 5 之间。

3. 技术标准及要求

(1)发动机的点火系统、配气机构、密封性能等各部分良好,发动机温度正常时,在相当于海平面高度的条件下,怠速时真空度在 57.33 ~71.66kPa 之间,且较稳定,表示正常。海拔每升高 1000m,真空度将减小 10kPa。

(2)发动机在怠速工况下,迅速开闭节气门时,真空度应在 6.66 ~84.66kPa 之间随之摆动,且变化较灵敏。

八 轮胎气压表

轮胎压力表是专门用于测定轮胎气压的量具,常用的有标杆式和指针式两种类型,如图 2-1-7 所示。

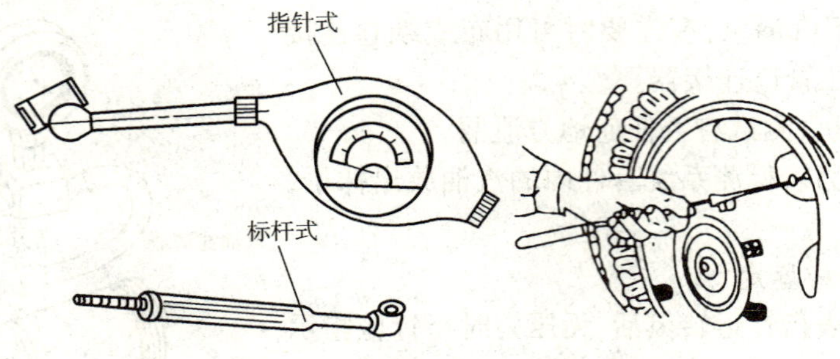

图 2-1-7 轮胎气压表及测量方法

九 万用表

1. 指针式万用表

1）指针式万用表（MF500 指针式万用表）的功能及使用

以下仅介绍指针式万用表的几种常用功能。

（1）直流电压测量。将测试短杆分别插在插口“K1”和“K2”中，如图 2-1-8 所示，转换开关旋钮“S1”至“V̲”位置上，开关旋钮“S2”至所欲测量直流电压的相应量限位置上，再将测试长杆跨接在被测电路两端。当不能预计被测直流电压大约数值时，可将开关旋钮旋在最大量限的位置上，然后根据指示值之大约数值，再选择适当的量限位置，使指针得到最大的偏转角度。当指针向相反方向偏转，只需将测试杆的“+”、“-”极互换即可。

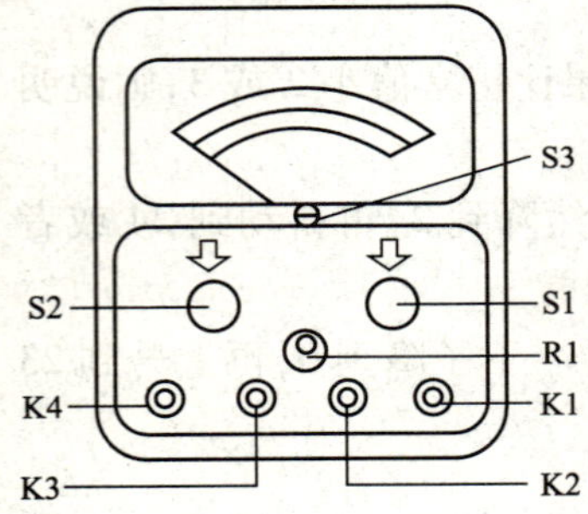

图 2-1-8 MF500 指针式万用表

（2）交流电压测量。将开关旋钮“S1”旋至“黑”位置上，开关旋钮“S2”旋至所欲测量交流电压值相应的量限位置上，测量方法与直流电压测量相似。当被测电压为非正弦波形时，仪表的指示值将因波形失真而引起误差。

（3）直流电流测量。将开关旋钮“S2”旋至“A̲”位置上，开关旋钮“S1”旋到需要测量直流电流值相应的量限位置上。然后将测试杆串接在被测电路中，就可测量出被测电路中的电流值。测量过程中仪表与电路的接触应保持良好，并注意切勿将测试长杆跨接在直流电压的两端，以防止仪表因过载而损坏。

（4）电阻测量。将开关旋钮“S2”旋到“Ω”位置上，开关旋钮“S1”旋到“Ω”量限内；先将两测试长杆短路，使指针满刻度偏转；然后调节电位器“Ω”，使指针指示在“0Ω”位置上；再将两测试长杆分开进行测量未知电阻的阻值。

2）使用注意事项

为了测量时获得良好效果及防止由于使用不慎而使仪表损坏，仪表在使用时必须遵守下列事项：

（1）使用之前须调整调零器，使指针准确地指示在标度尺的零位上。

（2）仪表在测试时，不能旋转开关旋钮。

（3）当不能确定被测之量的大约数值时，应将量程转换开关旋到最大量限的位置上后再选择适当的量限，使指针得到最大的偏转。

(4)测量直流电流时,仪表应该与被测电路串联。禁止将仪表两测试长杆跨接在被测电路的电压两端,以防止仪表过负载而损坏。

(5)测量电路中的电阻时,应将被测电路的电源断开,如果电路中有电容器,应先将其放电后才能测量。切勿在电路带电情况下测量电阻。

2. 数字式万用表

1)数字式万用表的功能及使用

以下仅介绍数字式万用表的几种常用功能。数字式万用表外形及各按键,如图2-1-9所示。

(1)直流电压测量。旋转功能/量程开关到V—挡位,选择适合的量程。黑色表笔插头插入COM插孔,红色表笔插头插入VΩ孔。将表笔并接到被测电压源两端,仪表在显示电压读数的同时,会指示出红表笔一端的极性。

(2)交流电压的测量。旋转"功能/量程开关"到"V ~"范围,选择适合的量程。黑色表笔插头插入COM插孔,红色表笔插头插入VΩ插孔,将表笔并接到被测电压源两端。

(3)直流电流测量。拔出表笔,旋转功能/量程开关到"A—"位,选择适合的量程。将黑色表笔插头插入COM插孔,红色表笔插头插入mA插孔或10A插孔。将表笔串入被测电路,仪表显示电流读数的同时,会指示出红表笔一端的极性。

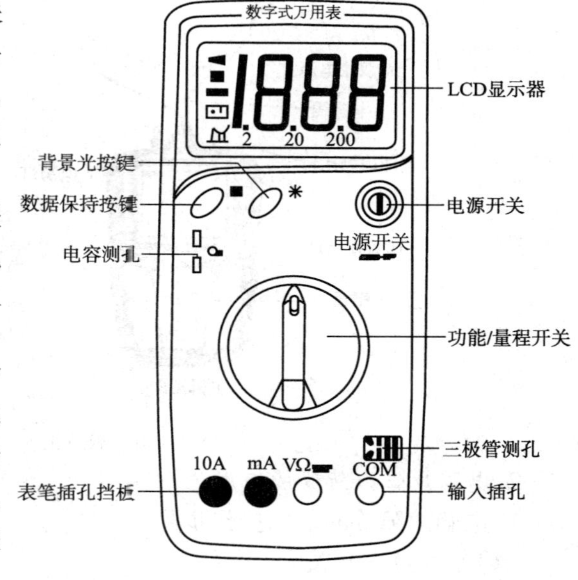

图2-1-9 数字式万用表

(4)交流电流测量。拔出表笔,旋转功能/量程开关到"A ~"位,选择适合的量程。将黑色表笔插头插入COM插孔,红色表笔插头插入mA插孔或10A插孔;表笔串入被测电路。

(5)电阻测量。拔出表笔,旋转功能/量程开关到"Ω"位,选择适合的量程,将黑色表笔插头插入COM插孔,红色表笔插头插入VΩ插孔;将表笔并接到被测电阻两端。

(6)电容测量。旋转功能/量程开关到"F"位,选择适合的量程。将黑色表笔插头插入COM插孔,红色表笔插头插入VΩ插孔;将表笔并接到被测电容的两端。

注意:对于充有电荷的电容应进行放电,然后进行测量;最大输入电压为60V,更高电压可能损坏仪表。电容量程各挡应尽可能避免误测。

2)使用注意事项

(1)使用之前确认仪表无破损,表笔绝缘层完好。

(2)进入或退出电流测量各挡之前,应先拔出表笔,后旋动功能/量程开关。野蛮操作可能损坏机械保护装置。

(3)测量过程中,断开仪表输入后再旋动功能/量程开关。

(4)输入信号电压不允许超过规定的极限值。

十 电脑故障诊断仪

1. 电脑故障诊断仪的结构

主机面板上布置有 0 ~ 9 数字键和若干个功能键,如图 2-1-10 所示,用户的操作都是通过键盘操作来实现的。主机屏幕为用户提供操作提示、测试结果,实现人机对话。

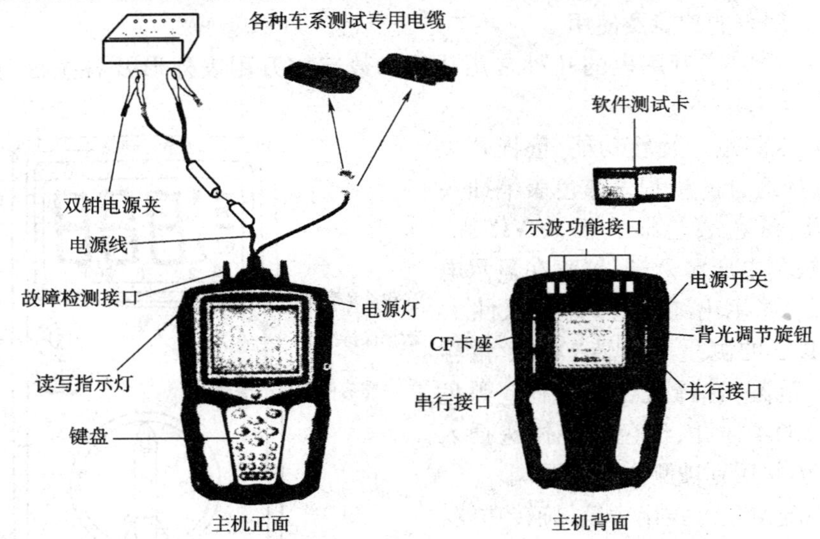

图 2-1-10 修车王 SY-380 电脑故障诊断仪

2. 电脑故障诊断仪的使用

1)电脑故障诊断仪的操作步骤

(1)断开点火开关。

(2)将电脑故障诊断仪电缆插头插入汽车故障诊断座。

(3)接通电脑故障诊断仪的电源开关。

(4)将点火开关置于 ON 位或启动发动机。

(5)电脑故障诊断仪上选择相应车型和电控系统与汽车进行通信对话。

(6)选择需要的功能,然后按屏幕上的提示进行操作。

(7)排除故障码后清除故障码(应在发动机不启动、不运转时进行)。

2)电脑故障诊断仪与汽车电控单元不能通信的原因

(1)汽车电源电压过低(应为 11 ~ 14V,不得低于 9V)。

(2)选错了电脑故障诊断仪诊断电缆。

(3)电脑故障诊断仪用外电源供电,而外电源的搭铁线与汽车电源的搭铁线未接通。

(4)通信线路有故障。

(5)汽车电控单元不工作。

(6)存在严重的电磁干扰。

(7)电脑故障诊断仪不具备对该车型或系统的故障诊断功能。

3. 电脑故障诊断仪的实际应用说明

(1)通常,汽车进厂后首先应用电脑故障诊断仪读取相关系统的故障码,然后清除故障码，充分试车后再读故障码，以清除无关的历史遗留码；但对于偶发性故障要注意分析历史遗留码与该故障是否有关。

（2）读取故障码主要是用于了解汽车电控系统中一些传感器或执行器断路、短路和无信号一类的故障。

（3）在按故障码不能查到故障部位的情况下，要学会运用数据流来分析、判断故障原因，即把系统运行中有关参数的值与相应的标准值进行比较、分析和判断故障原因。

（4）对于一些执行元件的检测，可以用电脑故障诊断仪的元件动作测试功能进行检测。

（5）有的系统在更换某些零部件后需要用人工方法或用电脑故障诊断仪进行设定或自适应。

十一　发动机综合性能分析仪

发动机综合性能分析仪主要由信号提取系统、信号处理系统和采控显示系统三大部分组成，发动机综合性能分析仪的外形如图 2-1-11 所示。

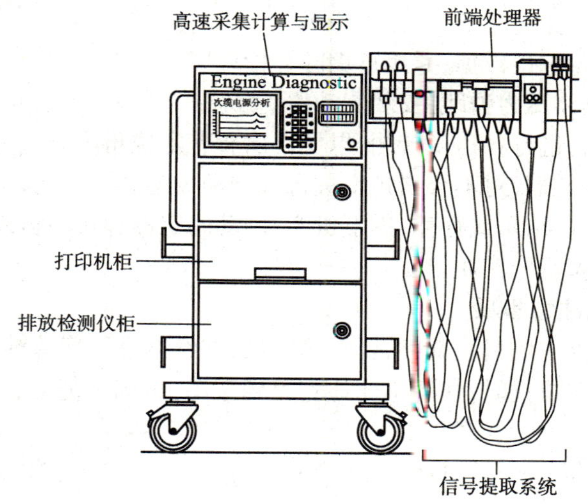

图 2-1-11　发动机综合性能分析仪外形

下面重点介绍一下信号提取系统。图 2-1-11 所示为多数发动机综合性能分析仪的信号提取系统，图中显示的这一系统由不同形状的接插头或探头组成，它们可以分为三类。第一类是直接接触式，其件 1 和 4 接蓄电池的正负极，件 2 和 3 接点火线圈的探针，适应不同的测试点，件 8 为两个鳄鱼夹，由一个分流器引出，用以测定发电机电流。第二类则是非接触式，其电感式或电容式夹持器 11 和 12 可分别钳于 1 缸点火线上和点火线圈高压线上以获得点火信号，件 7 实际上是一个电流互感器，夹持在蓄电池线上时可感应出启动电流。因为高电压和强电流直接接触测量极为困难，第一类和第二类都用于对电量参数的提取，第三类用于对非电量参数的提取（经过某一类型的传感器将非电量转变成电量后）。如件 13 电磁式上止点传感器提供上止点信号；频闪灯 10 用于寻找点火提前角；压力传感器 5 可将进气管或喉管真空度转变成电量。

用发动机综合分析仪粗略测判断汽缸压力时，用电流互感钳测定发动机不点火空转状态下启动机的电流波形。

十二 汽车四轮定位仪

1. 汽车四轮定位仪的使用

(1)在把汽车开上举升台(或地沟)之前,首先查看轮胎状况,同轴的轮胎要使用相同的品牌和规格;然后检查轮胎的磨损状况,如果磨损严重应更换轮胎。

(2)检查轮胎气压,必须按各个轮胎的规定气压充气;同轴轮胎的气压不等,会影响测量精度。

(3)检查车身高度,如左右两边相差较多,则需要进行相应的维修。

(4)把汽车开上举升台(或地沟),让汽车停在举升台中间(要使前后车轮尽量落在转盘和滑板的中间位置),然后把汽车升至标定位置。

(5)检查汽车的底盘悬架部件,特别是各个球头、减振器等与定位角度相关的零部件。

(6)安装定位机头,必须确保机头安装合理、牢固。

(7)用二次举升器顶起汽车,在分别顶起前、后车轮时,要在不抬起的车轮处安放防滑楔块,防止汽车移位。

(8)选定汽车的车轮定位数据,并执行钢圈补偿程序。

(9)放下汽车,作车体压力弹跳,安装制动器。

(10)调平所有机头,进行各角度转测,以便得出所有定位角度。

(11)安装转向盘锁定器,对不合格角度进行调整和校定。

(12)合格后打印定位结果或存档,拆下机头、制动固定器和转向盘锁定器。

(13)降下汽车,结束定位作业。

2. 四轮定位仪使用注意事项

(1)对于四轮定位仪中的机头部件,要轻拿轻放,并经常进行清洁维护;

(2)需要移动四轮定位仪时,注意不要让它受到振动,否则可能会损坏传感器及计算机等部件;

(3)四轮定位仪应每3个月到5个月检验标定一次,标定工作应该在专用标定器上进行。

十三 红外线测温仪

1. 红外线测温仪的功用

红外线测温仪采用先进的红外技术,能快速、准确、方便地测量物体表面的温度。采用红外线测温仪不需要直接接触被测物体的表面,这对测量温度高、危险或难以接触的物体表面温度尤为重要。

2. 红外线测温仪使用注意事项

(1)红外线测温仪只能测量物体表面温度,不能测量物体内部温度。

(2)不能透过玻璃进行测温,因为玻璃有很特殊的反射和透过特性,使红外线测温仪的读数不准;并且,红外线测温仪最好不要用于对光亮或抛光的金属表面测温。

(3)若发现温度高的部位,要将红外线测温仪瞄准该部位,然后做上下扫描运动,直至确定热点。

(4)环境条件,如蒸气、尘土、烟雾等,会因阻挡仪器光学系统的工作而影响测量结果的精确度。

(5)如红外线测温仪突然暴露在环境温度为20℃或更高的环境下,允许仪器在20min内调节到新的环境温度。

十四 汽车示波器

1. MT2400汽车示波器

1)结构

MT2400汽车示波器的外观,如图2-1-12所示。

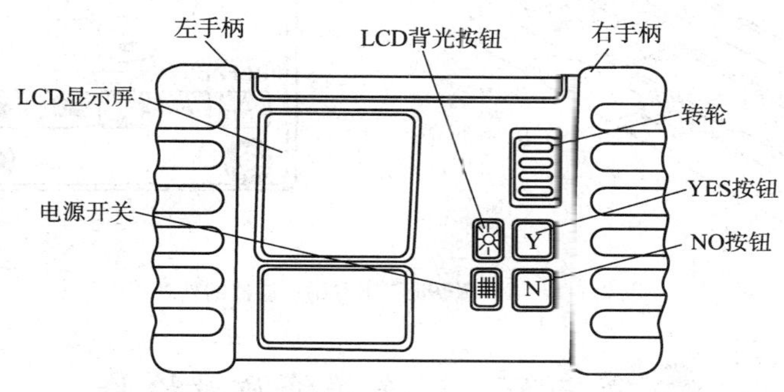

图2-1-12 MT2400汽车示波器的外观

2)使用注意事项

(1)测试应在通风良好的环境下进行,不允许有火花或明火。

(2)启动发动机进行测试前,要将变速杆置于空挡或P位,拉紧驻车制动器。

(3)注意仪器使用安全,遵守安全操作规则。

(4)测试电流或电压时,不得超过仪器规定的最大测试值,并且其他测试孔不插任何表笔。

(5)测量元件电阻前,一定要将待测元件从电路中断开。

2. FLUKE98汽车专用示波器

1)结构

FLUKE98汽车专用示波器的外观如图2-1-13所示。

2)功能

(1)可用来对传感器、进气/燃油系统、点火系统进行测试。

(2)具有对柴油发动机和电气系统测试功能,以及示波器和万用表功能。

(3)可改变汽车数据和仪器设置。

(4)具有连续的自动量程,可在任何情况下自动地以最佳方式显示测量的信号。

(5)可检测点火线圈二次侧(次级)电压波形,为分析、判断点火系统的故障部位提供简捷的方法。

(6)具有汽缸相对压力的分析功能,可找出汽缸压力低的汽缸。

(7)单独显示某一缸的点火波形,同时显示点火电压、转速、燃烧时间及燃烧电压。

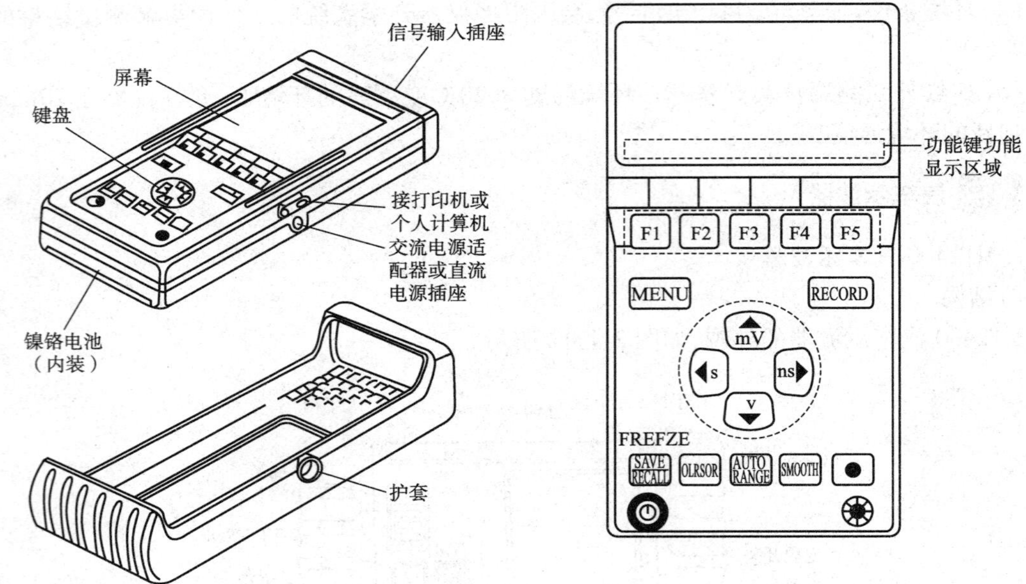

图 2-1-13　FLUKE98 汽车专用示波器的外观

第三节　汽车维修质量检验

一　汽车性能检验

汽车整车的性能参数直接反映整车的技术状况。汽车检测分为人工检测和仪器设备检测两种方法。人工检测是汽车检验人员凭实际经验和一定的理论水平,借助于简单的工具,用眼看、耳听、手摸和鼻子闻的方法对汽车的技术状况进行判断。仪器设备检测是用现代仪器设备对汽车的性能和技术状况进行判断,其优点是检测速度快、准确性高,是现代汽车检验技术的发展方向,但投资大,操作人员多。

汽车检测站是利用现代检测技术对汽车的使用性能和技术状况进行不解体检测的场所。汽车检测站分两种主要类型:一种是“车辆安全环保检测站”,另一种是“车辆综合性能检测站”。

车辆安全环保检测站承担的任务:机动车申请注册登记时的初次检验;机动车定期检验;机动车临时检验;机动车特殊检验,包括肇事车辆、改装车辆和报废车辆技术检验。

车辆安全环保检测站定期检测在用车辆中与安全运行和环境保护有关的项目,其检测结果只显示“合格”或“不合格”两种,不显示检测数据的大小,也不显示车辆技术状况的故障模式,因此检测速度快,便于批量定期检测。

综合性能检测站的检测设备齐全且配套。自动化程度高,数据处理迅速准确,检测项目齐全且有深度,能担负对检测设备的精度测试,合理制定检测标准,为科研、教学、设计、制造和维修等部门提供较为翔实的依据。

目前国内大多数建立的检测站是综合性能检测站,它由一条安全环保检测线和一条综合性能检测线组成。这两种检测线都是由多个检测工位组成并且按一定顺序分布在直线通道上。

(一)汽车动力性能的检验方法和技术要求

1.汽车动力性能的检验标准和检验方法

汽车动力性是指汽车在行驶中能达到的最高车速、最大加速能力和最大爬坡能力。汽车检测部门一般常用汽车的最高车速、加速能力、最大爬坡度、发动机最大输出功率、底盘输出最大驱动功率作为动力性评价指标。

1)最高车速(km/h)

最高车速是指汽车以厂定最大总质量状态在风速≤3m/s 的条件下,在干燥、清洁、平坦的混凝土或沥青路面上,能够达到的最高稳定行驶速度。

2)加速能力

汽车加速能力是指汽车在行驶中迅速增加行驶速度的能力。

(1)原地起步加速时间,亦称起步换挡加速时间,系指用规定的低速起步,以最大加速度(包括选择适当的换挡时机)逐步换到最高挡位后,加速到某一规定的车速所需的时间,如0~50km/h,对轿车常用0~80km/h,0~100km/h,或用规定的低挡起步,以最大加速度逐步换到最高挡后,达到一定距离所需的时间,其规定的距离一般为0~400m,0~800m,0~1000m,起步加速时间越短,动力性越好。

(2)超车加速时间亦称直接挡加速时间,指用最高挡或次高挡,由某一预定车速开始,全力加速到某一高速所需的时间,超车加速时间越短,其高速挡加速性能越好。

3)最大爬坡度

最大爬坡度是指汽车满载,在良好的混凝土或沥青路面的坡道上,汽车以最低前进挡能够爬上的最大坡度。由于受道路坡道条件限制,汽车综合性能检测站通常不做汽车爬坡测试。

4)发动机最大输出功率

发动机最大输出功率是指发动机在全负荷状态下用来带动维持运转所必需的附件时所输出的功率,又称总功率。

5)驱动轮输出功率

驱动轮输出功率是汽车发动机功率经过传动系消耗功率后传到驱动轮的输出功率,它是汽车发动机和传动系综合工作过程后的输出参数。

2.底盘输出功率的测定

汽车底盘的输出功率,除了可以通过整车的道路试验测定外,还可以在室内条件下在底盘测功机上测定。

1)底盘测功机的测量原理

在底盘测功机上是以滚筒的表面代替路面,使滚筒的表面相对于静止的汽车作旋转运动。由于底盘测功机具有加载装置,通过加载装置可以模拟汽车在道路上行驶时的各种阻力,再现汽车行驶中的各种工况,从而实现汽车在各种转速下驱动轮上的输出功率或牵引力的测定。

2)底盘测功机的组成

底盘测功机,一般由滚筒装置、加载装置、测量装置、控制与指示装置和辅助装置等组成,如图2-1-14所示。底盘测功机的滚筒相当于连续移动的路面,被测车辆的车轮在其上滚动;

底盘测功机有单滚筒与双滚筒之分;底盘测功机上采用的测功器的类型有:水力测功器、电力测功器和电涡流测功器;测量装置包括测力装置、测速装置、测距装置和功率指示装置等;现代汽车底盘测功机广泛采用工控单片机或微机为核心的控制系统。

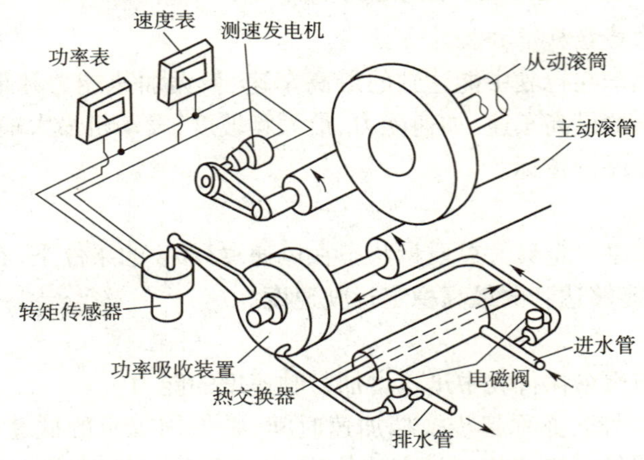

图2-1-14　底盘测功试验台结构示意图

3)底盘测功机测功前的准备

(1)检查调整试验台各部件,补足润滑油。

(2)检查举升器有无漏气(或漏油)现象、工作是否正常。

(3)检查指示仪表指针是否指零位,并注意使用中指针的复位情况。

(4)检查各种导线的接触情况,如有接触不良或损伤,应予更换。

(5)汽车在开上底盘测功机以前,必须通过路试走热全车(发动机冷却液达正常温度)。

(6)仔细调整发动机供油系和点火系,使其处于最佳工作状态。

(7)检查并紧固传动系、车轮的连接情况。

(8)检查轮胎气压并使之达到制造厂的规定值,清洁轮胎表面。

4)底盘测功机的测试步骤

(1)接通底盘测功机电源,功率表换挡开关置相应挡位;

(2)升起举升器托板,使被测车的驱动轮与滚筒垂直停放在托板上;

(3)降下举升器托板,并用挡块抵住试验台外面的一对车轮。接通发动机冷却装置电源;

(4)启动发动机,逐渐增加其转速,同时调节测功器的负荷,使发动机在节气门全开的情况下以与最大功率相应的转速运转。待转速稳定后,记下仪表指示的功率和车速值;

(5)保持发动机节气门全开,并逐步增加测功器负荷,测出包括最大转矩点和低转速下的功率和车速值;

(6)全部测试完毕,待驱动轮停转,切断发动机冷却装置电源,移去挡块,升起举升器托板,被测车驶出底盘测功机;

(7)切断底盘测功机电源。

5)底盘测功机的应用及检测结果分析

可以在底盘测功机上模拟汽车在行驶时的各种工况,进行整车性能如加速性能、爬坡性能和滑行性能等试验,车辆等速油耗量和多工况油耗量试验以及车速表指示误差校验等。

在惯性式底盘测功机上，当测得底盘输出功率后，立即踩下离合器踏板，利用测功机对汽车的反拖，可测得传动系消耗功率。这种测功机，如果将测得的同一转速下的底盘输出功率与传动系消耗功率相加，就可以求得这一转速下的发动机的输出功率。

3. 发动机功率的检测

目前应用较为广泛的是无负荷测功或无外载测功，它是指发动机在节气门开度和转速均为变动的状态下，测定其功率。这种测功的方法是当发动机在怠速或空载某一低速下运转时，突然全开节气门，使发动机克服惯性和内摩擦阻力而加速运转，其加速性能的好坏直接反映出最大功率的大小。

1）通过测瞬时加速度检测功率

把发动机所有的运动部件看作是一个绕曲轴中心转动的简单回转体。发动机在怠速运转情况下，突然打开节气门加速到某一高转速，此时发动机产生的动力，除克服各种阻力矩外，其有效转矩将全部用来加速运动部件，也就是发动机以其自身运动部件为载荷加速运转。因此，只要测出指定转速范围内急加速时的平均加速度，或测出某一定转速下的瞬时加速度，就可得知发动机的动力性能。

2）通过测加速时间检测功率

某指定转速范围内的平均功率与加速时间成反比，即：节气门突然全开时，发动机由转速 n_1 加速到 n_2 的时间越长，表明发动机功率越小，反之加速时间越短，表明功率越大。因此，测量出某一转速范围内的加速时间便可了解发动机的动力性能。

（二）汽车安全性能的检验方法和技术要求

1. 汽车制动性能检测与诊断

根据《机动车运行安全技术条件》（GB 7258—2012）的规定，可以用制动距离、制动减速度或制动力检测汽车制动性能。制动性能检测分路试法检测和试验台检测两种。

1）汽车制动性能的台架检测

汽车制动时制动力取决于制动器制动力和车轮与地面间附着力中的较小者，其中制动器制动力取决于制动系统压力和车轮制动器技术状况，而车轮与地面附着力由车轮垂直载荷和轮胎与地面间的附着系数决定。

制动试验台不仅能指示左右轮制动力，还能输出左右轮制动力的和与差值、车轮阻滞力、制动协调时间和制动释放时间，并能将检测结果与检测标准对照，作出技术状况评价。

如图 2-1-15 所示，为单轴测力滚筒式制动试验台的结构示意图。它由框架、驱动装置、滚筒装置、测量装置、举升装置和指示与控制装置等组成。

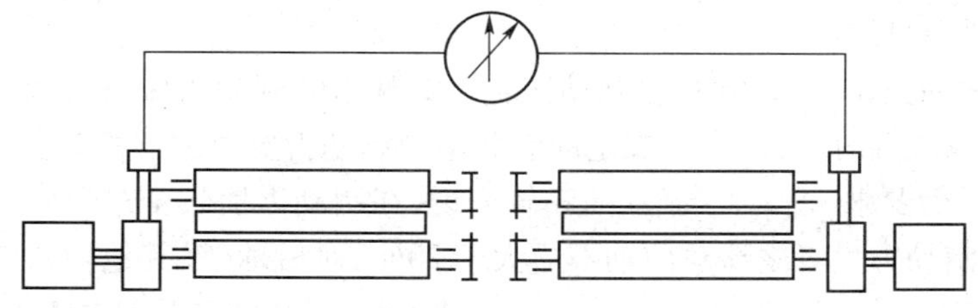

图 2-1-15 单轴测力滚筒式制动试验台的结构示意图

测力滚筒式制动试验台的维护按表2-1-1的规定进行。测力平板式制动试验台的维护按表2-1-2的规定进行。

测力滚筒式制动试验台的维护要领 表2-1-1

维护周期	维护部位	维护要领	调修方法
1周	滚筒轴承盖螺栓和扭力箱内大齿轮轴端螺钉	检查各处螺栓是否松动	各处螺栓如有松动应予紧固
3个月	滚筒轴承处	检查滚筒轴承处润滑脂润滑情况	如有脏污或干涸时,应按厂家规定油品进行加注润滑脂
6个月	滚筒及滚筒轴承	检查滚筒有无运转杂音或损伤部位	滚筒有运转杂音或损伤时,应进行修理
	扭力箱、缓冲器及链条	拆下链罩盒,检查链条脏污和张紧情况	链条脏污时,要彻底清洗,并重新润滑,链条伸长时,应予更换
1年	接受设备检定部门的检定		

测力平板式制动试验台的维护要领 表2-1-2

维护周期	维护部位	维护要领	调修方法
1个月	测试平板	检查测试平板移动是否灵活	如不灵活应进行清洁和润滑
	拉力传感器	检查拉力传感器元件两端连接是否松动	如松动应紧固
6个月	测试平板	拆下测试平板,检查上下V形槽、钢珠及测力杠杆,检查连接磨损情况	对磨损严重的零件应视情更换
1年	接受设备检定部门的检定		

2)汽车制动性能的路试检测

(1)路试检测制动性能应在平坦、硬实、清洁、干燥且轮胎与地面间的附着系数大于等于0.7的水泥或沥青路面上进行。

(2)用路试法检测制动减速度的试验条件与路试法检测制动距离相同,不同点是用制动减速度仪或用其他测试方法测量车辆充分发出的平均减速度(FMDD)。充分发出的平均减速度应在测得其计算公式中相关参数后计算确定。

(3)汽车制动减速度是指汽车在规定的初速度下,急踩制动时,汽车速度在单位时间内降低的程度,《机动车运行安全技术条件》(GB 7258—2012)规定,用在规定的初速度下急踩制动时充分发出的平均减速度来评价汽车制动性能。

3)制动性能检验标准

(1)制动力——汽车、汽车列车在制动试验台上测出的制动力应符合表2-1-3的要求,对空载检验制动力有质疑时,可用表中规定的满载检验制动力要求进行检验。

(2)制动力平衡要求——对于新注册车辆来说,在制动力增长全过程中,左右轮制动力差与该轴左右轮中制动力大者之比对前轴不应大于20%;对后轴(及其他轴)在轴制动力不小于该轴轴荷的60%时不应大于24%;当后轴(及其他轴)制动力小于该轴轴荷的60%时,在制动力增长全过程中同时测得的左右轮制动力差的最大值不应大于该轴轴荷的8%。

台试检验制动力要求　　表 2-1-3

机动车类型	制动力总和与整车质量的百分比		轴制动力与轴荷[1]的百分比	
	空载	满载	前轴	后轴
乘用车、总质量不大于 3500kg 的货车	≥60	≥50	≥60[2]	≥20[2]
其他汽车、汽车列车	≥60	≥50	≥60[2]	≥20[3]

注:①用平板制动检验台检验乘用车时应按动态轴荷计算;

②空载和满载状态下测试均应满足此要求;

③满载测试时后轴制动力百分比不做要求;空载用平板制动检验台检验时应大于等于 35%;总质量大于 3500kg 的客车,空载用反力滚筒式制动试验台测试时应大于等于 40%,用平板制动检验台检验时应大于等于 30%。

(3)制动协调时间——对液压制动的汽车不应大于 0.35s,对气压制动的汽车不应大于 0.6s,汽车列车和铰接客车、铰接式无轨电车的制动协调时间不应大于 0.80s。

(4)车轮阻滞力——车轮阻滞力是指行车和驻车制动装置处于完全释放状态,变速器置空挡位置时,试验台驱动车轮所需的作用力。汽车各车轮的阻滞力不得大于该轴轴荷的 10%。

(5)车辆在规定的初速度下的制动距离和制动稳定性应符合表 2-1-4 的要求。

制动距离和制动稳定性要求　　表 2-1-4

机动车类型	制动初速度(km/h)	满载检验的制动距离(m)	空载检验的制动距离(m)	试验通道宽度(m)
乘用车	50	≤20	≤19	2.5
总质量≤3500kg 的低速货车	30	≤9	≤8	2.5

《机动车运行安全技术条件》(GB 7258—2012)规定,制动力、制动距离和制动减速度 3 个指标全部符合要求,即判为合格。3 个指标中的具体检测项目为制动力检测、制动距离检测、制动减速度检测。制动力检测是指行车制动性能(含制动力、制动力平衡要求、制动协调时间和车轮阻滞力)及驻车制动性能(驻车制动力)。

(6)检测结果分析。

①各车轮制动力均偏低,主要原因为制动踏板自由行程太大,制动液中有空气或变质,制动主缸故障,增压器或助力器效能不佳或失效。

②各车轮制动协调时间过长应主要检查制动踏板自由行程是否过大;若个别车轮制动协调时间过长,则要检查车轮制动间隙是否过大;若同一制动回路两车轮制动协调时间过长则可能是该制动回路中有空气。

③各车轮阻滞力都超限主要原因是制动主缸故障或制动踏板无自白行程;若个别车轮阻滞力超限则主要是该车轮制动间隙过小、制动轮缸故障、制动蹄复位弹簧故障或轮毂轴承松旷。

2. 车轮定位值的检测

(1)车轮定位包括车轮前束、车轮外倾、主销后倾和主销内倾,是车桥技术状况的重要诊断参数。

(2)车轮定位值的检测采用静态检测法时,使用的检测设备有气泡水准式、光学式、激光式、电子式和电脑式等车轮定位仪,它们一般是利用车轮旋转平面与各定位角间存在的直接或间接的关系进行测量的。

3. 车轮侧滑量的检测

前轮侧滑量的检测须采用动态检测法,检测的主要目的是确定前轮前束与前轮外倾配合是否恰当,使用的检测设备主要有滑动板式侧滑试验台和滚筒式车轮定位试验台两种。

1)侧滑试验台的组成

侧滑试验台一般由测量装置、指示装置和报警装置等组成。

2)侧滑试验台的使用方法

(1)检测前的准备:

①在不通电情况下,检查仪表指针是否指在零位上;接通电源,晃动滑动板,待滑动板停止后,察看指针是否仍在零位。如指针失准可用零点调整螺钉或零点调整游丝将表校零。

②检查试验台及周围场地有无润滑油、石子、泥污等杂物,并清除干净。

③检查各种导线有无因损伤造成接触不良的部位,必要时应进行修理或更换。

④被测车轮胎气压应符合规定。

⑤检查并清除轮胎上的油污、水渍和嵌入的石子、杂物等。

(2)检测方法:

①拨出滑动板的锁止销,接通电源。

②汽车以3~5km/h的速度垂直驶向试验台,使前轮平稳通过滑动板。

③当前轮完全通过滑动板后,从指示装置上观察侧滑方向(注意区别正、负前束)并读取、打印最大的侧滑量。

④检测结束后,切断电源并锁止滑动板。

对于后轮没有定位的汽车,可用侧滑试验台根据汽车后轮前进、后退驶过滑动板时滑动板的滑动方向和滑动量大小来检测后轴是否变形和轮毂轴承是否松旷。

3)检测结果分析

汽车的前束和转向轮外倾对侧滑量影响较大,因此侧滑量的调整主要是通过前束和外倾的调整来实现。若转向轮向内侧滑,且侧滑量超标,则表明转向轮负前束或外倾角过大,也须调整。

4. 车轮平衡的检测

1)车轮不平衡检测原理

对于转向轮,还会形成绕主销来回摆动的力矩,造成转向轮摆振。

2)就车式车轮平衡仪的组成

就车式平衡仪由驱动装置、测量装置、指示装置和制动装置组成。

3)检测结果分析

用就车式车轮平衡仪检测车轮动、静不平衡情况,一般其动、静不平衡量在10g以内认为可继续使用,若超过10g则应进行平衡作业。

若车轮动、静不平衡量过大则主要检查车轮平衡块是否脱落,轮胎是否存在异常磨损、局部损坏或轮胎修补方法不当,汽车行驶中该车轮是否发生过较严重的碰撞导致轮辋变形等。

5. 汽车悬架和转向系间隙检测

1)悬架和转向系间隙检测原理

汽车悬架和转向系间隙过大，可能引起汽车转向盘抖振、行驶跑偏、乘坐舒适性差、轮胎异常磨损和行驶噪声等故障，这些故障现象只有在汽车行驶中才会出现，汽车停止时检查费时费力，不易觉察。

2）汽车悬架和转向系间隙检测仪的组成

汽车悬架和转向系间隙检查仪主要由电控箱、手电筒开关、泵站和左右测试机构组成。

6. 车速表的检验

1）车速表试验台的组成

下面以标准型车速表试验台为例介绍车速表试验台的组成。该试验台由速度测量装置、速度指示装置和速度报警装置等组成。

速度报警装置是为在测量时，便于判明车速表误差是否在合格范围之内而设置的，一般有3种形式。

（1）用试验台报警装置指示检测车速。当汽车实际车速达到某一规定值（如40km/h）时，报警装置报警灯亮或蜂鸣器响，提醒驾驶员已达到检测车速，注意观察驾驶室内车速表的指示车速值。

（2）将试验台指示仪表一定范围内涂成绿色区域。按现行标准将试验台速度表的33.3～42.1km/h涂成绿色区域，表示为合格区域。

（3）同时具备上述两种装置的报警装置。

2）车速表的检测标准

《机动车运行安全技术条件》（GB 7258—2012）中规定：当汽车车速表指示值为40km/h时，车速表检验台速度指示仪表的指示值为32.8～40km/h范围内为合格；当车速表检验台速度指示仪表的指示值为40km/h时，该机动车车速表的指示值在40～48km/h范围内时为合格。

7. 前照灯的检验

前照灯的技术指标主要指发光强度和光束照射位置。

1）前照灯的配光特性

《机动车运行安全技术条件》（GB 7258—2012）规定，汽车前照灯的检验指标为发光强度和光束照射位置的偏移值。

2）前照灯发光强度和光轴偏斜量的检验

前照灯检验仪，通过采用能把吸收的光能变成电流的光电池作为传感器，按照前照灯光轴照射时光电池产生的电流来测量发光强度和光轴偏斜量。

下面以屏幕式前照灯检验仪为例介绍检验方法。

（1）在不受光的情况下，调整前照灯检验仪光度计和光轴偏斜指示计指针的机械零点。

（2）检查聚光透镜和反射镜的镜面上有无污物。若有，用柔软的布或镜头纸擦拭干净。

（3）检查水准器的技术状况。若水准器无气泡，应进行修理；若气泡不在红线框内时，可用水准器调节器或垫片进行调整。

（4）检查导轨是否沾有泥土等杂物。若有，应扫除干净。

（5）清除前照灯上的污垢。

（6）轮胎气压应符合汽车制造厂的规定。

(7)汽车蓄电池应处于充足电状态。

(8)将被测车尽可能地与检验仪的屏幕或导轨保持垂直方向驶近检验仪,使前照灯与检验仪受光器相距3m。

(9)用汽车摆正找准器使检验仪与被测车对正。

(10)开亮前照灯,用前照灯照准器使检验仪与被检前照灯对正。然后把固定屏幕调整到与前照灯等高,要特别注意使受光器与被检前照灯配光镜的表面中心重合。

(11)使固定屏幕上左右光轴刻度尺的零点与活动屏幕上的基准指针对正,上下和左右移动受光器,使光度计指示值达到最大值。此时,根据受光器上的基准指针所指活动屏幕上的上下刻度值和活动屏幕上的基准指针所指固定屏幕上的左右刻度值,即可得出光轴偏斜量。根据此时光度计上的指示值,可得出前照灯发光强度。

3)前照灯检验标准

《机动车运行安全技术条件》(GB 7258—2012)中,对机动车前照灯光束照射位置和前照灯光束发光强度作了规定。

(1)在检验前照灯近光光束照射位置时,前照灯照射在距离10m的屏幕上时,乘用车前照灯近光光束明暗截止线转角或中点的高度应为$0.7H \sim 0.9H$(H为前照灯基准中心高度,下同)。

(2)在检验前照灯远光光束及近光单光束灯照射位置时,前照灯照射在距离10m的屏幕上时,要求在屏幕光束中心离地高度,对乘用车为$0.85H \sim 0.95H$(但不得低于前照灯近光光束明暗截止线转角或中点的高度)。前照灯近光光束水平方向位置向左偏不允许超过170mm,向右偏不允许超过350mm。

(三)汽车燃油经济性能的检验方法和技术要求

对汽车燃油经济性能的评价,一般是通过汽车燃油消耗量试验来确定的,它是用以评价在用汽车技术状况与维修质量的综合性参数,也是诊断和分析汽车故障的重要参考。

影响燃料消耗的因素主要有车辆的技术状况、道路条件及气候、车辆载重及拖运情况和驾驶操作。

(四)汽车排气污染物测定与分析

1.汽车排气污染物的主要成分及其危害

1)汽车排气污染物的主要成分

汽车排气的污染物,主要是一氧化碳(CO)、碳氢化合物(HC)、氮氧化合物(NO_x)、铅化合物、二氧化硫(SO_2)、炭烟及其他一些有害物质。汽车排气污染物主要有发动机排气管排出的废气(亦称尾气)、曲轴箱窜气、汽油蒸气三个来源。

2)汽车排气污染物的危害

(1)1h内吸入1000×10^{-6}的CO,就会发生死亡。

(2)NO_x是发动机大负荷工作时大量产生的一种褐色的有臭味的废气。

(3)炭烟以柴油机排放量为最多,是柴油发动机燃油燃烧不完全的产物,其内含有大量的黑色炭颗粒。炭烟能影响道路上的能见度,并因含有少量的带有特殊臭味的乙醛,往往引起人们恶心和头晕。为此,包括我国在内的不少国家都规定了最大允许的烟度值,并规定了测量方法。

2. 汽油机排气污染物的检验

1）不分光红外线气体分析仪的构成

它主要由尾气采收部分、尾气分析部分、尾气指示部分和校正装置等构成。

用于检测除使用闭环控制电子燃油喷射系统和三元催化转化器技术的汽车以外的，装配点燃式发动机的在用汽车排气污染物的排放浓度。

2）不分光红外线气体分析仪工作原理

该分析仪是从汽车排气管内搜集取出汽车的尾气，并对气体中所含有的 CO 和 HC 的浓度进行连续测定。

3）装配点燃式发动机的在用汽车排气污染物的检验方法

如果为多排气管时，取各排气管测量结果的算术平均值作为测量结果。

对于使用闭环电子控制燃油喷射系统和三元催化转化器的汽车，如果检测到的过量空气系数（λ）超过了标准规定的要求，则认为排放不合格。

3. 柴油车排气烟度的检验方法

汽车排烟以柴油车为甚。柴油车排出的烟色，主要分为黑烟、蓝烟和白烟三种。

1）滤纸式烟度计

滤纸式烟度计结构简单，调整方便，测定值可靠性高，价格低廉，滤纸试样直观性好，便于保存，适宜于稳态工况的测定；但缺点是只能测排气中黑色的炭烟，当柴油机在怠速及低负荷运转时，因排温低及其他原因排出的油雾及水蒸气形成的蓝烟和白烟却不能测出。

2）不透光式烟度计

不透光式烟度计可分为全流式和分流式两类，它是利用透光衰减率来测定排气烟度。

4. 汽车排气污染物排放限值及检测结果分析

（1）在用汽车排气污染物排放限值的车辆定义是：轻型汽车指最大总质量不超过 3500kg 的 M1 类、M2 类和 N1 类车辆；重型汽车是指最大总质量超过 3500kg 的车辆。第一类轻型汽车是设计乘员数不超过 6 人（包括驾驶员），且最大总质量≤2500kg 的 M1 类车；第二类轻型汽车是除第一类轻型汽车以外的其他所有轻型汽车。

（2）汽油机点火时刻过迟，会使混合气燃烧不彻底，致使废气中 CO、HC 和 NO_x 的含量增加。

（3）柴油机供油系调整不当和相关系统技术状况的变化，主要表现在柴油机出现冒黑烟、蓝烟及白烟故障。燃油中含有水分或冷却液漏入汽缸（汽缸套有砂眼、裂纹，汽缸垫损坏等），经炽热后化为蒸气由排气管喷出，常被视为白烟。

5. 汽车噪声的测定

1）汽车定置噪声检验时对现场风速的要求

（1）风速超过 2m/s 时，声级计应使用防风罩，同时注意阵风对测量的影响。

（2）测量的风速不应大于 5m/s，否则测量无效。

2）汽车定置噪声检验时对传声器位置的要求

汽车定置噪声测量时，传声器与排气口端等高，在任何情况下距地面不得小于 0.2m。

3）汽车喇叭声级测量

喇叭允许升级:机动车喇叭升级在距车前 2m、离地高 1.2m 处测量,其值应为 A 声级 90 ~ A 声级 115dB。

(五)汽车检视和路试检验

整车检验项目包括:整车尺寸、整车装备、防雨密封性、滑行性能、异响和润滑状况等。

1. 汽车外观检视

(1)人工检视汽车的灯光、安全装置、操纵装置、工作仪表和车身等是否装备齐全、工作正常、连接可靠和符合规定。检视的重点是灯光和安全装置。

(2)车底外观检查,由检查人员在地沟内人工检查底盘各装置及发动机连接是否牢固可靠,有无弯扭断裂及漏油、漏水、漏气和漏电等现象。

2. 汽车滑行检测

汽车滑行检测主要是测定汽车的滑行距离,该距离直接影响汽车的传动效率。如滑行距离长,则行驶阻力小,传动效率高,汽车的动力性好。

这种试验用来检查汽车底盘部分的调整状况,测定汽车行驶速度为 50km/h 的滑行距离。

3. 汽车异响的检测与诊断

(1)异响类别。发动机的异响是发动机产生的不正常响声,主要有机械异响、燃烧异响、空气动力异响和电磁异响等。

(2)异响的影响因素和诊断。异响与发动机的转速、温度、负荷和润滑条件等有关。不论什么机械异响,当润滑条件不佳时,异响一般都显得严重。

4. 润滑油品质变化程度的检测

通过测定润滑油的介电常数可判断润滑油的污染程度,介电常数值取决于润滑油中的添加剂或存在的污染物,润滑油污染越严重,介电常数越大。

二 汽车主要零部件检验

(一)发动机主要零部件检验

1. 汽缸体和汽缸盖的检验

1)汽缸体和汽缸盖变形的检验

(1)汽缸体、汽缸盖变形,常使汽缸体与汽缸盖的结合平面翘曲,当其平面度误差超过技术标准时,将会发生发动机漏气、漏水、漏油等故障。

(2)汽缸体后端面对两端主轴承承孔公共轴线的垂直度误差可采用通用量具如平板、90°角尺、固定和可调支承、带指示器的测量架和心轴进行检测,如图 2-1-16 所示。作为基准的两端主轴承承孔轴线用定心轴模拟,用固定和可调支承将汽缸体后端面向下支持在平板上,用 90°角尺使心轴与平板垂直,然后沿整个后端面移动指示器进行测量,所得最大读数差便是汽缸体后端面对主轴承承孔轴线的垂直度误差。

2)汽缸体、汽缸盖裂纹的检验

(1)汽缸体、汽缸盖在工作过程中有时会产生裂纹,发生裂纹的部位,在不同型号的发动机上并不一致,但大多发生在水套壁较薄处,或工作过程中应力(尤其是热应力)比较集中的部位,如汽缸盖两气门座之间和汽缸体两汽缸孔之间等。

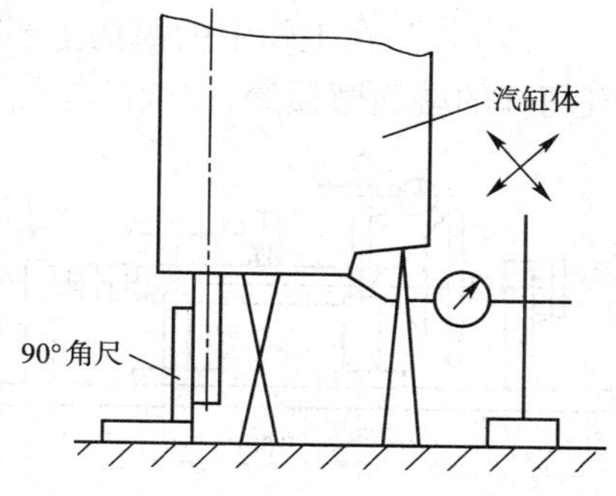

图 2-1-16 汽缸体后端面对两端主轴承承孔公共轴线垂直度的检查

(2)汽缸体、汽缸盖上明显的裂纹可直接观察检查,对细微的和内部的裂纹,一般用水压试验的方法进行检查。

(3)汽缸体、汽缸盖的裂纹也可以用渗透法进行检查。

3)汽缸的检验

(1)用量缸表测量磨损的汽缸时,一般沿汽缸轴线方向测量汽缸上下不同的三个截面上的直径,圆度误差为汽缸同一截面不同方向上最大直径与最小直径差值的一半;圆柱度误差为被测汽缸不同截面任意方向上最大直径与最小直径差值的一半。对多缸发动机应以误差最大的缸为准,当汽缸圆柱度误差或圆度误差达到总成大修标准时,发动机应进行大修。

(2)国产发动机汽缸经修理后应符合下列技术要求:

①同一汽缸体各汽缸或汽缸套的内径应为原设计尺寸或同一级修理尺寸;

②干式汽缸套的汽缸圆度误差≤0.005mm,圆柱度误差≤0.0075mm;湿式汽缸套的汽缸圆柱度误差≤0.0125mm;

③汽缸轴线对汽缸体两端曲轴主轴承承孔公共轴线的垂直误差≤0.05mm。

2. 曲柄连杆机构的检验

1)活塞连杆组的检验

(1)活塞在正常工作中磨损较小,通常主要是活塞环槽及活塞销座孔部位磨损较大。

(2)当检查出活塞环侧隙过小时,可将活塞环平放在铺有"0"号砂纸的平板上进行砂磨。

(3)连杆大小端轴承经加工后,除应保证其尺寸、形状和表面粗糙度外,还必须保证两轴线在同一平面上的平行度和距离符合技术要求,以保证发动机装配后的质量。

(4)连杆与活塞、活塞销组装后应检验活塞裙部椭圆形的变化情况,并检验活塞裙部轴线对连杆大端孔轴线的垂直度误差以及活塞连杆组的质量。

2)曲轴及轴承的检验

(1)曲轴有无裂纹,常用磁力探伤法或渗透法进行检查。

(2)曲轴的裂纹多发生在曲柄臂与轴颈之间的过渡圆角处及油孔处。

(3)曲轴修理后检验包括曲轴飞轮突缘的检验、曲轴连杆轴颈回转半径的检验、曲轴平衡的检验。

为了保证轴承与承孔的贴合,新轴承装入承孔内时,其上、下两片轴承端面应高出承孔平面0.03~0.05mm。

(4)轴承弹力要合适,要求新轴承的曲率半径大于座孔的曲率半径。

3)飞轮的检验

飞轮的常见损伤是齿圈的磨损或破裂,与离合器接触的工作面磨损和擦伤也时有发生。当齿圈轮齿仅单面磨损时,可将齿圈翻转使用。

飞轮与曲轴装合后应检查飞轮工作面对曲轴轴线的端面全跳动量。

3. 配气机构主要零件的检验

1)气门组零件的检验

(1)气门在工作中的损伤主要有气门头工作面的磨损、烧蚀,气门杆的磨损和弯曲变形,气门杆的端面磨损等,使气门与气门座的密封性遭到破坏。

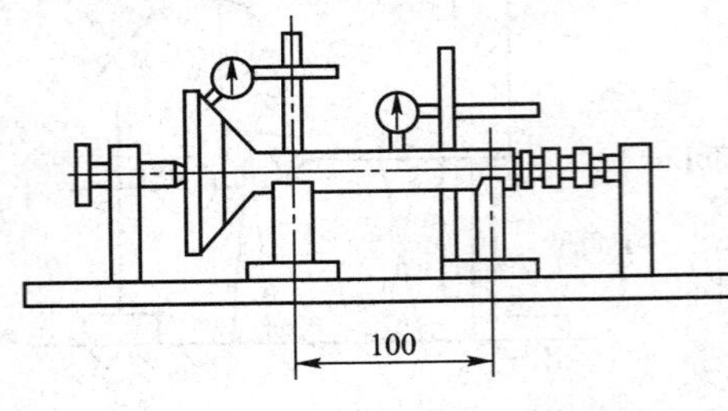

图2-1-17 气门杆弯曲的检查

(2)气门杆弯曲的检查方法如图2-1-17所示,将气门杆支承在平板上的两V形架上,将百分表触头分别垂直触在气门杆中部和气门头工作面上,转动气门杆一周,便可测出气门杆的径向圆跳动量和工作面(斜面)的圆跳动量。当其径向圆跳动量>0.06mm时,应予校正。气门杆的磨损可用外径千分尺进行测量。

(3)气门座修理后,应保证其工作面斜角角度、工作面宽度符合原厂规定,并保证与气门密封良好。

(4)气门弹簧的自由长度可用游标卡尺测量。气门弹簧弹力的检验应在弹簧弹力检验仪上进行。检验时,将气门弹簧装在仪器上,并压缩到规定的长度,检查其弹力是否符合要求。对于气门弹簧是否变形,可将气门弹簧放置在平板上,用90°角尺检查其垂直度误差,一般要求其上端间隙≤1.5mm,否则,应进行更换。

2)气门传动组的检验

(1)凸轮轴在工作中常产生凸轮磨损、擦伤,轴颈磨损及凸轮轴弯曲变形等缺陷。

(2)目前,汽车发动机上所用挺柱有普通气门挺柱和液压挺柱两种。

(3)对正时链条长度的检验必须要在规定的拉力下进行。

4.冷却、润滑系主要零部件检验

1)冷却系主要零部件检验

检查节温器的技术状况,是将它放置在有水的容器内,将水逐渐加热,并用温度计测量水的温度,检查节温器阀门刚开启的温度、完全开启的温度及节温器阀门的升程是否符合技术要求。

2)润滑系主要零部件检验

齿轮式机油泵常产生齿轮齿面的磨损和损伤,泵盖内平面和齿轮端面磨损,齿轮齿顶和泵壳内圆磨损,齿轮轴和轴套磨损等。这些磨损,导致机油泵机件各配合间隙增大,泵油压力和泵油量下降。其检查方法如图2-1-18所示。

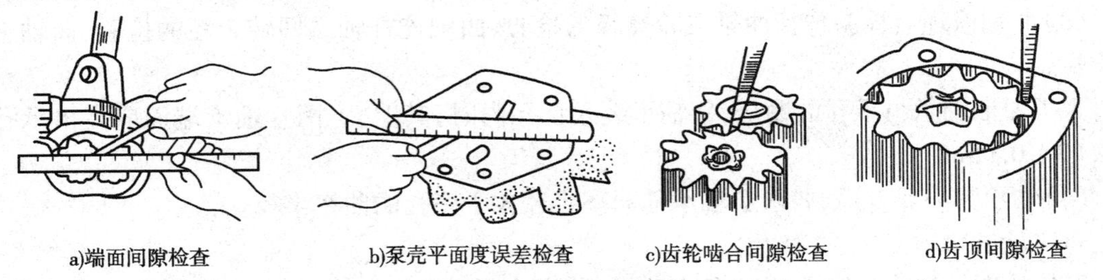
a)端面间隙检查　b)泵壳平面度误差检查　c)齿轮啮合间隙检查　d)齿顶间隙检查

图2-1-18 齿轮式机油泵的检查

5.燃油系主要零部件的检验

1)汽油机燃油系主要零部件检验

(1)目前,轿车大多采用不可拆卸的汽油泵,一旦损坏,只能报废;对可拆卸的汽油泵,当零件磨损损坏后,可更换或修复。汽油泵不解体检验包括:

①将汽油泵进油口浸入汽油中，扳动摇臂数次，使汽油湿润进出油阀。

②用手将进油口、出油口、回油口堵住，若膜片能被锁定，说明膜片密封良好，否则说明其密封不良。

③用手将出油口、回油口堵住，扳动摇臂，若膜片下行后能被锁定，说明进油阀密封良好；若膜片能自由回升，说明进油阀不密封。

④用手将进油口堵住，扳动摇臂，若能感觉到有较大的阻力，膜片下行后能被锁定，说明出油阀密封良好，否则，说明出油阀密封不良。

⑤用手堵住通气孔，若膜片能被锁定，说明膜片拉杆油封密封良好。

（2）汽油泵修理后的检验包括在试验台上试验和经验试验。经验试验是指将进、出油口接上油管，使进油管浸入汽油中，用手扳动外摇臂，出油管应喷出有力的油柱，喷射距离应达50mm 以上。

2）精密偶件的检验

（1）柴油机燃油系的主要零件是精密偶件，如柱塞式喷油泵的柱塞偶件、出油阀偶件，喷油器的针阀偶件等。

（2）喷油泵经修理装复后，应在喷油泵试验台上进行试验，并根据试验结果，确定是否需要调整。试验的主要内容包括供油时刻、不同工况下的供油量和调速器转速等。

（3）对装配好的喷油器，应在喷油器试验器上进行试验，主要内容包括检测喷油压力、喷雾质量等。

6. 发动机大修竣工出厂技术条件简介

1）汽油发动机

《商用汽车发动机大修竣工出厂技术条件　第 1 部分：汽油发动机》（GB/T 3799.1—2005）对汽油发动机大修后的质量作出了详细的规定，同时也对发动机的大修工艺和性能规定如下：

（1）装配后的发动机如需进行冷磨、热试，应按工艺要求和技术条件进行冷磨、热试、清洗，并更换润滑油、机油滤清器或滤芯。原设计有特殊规定的按相应规定进行。

（2）发动机在各种工况下运转应稳定，不得有过热现象；不应有异常响声；急剧改变工况时，应圆滑过渡，不得有突爆、回火、放炮等异常现象。

（3）发动机在正常环境温度和低温（－18℃）时，都能顺利启动（允许启动 3 次）。

（4）在正常工作温度下，发动机怠速运转稳定，其怠速转速应符合原设计规定，并能保证向其他工况圆滑过渡。

（5）在正常工作温度和标准状态下，发动机怠速运转时，进气歧管真空度符合原设计规定，其波动范围是：六缸汽油发动机一般不超过 3kPa，四缸汽油发动机一般不超过 5kPa。

（6）最低燃料消耗率不得大于原设计标定值的 105%。

除上述质量要求以外，国标还要求承修单位对大修的发动机给予质量保证期，自竣工之日起，不少于半年或行驶里程为 20000km（以先到者为准），如达不到这一要求，应给送修方赔偿或重新检修。

2）柴油发动机

《商用汽车发动机大修竣工出厂技术条件　第 2 部分：柴油发动机》（GB/T 3799.2—

2005)对柴油发动机大修后的质量作出了详细的规定。与 GB/T 3799.1—2005 相比,该国标还有下列特有(针对柴油机的特点)的规定:

(1)发动机在各种工况下运转应稳定,不得有过热和异常燃烧、爆震等现象,不应有异常响声;改变工况时应过渡平稳。

(2)当发动机转速超过额定转速时,断油控制装置正常有效;紧急停机装置在发动机整个运转过程中可靠有效,不得出现失控现象。

(3)发动机在正常环境温度和低温 -10℃时,都能顺利启动(允许启动 3 次)。

(4)调速率按《汽车发动机性能试验方法》(GB/T 18297—2001)中的检验方法进行检验,柴油发动机稳定调速率应符合原设计规定。

(二)底盘主要零部件检验

1. 离合器主要零部件检验

1)离合器主要零部件检验

(1)从动盘部件常见的损伤有摩擦片磨损、烧蚀、开裂、脏污、铆钉松动、钢片翘曲变形及从动盘毂花键槽磨损等。其中,摩擦片的磨损和烧蚀是离合器损伤的主要形式。

(2)从动盘部件的检验内容包括:

①用游标卡尺测量从动盘部件的厚度;

②用游标卡尺测量铆钉埋入深度;

③用厚薄规检查摩擦片和钢片的铆接紧度:0.1mm 的厚薄规一般应不能插入两者之间(应无间隙);

④用钢直尺和厚薄规检查摩擦片表面的平面度,其值一般应≤0.50mm。

(3)压盘的检验内容包括:

①检视压盘工作平面是否有沟槽,沟槽深度一般应≤0.5mm;

②用平面度检验仪、平板和百分表、平板和厚薄规或直钢尺和厚薄规检查压盘工作平面的平面度,如超过允许值,可用光磨法修复;

③在静平衡装置上对压盘进行静平衡;

④对于双片离合器的中间压盘,除了要检查上述项目外,还要测量其传动销孔(或传力槽)的磨损量,一般应≤0.50mm。

(4)离合器壳其常见损伤是裂纹、变形和承孔磨损等。离合器壳的检验方法包括:

①用敲击听音法检查离合器壳的裂纹,裂纹长度一般应≤150mm;

②用精度较高的游标卡尺测量离合器壳承孔的磨损量,一般应≤0.30mm;

③用离合器壳检验仪测量离合器壳承孔对曲轴主轴承承孔轴线的径向圆跳动量和离合器壳后端面对曲轴主轴承承孔轴线的圆跳动量,前者一般应≤0.30mm,后者一般应≤0.20mm。这两个参数反映了离合器壳的变形情况。

2)离合器装配后的检验

(1)用高度游标卡尺和直尺测量离合器分离杠杆端面至飞轮表面的距离,同时检查 4 个分离杠杆端面的高度差;

(2)在动平衡试验台上,对离合器、曲轴与飞轮组件总成进行动平衡试验;

(3)用直尺测量离合器踏板的自由行程。

2. 变速器主要零部件检验

1)变速器主要零部件检验

(1)变速器壳体与盖的常见损伤是变形、裂纹、轴承孔磨损和螺纹损坏等。变速器壳体与盖一般为铸铁件,在铸造残余应力和工作负荷的作用下会变形。在变速器大修时,特别是第一次大修时,对其壳体和盖的形位误差的检验应给予重视。变速器壳体和盖的形位误差的检验包括:平面度误差检验、平行度误差检验、端面圆跳动量检验、变速器壳体各轴承承孔圆度误差和配合检验。

(2)齿轮的常见损伤为齿面的疲劳磨损、裂纹、腐蚀斑点、轮齿边缘破损、部分或整齿折断等。齿轮的检验内容如下:

①检视齿轮齿面是否有裂纹和腐蚀斑点,齿轮边缘是否破损,轮齿啮合状况等。

②用齿轮游标卡尺、普通游标卡尺或专用样板,检测齿轮轮齿的磨损量。

(3)滚动轴承在工作中,其滚动体和内、外圈的接触面承受着很大接触应力的反复作用,因此,滚动轴承的主要损伤为滚动体与内、外圈滚道的疲劳磨损,内、外圈配合表面的磨损,保持架的磨损、松动和断裂等。滚动体与内、外圈滚道的疲劳磨损使滚动轴承的径向和轴向间隙增大,运转时噪声增大,严重时,还会引起振动。滚动轴承的检验方法如下:

①首先检视轴承的滚动体和内、外圈滚道的状况。

②用带架百分表测量轴承的径向和轴向间隙,径向间隙一般应≤0.30mm,轴向间隙一般应≤0.50mm。

③用量具测量滚动轴承内圈内径、外圈外径,轴颈和轴承孔的尺寸,保证滚动轴承与轴颈及承孔的配合符合规定。

(4)锁环内锥面与齿轮外锥面的接触面积应>80%。

2)变速器装配后的检验

变速器装配后的检验包括第一轴、第二轴及中间轴中部径向圆跳动和轴向间隙的检验;各齿轮啮合间隙、端面间隙和啮合印痕的检验。

3. 万向传动装置主要零部件检验

1)万向传动装置主要零部件检验项目

(1)传动轴轴管的常见损伤是轴管弯曲、凹陷和裂纹等。

(2)传动轴花键轴花与万向节叉花键槽的配合侧隙不能超标。花键与花键槽的配合,一般不直接检测花键齿和花键槽的磨损量,而是检测其配合侧隙。

(3)中间支承的常见损伤是轴承磨损、橡胶垫老化或损坏。

2)传动轴装配后的检验项目

传动轴装配后的检验项目包括轴向间隙检验、等速性检验、传动轴总成的动平衡检验。换传动轴花键轴时,应测量花键轴端头到轴管叉轴承承孔轴线的距离。

4. 驱动桥检验

1)驱动桥主要零部件的检验

(1)桥壳上应力最大的断面在钢板弹簧座附近,因此,桥壳的断裂易发生在钢板弹簧座附近。半轴套管则在与桥壳的接合处容易发生断裂。

(2)桥壳的检验方法:

①检视桥壳的外部损伤,并用敲击听音法检查其裂纹。

②用量具测量钢板弹簧座定位孔磨损量和钢板弹簧座厚度的减少量。

③检查桥壳的变形。驱动桥壳分为整体式和断开式,不同类型的桥壳应采用不同的方法检查。

(3)轮毂的常见损伤是轮毂轴承承孔磨损和半轴突缘固定螺纹孔损伤等。

(4)检视半轴齿轮和行星齿轮的状况,齿轮工作面上不允许有裂纹或阶梯形磨损,齿面上允许有轻微斑点,但面积不得超过齿面的25%。

2)驱动桥装置时的检验

驱动桥装配过程中必须注意检查的项目包括装配记号、重要紧固螺栓或螺母的扭紧力矩、圆锥主动齿轮轴承预紧力或轴向间隙、圆锥主从动齿轮的啮合间隙、圆锥主从动齿轮的啮合印痕、第2级齿轮的啮合间隙、啮合印痕和轴向间隙,并且要保证其符合技术要求。

5. 转向桥及转向系主要零部件检验

1)转向桥主要零件的检验

(1)由于钢板弹簧座与主销间有一定距离,前轴受力后也会产生弯曲和扭曲变形。由于垂直弯矩和水平弯矩的最大值均在钢板弹簧座处,前轴的弯曲和扭曲变形大多发生在钢板弹簧座和主销孔之间。

(2)转向节的检验方法是:

①检视转向节的外观状况;

②用着色法或磁力探伤方法检查转向节表面,特别是轴颈根部的裂纹;

③检查主销孔轴线与轮毂轴颈公共轴线的夹角,检查转向节上、下主销承孔轴线的同轴度误差,检查转向节内侧两端面对转向节主销承孔公共轴线的端面全跳动量;

④检测转向节内、外轴承与轴颈的配合间隙,检测转向节衬套承孔与主销的配合间隙,检测衬套与转向节主销衬套承孔的配合间隙。

2)转向系主要零件的检验

(1)转向器的常见损伤是壳体变形和裂纹,转向轴及蜗杆变形、裂损,转向器主要啮合件(蜗杆与滚轮或指销、齿条或齿轮与扇形齿、钢球与滚道等)的工作面磨损、裂纹、剥落,摇臂轴配合松旷,花键齿扭曲等。

(2)转向传动机构主要零部件有转向摇臂、直拉杆、横拉杆、转向节臂及球头销等。对这些主要零件,要用探伤法检查其表面裂纹。横拉杆要检查其直线度误差。直拉杆应无明显变形,转向摇臂的花键应无明显扭曲;球头销及其配合部位应无明显磨损。

3)转向桥和转向系装配后的检验

转向桥和转向系装配后的检验项目包括转向器装配后的检验、转向传动机构的检验、前轮定位的检验、转向角的检验、操纵机构工作的检查。

4)转向助力装置的检验

转向助力装置的检验项目包括液压油的检查、转向盘转向动力的检查、行驶检查、液压测试。

6. 制动系统主要零部件的检验

1)制动系统主要零部件的检验

(1)制动鼓常见损伤有制动鼓工作表面磨损、失圆和拉出沟槽,制动鼓变形和裂纹。

(2)制动蹄的常见损伤是摩擦片磨损、烧蚀、破裂和脏污,制动蹄变形(摩擦热过大时尤其容易发生)和裂纹,制动蹄与凸轮接触面及制动蹄支承销孔的磨损。

(3)制动盘的常见损伤是工作表面磨损、擦伤和翘曲变形。

(4)气压制动传动装置主要包括空气压缩机、制动控制阀和制动气室等。制动控制阀主要零件的损伤是壳体变形和破裂,膜片变形和破裂,进、排气阀磨损或关闭不严,弹簧弹力减弱或折断。膜片式制动气室主要零件的常见损伤是壳体和盖的裂纹和推杆孔磨损,膜片破裂、变形和老化,膜片复位弹簧变形、锈蚀和折断,膜片复位弹簧弹力下降,推杆变形等。制动调整臂主要零件的常见损伤是调整蜗轮轮齿和调整蜗杆齿磨损,调整臂体变形或破裂,铆钉松动,锁止套弹簧折断或弹力下降,蜗杆轴与调整臂体蜗杆轴承孔配合松旷,调整蜗轮的内花键磨损和变形等。制动凸轮轴的常见损伤是轴颈磨损、变形、工作面磨损等。

(5)液压制动传动装置的主要部件为制动主缸和轮缸,其常见损伤是:缸筒磨损和腐蚀,活塞磨损,皮碗损坏,阀门漏油,以及复位弹簧疲劳等。

2)制动系统辅助装置的检验

(1)对制动系统装配用的附件要进行检查:制动软管有无老化、堵塞和破裂现象;接头是否松动;轮毂轴承技术状态是否完好;制动底板有无裂纹和变形,铆钉是否松动等。

(2)制动器经修理、装配和调整后,要求制动鼓与制动蹄之间具有适当的间隙,同时要求制动蹄张开时其外圆与制动鼓内圆同心,使制动蹄能迅速、全面地与制动鼓的工作面接触,达到最佳的制动效果。制动间隙调整后,必须进行路试,然后再进行复查。

(3)空气压缩机装配后,应在专门的试验台上进行试验。如无试验台,也可与发动机热试一同进行。试验项目包括低速试验、高速磨合试验、进排气阀密封性能试验、空气压缩机总成性能试验。空气压缩机总成装配后应进行上述性能试验,并且各项性能参数应符合规定。

7. 车架检验

1)车架的常见损伤

车架的常见损伤是变形(弯曲、扭曲)、裂纹、锈蚀和铆钉松动等。

2)车架的检验方法

(1)观察车架的清洁程度、宏观裂纹、焊接或焊修质量、铆接质量、车架防锈处理质量和附属装置的安装状况等。

(2)纵梁侧面对车架上平面的垂直度误差可以用专用直尺、90°角尺以及厚薄规进行检验。

(3)左、右钢板弹簧固定支架销孔同轴度误差的检验方法是:将两根特制的心轴分别插入左、右钢板弹簧固定支架销中,测量两轴的中心距,该中心距的2倍,即为两销孔的同轴度误差。

(三)电器与电子设备器件及总成检验

1. 蓄电池检验

1)蓄电池的常见损伤

蓄电池的常见损伤有外壳破裂、封口胶破裂、连接条烧断、极桩腐蚀、极板硫化、电解液脏污、极板活性物质大量脱落、极板短路等。

2)蓄电池的检验方法

(1)检视蓄电池外观,其表面应无明显的外部损伤。

(2)检查电解液液面高度,如图2-1-19所示,应为10~15mm或在液面线上。

(3)检查电解液的相对密度和温度。在蓄电池充足电的状态下,在加液孔中用吸式密度计测量电解液的相对密度和电解液的温度,如图2-1-20所示,然后再按照不同温度下密度计读数的修正数值进行修正,即可得到在不同温度时的电解液相对密度。

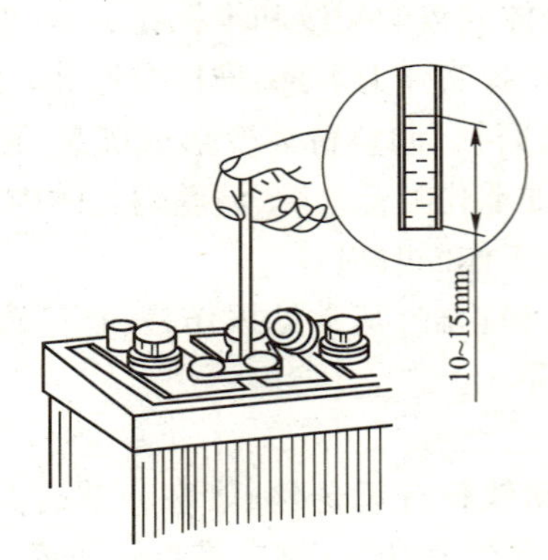

图2-1-19　检查蓄电池电解液的液面高度

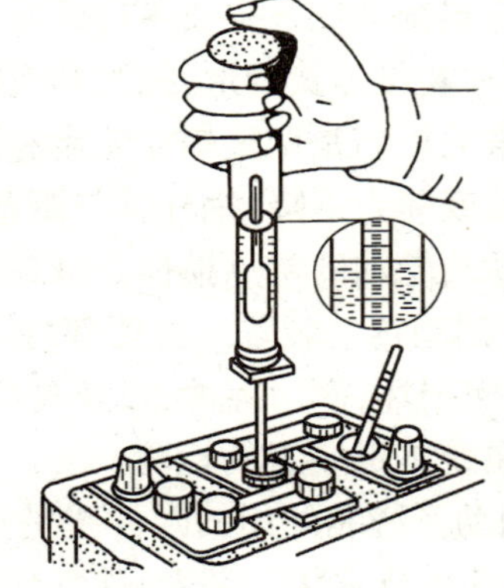
图2-1-20　测量电解液的相对密度和温度

(4)用高率放电计测量蓄电池的电压,以检查蓄电池的存电情况。测量时,用力将高率放电计触针刺入正、负极桩,持续5s(时间不得过长),电压应能稳定。若电压稳定在10.6~11.6V,说明蓄电池电量充足,启动性好;若电压稳定在9.6~10.5V,说明蓄电池电量不足,但仍有良好的启动性。若电压迅速下降,则说明蓄电池已损坏。

2. 硅整流发电机及调节器检验

1)硅整流发电机检验

(1)硅整流发电机的常见损伤有滑环表面油污、烧蚀、失圆,电刷磨损,电刷弹簧弹力不足、轴承磨损,转子弯曲,外壳破裂,硅二极管损坏,励磁绕组和定子绕组断路或绝缘破坏等。

(2)硅整流发电机的检验方法很多,包括整机静态测试、试验台试验和示波器检测等。这些方法均可作为修前故障诊断和修后性能检验。

2)调节器检验

(1)调节器有电磁振动式调节器和晶体管调节器二类。由于它们的结构和工作原理不同,所以,其检验方法也不同。

(2)电磁振动式调节器的常见损伤有触点脏污和烧蚀、触点间隙失常、电阻损坏、线圈断路、调节弹簧弹力不足和灭弧电路失效等。晶体管调节器的常见损伤是电子元件损坏。

3. 启动机和启动继电器检验

1)启动机的常见损伤及检验方法

(1)启动机的常见损伤有启动机开关主接触盘和触点烧蚀,副接触盘和触点表面脏污或氧化触点或接线柱绝缘垫破损短路,复位弹簧弹力消失,接触盘搭铁或盘面歪斜;传动机构中小齿轮齿顶磨损或轮齿断裂,单向离合器发卡或打滑,缓冲弹簧折断;电刷磨损、脏污或卡死,励磁绕组断路、短路或搭铁,电枢绕组断路或搭铁,电枢轴弯曲,换向器表面烧蚀等。

(2)启动机性能试验包括空载试验和全制动试验两项。

2)启动继电器检验

(1)启动继电器的常见损伤包括触点脏污和烧蚀,触点间隙失常,动触点臂弹性减弱,线圈断路等。

(2)启动继电器的检验方法:

①检视启动继电器触点,其状况应符合技术要求。

②检验触点闭合电压和断开电压。

4. 点火系统主要部件的检验

1)火花塞

(1)火花塞的常见损伤有:过热、严重积炭、电极烧蚀、绝缘体破裂,漏气和侧电极开裂等。

(2)火花塞的检验方法如下:

①拆下火花塞,观察其电极间隙是否符合规定,绝缘体有无裂纹,绝缘体在壳体内有无松动,侧电极焊接处有无开裂或严重烧损等缺陷。如有损伤,应更换火花塞。

②就车试验火花塞的跳火性能;试验方法有短路法、吊火法、对比法、经验法。

2)点火线圈

(1)点火线圈的常见损伤是:一次侧线圈或二次侧线圈短路、断路或搭铁,绝缘材料因老化而绝缘不良等。

(2)用万用表测量点火线圈各接线端子之间的电阻,应符合规定。

(3)把点火线圈放在烘箱内加温到80℃和120℃各2h,测量在该两个温度下点火线圈各接线端子与外壳之间的电阻,均应大于200MΩ。

3)点火信号发生器

(1)检测磁感应式点火信号发生器线圈的电阻。脱开点火信号发生器连接器,用万用表检测点火信号发生器线圈的电阻,应符合标准,所有连接器端子与外壳之间的电阻都应为无穷大。

(2)检查磁感应式点火信号发生器的输出电压。接通点火开关,用启动机带动发动机运转,然后用电压表测量点火信号发生器的输出电压,应为1~2V(交流信号电压)。如测得的点火信号发生器线圈电阻和输出电压与上述值相符,则说明点火信号发生器良好;否则,点火信号发生器有故障,应予以更换。

4)点火器

(1)磁感应式点火系统点火器的检验方法如下:

在点火器的两根信号输入线间,接一只1.5V的干电池,然后,接通点火开关,用万用表电压挡检测点火器上接点火线圈的端子电压。当干电池正向连接时,电压应为1~2V(点火器内大功率三极管处于导通状态);当干电池反向连接时,电压应为12V(点火器内大功率三极管处于截止状态)。如二次测得的电压均正确,则说明点火器性能基本正常;否则,说明点火器故障。

(2)霍尔式点火系统点火器的检验方法(旁路法)如下:

①断开点火开关,然后拔下分电器盖上的中央高压线,使其端部离汽缸体5~7mm。

②拔出点火信号发生器与点火器相连的连接器,然后取一跨接线,使其一端接在信号线端

子上。

③接通点火开关,然后将跨接线的另一端搭铁,观察跨接线搭铁瞬间,中央高压线端部是否跳火。如跳火,则说明点火器工作良好;如不跳火,则点火器及其线路可能有故障。

5)配电器

(1)配电器的常见故障有:分电器盖破损漏电,分电器盖中央插孔内炭精柱压紧弹簧失效、炭精柱卡住(与分火头导电片接触不良),分火头漏电等。

(2)配电器的检查方法如下:

①检视配电器外观,其各零件应无可见的损伤。

②检测分电器盖各插孔之间的绝缘电阻,应为500MΩ以上。

③检查分火头,应不漏电,在轴上应不松旷。检查分火头是否漏电的方法是:将分火头靠在发动机螺栓上或反过来朝下平放在发动机机体的一个平面上,拔出分电器盖上的中央高压线,使高压线端离分火头导电片3~5mm;接通点火开关,转动发动机,使点火系统产生高压电。如果可以看到高压线端跳火,则说明分火头已漏电,需要更换。

5.照明设备与信号装置检验

1)前照灯照射位置的检验方法

汽车前照灯检验条件为:轮胎气压符合规定,前照灯配光镜清洁,汽车空载(允许坐1名驾驶员),场地平整。

现以东风EQ1090型汽车装用的ND 170—Ⅲ型前照灯为例,介绍前照灯的检验方法(其他车型前照灯的检验方法与之相似)。

(1)使车头正对幕布或墙壁,并使前照灯距离幕布或墙壁10m。

(2)在屏幕上距离地面高度为1086mm处,画水平线*AA′*,在此水平线的下方262mm处,画水平线*BB′*,再在屏幕上画3条垂直线,其中一条为中垂线,使它与汽车的中心线对正,另外两条分别位于中垂线的两侧,它们与中垂线的距离均为两前照灯中心距离的一半(515mm),并分别与水平线*BB′*相交于*a*和*b*点。在屏幕上再按近光光形画出明暗截止线,如图2-1-21所示。

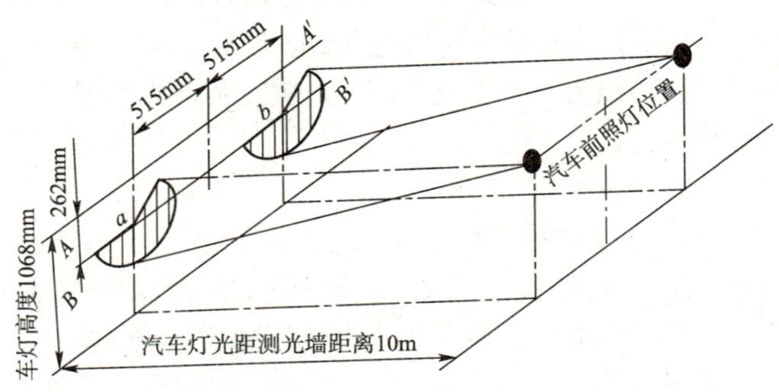

图2-1-21 东风EQ1090型汽车前照灯照射方向的检查

(3)检查左前照灯时,将右前照灯遮住,然后接通近光灯,左前照灯的近光光束中心应对准*a*点,其明暗截止线应与屏幕上的近光明暗截止线相重合。检查右前照灯的方法与左前照灯相同,右前照灯的近光光束中心应对准*b*点。

2)转向灯及危险报警灯检验

对转向灯及危险报警灯，主要是检查它们的闪光频率，其频率应为 1.5 ±0.5Hz。

6. 仪表及辅助电器检验

1）电流表检验

①检视指针偏摆的灵活性。

②接通前照灯，电流表指针应指示负值，同时，可根据前照灯的功率和蓄电池的电压估计电流表指示值的准确性。例如：接通 2 只 50W 的前照灯时，蓄电池电压为 12V，则电流表应指示 8.3A。电流表指示值的准确性，也可以用标准电流表来校验。

2）机油压力表故障检查

现以机油压力表指示值不准的故障为例，介绍机油压力表的检查方法。

正常情况下，未接通点火开关时机油压力表表针应位于“0”以下。这时，若表针指示“0”或大于“0”，说明机油压力表零位不准。接通点火开关（不启动发动机）时，表针应指“0”。此时，若表针指示大于“0”，说明机油压力传感器装歪（外壳上的箭头方向应朝上，左右安装误差均不得超过 15°）或机油压力传感器与机油压力表不匹配。发动机怠速运转时，表针应指示 0.15 ~0.20MPa；发动机高速运转时，表针指示值应≤0.5MPa。断开点火开关后，表针应缓慢地退回到“0”稍下位置。

（四）汽车空调系统检验

1. 空调系统工作压力的测试

1）检测仪器

检测汽车空调系统工作压力时，需配备一套压力表组和三根连接用的胶皮管。其中，压力组分高、低压力表二种，读数有公制或英制两种；这两只表都装在一个表座上部，表座的两端各有一个手动截止阀，下部有三个管道接口，如图 2-1-22 所示。

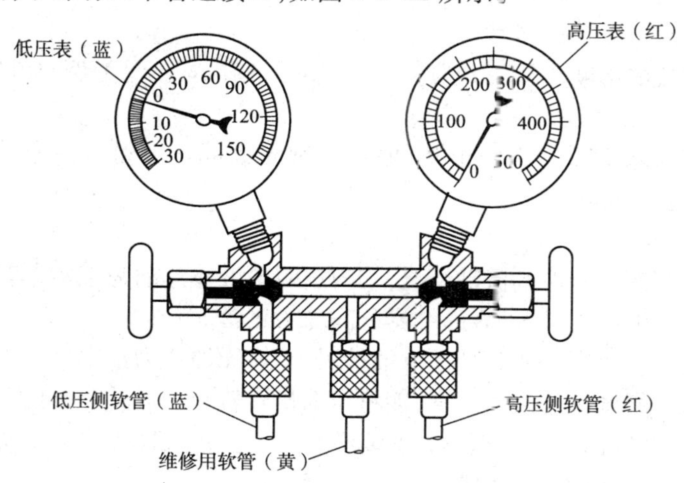

图 2-1-22　装两只压力表的表座

压力组合表的功能如下：

（1）检测高压侧和低压侧压力；

（2）从系统内排出空气、湿气和被污染的制冷剂；

（3）向系统充注制冷剂。

表座两端有手动截止阀,表座内有控制压力表(高、低压软管接口)至中间接口的管道。如果关闭此阀,系统中制冷剂可上达压力表,并使表针转动。如果打开此阀,制冷剂可流经表座通路,从中间接口流出而进入大气。显然,要想测取压力读数,这两个阀必须关闭。要想充注制冷剂,须用软管接通制冷剂罐和中间接口,然后打开一个阀,让制冷剂流经表座而进入系统。

2)检测方法与标准

汽车空调系统压力,受到外界多种条件影响,例如环境温度、发动机转速、冷凝器的冷却条件等,因此,检测汽车空调系统压力的标准也是在一定的环境温度下,压缩机转速在一定的范围内,冷凝器冷却在一定条件下的标准,而不是一个固定的标准。

将压力表组的高压表与汽车空调系统的高压侧排气阀相连接,低压表与系统低压侧排气阀相连接,压缩机转速为1250r/min的条件下,空调系统高、低压侧的正常压力如表2-1-5所列。

空调系统高、低压侧正常压力(压缩机转速1250r/min) 表2-1-5

境温环境(车外空气)(℃)	高压侧压力(MPa)	低压侧压力(MPa)
15.5	0.84~1.19	0.09~0.12
21.1	1.05~1.15	0.09~0.14
26.6	1.26~1.93	0.09~0.14
32.2	1.40~2.18	0.12~0.21
37.7	1.61~2.30	0.15~0.24
43.3	1.89~2.53	0.19~0.26

2. 空调系统的故障检测与诊断

1)汽车空调系统故障诊断步骤

汽车空调系统故障诊断步骤(以制冷系统降温慢、制冷量不足为例)如图2-1-23:

2)空调系统常见故障的排除

汽车空调系统故障诊断的方法很多,但对于常见故障一般可以在空调系统运行时通过“看”、“听”、“摸”进行诊断。

(1)“看”:

①看制冷剂观察镜中制冷剂流动情况,均匀透明的液体流动为正常,其余则为不正常。

②看低压回气管的结露情况,表面结露有露珠为正常。

③看制冷系统中各个管路接头处的渗油情况,干燥无油渍为正常。

④看压缩机磁力线圈工作是否正常,能将压缩机转轴吸合后转动,且无异常声响为正常。

⑤看蒸发器淌水情况,一般空调运行8min时,有水从蒸发器接水盘中淌出为正常。

⑥看冷凝器电子扇运行是否正常。

(2)“听”:

①听压缩机运转时有无杂音或撞击声,如有,则为不正常。

②蒸发器鼓风机、冷凝器电子扇和电动机等运转时是否有杂音,如有,则为不正常。

(3)“摸”:

①摸制冷系统的高低压管,高压管烫手、低压管冷或冰手为正常。

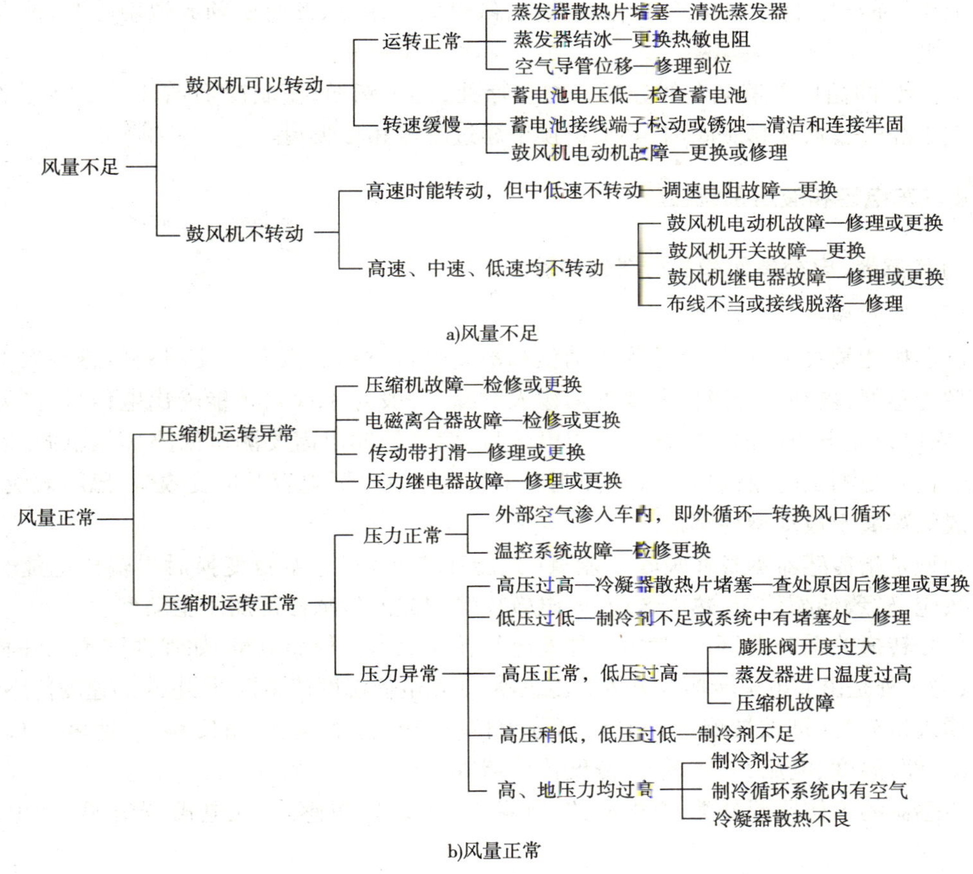

a)风量不足

b)风量正常

图 2-1-23　汽车空调系统故障诊断步骤图

②冷凝器(或称散热片)热为正常。

③干燥过滤器温热，且进出口无明显温差为正常。

④车内出风口吹出的风有冰凉的感觉为正常。

对故障检查和排除，汽车空调修理人员一定要根据汽车空调运行不正常的现象查明不正常工作的原因，然后采取修理措施予以排除。

3)制冷量不足故障的排除

现以制冷量不足故障为例，介绍一下故障原因及采取的措施。

(1)冷凝效果不好。冷凝器上有污泥、杂物就会严重影响制冷系统向外散发热量，这种情况下测试压力时，高、低压都会偏高，应消除冷凝器上的污泥和杂物；若外界温度很高，通过冷凝器的空气流量不足，也会产生此现象，必要时要加装风扇，以加大流过冷凝器的空气量。

(2)蒸发器的鼓风机空气流量减小，带出的冷量也会减少，应清洗或更换空气滤网，清除风道中的阻碍物(主要是蒸发器散热片表面的污物)。

(3)制冷系统中的制冷剂不足，高压、低压表指示值偏低，制冷系统观察镜中有大量气泡，解决办法是补加制冷剂，直至观察镜中看不到气泡为止。

(4)压缩机长时间使用以后效率低下，应修理或更换。

(5)制冷系统中混有空气,冷凝温度偏高,散热效果不好,此时必须放掉制冷剂,抽真空和重加制冷剂。

(6)半堵,即循环管道某个部分尚未完全堵死,但不畅通,使制冷剂循环量不够。半堵一般出现在干燥过滤器和膨胀阀内,必须更换干燥过滤器和膨胀阀。

三 汽车电控和液压系统检验

(一)传感器、电控单元和执行器的检验

1.传感器的检验

传感器按能量关系分类,可分为主动型和被动型传感器。汽车上使用的传感器大多数属于被动型传感器,被动型传感器需要外加输入电源(一般为+5V),才能输出电信号,例如温度传感器,它以改变电阻值的方式向外输出电信号,信号的输出需要测试回路提供电源,但电源的输出能量要受测试对象输出信号所控制。采用电阻、电感、电容及应变效应、磁阻效应、热阻效应制成的都属于被动型传感器。

主动型是指传感器本身在吸收了能量(光能和热能)经它本身变换后再输出电能。如采用压电效应、磁致伸缩效应、热电效应、光电效应等制成的传感器都属于主动型。

按信号转换关系分类,可分为由一种非电量转换成另一种非电量,如弹性敏感元件和气敏传感器;另一种是由非电量转换成电量的传感器,如热电偶温度传感器、压电式加速度传感器等。

按输入量分类(即按被测量分类),可分为位移、速度、加速度、角位移、角速度、力、力矩、压力、真空度、温度、电流、气体成分、浓度传感器等。

按传感器的工作原理分类,有电阻式、电容式、应变式、电感式、光电式、光敏式、压电式、热电式等。

按传感器使用功能可分为两类,一类是使驾驶员了解汽车各部分状态的传感器,另一类是用于控制汽车运行状态的传感器,汽车用传感器的种类如表2-1-6所示。

汽车用传感器的种类 表2-1-6

种　类	检测量或检测对象
温度传感器	冷却液、排出气体(催化剂)、吸入空气、发动机机油、自动变速器液压油、车外空气、车内空气
压力传感器	进气歧管压力、大气压力、燃烧压力、发动机油压、自动变速器油压、制动压力、各种泵压、轮胎压力
转速传感器	曲轴转速、车轮转速、变速器输入轴转速、变速器输出轴转速
速度、加速度传感器	车速(绝对值)、加速度
流量传感器	吸入空气量、燃料流量、废气再循环量、二次空气量、制动剂流量
液量传感器	燃油、冷却液、电解液、洗窗液、机油、制动液
位移方位传感器	节气门开度、废气再循环阀开度、汽车高度(悬架、位移)、行驶距离、行驶方位、GPS全球定位、方向盘转角
气体浓度传感器	氧气、二氧化碳、HC、柴油烟度
各种开关信号	制动开关、动力转向开关、空调开关、怠速开关等

传感器通常应检查如下内容:传感器的信号电压(或数据流)、传感器的电源电压(仅对有源传感器而言)、传感器线束的导通性(短路或断路)、传感器的电阻值、传感器的波形等。

1)空气流量传感器的检测

对于叶片式空气流量传感器,叶片开启角度由进气量产生的推力大小和叶片轴上卷簧弹力的平衡情况决定。当驾驶员操纵加速踏板来改变节气门开度时,进气量增大,进气气流对叶片的推力也增大,这时叶片开启的角度增大。对于卡门式空气流量传感器,通过测量单位时间内流过的涡旋数量,便可计算出空气的流速和流量。感知空气流量的白金热线是热线式空气流量传感器的基本构成之一。

由于热膜式空气流量传感器应用较广,下面以大众车系的热膜式空气流量传感器为例,介绍其检验方法。

(1)检测电源电压。

(2)检测信号电压。

(3)检测线束导通性(断路)。

(4)检测导线间是否短路。

(5)失效保护。当空气流量传感器信号中断时,电控单元从发动机转速传感器的转速信号、进气温度传感器的进气温度信号、节气门电位计的节气门位置信号三个传感器信号中计算出一个替代值。

2)温度传感器的检测

下面以桑塔纳2000GSi轿车的冷却液温度传感器为例,介绍温度传感器的检验方法。

(1)测量冷却液温度传感器信号电压。

(2)检测冷却液温度传感器的电源电压。

(3)测量冷却液温度传感器的电阻值。

3)转速传感器的检验

下面以大众车系的发动机转速传感器为例,介绍其检验方法。

(1)关闭点火开关

(2)检测发动机转速传感器的电阻值。

4)位置传感器的检验

霍尔式曲轴位置传感器利用触发叶片改变通过霍尔元件的磁场强度,从而使霍尔元件产生脉冲的霍尔电压信号,即为曲轴位置传感器的输出信号。曲轴位置传感器主要可分为磁脉冲式、光电式和霍尔式三大类。

下面以桑塔纳2000GSi轿车的节气门位置传感器为例,介绍其检验方法。

(1)检测节气门位置传感器的信号电压。

(2)检测节气门位置传感器的电源电压。

(3)检测节气门位置传感器的电阻值。

(4)检测怠速触点开关的电源电压。

(5)检测怠速开关的电阻。

(6)检测怠速节气门位置传感器的信号电压。

(7)检测怠速节气门位置传感器的电源电压。

5)压力传感器的检验

进气歧管压力传感器应用在 D 型汽油喷射系统中。

进气歧管绝对压力传感器产生故障或其连接线路不良,会使发动机出现怠速不良、启动困难、启动后易熄火等故障。

下面以广州本田轿车的进气歧管压力传感器为例,介绍其检验方法。

(1)检测进气歧管压力传感器的电源电压。

(2)检测进气歧管压力传感器的信号电压。

6)加速度传感器的检验

下面以桑塔纳 2000GSi 轿车的爆震传感器为例,介绍其检验方法。

(1)检测爆震传感器的电阻值。

(2)检测爆震传感器的信号电压。

7)氧传感器的检验

目前汽车上采用的氧传感器有氧化钛式和氧化锆式两种。

下面以桑塔纳 2000GSi 轿车的氧传感器为例,介绍其检验方法。

(1)检测加热元件的电阻。

(2)检测传感器的电源电压。

(3)检测传感器的信号电压。

2. 电控单元的检验

1)电控单元的构造

汽车电控单元(ECU)一般可分为输入回路(输入级)、微型计算机(微机)、输出回路(输出级)和电源电路四部分。

输入级的作用是将电子控制系统中各传感器检测到的信号通过 I/O 接口送入微机,完成 ECU 对控制装置运行工况的实时检测。

从传感器来的信号有模拟信号和数字信号两种。

模拟信号的输入:模拟信号在进入 A/D 转换器之前,先要进行预处理,包括去杂波、将电平大小调整到与 A/D 转换器规定的量程相符等,如氧传感器信号电平太小需放大,而电源电压信号电平又太大需减小。在 A/D 转换电路中,模拟量被转换成一系列的离散数字量。

2)ECU 的检测方法

(1)直观检查法——直观检查靠修理人员的视觉去观察电路、元器件等的工作状态,从中发现异常现象,直接找到故障的部位和原因。

(2)接触检查法——一般这种方法的应用具有一定的局限性,因其检测过程中,要求 ECU 必须在工作的状态下进行,可以通过接触去寻找故障点。在对可疑元件接触的过程中,感知其温度,再与正常情况下进行比较,以判定工作是否正常。

(3)故障再生检查法是有意识地让故障重复发生,并力图使故障的发生、发展、转化过程变得比较缓慢,以便提供充足的观察机会,在观察中发现影响故障的因素,从而查出故障原因。此方法应与其他方法配合运用。

(4)参照检查法是一种利用比较手段来寻找故障部位的检查方法。通常用一个工作正常的 ECU,测量其关键部位参数,包括电压、电阻等。运用移植、比较、借鉴、引申、参照等手段查出不同之处，找出故障部位和原因。

(5)替代检查法的基本思路是用一个质量可靠的元器件(或工作正常的电路)去替代一个所怀疑的元器件(或电路)，如果替代后工作正常，说明怀疑正确，故障可排除。

(6)电压检查法主要是对 ECU 内关键点的电压进行实时测量，以找出故障部位。

(7)电阻检查法是利用万用表的欧姆挡，通过检测线路的通与断、阻值的大与小，以及通过对元器件的检测，来判别故障原因和故障部位。

(8)示波器检查法是采用汽车专用或通用示波器，对 ECU 中关键点的波形进行测量，对 ECU 的相关引脚进行测量，得知其是否正常运行。

(9)信号注入检查法是采用函数发生器(信号发生器)给电路输入信号，在输出端观察执行器的动作情况，或在输出端连接示波器或万用表，根据示波器指示的波形和万用表显示的信号电平大小来判断故障范围。

3. 执行器的检验

1)电磁阀的检验

下面以喷油器为例，介绍电磁阀的基本检验方法。

(1)检验喷油器的工作情况。

(2)检测喷油器的电阻。喷油器的电阻值应为：2 ~ 4Ω(低阻值型)，或 13 ~ 16Ω(高电阻型)。

(3)检查喷油器的喷油量。

(4)喷油脉宽波形测试。

2)电动机的检验

怠速控制阀常见的有步进电动机式和线性脉冲电磁阀式两种。

下面以别克轿车怠速控制阀步进电动机为例，介绍步进电动机的基本检验方法。

(1)步进电动机的转速取决于控制脉冲的频率，频率越高，转速越快。

(2)就车检查步进电动机。

(3)检测步进电动机定子绕组的电阻值。

(二)电子控制系统的检验

1. 电子控制系统的检验方法

检验汽车电子控制系统的主要方法有自诊断法、万用表法、数据流分析法、波形分析法、尾气分析法、温度分析法。

2. 自诊断法

现代汽车电子控制系统中，一般都设有故障自诊断系统。故障自诊断系统主要由 ECU 中的软件和“故障指示灯”等组成，不需要专门的传感器。电子控制系统工作时，自诊断系统对电子控制系统各种输入、输出信号进行监测，并运用程序进行推理、判断，将结果迅速反馈到主控系统，改变控制状态；此外，还根据自诊断结果控制“故障指示灯”工作。

1)故障指示灯

在自诊断系统检测到故障时，仪表盘上的故障指示灯“CHECK ENGINE”点亮，以警告驾驶员或维修人员。

2)OBD—Ⅱ简介

OBD是“ON—BOARD DIAGNOSITICS”的英文缩写,即随车诊断系统。OBD—Ⅱ则是指第二代随车诊断系统。OBD—Ⅱ是由美国汽车工程学会(SAE)提出,经环保机构和加州资源协会认证通过。

3)故障自诊断系统的功能

现代汽车用微机故障自诊断系统一般都具有如下功能。

(1)监测汽车电子控制系统的工作状态,若发现问题,以故障指示灯(装于仪表板上)闪亮的方式提醒驾驶员。

(2)将监测到的故障以代码的形式储存在微机的随机存储器(RAM)中。汽车维修时,可以用一定的方法取出故障码,以便进行故障查寻。

(3)当汽车因电子控制系统中传感器、执行器及其电路发生故障或微机本身发生故障而不能工作时起用备用系统,使汽车能够维持基本的运转,使驾驶员能将汽车顺利开到修理厂。

(4)在某一个执行机构发生故障时,微机故障自诊断系统能及时停止其他执行机构的工作,以确保汽车行驶安全或避免造成部件的损坏。

4)进入故障自诊断系统的方法

利用车用微机故障自诊断系统进行故障自诊断测试,读取微机随机存储器RAM中存储的故障码时,首先要进入故障自诊断测试状态。由于汽车制造厂家的不同,进入故障自诊断测试状态的方法也有一定的区别,归纳起来大体上有跨接导线读取法、打开专用诊断开关读取法、打开兼顾诊断开关功能的共用开关读取法、利用点火开关的约定操作程序读取法、利用加速踏板的约定操作程序读取法、利用专用微机(电脑)检测仪读取法。

5)故障自诊断系统故障码的显示方法

归纳起来,一般常见的故障码显示方法有利用仪表板上的故障指示灯的闪烁规律显示故障码、用指针式电压表显示故障码、发光二极管显示法、利用车上的数字式仪表进行数字显示、专用仪器显示方式。

6)故障码的消除

清除故障码的基本的方法就是切断汽车电控单元(主要指微机部分)的电源。

3. 万用表法

各大汽车公司发动机电子控制系统使用的传感器和执行部件的技术参数基本相同,同一汽车公司的不同车型和同一车型年代款式的技术参数更是如此,这为用数字式万用表来检测和判断发动机电子控制系统的故障提供了方便。

4. 数据流分析法

数据流分析法有以下几种方法,即数值分析法、时间分析法、因果分析法、关联分析法、比较分析法等。关联分析法是指ECU对故障的判断是根据几个相关传感器信号的比较,当发现它们之间的关系不合理时,会给出一个或几个故障码,或指出某个信号不合理。此时不要轻易断定是该传感器不良,需要根据它们之间的相互关系做进一步的检测,以得到正确结论。比较分析法是对相同车种及系统在相同条件下的相同数据组进行的分析。

5. 波形分析法

1)波形的识读

汽车电子信号基本可分为模拟信号和数字信号两种,可进一步细分为五大基本类型,即直流信号、交流信号、频率调制信号、脉宽调制信号和串行数据信号。直流信号是一种模拟信号。

2)波形测试

(1)传感器波形测试步骤。第 1 步:将汽车专用示波器的背针式探头刺入待测传感器的信号线中,将搭铁线连接到发动机机体上;第 2 步:关闭所有附属电气设备,启动发动机,并使怠速运转,怠速稳定后,检查怠速输出信号,然后做加速试验和减速试验;第 3 步:将发动机转速从怠速提高至节气门全开(加速时不宜太急),并保持 2s,但不要使发动机超速运转;然后将发动机转速降至怠速,并保持 2s;再使发动机转速从怠速急加速至节气门全开;接着关闭节气门,使发动机转速重新降至怠速;最后定住波形。

(2)执行器波形测试步骤。第 1 步:将汽车专用示波器的背针式探头刺入待测执行器的线束中,将搭铁线连接到发动机机体上;第 2 步:关闭所有附属电气设备,启动发动机,并使怠速运转;第 3 步:怠速稳定后,慢慢地提升发动机转速,观察示波器中执行器波形变化情况。

3)典型波形分析

(1)观察氧传感器输出信号波形的三要素分别最高电压、最低电压和反应快慢(响应时间)。

(2)爆震传感器输出波形的特点是,从共振型的爆震传感器的输出波形上可直接观察到爆震点、非共振型的爆震传感器须经滤波器检测出爆震的信号。

(三)车载网络系统的检验

1. 车载网络系统的类型与模型

1)车载网络系统的类型

目前存在的多种车载网络系统协议,根据功能和速率不同,可划分为 A、B、C、D、E 五类。

目前 B 类网络应用最为广泛,A 类网络趋于淘汰,C 类网络应用日益广泛。按发展趋势,在不久的将来 C 类网络将占据主导地位。到目前为止,满足 C 类网络要求的汽车控制局域网只有 CAN。随着技术的发展,人们越来越多地倾向于使用 CAN。

2)车载网络系统的基本概念

(1)多路传输是指在同一通道或线路上同时传输多条信息。

(2)模块是指一种电子装置(可以理解为 ECU),简单一点的如温度和压力传感器,复杂的如计算机(微处理器)。

(3)数据总线是指模块间传递数据的通道。如果一条数据总线既可以发送也可以接收数据,则这样的数据总线就称之为双向数据总线。

(4)网络是指为了实现信息共享而把多条数据总线或者把数据总线和模块当作一个系统连在一起。从物理意义上讲,汽车上许多模块和数据总线距离很近,因此被称之为 LAN(局域网)。

(5)通信协议是指通信实体双方控制信息交换规则的集合。

(6)总线速度是指数据总线的速度,有波特率(每秒传输的码元数)和比特率(每秒传输的二进制位数)之分,如果一个码元只携带一个比特的信息,则波特率和比特率在数值上相等。

(7)为了使采用不同协议及速度的数据总线间实现无差错数据传输,必须要用一种特殊功能的计算机,这种计算机叫做网关。

(8)为了可靠地传输数据,通常将原始数据分割成一定长度的数据单元,这就是数据传输的单元,称其为帧。

3)车载网络的参考模型

在现场总线的通信结构采用了ISO/OSI的三层模型:物理层、数据链路层和应用层。光纤是有线传输介质中性能最好的一类,它是一种直径为50～1001μm,质地柔软的传导光波的介质,一般由玻璃纤维和塑料构成,在折射率较高的纤芯外面,用折射率较低的包层包住,再在包层的外面加上一层保护套,就构成了一根单芯光缆。

2. 汽车控制器局域网(CAN)总线

1)CAN总线的特点

由于采用了许多新技术及独特的设计,CAN总线与一般的总线相比,其数据通信具有突出的可靠性、实时性和灵活性,其主要特点可归纳为如下几点:

(1)国际标准。CAN是到目前为止唯一有国际标准且成本较低的现场总线。

(2)多主方式。CAN为多主方式工作,网络上任一节点均可在任意时刻主动地向网络上其他节点发送信息,不分主从,有极高的总线利用率。

(3)节点数。CAN上的节点数主要取决于总线驱动电路,目前可达110个。在CAN2.0标准帧报文中标识符有11位,而在CAN2.0B扩展帧报文中标识符有29位,使节点的个数几乎不受限制。

2)CAN总线的组成

CAN数据总线由一个控制器、一个收发器、两个数据传输终端以及两条数据传输线组成。除了数据传输线,其他电子元件都置于ECU内部。ECU功能不变。

3)CAN总线的传输过程

每条数据的传递包括以下5个过程,见图2-1-24:

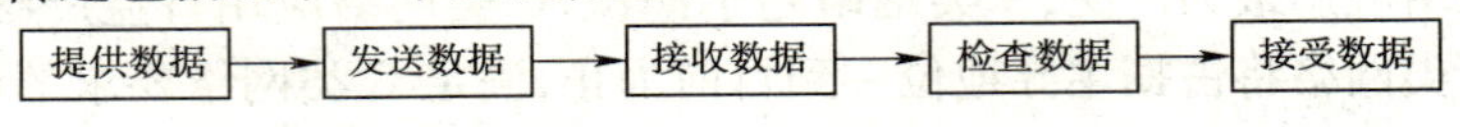

图2-1-24　CAN总线数据传递图

一条数据的形成由7个区域组成,即开始域、状态域、检查域、数据域、安全域、确认域和结束域。状态域的功能是判定数据中优先权,举例说明,如果两个电控单元都要同时发送各自的数据,那么,具有较高优先权的电控单元,优先发送;安全域的功能是检测传输数据中的错误。

(四)液压系统的检验

1. 自动变速器油压测试方法

1)主油路油压测试

(1)首先检查加速踏板拉线的调整情况,必要时重新调整。

(2)拆下变速器壳体上的主油路油压测试孔螺塞,装上油压表。

(3)用三角木塞住前、后轮。

(4)将驻车制动器拉到底(制动)。

(5)启动发动机。

(6)在怠速情况下,将换挡变速杆置于“D”位,读取油压值。

(7)将制动踏板踩到底,然后同时将加速踏板也踩到底,即在失速情况读取油压值。

(8)推入“R”位置,作同样试验。

2）蓄压器背压测试

（1）和管路油压测试一样，检查加速踏板拉索，接上压力表，将手制动器拉到底（制动），检查发动机怠速。

（2）打开驾驶室内的发动机和ECT（电控自动变速器）的ECU配线，将一个8W灯泡的一端子与油压电磁阀控制端连接。

（3）在正常怠速下，踩住制动踏板并固定4只车轮后，将换挡变速杆置于"D"位。

（4）读出在8W灯泡另一端子搭铁和不搭铁两种情况下的蓄压器背压。

（5）对照标准背压表进行性能分析。

2. 自动变速器的路试检查

（1）在道路试验之前，应先让汽车以中低速行驶5～10min，让发动机和自动变速器都达到正常工作温度。

（2）检查自动变速器升挡车速。将操纵手柄拨至前进挡（D）位置，踩下加速踏板，并使节气门保持在某一固定开度，让汽车加速。当察觉到自动变速器升挡时，记下升挡车速。一般4挡自动变速器在节气门开度保持在1/2时由1挡升至2挡的升挡车速为25～35km/h，由2挡升至3挡的升挡车速为55～70km/h，由3挡升至4挡（超速挡）的升挡车速为90～120km/h。只要升挡车速基本保持在上述范围内，而且汽车行驶中加速良好，无明显的换挡冲击，都可认为其升挡车速基本正常。

（3）检查自动变速器有无发动机制动作用时，应将操纵手柄拨至前进低挡（S、L或2、1）位置，在汽车以2挡或1挡行驶时，突然松开加速踏板，检查是否有发动机制动作用。若松开加速踏板后车速立即随之下降，说明有发动机制动作用；否则说明控制系统或前进强制离合器有故障。

四　车身修复质量检验

（一）车身基本知识

1. 车身的基本类型

现代汽车车身是一种典型的壳体框架结构。按照其承载结构可以分为若干基本类型。

1）车架式

该类型车身是由完整的车架承受载荷，而车身外壳则由骨架、蒙皮装配连接在车架上而形成的。一般乘用车车身采用这种类型，也称为非承载式车身，如图2-1-25所示。

2）整体式

该类型车身没有单独的车架，由不同形状的薄板件构成，以点焊连接成一个整体，承受车辆的载荷。一般小型乘用车车身采用这种结构，也称为承载式车身，如图2-1-26所示。

2. 车身性能要求

1）安全性

对于承载式车身而言，其安全性取决于受力时的效应控制和能量吸收。

（1）受力效应控制。受力效应控制是指当发生异常受力（比如发生碰撞）时，碰撞力使预先设计的、具有应变结构的部位发生如卷摺式的变形，将集中受力分散到整个结构上，减少被保护部位的受力和变形，以达到保护特定区域的安全，如图2-1-27所示。

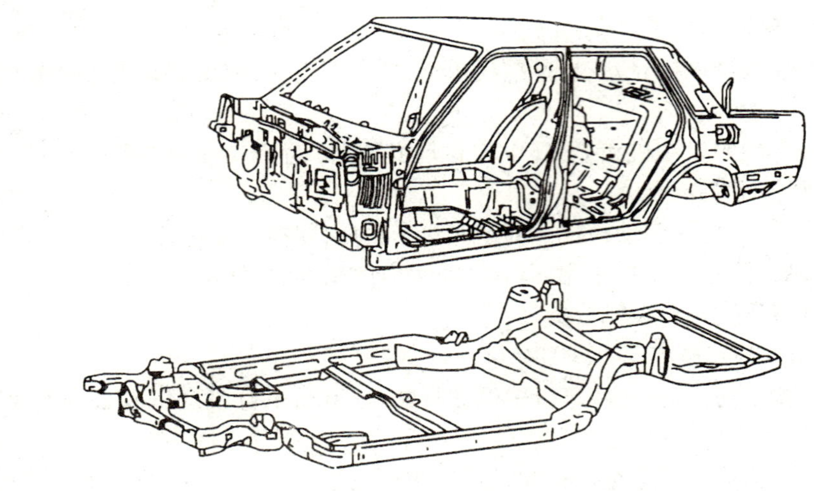

图 2-1-25　传统车架式车身

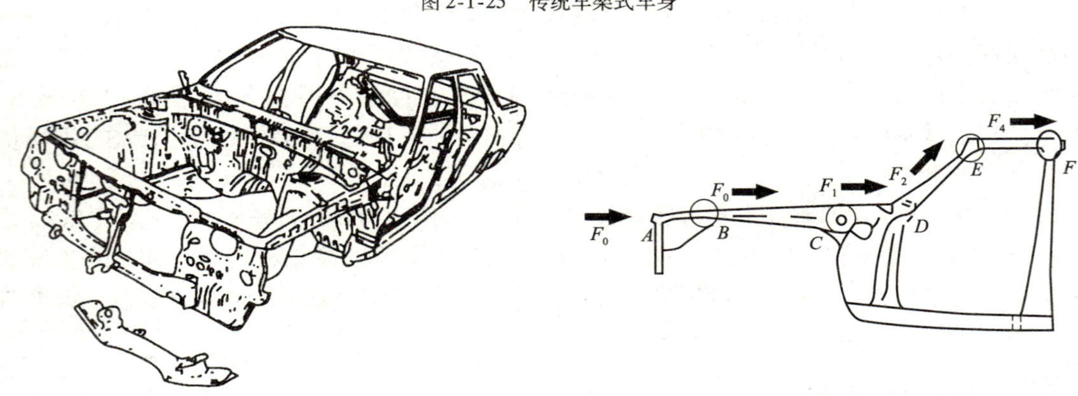

图 2-1-26　无车架整体式车身

图 2-1-27　受力效应控制

图 2-1-27 中当碰撞力 F_0的作用点为 A 时,该结构的受力传递路线为:$A \to B \to C \to D \to E \to F$,结构件 BC 的变形减小了 C 点受力 F_1,CD 的变形减小了 D 点受力 F_2;而 DE 的变形则分散并减小了 E 点的受力 F_3,EF 的受力变形进一步分散了 F_4力的大小和方向,从而使得由 DEF 组成的框架下方部位受到一定程度的保护。由于该部分结构是由不同截面和强度的结构件组成,这些结构件的分段变形起到了对特定区域的保护作用。

(2)受力能量吸收。受力能量吸收是指当发生异常受力时,受力部位和受力变形吸收和分散能量,使能量消耗在这些特定部位,并沿特定方向使结构件变形,形成对车身结构的整体保护,如图 2-1-28 所示。

图 2-1-28a)所示为:设计图中圆圈标出各部位的形状,采用各种打孔、开槽和减厚等措施,相对减小其强度,碰撞发生时这些部位将沿预定方向变形。由于碰撞能量被逐步吸收,因此各部位的变形也逐步减小,从而达到缓冲和分散受力的目的。图 2-1-28b)所示则为碰撞力的传递路径。

车身结构的形状和尺寸是经过科学设计的。保证车身外形和结构件的精确性并不仅仅为了外表的美观,在很大程度上也是其安全性的重要因素。另外,在改装车辆时不允许随意改变结构,否则将会对车身的安全性带来极大的隐患。

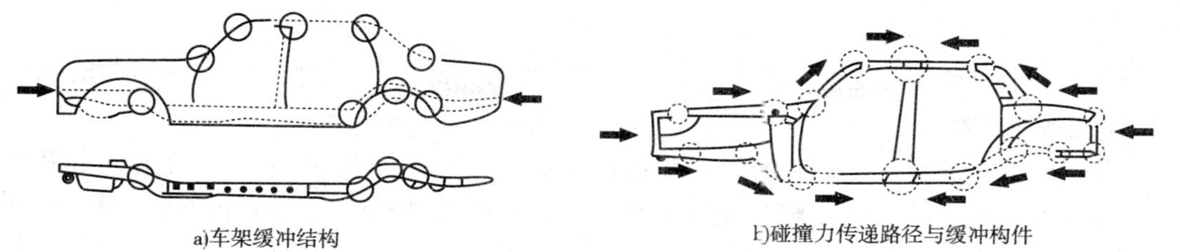

图 2-1-28　受力能量吸收

目前现代汽车车身仍然广泛采用钢铁材料。车身钢铁材料的类型有热轧和冷轧薄钢板，其厚度在 1.5～7.5mm。热轧钢板多用于制成各种厚度较大的部件；而冷轧薄钢板则由于其良好的机械特性和表面质量，广泛用作车辆的覆盖件。

由于车身修复对象是金属材料的结构，因此了解和掌握有关金属的基本性能，了解和掌握有关国标就成为制定钣金工艺的重要前提。

按照钢板材料的成分，现代汽车常用的金属板材为强度较高的合金钢。其运用部位如图 2-1-29 所示。

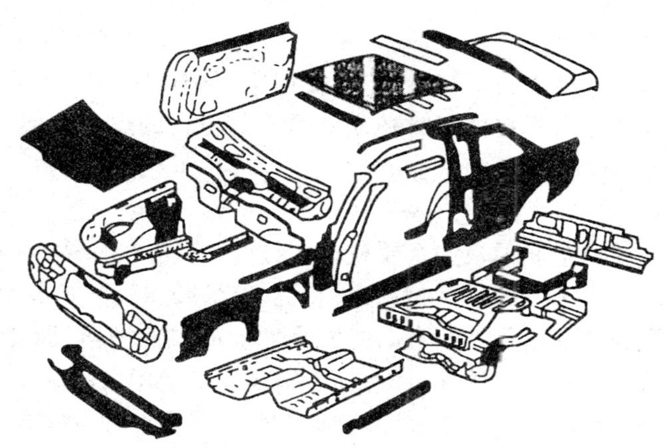

图 2-1-29　高强度合金钢在车身上的运用

虽然合金钢由于其高强度和重量轻而受到广泛的运用，但受外力变形后难以恢复原状以及由此而产生的内应力难以消除等，给车身修复带来一些问题，在车身修复时必须予以充分的重视。

金属材料性能包括机械性能和工艺性能两类。

(1)金属材料机械性能：

①弹性。金属材料的弹性性能是指受力后恢复原来状态的能力。“恢复状态”的实质就是可以自行消除因外力所造成的变形。车身金属材料的弹性性能可以用来评价其吸收外来能量并保持原形的能力，当车身结构受到外力作用时，金属材料的弹性将可以减少由于变形而产生的安全性隐患。

②塑性。金属材料的塑性是指金属材料在外力作用下产生永久变形而不断裂的能力。当金属材料的变形超过其弹性极限时，将会出现回弹的倾向，但不能完全回到原来的形状，即产生永久性变形。显见，塑性好的金属材料加工工艺性能好，且在受到冲击时变形较大，因此吸收能量的能力强。另外在受到冲击时不易发生开裂和崩落的现象，有助于提高车身的安全

性能。

(2)金属材料的工艺性能。经修复的车身,其所用材料的工艺性能对车身结构的安全性能会产生影响,主要体现在:

①金属材料的冲压性能。金属材料在某种温度状态下接受压力作用而产生特定的塑性变形。该过程所反映出的性能称之为冲压性能。金属材料的冲压性能是金属材料进行锻、冲压和挤压的成型能力。

②金属材料的焊接性能。在装配和修复车身的过程中,焊接是常用工艺手段之一。所谓的焊接性能是指:

金属材料对焊接工艺和方法的适应性能与焊接的难易程度,在焊接部位是否容易形成气孔、裂纹和残渣渗透等缺陷,以及焊接部位与母材之间的牢固程度。也就是说,焊接性能较差的金属材料必须采用复杂的工艺、方法和设备进行焊接操作,而且其焊接部位的强度也不易保证。

金属材料焊接性能涉及的因素很多,诸如焊接材料合金成分的热稳定性、氧化性、熔气性,热应力性能、抗冷、热裂变性能等。在不同的工作环境、设备条件下,金属材料所反映出的焊接性能是有差别的。

金属材料工艺性能对车身安全的影响,体现在加工成型过程中产生的应力以及工艺过程与质量的稳定性能。在对车身焊接修复时必须掌握金属材料的焊接性能,并严格执行相应的操作规范。

2)防腐性

现代汽车的车身主要以金属薄板为主要材料,通过冲压、焊接和铆接等工艺成型。薄金属板材的优点是:强度较大、工艺性好、使用寿命长和抗老化性能好,但其最大的缺陷是金属材料的防锈蚀性能很差。金属锈蚀是影响车身结构安全性能的重要因素,因此在车身制造和修复过程中采用了多种方法来防止金属锈蚀,从整体上提高车身使用寿命。

金属材料防腐的重要措施之一就是表面防腐处理,其典型处理方法有表面镀锌、镀铬和磷化处理等。在重要的受力结构件和容易锈蚀的部位(如易于积水、暴露和潮湿部位),一般采用上述经过防腐处理的材料。在更换和修复上述部位的车身结构时必须采用经过防腐处理的材料。

防水结构设计采用的主要措施有:流水边槽和排水、通风结构。该类措施主要是防止水分囤积和渗漏,并迅速地将余留水分蒸发,以减少腐蚀速度。在车身修复时必须注意这些部位的形状和流水通畅。

车身防护结构的主要目的是对某些易于受到冲击的部位进行的保护性防护,比如加装夹层和内衬等,可以防止由于外来物体冲击所造成的损伤。但这些结构在一定程度上也可以起到防水和防腐的作用。如在经过涉水路面时,挡泥板内衬在防止碎石冲击的同时,还可以防止该部位的金属板材直接与水接触;发动机底罩也起到防止发动机受到冲击和水的侵蚀。在车身修复时必须注意上述部位的形状与材料特性。

3)密封性

车身的密封性取决于两方面的因素。

(1)车身的制造精度与密封有关的,主要是尺寸精度、形位精度和表面粗糙度。高精度的车身及其蒙皮结构将提供良好的基础结构。因此在车身修复时必须对车身的形位精度提出要求。主要的精度检查部位为车窗、车门和各个风窗玻璃部位的安装形位精度。

(2)车身密封材料是以各种塑料为主的填充材料,用于对各处缝隙进行密封。常见的密封材料有各种塑料和橡胶件。塑料和橡胶件的质量性能取决于其成分和安装工艺。密封件常见质量问题是老化、剥落和开裂。

(二)车身损伤及其修复

1. 车身损伤类型

1)直接损伤

直接(碰撞损伤)损伤有弯曲、变形、断裂、擦伤或划痕等类型,在所有的损伤中,直接损伤通常占全部损伤的10% ~15% 。

2)间接损伤

间接损伤是指由直接损伤引起的折损、挤压等,如图2-1-30a)所示。间接损伤平均占所有损伤的80% ~90% ,间接损伤又可分为拉伸、压缩两种类型;当车身受到激烈的外力冲击时,又会在各种力的作用下,由车身的一次损伤(碰撞)而产生相应的二次损伤(车身受力部位折皱),如图2-1-30b)所示。一般在车身受损坏时,往往出现由多种类型损伤形成的综合损伤。

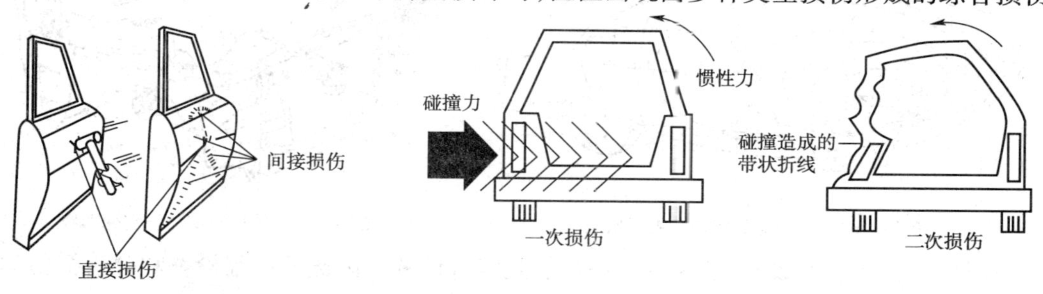

图2-1-30　直接损伤与间接损伤

3)硬化

硬化是指由于修复时工艺、方法或工具应用不当而产生的变形部位硬度增大现象,如图2-1-31所示。

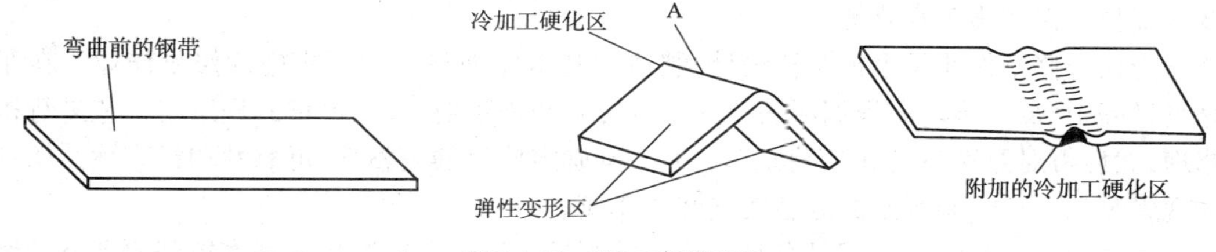

图2-1-31　冷加工硬化现象

2. 车身的损伤、检验与修复

车身损伤的修复必须按照严格的操作程序执行,随意和仅仅凭借经验就实施钣金作业,造成返修率增大,甚至导致车身更大的损坏。

1)车身的损伤

(1)根据外力碰撞的部位分析,车身车架的损坏形式有如下几种:

①侧弯,即车辆承载结构发生以中心线为准的非对称弯曲。侧弯损伤特征是一侧车身蒙皮结构发生拉伸现象,而另一侧则发生压缩现象。

②下凹损伤,即车辆承载结构发生上下高度位置的变化。

③挤压损伤,即车辆承载结构发生长度位置的变化。

④错位损伤,即车辆承载结构发生非对称性的移动变化。

⑤扭曲损伤,即车辆承载结构发生一侧上翘而另一侧下折的现象。

(2)承载式车身具有吸收能量的结构设计,因此当发生碰撞时,其损伤程度将随着距离碰撞发生点位置的增大而递减,直至碰撞力完全被吸收为止。车身设计要求前部车身和后部车身容易损坏,以形成一个能吸收碰撞能量的结构,因此,在汽车发生碰撞时,车身的损伤发生在一个以碰撞发生点为顶点的圆锥区域,如图 2-1-32 所示。

由于承载式车身是由框架和蒙皮组成的结构体,该结构体在吸收能量的同时将发生能量的传播,这也就造成了损伤的传播,称为“传递损伤”。为保证某些特定区域的安全,传递损伤在某些部位造成的变形是预先设定的,称为预定变形区(吸能区),如图 2-1-33 所示。

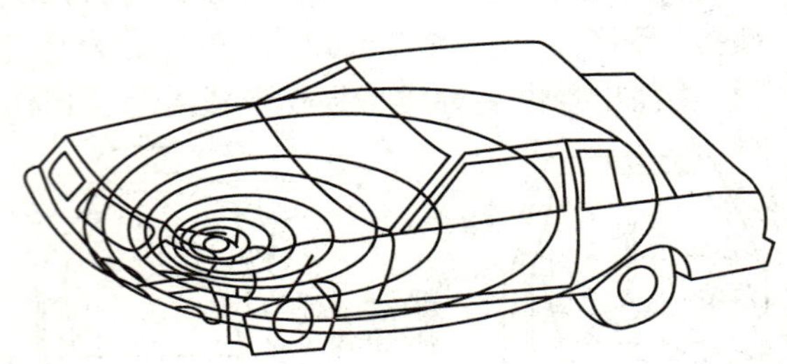

图 2-1-32　碰撞能量传递圆锥区域

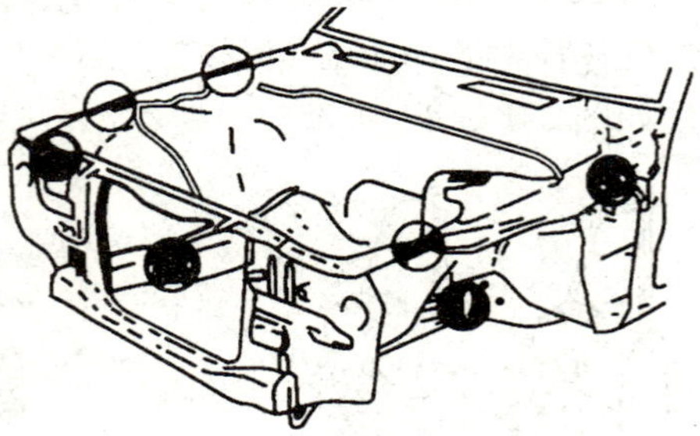

图 2-1-33　传递损伤与预定变形区

当车辆发生严重事故时,产生的损伤往往是综合性的。因此要仔细检查和分析损伤类型,特别是分析和检查类似于图 2-1-31 所示的预定损伤变形区域,确定损伤的类型和部位,并在此基础上制订科学合理的修复计划。

2)车身损伤的检验

外形质量要求较高的乘用车车身的修复必须在严格检验的基础上进行,特别是碰撞能量传递圆锥区域的变形检测与分析,因此必须装备专用设备和工具,最好获得有关车身齐全的原始技术资料后再实施车身修复。

车身钣金修整作业是根据车辆设计、制造的基本原理与结构而实施的修复作业。在车辆的修复过程中,每一步均需根据所获得的技术资料数据手册,按照严格的程序与工艺进行检测和修理,然后再对照车身及底盘的原车尺寸数据确定修复的完整性、可靠性和精确性。切忌采用主观臆测和仅凭经验判断的方法实施修复作业。

车身损伤的检验实际上就是车身形位误差测量。形位误差测量的基本控制原则就所谓的“点、线、面”原则。获得正确的车身形位误差除了使用专用设备外。其车身基础技术资料的完备也是必要条件之一。

(1)车身在设计时就设定了若干个控制点作为车身结构设计、制造尺寸链的质量控制点。车身修复工艺中可作为测量的基准点。这些控制点的尺寸在技术资料上必须有详细记载。一般而言,小型乘用车的车身尺寸控制点均位于车身设计尺寸基准点,或较为坚固的支撑结构且易于测量之处。

（2）车身各个部位的高度在设计时是相对于某个基础平面标注的，该基准面称之为设计基准面，如图 2-1-34 所示。测量车身时，该基准面的作用就是控制高度方向上的形位误差。基准面的选择应该按照技术资料指定的部位进行，不能随便将车轮底部的平面作为基准面进行测量。

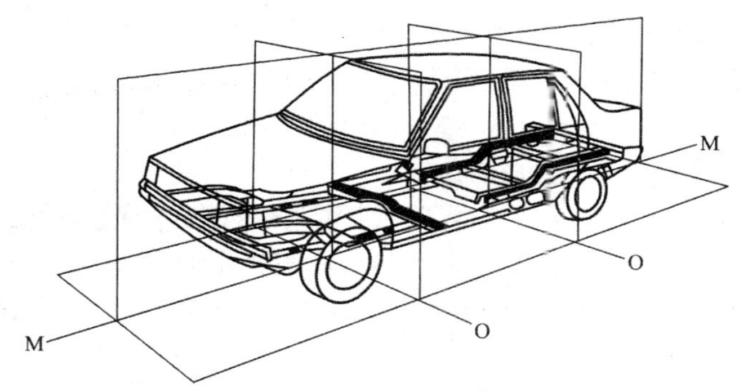

图 2-1-34　车身各种基准线（面）示意图

（3）所谓中心线（面）是假想的线（面）。现代汽车的外形一般具有对称性，即：假设有一个平面沿长度方向截为两半，则车身的各个点相对于该平面是对称的。因此在损伤测量时，所有宽度方向的形位误差都是以该平面为基准的。

如果可以获得较为详细的车身图纸，则测量时应该以图纸标注的尺寸为准进行测量，以获得较为精确的形位误差测量结果。当形位误差超出规定范围时，说明车身存在变形，而消除变形就是对车身的修复。

（4）在测量时，维修人员应该对损坏的车身进行多次准确和重复的测量，并对照技术资料数据进行核对以确定变形的大小和方向。主要测量方法有以下几种：

①直接法。该方法就是运用“点、线、面”原则直接测量两个点之间的尺寸，并与基准数据对照而获得特定部位的形位误差。

②定中法。当测量部位具有对称性质时，采用上述专门的系列测量规中的定中规，即可获得更为准确和直观的车身形位误差数据，观察定中规的状况可以直接判定变形的状况，这也是使用定中规测量的优点之一。

③坐标法。对于复杂的多曲面组成的小型乘用车车身测量，采用坐标法往往能够获得较为理想的效果。该方法必须配套使用专用三坐标测量规，并在专用测量台测量。测量时，使各个测量针接触被测部位；再直接在测量台上标有刻度的部位直接读出测量数值。现代测量台采用先进的光学—红外三坐标测量方法，可以进一步提高精度和方便使用。车身复杂曲线的直观效果，就是车身的外形曲线，可以通过几次测量数据获得精确、圆滑和逼真的车身曲线外观效果。

3）车身修复

汽车发生碰撞后，车身多处产生变形，对其采取修复办法主要包括整平和矫正、应力的消除、焊接修理以及对一些塑料构件、玻璃、玻璃纤维件的修理。

（1）对于车身蒙皮表面产生的局部损伤，一般采用手工与机械整平作业。因外部撞击原因而导致金属薄板局部形成单纯的凸鼓后，可采用敲击矫平方法：

①将钣件清洗干净后;变形凸面向上放在专用作业平台上并予以手工或机械固定。敲击矫平开始时一手持锤由钣件四周边缘向鼓面中心逐步进行敲击。初始敲击边缘处时锤击力要重,锤击点密度要大;当作业点逐步向凸面中心移动时,锤击力度和锤击点密度逐渐减少。随着敲击轻重疏密的变化,金属板从四周开始延伸,逐渐至鼓面中心,最后使整个金属板的组织应力达到平衡。

②敲击过程中,要随时观察板料形状变化情况,有针对性地改变敲击力和增减敲击点,不可在某一处敲击次数过多或用力过重,以免出现新的凸、凹变形。

③钣件基本敲平后,再用木锤进行一次调整性的敲击,以使整个组织舒展均匀。该矫平工艺有利于金属板的充分延展并消除应力。

④当车身蒙皮损伤后,金属钣件常会产生四周翘曲不平,即周边组织松弛、中间紧密且凸、凹不平。这种变形是由于边缘受到挤压而产生金属板材拉伸膨胀所致。矫平变形时,一般的方法和顺序是从板料中部开始敲击,击点逐渐向四周边缘扩散,由密变疏,敲击力也由强变弱,即采用上述凸鼓敲击相反的方法与工艺。

(2)大型车身结构件应该采用专用设备进行机械矫正的作业方法,目前较为广泛应用的是车身—大梁外部矫正修复仪。该类设备的特点是:

①平台安装后不用再进行水平调整,其平台平面即为水平基准平面(注意加强日常保养和保护该平台)。

②车辆可以利用专门的牵引装置上、下平台。

③施力塔柱可以绕平台进行全方位360°移动,从而保证对车身进行全方位和任何角度的矫正与修复。按照施力塔柱的数量可以分为双塔形与单塔形,单个施力塔柱的最大拉伸力可达10t。

④采用液压系统,方便、可靠。

⑤具备完整的夹紧系统,利用该系统可进行定位、夹紧、调整以及拉伸作业。

⑥配备通用测量系统,具有快速、准确和方便地实施损伤部位测量作业的能力。

⑦通用性强。

(3)焊接是汽车钣金修理作业中不可缺少的一种工艺,几乎一切钣金修理作业及钣金制造零件作业的大部分都需要用焊接工艺来完成。焊接的基本类型通常有:二氧化碳保护焊、氧—乙炔焊、电阻点焊和钎焊等。焊接作业质量保证中最重要的因素是严格制定与执行科学的工艺与操作程序,其基本内容如下:

①损伤汽车进入修理零序时,应先拆除一切可拆除的构件,如水箱、前照灯、小灯、冷凝器、聚风罩、机盖以及相应的非金属材料等。此举的目的除方便操作和避免对车辆及其零部件造成额外损伤外,主要是防止焊接的高温引燃可燃物质造成安全事故。

②选择与确定焊接方法。二氧化碳焊一般用于汽车车门门槛及门槛加强柱;电阻点焊一般用于车的框架、翼子板与门槛连接处,而氧—乙炔焊在车身修理中用于表面清洁,切割损坏的非结构性的车身和零部件,或进行热收缩等处理工艺。

对于现代化程度较高的小型乘用车而言,应尽量提高焊接速度,避免由于加热时间过长而产生热应力,并尽量采用不会降低车身原有强度和寿命的焊接方法,如尽量采用惰性气体(二氧化碳)保护焊。新型车辆一般不使用氧—乙炔焊接方法;除了车辆制造时进行过钎焊的零部件的修复外，一般也不使用钎焊方法修复。

③焊接部位的清洁工作：仔细清除焊接部位的油污、残存的油漆与锈蚀物，提高焊缝的强度，可以采用氧—乙炔焊清除油污和工业洗涤溶剂清洗锈蚀物，但要注意防火。

④对于有损伤的部件进行焊接应先修复损伤部位然后实施焊接。

⑤油箱和各种工作液容器的焊接前应彻底予以清洗和干燥，严格防止可燃气体存在而导致火灾。

⑥焊接后处理。清除残渣和氧化层；观察焊接部位焊缝的平整程度，必要时用砂轮修磨；采用逐步冷却的方式消除热应力。

(4)车身损伤和修复过程中经常会产生局部应力集中的现象，其原因一般如下：

①由于变形、损伤而产生应力积累。

②焊接作业产生热应力积累。

③不正确的钣金作业产生应力积累。

(5)承载式车身应力积累的表现形式为：

①车门、车窗、和天窗等开口部位变形。

②翼子板、挡泥板和发动机罩等蒙皮部位凹陷或起皱。

③悬架结构或发动机、传动系统的安装支架变形。

④油漆与涂层开裂。

⑤焊接部位产生裂缝、断裂或保护层开裂。

⑥当车辆再次发生碰撞事故时，应力集中部位易损程度加大。

⑦使用一段时间后结构、尺寸和外形发生非受力自然变形。

(6)消除应力作业，最大限度地恢复原车身所具备的外形、寿命和功能。消除应力的基本方法有：

①矫正作业时，注意按照技术数据逐步、间歇地施压矫正，防止过度矫正；矫正后用木锤对修复部位进行调整性轻敲击以均匀舒展金属组织，释放应力。

②严格控制加热温度和加热区域，采用逐步加温和提高焊接速度，防止金属氧化。

③根据技术设计手册掌握预应力部件的种类和位置以及安装方法，严禁随意拆装预应力部件。当预应力部件损伤需要修复与更换时，必须严格按照制造商技术手册的建议与规定实施。

④严禁随意添加、切除或减少零部件，严禁随意对结构件进行加强作业。

⑤不允许在受力状态下进行零部件的装配和安装。

⑥在可能的情况，下尽量将相邻的零部件拆除后再对损伤部位进行修复。

⑦对同一部位，尽量不要同时进行更换与矫正零部件，在矫正之前，应首先完成其他所有的修理作业。

⑧对损伤部位施力矫正时，尽量采用直线加力方式。

3. 车身维修质量检验

车身维修质量指标主要参考《大客车车身修理技术条件》(GB/T 5336—2005)有关标准。该标准对相关指标进行了定量和定性的规定，其基本内容如下。

1)蒙皮

外表平整，外形曲面过渡均匀，无裂损，无严重锈蚀。更换外蒙皮时，对外蒙皮应做预应力拉伸和除锈、防锈、防腐处理;有加强折线的外蒙皮,折线应平齐,前后一致;外蒙皮内表面应与立柱骨架和衬板紧密贴合。

2)骨架

(1)骨架各构件局部损伤、断裂或严重锈蚀时,允许加固修复或换用新件。更新件应符合设计要求。

(2)立柱间距误差及相邻两侧框架间距累积误差均应符合原设计要求。

(3)顶盖横梁弧度分3段用样板检查,其面轮廓度公差值为4mm。

(4)骨架整形后,外形平整、曲面衔接变化均匀,侧窗下沿及地板围衬处用样板检查,其面轮廓度公差值为4mm。

(5)车架纵梁上平面及侧面的纵向直线度公差,在任意1000mm长度上为3mm,在全长上为其长度的1‰。

(6)车架总成左、右纵梁上平面应在同一平面内,其平面度公差为被测平面长度的1.5‰。

(7)乘客门框对角线长度差不大于4mm,或用专用工具测量,允许误差符合设计要求。

(8)按照上述质量指标检验5个修整的骨架,即可判定质量。

五 车身涂装质量检验

(一)涂料的质量标准

1.涂料的组成

涂料由成膜物质、颜料、助剂和溶剂四部分组成:

(1)成膜物质。成膜物质也称基料,是涂料的主要成分,对涂料和涂膜起决定作用。

(2)颜料。颜料是一种有色的细颗粒粉状物质,一般不溶于水、油、溶剂、树脂等介质中,但能均匀分散于成膜物质及其溶液或其分散体中,它具有遮盖力、着色力和对光的相对稳定性,是有色颜料即色漆的一个主要组成部分。

(3)助剂。助剂也称为涂料的辅助材料,它可以改进涂料的生产工艺,如使用分散剂、润滑剂、消泡剂等。如为保持储存稳定性,使用防沉剂、防结皮剂;为改善施工条件,使用催干剂、防流挂剂;为提高涂膜质量,使用流平剂、消泡剂;为赋予特殊功能,使用防霉剂、抗静电剂等。

(4)溶剂。溶剂是指在通常干燥条件下,可挥发并能完全溶解成膜物质的单组分或多组分的液体。现代很多化学品,包括水、无机化合物和有机化合物都可以作为涂料的溶剂,其中有机物的品种最多,如脂肪烃、芳香烃、醇、酯、酮等。

2.涂料的性能检验

(1)细度。涂料的细度主要指涂料中的颜料、体质颜料的颗粒大小或分散度。涂料的细度直接影响涂膜的平整性、保护性、透水性及涂料储存的稳定性。涂料的用途不同,涂料的细度要求也不同。如面漆要求涂料要细,而底漆则要求涂料不能太细,以免影响涂膜的附着力。

涂料的细度检测,《涂料细度测定法》(GB 1724—1979)规定采用刮板细度计,以μm为单位。其测定方法如下:

刮板细度计在使用前,必须用溶剂仔细清洗、擦净。用小刀充分搅匀涂料试样,然后在刮板细度计的沟槽最深部分滴入涂料试样数滴,以充满沟槽且有多余为好。用双手持刮刀,横直在刮板细度计磨光平面上端,并与平面垂直,在3s内,把刮刀由沟深的部位向浅的部位拉过,使涂料充满沟槽，而表面没有。刮刀拉过后，立即使视线与沟槽平面成15°~30°角，对光观察沟槽中颗粒均匀显露处的刻画线，计下读数。如有个别颗粒显露于其他分度线时，则读数与相邻分度线范围内，不得超过3粒。试验3次，取两次结果相近读数的算术平均值。两次读数的误差应不大于最小分度值。测试完后，清洗、擦净刮板细度计表面、沟槽。

(2)固体分含量。在涂料的组成中，有不挥发成分和挥发成分，如树脂、油料、颜料等为不挥发成分，也是涂料形成涂层的主要成分；溶剂、稀释剂等为挥发成分，为涂料的制造、施工服务。

涂料固体分含量就是所含不挥发成分的百分比。即把一定量的涂料试样在一定温度下加热，使溶剂蒸发，经焙烘后的剩余物与溶剂蒸发前的涂料试样的质量比值，用百分比表示。

涂料的固体分含量的高低对涂料的用量、施工次数、涂层厚度、遮盖力等都有很大的影响。

(3)流平性。流平性就是涂料涂布于物体表面后，经过一定的时间，涂膜表面的痕迹能自行消失，形成均匀、平滑表面的性能。

影响流平性的因素很多。在涂料的调配方面，如溶剂的溶解力和挥发速度；为了改善涂料的流平性，在涂料中加入流平剂等。

一般要求，涂料的流平时间与干燥的时间相适应。流平时间大于干燥时间，涂料没有完全流平就已干燥；流平时间小于干燥时间，涂膜容易产生流挂、垂流、皱纹等缺陷。

(4)涂料的遮盖力。涂料的遮盖力指色漆试样均匀地涂覆在物体表面上，使物体表面的原有底色不复呈现的最少用漆量，称为涂料的遮盖力。涂料的遮盖力在修补涂装中直接影响修补质量和涂料用量。

影响涂料遮盖力的因素有颜料颜色、颜料颗粒的大小形状、颜料在涂料中的分散程度等。测定涂料遮盖力的方法有：单位面积重量法、最小漆膜厚度法、光学仪器测定法。

下面以单位面积测量法为例，介绍涂料遮盖力的测定方法：

按照《漆膜一般制备法》(GB 1727—1992)之规定，将涂料调至适合喷涂的黏度。先在感量为0.001g的天平上分别放两块100mm×100mm的玻璃板，用喷枪薄薄地分层喷涂，每次喷涂后放在黑白格木板上，置于暗箱内并与磨砂玻璃保持15~20cm，黑白格的一面与水平面成30°~50°角，在日光灯下观察，以刚看不见黑白格为止。然后把玻璃背面和边缘的涂料擦净，按固体分含量中规定的各类涂料的焙烤温度烘至恒重。从以上试验步骤中可知，该种测量方法是以干燥后的涂层的实际质量计算的。两次结果之差不大于平均值的5%，则取平均值，否则需重新试验。

(5)储存稳定性。储存稳定性是指涂料在正常的包装状态和储存条件下，通过一定的储存期限后，涂料的物理性能和化学性能所能达到原规定的使用要求的程度。

按《涂料储存稳定性试验方法》(GB/T 6753—1986)进行测定。测定储存稳定性，一种是自然条件下储存6~12个月；另一种是在50±2℃恒温干燥箱内储存30天。取3份试样分别装入带盖的密封罐中，一罐为原始试样，在储存前检查；一罐做常温储存试验；另一罐做加速储存试验。

按照规定的储存时间，将样品开罐检查并按以下评级：

结皮、腐蚀和腐败味的检测分为6个等级：0级为严重；2级为较严重；4级为中等；6级为轻微；8级为很轻微；10级为无。

沉降程度的检查分为 6 个等级:0 级为沉淀严重,不能搅起;2 级为有硬块,能被搅起;4 级为有软沉淀,能被搅起;6 级为有明显沉淀,容易搅起;8 级为有很轻沉淀,容易搅拌;10 级为无变化。

黏度变化的检查用储存后的黏度与原始黏度的比值百分数表示,共分为 6 个等级:0 级黏度为大于 45%;2 级黏度为不大于 45%;4 级黏度为不大于 35%;6 级黏度为不大于 25%;8 级黏度为不大于 15%;10 级黏度为不大于 5%。

综上检查结果,以“通过”或“不通过”进行评论。

(6)活化期。活化期是指双组分或多组分涂料在使用前,按产品说明书所规定比例混合后均匀的程度及混合后可使用的最长时间,也叫做可使用期。

双组分以上涂料的活化期,是它特有的重要施工性能。双组分涂料混合后,最好能很快混合均匀,不需要很长的熟化时间,但使用期要求越长越好。涂料在活化期时间内使用,不会影响施工质量和涂膜的性能质量;超出使用期,涂料会发生变稠、胶化甚至不能使用。将双组分涂料混合后,最好先放置一定时间,使两种组分有充分时间能均匀缓慢反应,这段时间称为熟化期,这样涂刷的效果会比较好,并能提高涂膜的质量。

(二)涂装工艺的检验

1. 涂膜的类型

一般分为以装饰性涂膜为主和防护性涂膜为主两大类,具体可分为五个等级。

(1)高级装饰性涂膜(或称Ⅰ级涂膜)。高级装饰性涂膜具有最佳的涂膜外观,最好的装饰效果,表面丰满、平整、光滑、色泽一致、无肉眼可见的缺陷。如高级轿车车身。

(2)装饰性涂膜(或称Ⅱ级涂膜)。装饰性涂膜较Ⅰ级涂膜水平稍低,仍有很好的装饰效果。如用于装饰性较高的汽车驾驶室。

(3)保护装饰性涂膜(或称Ⅲ级涂膜)。保护装饰性涂膜无影响防护性能的弊病,应有较美观的外表。

(4)一般防护性涂膜(或称Ⅵ级涂膜)。一般防护性涂膜要求具有一般的防蚀功能,无装饰性能要求较低。

(5)特殊防护性涂膜(或称功能性涂膜、一般复合涂膜)。这种涂膜对被涂物能起到特殊的防护或特殊的功能作用。

2. 底涂层的施工检验

底涂层是物体表面的基础用料,是任何组合涂层的第一层,其主要作用是提供附着力和防腐蚀。作为检验人员应了解常用底层的特点和施工工艺。检验人员应根据工艺规范检查施工情况,杜绝不规范操作,确保施工的质量。汽车涂层修补用底涂层应具备的特性如下:

(1)对经过表面预处理的车身金属表面有良好的附着力,形成的底涂层应有良好的力学性能。

(2)底涂层应具有极好的耐蚀性及耐化学品的性能。

(3)底涂层应具有优良的封闭性,即防“三渗”性能(渗水、渗氧、渗离子)。

(4)底涂层除了具有对金属的配套性外,还应具有对二道底漆、腻子或面漆层的良好配套性。

(5)汽车涂层修补中的底涂层应具有良好的施工性能。

3. 腻子的施工检验

腻子是一种以颜料、填充料、油料或树脂、催干剂、溶剂调制而成的呈稠浆状的物质，以填平物体表面凹坑、焊接缝及擦伤、锈眼等缺陷，直至形成平整光滑的表面。

1）汽车涂层修补用腻子的特性

（1）与底漆、中涂底漆及面漆有良好的配套性、不发生咬底、起皱、开裂、脱落等现象，有较强的层间黏合力。

（2）具有良好的刮涂性能，垂直面厚涂堆积性能良好，无流淌现象，有一定的韧性，附着力好，刮涂时腻子不反转，薄涂时腻子层均匀光滑。

（3）形成的腻子层应有一定的韧性和硬度，轻微碰撞不会引起低凹和划痕。

（4）具有良好的耐溶剂性和耐潮湿性，否则会引起涂层起泡。

2）快干腻子的施工检验

快干腻子俗称填眼灰、小灰等，施工中应注意如下事项：

（1）快干腻子适宜刮涂砂孔、砂痕、及微小凹陷的小面积作业。

（2）快干腻子在托板上调均匀后，应迅速刮涂。腻子层以薄而均匀为宜，如适当的厚度应以薄层多次操作来实现。

（3）快干腻子在薄涂时干燥很快，因此不能代替填充性腻子使用。

4. 中涂底漆的施工检验

中涂底漆在涂层组合中是在面漆之下的涂层，主要起到增强涂层间的附着力作用，同时还起到加强底涂层的封闭性和填充细微痕迹的作用。中涂底漆的施工中涂膜厚度、干燥条件、喷涂技术、稀释剂选用、涂料黏度、施工环境、腻子作业的质量都会影响中涂底漆涂装后的质量，进而影响面涂层的质量。

5. 面漆的施工检验

面漆是涂于物体表面最外层涂膜，起着装饰、标识和保护物面的作用。面漆直接与各种气候条件（如雨、阳光、雪、寒冷、酷暑等）及有害物质（如酸、碱、盐、二氧化硫、硫化氢等）接触，是阻挡侵蚀的第一层，配合底漆起到对物面的保护作用。

面漆在汽车涂层修补中使用得最多，起着装饰和保护的双重作用。下面就施工中的特性叙述如下。

双组分金属漆的喷涂越来越大量采用，其要点如下：

（1）喷涂前对涂面的准备及对环境、工具、设备的检查和要求参照双组分纯色漆。

（2）单组分纯色漆喷涂后，若面涂层需要抛光，应在16h以后（涂膜完全干燥以后）进行。

（3）喷涂前要充分搅拌均匀，按涂料规定比例加入固化剂、稀释剂，一般把涂料的黏度调到15～17s（涂-4杯，20℃），过滤后再喷涂。使用慢干型固化剂和稀释剂要谨慎。

（4）金属漆一般喷涂三层，以全部均匀遮盖为准，每层间隔10～15min，以0.4～0.5MPa喷涂压力，中等湿度均匀喷涂。金属粒子易沉于罐底，每次加料要搅拌均匀，在喷涂中要不时地晃动喷枪。

（5）最后一层喷涂可适当降低涂料的黏度，略提高喷涂气压，薄而均匀的喷涂，以利于银粉粒子分布均匀和提高涂面光泽度。

（6）喷涂完后应立即去除遮盖纸、胶带，常温下干燥16h，或60℃经30min烘烤然后冷却。

6. 黏度的测定

一定量涂料通过涂-4 杯黏度计量孔流出的时间即为该涂料的黏度。

(三)涂膜性能及其测定方法

1. 附着力的检测

附着力是指涂膜与被涂物件表面结合在一起的牢固程度,这种性能对涂膜的保护和装饰性能起着决定性的作用。测定涂膜附着力目前尚无十全十美的方法,只能用间接的手段来测定。

2. 光泽的检测

涂膜的光泽是涂膜表面受光照射时光线向一定方向反射的能力,也称镜面光泽度。

根据实际使用要求,把涂膜的光泽分为高光泽 90% 以上;中等光泽(半光)70% ~30%;无光泽 30% 以下。

3. 硬度的测定

涂膜的硬度是指涂膜抵抗擦划、碰撞、压陷等机械力作用的能力,或涂膜表面对作用其上的另一个硬度较大的物体压入所表示出的阻力。

涂膜保护被涂物体的表面,要求涂膜必须具有一定的硬度等机械强度。涂膜硬度的高和低,是直接关系到涂料的质量问题。涂料的品种很多,对涂膜硬度的要求也不同,选择测定的方法也有所不同。

(四)涂膜老化的基本特征

涂膜老化基本上是由高分子树脂(基料)的降解和聚合作用所造成的。所谓降解作用,一般可理解涂料结构中的链的长度减小,或使大分子减少的过程。其作用是因为各种物理或化学因素引起的。在物理因素作用下发生的降解,基本上有三个类型:热的作用引起的降解;因光的作用造成的光化学降解;机械破碎也包括电及超声波作用引起的机械破坏。

在化学介质作用下发生的阵解,有两种情况,受氧化剂的作用,特别是空气中氧作用产生的氧化降解;受水、酸、醇和碱以及以能引起降解因素的试剂作用的降解。

涂膜的老化因素很多,阳光、温度、湿度、氧、氨、雨、雪、风沙、霉菌等则是老化的外因。检验人员应能判断涂膜老化状况,现将涂膜老化的特征叙述如下:

1. 失光

失光是涂膜老化的最初特征,由于涂膜受太阳光中紫外线照射的影响,引起光化学反应,使树脂成分发生降解,逐步丧失原有光泽,直至发展成全部失光。

2. 变色

这也是涂膜开始老化的一个显著的征兆。涂膜从正常的颜色发生色相或色泽的改变,有的变深,有的变浅,有的发暗,有的白色变黄,有的红的变粉色或变浅,这些都属于变色。

3. 粉化

粉化是涂膜老化逐步深化的特征,其原因主要是受太阳紫外线的辐射和氧的存在下相互作用引起树脂分子链的交联或降解,促使树脂与颜料颗粒之间分离,出现脱粉现象。其次与颜料的性质、晶形也有很大的关系。

4. 起泡

涂膜表面的鼓泡,有水泡也有气泡。这是因为涂膜在干燥的过程中,由于溶剂的挥发产生许多肉眼难见的微孔，这些微孔给外界的水分和各种介质气体创造了入侵的途径。在涂膜未老化以前，这些进入膜内的气体、水分一部分被颜料所吸收，另一部分受内应力的作用，被慢慢扩散到涂膜外边或借助日光、温度变化而蒸发。但涂膜老化以后逐渐减少了这种作用力，随着水分、有害气体侵入的不断增加而无法排除，就造成了涂膜鼓泡的恶果。那些耐水性和附着力差的涂料，再加上涂装前预处理不彻底，就更容易引起涂膜产生起泡。

5. 龟裂

龟裂也称为开裂或裂纹。表现为涂膜局部或全部表面出现形状不一、深浅不同的裂纹，有发状裂纹、网状裂纹等。龟裂的主要原因是太阳光、雨、露的交替作用，使涂膜发生吸水和脱水的反复循环作用所致。

6. 脱落（剥落）

脱落是涂膜老化过程中，涂层失去原有性能和附着力，从基底上自行脱离的一种现象。它是从失光、变色、粉化、起泡、龟裂发展到最后脱落，是涂膜老化走完最后里程，到达终点的鲜明标志，已彻底起不到涂膜的保护作用，更谈不上什么装饰要求了。

（五）涂膜病态的原因与防治

1. 涂料（出厂时）缺陷产生的病态及防治方法

（1）返粘（回粘）。涂膜按照工艺规程规定的干燥时间和保温时间进行干燥后，涂膜仍发软，表面似干，但实际未完全干，用压指法或按行业标准规定的方法进行检验，涂膜表面会留下指纹或粘有织物、绒毛等，称为返粘。

（2）流挂。涂装过程中，涂膜表面尤其是垂直面，呈现似月牙形上薄下厚或水滴似的流淌，称为流挂。

（3）涂膜出现色差。涂料表面的颜色与原色卡或样板相差甚远，称为色差。

2. 面涂层喷涂产生的缺陷

1）渗色

原先的面漆使新的面涂层颜料褪色彩，或是其颜料渗透进来，称为渗色。

（1）原因。渗色通常是在未经再喷涂的面漆上以可溶性染料或颜料的形式出现。

（2）防止方法。在打磨前彻底地清洁要喷涂的区域，尤其是要在深色涂料上喷涂浅色涂料时（避免在不首先使用表面保护剂的情况下，在旧的红色调色区域上使用浅色涂层）。

（3）解决方法。喷涂两层中间渗透涂层。根据标签指示喷涂表面保护剂。然后再喷涂彩色涂层。

2）爆皮

表面涂层薄膜上出现气泡或斑点，通常是在涂喷几个月后。

（1）原因。导致爆皮的原因有以下几个方面：

①不恰当的表面清洁或准备工作。细小的遗留在表面的脏物斑点作用像一块海绵留住了水分，当面漆暴露在阳光下（或空气压力的变化），水汽膨胀并建立起压力，当压力足够大时，爆皮便形成了。

②错误的稀释剂。快速干燥稀释剂的使用，尤其是过干或过高的压力喷涂，空气或水汽会被封闭在薄膜中。

③过厚的薄膜。涂层之间不充分干燥或过厚的底涂层喷涂，能将溶剂封闭在其中，过后溶

剂逸出而造成彩色涂层的爆皮。

④压缩空气管道中的污物。管路中的油、水、或是脏物。

(2)防止方法。

防止产生爆皮的方法主要有以下几点:

①在打磨前彻底地清洁要喷涂的区域。不论是底涂层还是表面涂层,喷涂前要保证表面的完全干燥。不要接触已清洁的表面,因为手上的油会污染表面。

②选择最适合现有车间条件的稀释剂。

③允许底涂层和表面涂层有适当的干燥时间。务必让每个涂层在喷涂下一个涂层前快速蒸发。

④每天排干并清洁空气压力调节器,以去除存留在其中的水汽和赃物。空气压缩机的储气罐也要每天排干。

(3)解决方法。如果损伤是大范围并且是严重的,涂料必须被去除到底涂层或金属层,这取决于爆皮的程度,然后再喷涂。在不那么严重的情况下,爆皮可以被打磨掉,重修表面,并再喷涂表面的涂层。

3)裂纹

一系列的深裂纹类似于干枯池塘中的泥土龟裂。经常以三角形的形状出现并且没有固定的模式,它们经常深及彩色涂层,甚至有时会达到底涂层。

(1)原因。导致裂纹的原因有以下几个方面:

①涂层过厚。过厚的表面涂层放大了正常的应力和应变,这样甚至在正常条件下也会导致裂纹。

②材料没有混合均匀。

③不充足的快干时间。

④不正确的添加剂使用。

(2)防止方法。防止产生裂纹的方法如下:

①不要过于加厚表面涂层。在每个涂层之间允许有充足的快干蒸发和干燥时间。不要使用气枪干燥。

②将所有的底涂层和表面涂层颜料搅拌彻底。过滤面涂层涂料并在需要时添加白斑消除剂。

③同第一步。

④阅读并仔细遵循标签指示。并非为一种彩色层特殊设计的添加剂,可能会削弱最终涂料薄膜的质量并使其对裂纹更加敏感。

(3)解决方法。受影响的区域必须被砂磨掉以完成光滑的面漆,在特别严重的情况下,去除深及裸露的金属表面并再喷涂面漆。

4)薄边劈裂

看上去像是沿着薄边的擦伤痕迹(或裂纹)。在表面涂层喷涂在清漆填实底漆上的时候,或在其稍后一段时间,最易发生薄边劈裂。

(1)原因。导致产生薄边劈裂的原因有以下几个方面:

①底面涂层"堆在"厚而且湿润的涂层上。溶剂被封在底面涂层下而没有留足够的搁置

时间。

②材料没有均匀混合。因为填实底漆中颜料的高含量，可能会在其被稀释之后发生沉淀。这种材料未经搅拌的延迟使用，导致喷涂出颜料松散地散布在薄膜中，含有遍及各处的空隙和裂纹，这使得薄膜的作用像一块海绵。

③使用了错误的稀释剂。

④不恰当的表面清洁和准备工作。当清洁不恰当时，填实底漆涂层会因缺乏润泽和黏着而脱离边缘。

⑤不恰当的干燥。在填实底漆喷涂后，用喷枪通风干燥，导致在溶剂或空气从下面的涂层中被释放出来之前，表面已经干燥。

⑥过量的使用（或在薄膜构成中使用）油漆腻子。

（2）防止方法。防止产生薄边劈裂的方法如下：

①喷涂薄至中等厚度经适当稀释的填实底漆涂层，留足够的时间让溶剂和空气逸出。

②彻底搅拌所有底面涂层和表面涂层涂料。选择适用于现有车间条件的稀释剂。

③在打磨前彻底清洁要喷涂的区域。

④喷涂薄至中厚的填实底漆涂层，留足够时间让溶剂和空气逸出。

⑤清漆腻子要限制在小缺陷的填充上。腻子过厚将在最后收缩时造成薄边劈裂。

（3）解决方法。去除受影响区域的面漆并进行再喷涂。

（六）国家标准介绍

1. 甲等级

1）涂层特性

甲为高级装饰性涂层。适用于高级轿车，以及覆盖件和装饰性要求高的中级轿车车身。要求有极优良的装饰性、耐候性和耐水性，适用于各种气候条件。

2）涂层的质量指标

（1）漆膜外观。光滑平整、无颗粒、光亮如镜，光泽不低于90%。

（2）涂层厚度。底漆层不低于20μm，中间涂层应在40～50μm，不包括腻子层，面漆层在60～80μm范围之间。

（3）机械强度（不包括腻子层）。冲击≥20kg·cm；弹性≤10mm；硬度≥0.6；附着力1级。

（4）耐腐蚀性。按盐雾试验法700h合格，或使用8年不应产生穿孔腐蚀或因锈蚀产生结构损坏。

（5）耐水性。浸在50℃水中10个循环允许变粗，但不应起泡。

（6）耐温变性。在+60～−40℃范围内使用稳定（即温变10个周期不应开裂）。

（7）耐候性。使用4年涂层仍完整（不起泡、不粉化、不生锈、不开裂），允许失光率不大于30%和轻微变色。

2. 乙等级

1）涂层特性

乙为优质装饰保护性涂层，具有优良的装饰性、耐候性和耐水性，装饰性仅低于甲级，机械强度优于甲级，适用于各种气候条件。适用于中级轿车车身和质量要求高的中、轻型载货汽车驾驶室及覆盖件，旅游车车身。

2)涂层的主要质量指标

(1)漆膜外观。光滑平整,允许有极轻微"橘皮",光泽均匀,光泽不应低于90%。在外观表面不允许有颗粒。

(2)涂层厚度。底漆层不低于20μm,中间涂层不低于30μm,面漆层不低于40μm,(不包括腻子层)。

(3)机械强度(不包括腻子层)。冲击≥30kg·cm;弹性≤5mm;硬度≥0.6;附着力1级。

(4)耐候性、耐腐蚀性、耐水性、等同甲等级。

第四节 汽车配件质量检验和控制

一 汽车常用金属材料性能

(一)金属材料的主要性能

1. 金属材料的机械性能

(1)强度。所谓强度,是指金属材料在静载荷作用下抵抗塑性变形和断裂的能力。按照作用载荷性质不同,可分为抗拉强度、抗弯强度、抗剪强度和抗扭强度等。在工程上常用来表示金属材料强度的指标有屈服强度和抗拉强度。当应力超过金属材料弹性极限后,即使应力不再增加,而金属材料仍继续发生明显的塑性变形,这种现象称为屈服。钢材通常以发生微量塑性变形(0.2%)时的应力作为钢材的屈服强度,亦即金属抵抗微量塑性变形的应力。抗拉强度是指金属在拉断前所能承受的最大应力,亦即金属抵抗断裂的应力。

(2)弹性。弹性是指金属材料在静载荷作用下发生变形,卸除载荷后恢复原状(变形消失)的性能。这种随着外载荷消失而消失的变形,叫做弹性变形,其大小与外载荷成正比。

(3)塑性。塑性是指金属材料在静载荷作用下,产生永久变形(卸除载荷后不能恢复的变形)而不至引起断裂的性能。在外载荷消失后留下来的这部分不可恢复的变形,叫做塑性变形,其大小与外载荷不成正比。

(4)韧性。韧性是指金属材料承受冲击载荷而不破坏的能力,又叫冲击韧性。由于瞬时的外力冲击作用所引起的变形和应力,比静载荷大得多,因此,在设计承受冲击载荷的零件和工具时,必须考虑材料的冲击韧性。

(5)硬度。硬度是指金属材料抵抗比它硬的物体压入其表面的能力。硬度是材料性能的一个综合物理量,表示金属在一个小的体积范围内抵抗弹性变形、塑性变形或破断的能力,也可以说是金属材料抵抗局部塑形变形的能力。

(6)疲劳强度。金属材料在长时间交变载荷作用下,产生断裂现象称为金属的疲劳破坏。金属材料在交变载荷作用下,经过相当次数的循环而不出现疲劳破坏的最大应力称为材料的疲劳强度。

2. 金属材料的物理、化学性能

金属材料的物理、化学性能包括密度、导热性、导电性、热膨胀性、熔点、抗腐蚀性、抗氧化性。

3. 金属材料的工艺性能

工艺性能是金属物理、化学、机械性能的综合体现。金属的工艺性能是指金属材料接受加工成型的能力，它包括铸造性能、压力加工性能、焊接性能、切削加工性能和热处理性能等。

（二）汽车用黑色金属材料

在工业生产中，通常把钢铁称为黑色金属，把黑色金属以外的其他金属称为有色金属。以铁为基础的铁碳合金统称为钢铁材料，它是工业上应用最广泛的合金，含碳量 <2.11% 的铁碳合金称之为钢；含碳量 >2.11% 的铁碳合金称之为铁。

按照化学成分，钢可概括分为碳素钢和合金钢两大类。碳素钢按含碳量分为：工业纯铁——含碳量 <0.04%；低碳钢——含碳量 <0.25%；中碳钢——0.25% ≤含碳量≤0.60%；高碳钢——含碳量 >0.60%。按照钢的品质，即按碳素钢中硫、磷的含量，又可分为：普通碳素钢——含硫量≤0.055%，含磷量≤0.045%；优质碳素钢——含硫量≤0.035%，含磷量≤0.035%；高级优质碳素钢——含硫量≤0.020%，含磷量≤0.030%。按照用途，碳素钢又可分为：碳素结构钢（用于制造机械零件和工程构件）——含碳量 <0.70%；碳素工具钢（用于制造刃、量、工、模具）——0.70% <含碳量 <1.35%。

1. 碳素钢

1）碳素结构钢

（1）普通碳素结构钢。碳素结构钢的牌号由代表屈服强度的字母（Q）、屈服强度值（MPa，即 N/mm^2）、质量等级符号和冶炼脱氧方法符号等四个部分按顺序组成。其中质量等级分 A、B、C、D 四种，A 级含磷、硫量最多，D 级含磷、硫量最少；冶炼脱氧方法有 F、B、Z、TZ 等，“F”是沸腾钢的“沸”字、“B”是半镇静钢“半”字、“Z”是镇静钢“镇”字、“TZ”是特种镇静钢“特”“镇”两字等汉语拼音的第 1 个字母。在牌号表示中“Z”、“TZ”代号省略。如 Q235-A·F 表示屈服强度为 235MPa 的 A 级沸腾钢。

（2）优质碳素结构钢：

①普通含锰量的优质碳素结构钢。这种钢的含碳量≤0.25%，含锰量在 0.35% ~ 0.65%；或是含碳量 >0.25%，含锰量在 0.50% ~0.80%。其牌号中的两位数字表示平均含碳量，以 0.01% 为单位。

②较高含锰量的优质碳素结构钢。这种钢的含碳量在 0.15% ~0.60%，含锰量在 0.70% ~ 1.00%；或是含碳量在 0.60% ~0.70%，含锰量在 0.90% ~1.20%。，其牌号用两位数字加 Mn 表示。该两位数字表示钢的平均含碳量，以 0.01% 为单位。例如：15Mn，表示该钢中的平均含碳量为 0.15%、含锰量为 0.70% ~1.00%。08、10 和 15、20 钢等，因其冷冲压、焊接性能均较好，用于制造变速叉、制动杆、传动轴轴管等。30、40、50 钢等，多属调质钢，因其综合性能较好，用于制造曲轴、曲轴正时齿轮等零件。

2）碳素工具钢

碳素工具钢属于高碳钢，其含碳量在 0.65% ~1.35%，按其质量又可分为优质碳素工具钢和高级优质碳素工具钢。

碳素工具钢牌号的表示方法是以汉语拼音的第 1 个字母“T”代表“碳”字，其后面用一位或两位数字代表钢的平均含碳量，以 0.10% 为单位。例如：T8，表示平均含碳量为 0.80% 的碳素工具钢。

3)铸钢

铸钢件在重型机械、冶金设备、运输机械等各个领域中得到广泛应用。

2. 合金结构钢

合金结构钢是为了改善钢的某些性能,冶炼时在碳素钢的基础上加入一种或多种合金元素而形成的钢种。合金结构钢可分为以下几种。

(1)低合金结构钢。低合金结构钢与含碳量相同的碳素结构钢相比,其性能要优良得多,用来取代碳素结构钢,可节约钢材,减轻重量,且使用可靠。

(2)合金渗碳钢。合金渗碳钢是按热处理方法命名的,零件的主要热处理是渗碳和淬火加低温回火。由于合金渗碳钢制造的零件经热处理后,不仅有高的表面硬度和耐磨性,而且能大幅度提高零件芯部的强度和韧性,从而提高抵抗冲击载荷的能力。

(3)合金调质钢。合金调质钢经过调质处理(淬火后再高温回火处理)后,可获得高的强度和韧性。若调质后再进行淬火,能进一步改善零件表面的耐磨性。合金调质钢主要用来制造重载荷、冲击载荷的零件,如汽车上的半轴、连杆、万向节叉及变速器二轴等。由于这些零件都是承受较大的冲击载荷,不仅要求有很高的强度,还要求有很好的塑性和韧性,即要求有较好的综合机械性能。

(4)合金弹簧钢。弹簧在动载荷作用下工作,要求它具有较高的疲劳强度和抗拉强度、良好的工艺性和足够的韧性与塑性。在特殊环境下使用的弹簧,例如气门弹簧,还需要有一定的耐热性和耐蚀性。

汽车中常使用65Mn制造气门弹簧,使用55SiMnVB、55Si2Mn、60Si2Mn制造钢板弹簧。

(5)滚动轴承钢。滚动轴承钢是用来制造滚动轴承的滚动体和内外圈的专用钢。轴承零件具有高的硬度和耐磨性,轴承钢的含碳量都较高,约在0.95%~1.15%范围内,并加入了0.4026%~1.65%的铬元素。对于大型轴承还加入了硅、锰等元素。

滚动轴承钢也可作为工具钢用于制造刃具(丝锥、板牙、铰刀)及量具等,还用于制造工作性能与轴承相类似的耐磨零件,如柴油机中的喷油泵柱塞、喷油器针阀等。

3. 钢的热处理

钢的热处理是利用加热、保温和冷却的操作方法来改变钢的组织结构,使钢获得所需性能的加工工艺。钢的热处理工艺根据加热和冷却的方法不同,大体有以下几类:

(1)退火。退火是将钢件加热到临界温度以上30~50℃,保温一段时间后,随炉缓慢冷却到室温的热处理工艺。按照钢的化学成分和热处理目的的不同,退火可分为完全退火、球化退火和去应力退火。

(2)正火。正火是将钢件加热到临界温度以上30~50℃,保温一段时间后,从炉中取出,放在空气中冷却到室温的热处理工艺。

(3)淬火。淬火是将钢件加热到临界温度以上30~50℃,保温一段时间后,在冷却介质中快速冷却的热处理工艺,常用的冷却介质有水、盐或碱的水溶液、矿物油。淬火无法提高金属的韧性,只有淬火后再进行回火处理才能同时获得高强度和高韧性,所以淬火后再回火的热处理通常作为零件的最终热处理。

(4)回火。回火是将淬火后的钢件再加热到临界温度以下的某一温度,保温一段时间,然后在空气或油中冷却至室温的热处理工艺。回火的目的是减少或消除淬火时产生的内应力,调整硬度，降低脆性，获得所需的韧性和塑性，保证钢件的形状、尺寸在使用过程中不再发生变化，获得零件所需的机械性能。某些精密工件，为了保持淬火后的高硬度及尺寸稳定性，有时需要在100～150℃进行长时间的加热（10～50h），这种热处理工艺称为时效处理。

（5）表面淬火。表面淬火是将钢件的表面快速加热到淬火温度，而不等热量传至中心即迅速冷却，以达到表硬内韧的热处理工艺，其目的是使钢件表面获得较高的强度、耐磨性和疲劳强度，而心部仍具有足够的塑性和韧性。根据加热方法不同，可分为火焰加热表面淬火和感应加热表面淬火。

（6）化学热处理。化学热处理是将钢件置于某一介质中加热、保温和冷却，使介质的某些元素的活性原子渗入钢件表层，以改变钢件表层的化学成分从而改善表层性能的热处理工艺。其目的是提高钢件表层的硬度、耐磨性、耐腐蚀性和抗氧化性。

目前常用的化学热处理方法有：渗碳、渗氮、碳氮共渗、多元共渗，目的是提高钢的表面硬度、耐磨性和抗疲劳性，渗氮还可以提高热硬性和耐蚀性；渗铬、渗铝、渗硅的目的是提高抗氧化性、耐酸性等，其中渗铬、渗硅还可增加耐磨性。

4. 铸铁

铸铁是含碳量大于2.11%的铁碳合金，工业上常用的铸铁含碳量一般在2.5%～4.0%，并且含有一定数量的硅、锰、磷、硫等杂质元素。与钢相比，铸铁含碳、含硅量较高，杂质元素磷、硫较多，因此铸铁的抗拉强度、塑性和韧性很差，但铸铁具有较好的铸造性、耐磨性和切削加工性能，因此在机械加工中得到广泛的应用。

铸铁分为白口铸铁、灰口铸铁、可锻铸铁、球墨铸铁和合金铸铁几种。

（1）白口铸铁。白口铸铁断口呈亮白色，性能硬而脆，很难进行切削加工，主要用来炼钢，又叫炼钢生铁。白口铸铁经热处理变为可锻铸铁。铸铁要成为白口，除化学成分有要求外，还和冷却速度有关。

（2）灰口铸铁。灰口铸铁断口呈暗灰色，内部的碳以片状石墨形态存在。灰口铸铁的抗拉强度低，塑性和韧性很差，但它却具有良好的铸造性、切削加工性、润滑性、耐磨性和减震性，且生产工艺较简单，成本低，是汽车制造业广泛采用的一种金属材料。

（3）可锻铸铁。可锻铸铁是白口铸铁经长时间的退火处理而生成的，俗称马铁或韧铁。在退火过程中，随着组织转变时的冷却速度不同，可形成黑心可锻铸铁和珠光体可锻铸铁，黑心可锻铸铁具有较高的塑性和韧性，珠光体可锻铸铁具有较高的强度、硬度和耐磨性。

（4）球墨铸铁。球墨铸铁内部的碳以球状石墨形态存在，又称为球铁。球墨铸铁兼有铸铁和钢的理化性能、机械性能和工艺性能，强度、塑性和韧性都超过了灰口铸铁和可锻铸铁，而铸造性、耐磨性及切削加工性能和灰口铸铁不分上下，甚至在某些方面可与钢相媲美（应该指出，球墨铸铁的综合机械性能还是不如碳素钢），可以代替钢材制造部分重要的机械零件，发动机曲轴常用球墨铸铁制造。

球墨铸铁的牌号由“QT”及两组数字组成。“QT”是“球”“铁”两字汉语拼音的第1个字母，第1组数字表示最低抗拉强度，第2组数字表示最低延伸率。例如，QT400—18表示最低抗拉强度为400MPa，最低延伸率为18%的球墨铸铁。

（5）合金铸铁。在灰口铸铁或球墨铸铁中加入一定的合金元素，获得特殊性能的铸铁称为合金铸铁。加入合金元素后可使铸铁具有耐热、耐酸或耐磨的特殊性能。

(三)汽车用有色金属材料

1.铝及其合金

(1)纯铝。纯铝是制造各种轻质结构的基本金属,其导电性、导热性仅次于银、铜和金,抗氧化、抗大气腐蚀性能好。纯铝的强度低,切削加工性能较差。纯铝产品有铝锭和铝材两种。

(2)铝合金。铝合金是在铝中加入适量的锡、铜、镁、锰等元素后获得的合金。经处理后,铝合金的机械性能可与钢铁媲美。按铝合金的成分和加工特点,可分为形变铝合金和铸造铝合金。

①形变铝合金。形变铝合金分为防锈铝合金、硬铝合金、超硬铝合金和锻造铝合金等。

②铸造铝合金。铸造铝合金俗称铸铝,在汽车上应用较多。铸铝分为铝硅合金、铝铜合金、铝镁合金、铝锌合金等。

铝硅合金是目前应用最广泛的一种铸造铝合金,其主加元素是硅,此外还有镁、铜、镍等,它具有良好的机械性能、铸造性能、抗腐蚀性等优点,所以得到广泛应用。

铸造铝合金的牌号用“ZL”加三位数字表示。“ZL”为“铸”“铝”两字汉语拼音的第1个字母;第1位数字表示合金的类别号,其中1表示铝硅、2表示铝铜、3表示铝镁、4表示铝锌;第2、第3位数字均表示合金的顺序号。优质铸造铝合金在顺序号后附加字母“A”表示。例如ZL108为8号铸造铝硅合金,ZL201A为1号优质铸造铝铜合金,ZL303为3号铸造铝镁合金,ZL402为2号铸造铝锌合金。

汽车上用铸造铝合金制作的零件有:活塞、汽缸盖、汽缸体、离合器壳体、风扇等。

2.铜及其合金

(1)纯铜。工业纯铜呈玫瑰红色,表面形成氧化膜后呈紫色,又称紫铜。它具有良好的导电性、导热性、塑性和耐腐蚀性,可进行各种形式的冷、热压力加工,但强度和硬度较低。在汽车上一般用纯铜管制造制动管、散热管、高压油管。

(2)铜合金。根据合金的成分不同,铜合金分为黄铜和青铜。

①黄铜。黄铜是铜与锌的合金,即为铜锌合金,含锌量一般在35%~40%。黄铜按化学成分的不同可分为普通黄铜和特殊黄铜,按加工工艺的不同可分为压力加工黄铜和铸造黄铜。

普通黄铜是铜、锌组成的合金,机械性能比纯铜好。其牌号用“H”加两位数字表示。“H”是“黄”汉语拼音的第1个字母,两位数字表示含铜量。例如H68是平均含铜量为68%、含锌量为32%的普通黄铜。如H前面加了“Z”,表示为铸造黄铜。

普通黄铜常用来制造散热器、分水管等零件。特殊黄铜常用来制造转向节衬套、钢板弹簧衬套、行星齿轮及半轴齿轮支承衬垫等零件。

②青铜。除黄铜和白铜(铜镍合金)以外的铜合金,统称为青铜。青铜按化学成分的不同可分为锡青铜(普通青铜)和无锡青铜(特殊青铜),按加工工艺的不同可分为压力加工青铜和铸造青铜。

3.轴承合金

在滑动轴承中,用于制造轴瓦及内衬的合金材料称为轴承合金。为保证轴承能正常工作,除要求轴瓦材料具有良好的耐磨性、韧性、有微孔储油以使接触表面形成油膜等性能外,还要求轴瓦内衬的合金组织为在软基体上均匀分布硬质点，软基体要韧性好，能承受冲击载荷。轴承合金的软基体被磨损后形成凹坑，硬质点比较耐磨而凸起来，这时凹坑储存润滑油以减少轴的磨损，硬质点支承载荷，一旦载荷过大，凸起来的硬质点被压入软基体，避免轴被擦伤。能满足上述对轴瓦内衬材料要求的合金有锡基、铅基、铜基、铝基等轴承合金，其中以锡基、铅基轴承合金为最好，一般又称巴氏合金。

二 汽车常用非金属材料性能与质量控制常识

(一)橡胶件

橡胶制品在汽车工业中广泛应用，许多零配件都是用橡胶制成的，如轮胎、连接软管、密封件、防振件、传动件、衬垫等。

1. 橡胶的分类和主要特性

橡胶的主要原料是生橡胶(生胶)，根据来源的不同，分为天然橡胶和合成橡胶两类。

(1)天然橡胶。天然橡胶是从橡胶树上采集的胶乳，经过一系列处理，制成生胶。一般胶乳中水分占50% ~60%、橡胶烃(制造橡胶的主要成分)占30% ~40%。

(2)合成橡胶。合成橡胶又称人造橡胶，由丁二烯、异戊二烯等低分子化合物，经过一系列复杂的化学反应制成。合成橡胶根据其性能，可分为通用合成橡胶和特种合成橡胶。

2. 汽车常用橡胶配件及质量检验

1)连接软管及其质量检验

汽车中的橡胶连接软管大致可分为一般低压软管、耐高压制动软管和耐油软管三类。软管的结构虽各有不同，但大体有内胶层、增强层和外胶层三个基本部分组成。

(1)一般低压软管。汽车上常用的低压软管有散热器连接软管、制动放气软管等。散热器连接软管是不耐油类侵蚀的，对它的机械性能要求不高，在选配时，主要检查外观应无脱层、缩孔、起泡、皱折、裂纹、凹痕、扭曲、壁厚不匀等缺陷。

(2)耐高压软管。汽车制动系统、液压系统所用连接软管，是事关安全行驶及安全操作的配件，突出的要求是耐高压。因此，软管的增强层采用编织胶管和缠绕胶管，此外还要求软管耐绕曲性好、经 -40℃耐寒试验后无裂纹、耐振动，膨胀性小；要求内胶层均匀、表面平整无气孔，增强层紧紧缚住内胶层；外胶层同样要紧贴增强层，使之不受损伤；两端的金属接头螺纹紧紧地嵌在胶面中。除需检查耐高压软管的外观尺寸外，使用前也要逐根进行耐压试验。

(3)耐油软管。耐油软管有汽油软管、柴油软管、润滑油软管、机油散热器软管等。

2)密封件及其质量检验

(1)O形密封圈。O形密封圈有的是固定装置，即O形圈在无流体情况下，通过安装时给O形密封圈截面8% ~25%的压缩变形产生的接触压力造成密封作用，称为固定(静)密封；有的是浸在具有压力的流体情况下(如在液压设备中)，称为往复密封。

(2)骨架油封。对骨架油封的质量检验，需按下列要求进行：首先检查外观质量，油封表面应光滑无毛刺、裂纹、气泡、缺角及杂质嵌入等缺陷；护油唇的边缘为锐角，无缺口、毛边及不均匀等现象。

(3)皮碗。在液压制动缸中的皮碗，既起密封作用又起传递压力作用。因此，不仅要求胶料具有良好的强度和弹性,而且尺寸和形状要精确。

(4)门窗玻璃密封条。汽车的门窗玻璃密封条的作用是防止风雨侵袭车内,同时还兼有防振作用。它的横断面形状有两种:一是"H形",安装时再压上楔形胶条,接触十分紧密,有粗细多种规格;二是"槽形",其端面尺寸是一定的。

3)传动件及其质量检验

风扇传动带的长度应符合规定,两侧应平整而无凸起,适当拉长传动带以检查有无裂纹、折痕等缺陷。传动带的断面尺寸很重要,除测量传动带的顶宽和厚度外,还可用角度规夹在传动带两侧测量角度,在漏光情况最小时,读出角度值。角度不准的风扇传动带与传动带轮的接触面小,不耐用,传动效率也不高。

4)减振件及其质量检验

汽车用的减振橡胶件,除离合器中吸收颤抖的橡胶呈星形盘带外,多数是块状。在形状上虽不同于减振金属弹簧,但它具有内摩擦和三向弹簧常数的减振效率高的特点。呈块状的减振橡胶件,在垂直、横向、纵向三个方向都有减振功能,即橡胶在拉伸、压缩、剪切等各个方面都产生弹性变形而吸收振动。经过良好硫化的橡胶,其内摩擦比金属弹簧大1000倍以上,不仅在低频振动时可有效减振,在高频振动时也可有效减振。

(二)塑料件

1.塑料的分类和主要特性

(1)塑料的分类。塑料的种类繁多,分类方法也不统一,常用的分类方法有两种。一是按其热性能分为热塑性塑料和热固性塑料;二是按其应用范围分为通用塑料、工程塑料和特种塑料。

热塑性塑料加热后软化,具有可塑性、可加工性,冷却后变硬;再加热后又会软化,冷却后又变硬。这一过程可反复进行,而对其结构性能却无影响。如聚氯乙烯、聚苯乙烯、聚酰胺(又叫尼龙)等。它们成型工艺简单,生产效率高,具有一定的机械性能,但耐热性和刚性较低。

(2)塑料的主要特性。塑料具有质量轻、比强度高、化学稳定性好、绝缘性能好、减摩耐磨性能好、消声性能好等特点,因而在汽车上应用日益广泛。

2.塑料在汽车上的应用

(1)汽车内装件的应用。为达到安全、舒适、美观的目的,汽车内装件应具有吸振性能强、耐用、手感好等特点。聚丙烯、PP常用于转向盘、杂物箱、仪表板下杂物盒、除霜器、防滑板、手操纵杆、主柱装饰;苯乙烯ABS常用于仪表板衬垫、仪表板、前主柱装饰、控制台;聚氯乙烯、PVC常用于仪表外壳、座椅扶手、车门、成型顶棚衬里;玻璃纤维增强苯乙烯一马来酸酐共聚物、SMA/GF常用于仪表板骨架。

(2)汽车外装件的应用。汽车上的万向节轴承、转向节衬套、转向拉杆轴承、钢板弹簧衬套、车门球形轴承及风扇机构的轴承等都成功地采用各种塑料制造。这些塑料轴承在工作时可不用润滑脂润滑,金属轴也不易磨损,并具有摩擦系数小、耐磨、使用寿命长等优点。但因存在线膨胀系数大,导热系数小,某些塑料吸水、吸湿性大,具有常温蠕变等缺陷,塑料轴承一般只能在较低温度下使用,目前使用多的是热塑性材料。碳纤维增强复合材料具有高强度、高刚度、良好的耐腐蚀性、耐磨性。

(三)摩擦件

1. 制动摩擦片及其质量检验

1)材料分类

(1)石棉摩擦材料。汽车摩擦材料主要由骨架材料、黏结材料及填充材料组成。骨架多以石棉纤维为主,称为石棉摩擦材料,它占汽车使用摩擦材料总量的95%以上。黏结材料多以酚醛树脂为主。填充材料多用重晶石、氧化铝、氧化铁、轮胎粉等粉末。按使用温度可分为:通用石棉摩擦材料、高温石棉摩擦材料。

(2)金属陶瓷摩擦材料。由粉末冶金制成的铁基、铜基金属陶瓷材料,可应用于更高的使用温度,但价格高、噪声大、对偶磨损快,多用于高温、湿式场合。

(3)半金属摩擦材料。半金属摩擦材料用高组分的铁基石墨制成,使用温度为260~530℃,是介于石棉摩擦材料与金属陶瓷摩擦材料之间的材料。这种材料耐高温,噪声小,适用于大型载重汽车。

(4)碳纤维摩擦材料。碳纤维摩擦材料除了碳纤维外,还含有石墨、碳的化合物,所用的环氧树脂等黏结材料也常经碳化处理,故又称为碳基摩擦材料或碳—碳摩擦材料。

2)对制动摩擦片的质量要求

(1)摩擦系数足够高且稳定。摩擦系数是摩擦材料的一个最主要的技术指标,通常它不是一个常数,随温度、压力、速度或者表面状态、摩擦环境而变化。

(2)具有良好的耐磨性,这是衡量摩擦材料使用寿命的一个重要指标。

(3)具有较好的物理—机械性能。既能满足加工工艺要求,又能保持良好的使用性能。

(4)工作噪声小。

2. 离合器摩擦片及其质量检验

汽车离合器摩擦片主要工作是传递动力,对它除要求单位面积传递的转矩值符合要求外,其他与制动摩擦片相似。

以往常采用带铜丝的石棉线或织物等材料制造离合器摩擦片,现在已越来越多地用其他纤维(例如玻璃纤维)来代替铜丝制造离合器摩擦片。

离合器摩擦片的尺寸除检查内、外圆直径外,对厚度的要求一般比制动摩擦片精确。如厚度不一致将直接影响工作时的接触面。为了保证离合器摩擦片在传动时结合平稳,在不同速度、不同压力及不同温度时,摩擦系数需保持稳定性,而且要求静摩擦系数符合规定。

三 汽车常用运行材料性能与质量控制常识

(一)车用燃料

1. 车用汽油及其质量检验

1)车用汽油的质量要求

汽油的使用性能主要包括蒸发性、抗爆性、氧化安定性、腐蚀性、无害性、机械杂质和水分等评定指标。含铅汽油是在汽油中添加四乙基铅[$Pb(C_2H_4)_4$]提高汽油的抗爆性,无铅汽油是在汽油中添加甲基叔丁醚(MTBE)提高汽油的抗爆性。

我国目前执行《车用无铅汽油》(GB 17930—2011)这一强制性国家标准。车用无铅汽油按研究法辛烷值划分为 90 号、93 号、95 号三种牌号，市场上还有按照企业标准生产的 97 号、98 号车用无铅汽油，与 GB 17930—2011 标准所属产品相比，具有更高的辛烷值的优良抗爆性，应根据发动机压缩比选择车用汽油的牌号。车用汽油的质量要求主要有：抗爆性好、蒸发性好、氧化安定性好、抗腐蚀性好。

2）车用含铅汽油品质的简易检验

（1）颜色。呈浅黄色、橙黄色或浅红色。

（2）气味。有强烈的汽油味。

（3）摇动。气泡随产生随消失。

（4）手感。发涩，有凉感，蒸发后皮肤干燥呈白色。

2. 车用轻柴油及其质量检验

1）车用轻柴油的质量要求

我国目前执行《轻柴油》（GB 252—2011）这一国家标准，轻柴油按凝点分为 10 号、5 号、0 号、-10 号、-20 号、-35 号、-50 号 7 个牌号，轻柴油牌号的选择应使最低使用温度等于或略高于轻柴油的凝点，一般来说，最低使用温度应高于牌号 5 个数值，即：-20 号轻柴油的最低使用温度约为 -15℃。车用轻柴油的质量要求主要有：

（1）燃烧性好，十六烷值适宜，自燃点低，燃烧完全，使发动机工作稳定，不易发生爆震现象。

（2）蒸发性好，蒸发速度要合适，否则会使发动机油耗增大，磨损加剧，功率下降。

（3）黏度适中，以保证高压油泵的润滑和雾化质量。

（4）安定性好，在储存中生成胶质及燃烧后生成积炭的倾向都比较小。

（5）含硫量小，对发动机零部件的腐蚀较小。

2）车用轻柴油质量的简易检验

（1）颜色。呈茶黄色，表面蓝色。

（2）气味。有强烈的柴油味。

（3）摇动。气泡漩涡消失比汽油慢。

（4）手感。光滑、手沾后有油感。

（二）发动机油

发动机油是由基础油与不同种类、起不同作用的添加剂配制而成的。

1. 发动机油的性能要求

发动机油的使用性能主要包括黏度和黏温性、清净分散性、抗泡沫性、抗氧化性、抗磨性。通常在发动机油中加入清净分散添加剂，以吸附机油中的固体污染颗粒，减少机油的沉淀物和漆膜的形成。

2. 发动机油的规格

选用发动机油时，一是要根据发动机性能、结构、工作条件和燃料品质选择使用性能级别（API 质量代号）；二是要根据气温、工况和发动机技术状况选择黏度级别（SAE 黏度代号）。

1）API 质量代号

（1）S 系列（汽油机油系列），包括 SA、SB、SC、SD、SE、SF、SG、SH、SI、SJ 等级别。

（2）C 系列（柴油机油系列），包括 CA、CB、CC、CD、CE、CF、CG 等级别。

(3)我国发动机油使用性能分类:我国《汽油机油》(GB 11121—2006)规定了 SC、SD、SE、SF 等四个级别汽油机油规格;《柴油机油》(GB 11122—2006)规定了 CC、CD 两个柴油机油规格;《汽油机油》(GB 11121—2006)规定了 SD/CC、SE/CC、SF/CD 三个级别汽油机/柴油机油的规格。

2)SAE 黏度代号

发动机油的黏度级别以 6 个含 W 的低温黏度级号(0W、5W、10W、15W、20W、25W)和 5 个不含 W 的高温黏度级号(20、30、40、50、60)表示。发动机油低温黏度级号以最大低温黏度、最高边界泵送温度及 100℃时的最小运动黏度划分,数值越小表示其低温流动性越好。发动机油最低使用温度等于 -35 与其低温黏度级号之和,例如:15W 的最低使用温度为 -35 + 15 = -20℃。发动机油高温黏度级号以 100℃运动黏度划分,数值越大表示高温下的最低黏度越好。

3)发动机油质量的简易检验

主要介绍滤纸斑点试验测定在用发动机油质量。可按照《润滑油现场检验法》(GB/T 8030—1987)有关规定,获取油样滤纸斑点,并与典型斑点图谱对比分析,从而判断含有清净剂和分散剂的发动机油的清净分散性,以此反映发动机油的清净作用和分散作用丧失程度。

典型的斑点形态由三个环组成:

(1)沉积环。呈淡灰至黑色,为大颗粒不溶物沉积区。发动机油接近报废时清净剂和分散剂消失,沉积环直径小,颜色黑。

(2)扩散环。在沉积环外圈呈浅灰色到灰色的环带,它是悬浮在油内的细颗粒杂质向外扩散留下的痕迹。宽度越宽,分散性越好。扩散环窄或消失,表示清净剂和分散剂已耗尽。

(3)油环。在扩散环外圈,浸油区的颜色由淡黄至棕红色。此环可反映发动机油的氧化程度,新油的油环透明,氧化程度越重,油环颜色越暗。

测定时一要注意应在补加新油前,发动机运转 5min 后采取油样;二要注意滤纸斑点应在室内放置 2 ~3h 后,再进行对比判断。滤纸斑点图谱一般分为以下 4 级。

①一级。油斑的沉积环与扩散环之间没有明显界限,整个油斑颜色均匀,油环色浅而明亮。这说明油质良好。

②二级。沉积环颜色深,扩散环较宽,沉积环与扩散环之间没有明显界限,油环颜色变黄。这说明油已被污染,应加强滤清,但可继续使用。

③三级。沉积环呈黑色,扩散环变窄,油环颜色变深。这说明发动机油接近报废,应予以更换。

④四级。油斑只有沉积环和油环,无扩散环,沉积环乌黑、稠厚而不易干燥。这说明发动机油已被严重污染,应立即换油。

(三)车辆齿轮油

1. 齿轮油的性能特点

车辆齿轮油应具有优良的极压抗磨性、氧化安定性、防锈性、防腐蚀性和剪切安定性,在使用中不产生泡沫,具有良好的低温流动性,以满足汽车传动齿轮在各种工况下的润滑要求。

2. 齿轮油的规格

选用车辆齿轮油时,一是要根据齿面压力、滑移速度和油温等工作条件选择使用性能级别(API 质量代号);二是要根据最低气温、最高油温和换油周期选择黏度级别(SAE 黏度代号)。

1)API质量代号

API质量代号,根据齿轮负载能力分为GL-1、GL-2、GL-3、GL-4、GL-5、GL-6六个级别。我国车辆齿轮油按使用性能分为三类:普通车辆齿轮油(GL-3)、中负荷车辆齿轮油(GL-4)和重负荷车辆齿轮油(GL-5)。

2)SAE黏度牌号

车辆齿轮油黏度级别分为70W、75W、80W、85W、90、140、250七个牌号(等级)。含字母W的是冬季用齿轮油,以低温黏度达到150Pa·s时的最高温度和100℃时最低运动黏度划分;不含字母W是夏季用齿轮油,以100℃运动黏度范围划分。齿轮油的黏度等级也有单级黏度和多级黏度之分,例如:GL-5 85W/90表示低温黏度符合SAE85W要求、高温黏度符合SAE90的要求的重负荷车辆齿轮油。

3)选用车辆齿轮油注意事项

(1)根据季节,对照当地冬季最低气温适当选择齿轮油的黏度级别,标号为75W、80W、85W的齿轮油分别适用于最低气温为-40℃、-26℃、-12℃的地区。尽可能使用合适的多级车用齿轮油。

(2)根据齿轮类型和工况选择齿轮油的使用性能级别,对于一般工作条件下的螺旋锥齿轮主减速器(驱动桥)、变速器和转向器,可选用普通车辆齿轮油;准双曲面齿轮主减速器必须根据工作条件选用中负荷车辆齿轮油或重负荷车辆齿轮油,绝不能用普通车辆齿轮油代替准双曲面齿轮油。馏分型双曲面齿艳油的颜色一般为黄绿色到深绿色及深棕红色,其他齿轮油一般为深黑色,使用时应注意区别。

(3)因某些指标不尽相同,不同产地的车用齿轮油,即使是同质量、同黏度等级也不能混用。

(4)按规定期限及时更换车辆齿轮油,一般换油里程为3~4.8万km。

(四)车用润滑脂

润滑脂实际上是一种稠化了的润滑油,是将稠化剂分散在液体润滑剂中所组成的一种固体或半固体产品。

1.润滑脂的种类

润滑脂有钙基润滑脂、钠基润滑脂、钙钠基润滑脂、通用锂基润滑脂、汽车通用锂基润滑脂、极压锂基润滑脂、石墨钙基润滑脂等种类,其特性和适用范围如表2-1-7所示:

润滑脂的特性和适用范围 表2-1-7

品种	特性	适用范围
钠基润滑脂	抗水性差、耐热性好、有较好的极压抗磨性能	使用温度可达120℃
钙钠基润滑脂	抗水性、耐热性介于钙基润滑脂和钠基润滑脂之间	适用于不太潮湿条件下的滚动轴承的润滑,如底盘、轮毂等处的轴承
汽车通用锂基润滑脂	良好的机械安定性、胶体安定性、防锈性、氧化安定性、抗水性	适用于汽车轮毂轴承、水泵、发电机等摩擦部位的润滑,国产和进口车型普遍推荐使用
石墨钙基润滑脂	具有良好的抗水性和抗碾压性能	适用于重负荷、低转速和粗糙的机械的润滑,如汽车钢板弹簧、起重机齿轮转盘等承压部位的润滑

2. 润滑脂使用注意事项

(1)尽量选用锂基润滑脂。锂基润滑脂滴点高,使用温度范围广,并具有良好的低温性能、抗磨性、抗水性、抗腐蚀性和热氧化安定性,是目前最常用的一种多效能润滑脂。

(2)不同种类的润滑脂不能混用,新旧润滑脂也不能混用。即使是同类的润滑脂也不可新旧混用,这是因为旧润滑脂含有大量的有机酸和杂质,会加速新润滑脂的氧化。更换润滑脂时,必须将旧润滑脂清洗干净,才能加入新润滑脂。

(3)润滑脂用量应适当。更换轮毂轴承润滑脂时,只需在轴承的滚珠(或滚柱)之间塞满润滑脂,而轮毂内腔采用“空毂润滑”,即在轮毂内腔仅仅涂上一层润滑脂,这样易于散热,既可降低润滑脂的工作温度,又可节约润滑脂用量。

3. 车用润滑脂质量的简易检验

(1)时间。不要购买存储时间超过 1 年的润滑脂。

(2)颜色。钙基润滑脂为外观呈浅黄色至暗黑色的油膏;石墨钙基润滑脂为外观呈黑色的均匀油膏;通用锂基润滑脂为外观呈均匀光滑的油膏;合成锂基润滑脂为外观呈浅褐色的均匀油膏;复合钙基润滑脂为外观呈浅黄色至暗褐色的均匀块状油膏。

(五)车用制动液

1. 制动液的性能特点

(1)制动液应有合适的高、低温黏度,良好的低温性能,必要的润滑性,在 -40 ~ 150℃温度范围内,保持良好的工作状态,使制动灵敏可靠。

(2)制动液在 150℃以下不得气化,吸水后沸点下降不大,不分层沉降,保持混溶状态。

(3)制动液对橡胶件溶涨率小,确保皮碗、密封件能正常工作。

(4)制动液抗氧化安定性与热安定性好,遇热不分解、不腐蚀金属,可防锈。

2. 制动液使用注意事项

(1)禁止不同类型的制动液混合使用,不同厂家生产的同黏度、同牌号的制动液也不宜混合使用,否则会因制动液分层而失去制动作用。

(2)制动液应保持清洁,严防水分,矿物油及杂质污染制动液。使用前必须检查制动液,如有白色沉淀、杂质等,应过滤后再使用。

(3)制动液应注意防潮,防止制动液吸收水分后导致沸点下降。存放制动液的容器应当密封,更换下来和装在未密封容器内的制动液不允许继续使用。

(4)制动液应定期更换,更换周期一般为 1 ~2 年。更换制动液时,需彻底清洗制动系统。

(六)车用液力传动油

1. 车用液力传动油及性能

液力传动油使用在自动变速器中,又称为自动变速器油(ATF)。在液力变矩器中,它作为流体动力能的传递介质;在液压控制装置中,它作为液体静压能的传递介质;在换挡执行器中,它作为机械摩擦能的传递介质;在摩擦片表面和油冷却系统中,它作为热量传递介质;在齿轮、轴承中,它作为润滑介质。由于液力传动油的使用寿命超过 10 万 km,所以要求它具有良好的液力传动、液压传动、润滑、冷却性能,主要要求液力传动油具有稳定的黏度和良好的低温流动性、抗磨性、热氧化安定性、抗泡沫性、密封材料适应性、良好的抗摩擦特性、防腐蚀性和储存安定性。

2. 车用液力传动油的性能特点

(1)应具有适宜的黏度和良好的黏温性能,以保证自动变速器能在-40~170℃温度范围内正常工作。

(2)应具有良好的润滑性的抗摩擦特性,能保证不同材质的液力传动、液压传动、机械传动、摩擦传动部件不易被磨损。

(3)应具有热稳定性和抗氧化安定性好,能保证在70~140℃(甚至更高温度)的工作条件下长期使用。

(4)应具有优良的抗泡沫性,使油液在不断搅拌的工作条件下产生的泡沫易于消失。

(七)车用其他工作液

1. 发动机冷却液

发动机冷却液(又称防冻液)是汽车发动机的专用化学品,主要用于发动机的冷却,其作用是防止发动机在冬季因冷却水结冰而冻裂损坏,还要阻止水中的氧及其他杂质对冷却系金属的腐蚀。对冷却液性能的要求主要是防冻、防锈、防沸腾和防水垢。

1)发动机冷却液的性能特点

(1)低温黏度小,流动性好。冷却液的低温黏度越小,说明冷却液流动性越好,低温散热效果越好。

(2)冰点低。冷却液的冰点必须低于最低环境温度10℃以上,否则易冻裂发动机冷却系统。

(3)沸点高。发动机冷却液在较高温度(超过100℃)下不沸腾,可保证汽车在满载、大负荷等苛刻条件下正常工作,此外,高沸点也会减少蒸发损失。

(4)不易产生水垢,不起泡沫。水垢和泡沫均会减小冷却系统的散热效果,因此要求冷却液不易产生水垢和泡沫。

2)发动机冷却液的组成

常用的发动机冷却液为水与乙二醇、水与乙醇、水与丙三醇、水与甲醇或水与双甘醇按一定比例混合而成。

我国发动机冷却液产品质量分为一级品和合格品。发动机冷却液有-25号、-30号、-35号、-40号、-45号和-50号等6个牌号(等级),冷却液的冰点值即为其牌号值。

3)发动机冷却液使用注意事项

(1)在选用冷却液时,其冰点要比车辆运行地区的最低气温低10℃以上;应首选汽车制造厂推荐或规定使用的冷却液;要看清包装说明,选择使用的冰点、沸点和防腐蚀性能好的冷却液。实践证明,选用冷却液的关键是防腐蚀剂的选择和配制,切不可购买“三无”产品,以防被假冒伪劣产品坑害。

(2)乙二醇冷却液的最低使用浓度为33.3%(V/V),此时冰点不高于-18℃,低于此浓度则冷却液的防腐蚀性不足;最高使用浓度为69%(V/V),此时冰点为-68℃,高于此浓度则冰点反而会上升;全年使用冷却液的车辆最低使用浓度以50%(V/V)左右为宜。

(3)不同牌号、不同规格的冷却液不可混用。同一牌号的冷却液,加水量越多,调配后的冷却液冰点值越高。

(4)冷却液一般使用1～2年后须更换，更换时应清洗发动机冷却系统。

(5)不合格的发动机冷却液易造成发动机严重腐蚀。

2. 车用液压油

汽车上转向助力器、减振器、车身自动升降系统均使用液压油。对液压油的基本要求是工作中能保持不可压缩性和良好的流体状态。

1)车用液压油的分类

我国等效采用ISO标准，将液压油黏度级别按40℃运动黏度分为N15、N22、N32、N46、N68、N100、N150七个牌号(等级)。液压油按使用性能分类也是等效采用ISO标准，其中汽车常用的有HM、HV、HS三种。

2)车用液压油的选用

选用液压油时应考虑液压系统的工作条件(包括油泵的类型、工作压力、转速和系统内的油温，各部件材质，液压系统工作时间和工作特点等)和液压系统的工作环境(包括工作环境温度、温度变化情况及有无特殊情况等)。对于影响汽车行车安全的系统(如制动、转向)应按汽车制造厂规定的油品选用。

3. 制冷剂

1)汽车空调制冷剂的性能特点

在制冷设备中完成制冷循环的工作介质称为制冷剂。汽车空调制冷剂应具有：蒸发潜热大且易于液化、化学安定性好、工作温度和压力适中、对金属及密封材料无腐蚀、不燃烧、不爆炸、无毒性、无污染，可与冷冻机油按照任何比例互溶等特点。

2)制冷剂使用注意事项

(1)避免日光直射、高温烘烤制冷剂容器，以防发生意外。

(2)避免制冷剂与人的皮肤直接接触，以防冻伤；尤其避免制冷剂误入眼睛，以防造成失明。

(3)尽管R12制冷剂无毒且不易燃烧，但遇明火会产生有毒物质，因此操作现场应保持通风良好。

4. 风窗玻璃洗涤剂

汽车风窗玻璃洗涤剂用来清洗风窗玻璃上妨碍视野的物质。

优质的风窗玻璃洗涤剂应具有一定浓度，既对金属无腐蚀作用，又对非金属无不良影响，冷热交变下稳定性良好，能有效地去除各种污垢，确保风窗玻璃视野良好等特点。风窗玻璃洗涤剂还应对人的皮肤、嗅觉无刺激作用。冬季使用的风窗玻璃洗涤剂还应具有较低的凝点，一般要求风窗玻璃洗涤剂的凝点为－20℃，对于特别寒冷地区可特殊配制。

5. 铅酸蓄电池电解液

汽车蓄电池可以反复多次进行充电和放电，而蓄电池电解液就是蓄电池充电、放电过程的介质。蓄电池电解液是由纯净硫酸与蒸馏水按一定比例配制而成，一般工业硫酸和非蒸馏水都含有杂质，不可加入蓄电池内，否则将减少蓄电池的容量，影响蓄电池的性能和寿命。

配制电解液时，一定要注意将硫酸缓慢倒入盛有水的容器时，要边倒边搅拌，切不可将水倒入硫酸容器内，以防硫酸飞溅伤人。

电解液中硫酸浓度通常以密度(或相对密度)来表示。密度大可以减少冬季使用中结冰的危险,并提高蓄电池的电容量,但密度过大,由于黏度增加,不仅会减少蓄电池的电容量,而且还会缩短极板和隔板的使用寿命。所以,电解液密度应根据地区气候条件来选择。

四 汽车配件的类型

在汽车维修企业和汽车零配件经营企业,通常将汽车零部件、汽车标准件和汽车材料三种类型的产品统称为汽车配件。

1.汽车零部件

汽车零部件一般都编入各车型汽车配件目录,并标有统一规定的零部件编号。汽车零部件又分为以下类型:

(1)零件。零件是指汽车基本制造单元,它是不可再拆卸的整体,如活塞、活塞销、气门、气门导管等。

(2)合件。合件由两个以上零件组装,起着单一零件作用的组合体称为合件,如带轴承盖的连杆、成对的轴瓦、带气门导管的汽缸盖等。

(3)组合件。组合件由几个零件或合件组装,但不能单独完成某一机构作用的组合体称为组合件,如离合器压板及盖、变速器盖等。有时也将组合件称为"半总成"件。

(4)总成件。总成件由若干零件、合件、组合件装配成一体,能单独完成某一机构作用的组合体称为总成件如发动机总成、离合器总成、变速器总成等。

(5)车身覆盖件。车身覆盖件由板材冲压、焊接成型,并覆盖汽车车身的零件称为车身覆盖件,如散热器罩、翼子板等。

2.汽车标准件

按国家标准设计制造,对同一零件统一其形状、尺寸、公差、技术要求,能通用在各种仪器、设备上;并具有互换性的零件称为标准件,如螺栓、垫圈、键、销等。其中适用于汽车的标准件,称为汽车标准件。

3.汽车材料

在汽车配件中,还有一个重要的概念,那就是"纯正部品"。纯正部品是进口汽车配件中的一个常用名称,指的是各汽车厂原厂生产的配件,而不是副厂或配套厂生产的协作件。纯正部品虽然价格较高,但质量可靠,坚固耐用,故用户均愿采用。凡是国外原厂生产的纯正部品,包装盒上均印有"GENUINE PARTS"或中文"纯正部品"字样。

五 汽车配件质量的鉴别和检验

(一)如何选购汽车配件

配件质量的好坏不仅直接影响汽车维修质量,而且关系到行车安全。因此,如何选购好汽车配件,怎样判断配件质量优劣,已成为汽车维修人员关注的焦点。众多采购人员的经验是:走正门、货比货、不贪便宜。所谓走正门,就是到信誉高,即信得过的配件商店和有关特约维修站去购买需要的配件;所谓货比货,就是将购买的配件与原来使用过的配件对比外观质量及加工精度,与原配件相同是合格品(或正品),否则就值得怀疑;所谓不贪便宜,是从"一等价钱一等货"的道理来说的。

配件采购时应遵循"5R"原则:即通过适当的供应商(right vendor),在确保适当的品质

(right quality)下,以适当的价格(right price),于适当的时间(right time),获得适当的数量(right quantity)。

在选购配件时,特别是进口车的配件,还要注意区别不同年代生产的配件规格差异。为了满足市场的需求和适应技术的发展,汽车制造商每年都会改进某些零部件,生产新车型。新、老车型的同一种零件外形虽然相似,但只要编号改了,其参数就有变化。在选购配件之前,一定要弄清楚车辆型号、生产年份,同时也要掌握选购配件的性能和参数。

为了鉴别判断配件质量的优劣,大体上可检查以下几个方面,即一是检查包装,二是检查配件外观,三是必要时进行力所能及的检验。

(二)检查汽车配件外部包装

1. 检查商标

正规厂商在零配件表面有硬印或化学印记的商标,并注明了零件的编号、型号、出厂日期,一般采用自动打印技术,字母排列整齐,字迹清楚,小厂和小作坊一般是做不到的。

2. 检查外部包装

国产汽车的配件有正厂配件(即正厂生产的配件)、副厂配件;进口汽车和中外合资厂生产的汽车配件除正厂配件、副厂配件外,还有国产配件。这些配件的共同特点是包装规范、有配件商标图案、零件号标注清楚。具体包装盒上有生产厂名、厂址、零件名称、零件编号、包装盒内附有合格证;进口配件有中文说明,有的还有产地、经销点等信息。

3. 检查产品说明书

产品说明书是生产厂商进一步向用户宣传产品,为用户做某些提示,帮助用户正确使用产品的资料。通过产品说明书可增强用户对产品的信任感。一般来说,每一个配件都应配一份产品说明书(有的厂商配用户须知)。

如果交易量大,还应该查询技术鉴定资料。进口配件还要查询进口报关资料。国家规定,进口商品应配有中文说明,一些假冒进口配件一般没有中文说明,且包装上的外文,存在拼写错误或语法错误,一看便能分辨真伪。

(三)检查汽车配件外观

选购汽车配件时应认真检查配件外观。铸件表面不允许有裂纹、孔眼、缩孔和疏松夹渣,其加工面应平整、清洁,不应有磕碰、划痕、毛刺和锈蚀;冲压件表面应光滑,不得有皱折、裂纹和锈蚀;磨削加工件表面应光亮如镜,不得有划痕、黑点、碰伤、腐蚀,用放大镜检查时加工面不得有未磨光的部分;焊接件的焊缝厚度均匀整齐,表面无波纹、夹渣和裂纹。

一般非配套厂生产的配件外表面粗糙度、尺寸精度、硬度达不到技术要求。

1. 检查表面处理工艺

鉴别金属机械零件,可以查看表面处理。所谓表面处理,即电镀工艺、油漆工艺、电焊工艺、高频热处理工艺。查看表面处理具体有以下几个方面。

(1)镀锌技术和电镀工艺。汽车配件的表面处理,镀锌工艺占的比重较大。一般铸铁件、锻造件、铸钢件、冷热板材冲压件等大多采用表面镀锌,质量不过关的镀锌工艺,表面一致性很差;质量过关的镀锌工艺,表面一致性好,而且批量之间一致性也没有变化,有持续稳定性。

(2)油漆工艺。现在一般都采用电浸漆、静电喷漆技术,有的还采用真空手段和高等级静电漆房喷漆。采用先进工艺生产的零部件表面,与采用陈旧落后生产的零部件表面有很大差异。目测时可以看出,前者表面细腻、有光泽、色质鲜明,而后者则色泽暗淡无光亮,表面存在气泡或流痕现象,用手抚摸有砂粒感觉,相比之下,真伪非常分明。

(3)电焊工艺。在汽车配件中,减振器、钢圈、前后桥、大梁、车身等均有电焊焊接工序。正规配件生产企业的电焊工艺技术大多采用自动化焊接,能定量、定温、定速,有的还使用低温焊接法等先进工艺,产品焊缝整齐、厚度均匀,表面无波纹形,直线性好,即使是点焊,焊点、焊距也很规则,这一点哪怕再好的手工操作也无法做到。

(4)高频热处理工艺。汽车配件产品经过精加工后才进行高频淬火处理,因此,淬火后各种颜色都留在产品上。如汽车万向节内、外球笼经淬火后,就有明显的黑色、青色、黄色和白色,其中白色面是受摩擦面,也是硬度最高的面。目测时,凡是全黑色或无色的,肯定不是高频淬火。

2. 检查非使用面的表面伤痕

从汽车配件非使用面的伤痕,也可分辨配件的真伪。表面伤痕是在中间工艺环节由于产品相互碰撞留下的痕迹。优质的产品是靠先进的科学管理和先进的工艺技术制造出来的。生产一个零件有时要经过数十道甚至上百道工序,而每道工序都要配备工艺装备,其中包括工序运输设备和工序安放的工位器具。高品质的产品有很好的工艺装备作为保障,所以高水平工厂的产品是不可能在中间工艺过程中互相碰撞的。以此推断,凡在产品不接触面留下伤痕的产品,肯定是小厂、小作坊生产的劣质品。

(四)检查汽车配件材质

1. 检视法——“看”

(1)检视配件材质是否正确。绝大多数配件都经过切削加工。不同的金属材料切削加工后的表面物理特性不同。例如灰口铸铁加工面光泽较暗,球墨铸铁则较亮,两者表面都较粗糙;钢加工面光泽明亮,组织细密。

(2)检视配件表面硬度是否达标。配件表面硬度都有规定的要求,在征得厂家同意后,可用钢锯条的断茬去试划(注意试划时不要划伤工作面):划时打滑无划痕的,说明硬度高;划后稍有浅痕的说明硬度较高;划后有明显划痕的说明硬度低。

(3)检视配件结合部位是否平整。零配件在搬运、存放过程中,由于振动、磕碰,常会在结合部位产生毛刺、压痕、破损等缺陷,影响零件使用,选购和检验时要特别注意。

(4)检视配件几何尺寸有无变形。有些零件因制造、运输、储存、保管不当,易产生变形。

(5)检视总成件有无缺件。正规的总成件必须齐全完好,才能保证顺利装配和正常运行。一些总成件上的个别小零件若漏装,将导致总成件无法正常工作,甚至报废。

(6)检视配件转动部件是否灵活。在检验机油泵等转动部件时,可用手转动泵轴,应感觉转动灵活无卡滞。检验滚动轴承时,一手支撑轴承内圈,另一手打转轴承外圈,外圈应能快速自如转动,然后逐渐停止转动。若转动零件发卡、转动不灵,说明内部锈蚀或产生变形。

(7)检视配件装配记号是否清晰。为保证配合件的装配关系符合技术要求,有一些零件,如正时齿轮表面均刻有装配记号。若无记号或记号模糊无法辨认,将给装配带来很大困难,甚至错装。

(8)检视接合零件有无松动。由两个或两个以上零件组合成的配件,零件之间有时是通过压装、胶接或焊接在一起的，它们之间不允许有松动现象。如油泵柱塞与调节臂是通过压装组合的，离合器从动毂与钢片是铆接的，离合器摩擦片是铆接或胶接的，纸质滤清器滤芯骨架与滤纸是胶接的，很多电器设备是焊接的，检验时若发现松动应予以更换。

（9）检视配件配合表面有无磨损。若零件配合表面有磨损痕迹，则多为旧件翻新。细小的表面磨损、烧蚀、橡胶材质变质等缺陷可借助放大镜目视观察。

2. 敲击法——“听”

判定部分壳体和盘形零件是否有裂纹、铆钉连接的零件有无松动以及轴承合金与钢片的接合是否良好时，可用小锤轻轻敲击并听其声音。如发出清脆的金属声音，说明零件状况良好；如果发出的声音沙哑，可以判定零件存在裂纹、松动或结合不良等缺陷。

3. 锉削法——“试”

在配件的非工作面进行锉削，可以简易判断零件的材质。但应注意做到不影响工作面，不破坏工作性能。

灰口铸铁锉削时，有“唰唰”声，锉削阻力小，锉刀表面基本不粘屑，锉屑粒大小不一，以细为主，手指碾研锉屑易染黑。

球墨铸铁锉削时也有明显的“唰唰”声，锉削阻力略大，锉刀表面极少粘屑，碾研时，手指染黑程度比灰口铸铁轻。

白口铸铁锉削时，有“咯咯”声，无锉屑，配件上无锉痕，用力大时锉刀面上出现划痕。

低碳钢锉削时，有较轻的“咯咯”声，锉屑呈亮灰色，碾研不染手指；锉刀面粘有少量屑末，但一刷就掉。

4. 检验法——“测”

1）配件的几何尺寸、形状和位置公差的检验

（1）结合平面翘曲变形的检查。结合平面的检查多采用平板或钢直尺作为基准，将其放置在工作面上，然后用厚薄规测量被测件与基准面之间的间隙。检查时应按照纵向、横向、斜向等多方向测量，以确定变形量。

（2）轴类零件的检查。

①测量轴颈尺寸误差。一般用外径千分尺测量轴类零件的轴颈尺寸，除测量外径外，还需测量轴颈的圆度和圆柱度误差。测量时，先在轴颈油孔两侧测量直径，然后转动90°再次测量直径。轴颈同一横断面上直径差数最大值的1/2为圆度误差，轴颈不同横断面上直径差数最大值的1/2为圆柱度误差。

②测量轴类零件的弯曲变形。将轴的两端用V形架水平支承在检验平板上，用百分表触针抵在中间轴颈，将轴转动一圈，表针摆差的最大值反映了轴类零件的弯曲程度（摆差的1/2即为实际弯曲度）。

（3）滚动轴承的检查。

①测量滚动轴承的轴向间隙。轴向间隙的最大允许值一般为0.20～0.25mm。

②测量滚动轴承的径向间隙。径向间隙的最大允许值一般为0.10～0.15mm。

（4）螺旋弹簧的检查。

弹簧的自由长度可用钢直尺或游标卡尺测量；弹力的大小可用弹簧弹力检验仪检查；弹簧弯曲的扭曲变形可用直角尺检查，当$\delta \leq 1.5$mm，弹簧轴线偏移小于2。时为合格。

2)配件力学性能的检验

(1)硬度试验。对于大型零件,在必要时,也可通过硬度试验来检验其材质。试验时应注意以下几点:

①不得在工作表面进行硬度试验。

②测试表面应光滑平整,表面应垂直于作用力方向。

③应稳定可靠地夹持试样,并对其平稳均匀加载。

④试样厚度,在测量布氏硬度时应不小于压痕深度的10倍,测量洛氏硬度时应不小于压痕深度的8倍。

⑤压痕中心至试样边缘距离,在测量布氏硬度时应不小于压痕直径的2.5倍,测量洛氏硬度时应不小于压痕直径的3倍。

⑥对于压痕直径,在测量布氏硬度时应从压痕互相垂直的两个方向进行测量,两值之差应≤2%,然后取其平均值作为压痕直径。

⑦每个试样的测试次数不得少于3次,硬度值取三次测量的算术平均值。

⑧不宜测试脆性材料的洛氏硬度。

(2)平衡试验。对于做旋转运动的零件,其质量平衡的好坏直接影响到汽车工作性能和使用寿命,旋转速度越高,影响程度越明显。因此,对于旋转零件要进行平衡试验。

零件的平衡分静平衡和动平衡两种。当零件的轴向长度与旋转直径之比小于0.20时,只需作静平衡试验。

(3)密封试验。对要承受内部介质(液体或气体)作用力的某些零件,为防止泄漏,保证安全工作,需进行密封性试验。

3)配件(零件)的探伤检验

(1)敲击法探伤检验。

①听敲击声检验。用小锤轻敲箱体、盘形等配件非工作面,若声音清脆响亮,表明配件无裂纹;若声音沙哑,表明配件存在裂纹。

②浸油锤击检验。浸油敲击是一种探测配件隐蔽裂纹的简便方法。检查时,先将配件浸入煤油或柴油中片刻,取出后将表面擦干,撒上一层白粉(滑石粉或石灰粉),然后用小锤轻轻敲击配件的非工作面,如果配件有裂纹,通过振动会使浸入裂纹的油渍溅出,裂纹处的白粉呈现黄色油迹,便可检查出裂纹所在。

(2)渗透法探伤检验。

检验操作过程——清洗并干燥配件;浸、涂渗透剂,在渗透剂中浸泡或用刷子涂刷2~3次,整个时间不少于30min;用乳化剂(44%的煤油、35%油酸、21%三乙醇氨并可加红色染料配制)除去配件表面多余的渗透剂,再用温水(32~42℃)冲洗干净;在配件表面涂刷一层薄显像剂(用白湮粉调剂);由于毛细管的作用将缺陷中的残存渗透剂吸出,从而显示缺陷痕迹。

用渗透法探伤其方法和设备简单,不受配件形状和材料的限制,但只能探出表面裂纹,最高灵敏度可发现1μm左右的裂纹。

(3)超声波探伤检验。超声波探伤是利用超声波通过两种不同介质的界面产生折射和反射的现象,来探测配件内部隐蔽的缺陷。

(4)磁力探伤检验。磁力探伤检验用于检查钢、铁零件表面的细微裂纹。

第二章　操作技能部分

实训1　汽缸体和汽缸盖变形的检验

一　实训目的

(1)掌握汽缸体和汽缸盖变形的检验方法。
(2)掌握汽缸体和汽缸盖变形检验工具的使用方法。
(3)掌握汽缸盖和汽缸体变形的规律。

二　实训量具、工具、设备(表2-2-1)

汽缸体和汽缸盖变形的检验量具、工具、设备　　表2-2-1

序　号	名　称	规　格	数　量
1	刀刃尺	(钢质)500型	一把
2	厚薄规	200mm×18片	一把
3	铲刀	通用	一把
4	毛刷	通用	一把
5	汽缸体	—	一个
6	汽缸盖	—	一个
7	清洗盆	600mm×1000mm	一只
8	煤油	5L	一桶
9	木方	600mm×1000mm	一只
10	抹布或棉纱	—	若干

三　实训技术标准及要求

(1)汽缸体变形:上平面最大变形为0.05mm。

(2)汽缸盖变形:下平面表面最大变形为0.05mm,进气歧管侧平面为0.10mm,排气歧管侧平面为0.10mm。

四　实训注意事项

(1)汽缸体的上平面、汽缸盖的下平面不能直接放在工作(操作)台上或地面上,下面应垫木方。

(2)清洁汽缸体的上平面、汽缸盖的下平面时,不能用锤头敲击,以免造成新的变形或损坏。

(3)用压缩空气吹净汽缸体的上平面和汽缸盖的下平面上的煤油时要戴好护目镜,气枪不能朝向人吹。

(4)刀刃尺要轻拿轻放,避免与测量表面冲击而产生变形或损坏。

(5)煤油溅到地面上要及时清洁,以免因地面湿滑造成人身伤害。

五 实训操作步骤

1. 预处理

1)清洁汽缸体的上平面和汽缸盖的下平面

(1)用木方垫将汽缸体和汽缸盖垫起,让汽缸体的上平面和汽缸盖的下平面向上。

(2)用铲刀铲除汽缸体的上平面和汽缸盖的下平面上汽缸垫残余黏连物、汽缸盖两侧的进气和排气接口平面上的残余黏连物。

(3)用细砂纸打磨铲刀无法去除的残余黏连物。

(4)放入清洗盆中,用煤油清洗汽缸体的上平面、汽缸盖的下平面和汽缸盖两侧的进气和排气接口平面。

(5)用压缩空气吹净汽缸体的上平面和汽缸盖的下平面上的煤油。

2)清洁量具

(1)用棉纱或抹布清洁刀刃尺。

(2)用棉纱或抹布清洁厚薄规。

2. 测量

1)测量汽缸体上平面

(1)用一只手轻轻将刀刃尺的锐角靠在汽缸体上平面,如图 2-2-1a)所示,另一只手用厚薄规内的 0.05mm 的测量片向刀刃尺和汽缸体上平面的缝隙中试插。

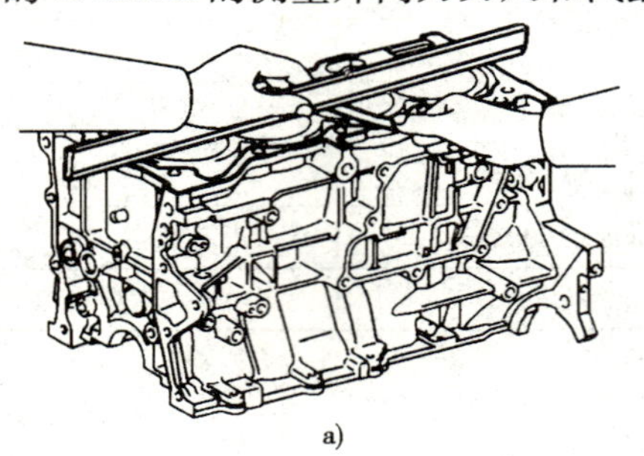

a)

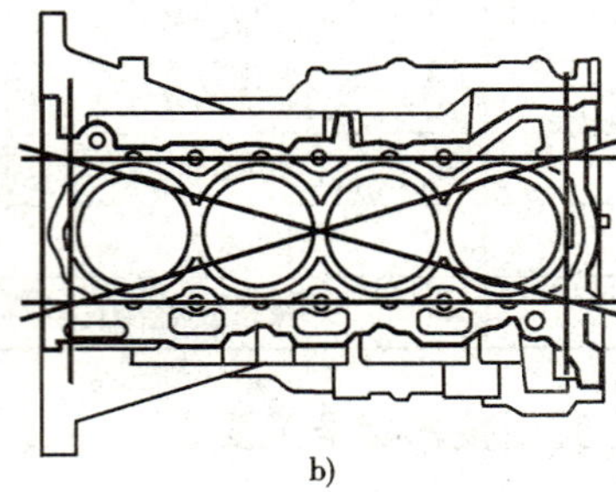

b)

图 2-2-1　汽缸体变形检测

(2)如果用0.05mm 的测量片不能或很难插入到刀刃尺和汽缸体上平面之间的缝隙中,则说明此测量点的变形量没有达到最大限值,然后更换位置检测刀刃尺和汽缸体上平面之间的其他缝隙。

(3)如果测得图 2-2-1a)所示的位置上刀刃尺和汽缸体上平面之间的所有缝隙都没有达到最大限值,则再将刀刃尺按照图 2-2-1b)中粗实线所示的其他五个方位,用上面两个步骤的方法重复进行检测。

(4)在测量过程中,如果用0.05mm 的测量片插入到刀刃尺和汽缸体上平面之间的缝隙中有一些阻力或阻力很小,则说明此汽缸体上平面的变形量达到或超过了最大限值。

2)测量汽缸盖下平面

(1)用一只手轻轻将刀刃尺的锐角靠在汽缸盖下平面，如图 2-2-2a)所示，另一只手用厚薄规内的 0.05mm 的测量片向刀刃尺和汽缸盖下平面的缝隙中试插。

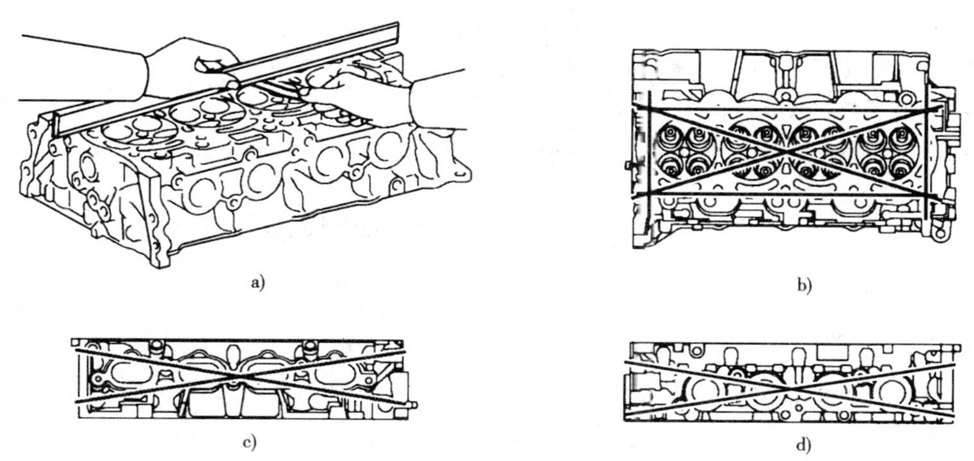

图 2-2-2　汽缸盖变形的检测

(2)如果用 0.05mm 的测量片不能或很难插入到刀刃尺和汽缸盖下平面之间的缝隙中，则说明此测量点的变形量没有达到最大限值，然后更换位置检测刀刃尺和汽缸盖下平面之间的其他缝隙。

(3)如果测得图 2-2-2a)所示的位置上刀刃尺和汽缸盖下平面之间的所有缝隙都没有达到最大限值，则再将刀刃尺按照图 2-2-2b)中粗实线所示的其他五个方位，用上面两个步骤的方法重复进行检测。

(4)在测量过程中，如果用 0.05mm 的测量片插入到刀刃尺和汽缸盖下平面之间的缝隙中有一些阻力或阻力很小，则说明此汽缸盖下平面的变形量达到或超过了最大限值。

3)测量汽缸盖进气歧管侧平面和排气歧管侧平面

(1)用一只手轻轻将刀刃尺的锐角靠在汽缸盖进气歧管侧平面，如图 2-2-2c)所示，另一只手用厚薄规内的 0.10mm 的测量片向刀刃尺和汽缸盖进气歧管侧平面的缝隙中试插。

(2)如果用 0.10mm 的测量片不能或很难插入到刀刃尺和汽缸盖进气歧管侧平面之间的缝隙中，则说明此测量点的变形量没有达到最大限值，然后更换位置检测刀刃尺和汽缸盖进气歧管侧平面之间的其他缝隙。

(3)如果测得图 2-2-2c)所示的位置上刀刃尺和汽缸盖进气歧管侧平面之间的所有缝隙都没有达到最大限值，则再将刀刃尺按照图 2-2-2c)中粗实线所示的另外一个方位用上面两个步骤的方法重复进行检测。

(4)在测量过程中，如果用 0.10mm 的测量片插入到刀刃尺和汽缸盖下平面之间的缝隙中有一些阻力或阻力很小，则说明此汽缸盖进气歧管侧平面的变形量达到或超过了最大限值。

(5)汽缸盖排气歧管侧平面的测量方法可用以上测量进气歧管侧平面的步骤和方法进行，如图 2-2-2d)所示。

六 整理现场

(1)将刀刃尺、厚薄规清洁后放入相应的量具盒里。

(2)回收清洗盆里的煤油,将其倒入回收桶内。

(3)将其他工具清洁后放回工具车里。

(4)清洁工作(操作)台,清扫地面。

(5)将抹布或棉纱等垃圾放入清洁箱中。

实训2　汽缸磨损的检验

一 实训目的

(1)掌握汽缸磨损量的检验方法。

(2)掌握汽缸磨损量检验工具的使用方法。

(3)掌握汽缸磨损的规律。

二 实训量具、工具、设备(表2-2-2)

汽缸磨损的检验量具、工具、设备　　表2-2-2

序　　号	名　　称	规　　格	数　　量
1	游标卡尺	150mm	一把
2	内经百分表	50 ~ 160mm	一把
3	外径千分尺	75 ~ 100mm	一把
4	铲刀	通用	一把
5	毛刷	通用	一把
6	汽缸体	桑塔纳 JV 1.8L 发动机	一个
7	台虎钳	250mm	一个
8	清洗盆	600mm × 1000mm	一只
9	煤油	5L	一桶
10	木方	600mm × 1000mm	一只
11	抹布或棉纱	—	若干

三 实训技术标准及要求

衡量汽缸磨损检验的指标是圆度和圆柱度误差。我国规定汽缸磨损后圆柱度误差达到0.175 ~0.250mm或圆度误差达到0.050 ~0.063(以其中磨损最大的一个汽缸为准)作为汽车发动机进行大修的主要依据之一。

桑塔纳 JV 1.8L 发动机的标准汽缸直径为81.01mm,其修理尺寸见表2-2-3。

桑塔纳 JV 1.8L 发动机汽缸的修理尺寸表　　表 2-2-3

级　别	标准尺寸	一	二	三
修理尺寸(mm)	81.01	81.26	81.51	82.01

四　实训注意事项

(1)汽缸体不能直接放在工作(操作)台上或地面上,下面应垫木方。

(2)清洁汽缸体的上平面时不能用锤头敲击,以免造成变形或损坏。

(3)用压缩空气吹净汽缸体上的煤油时要戴好护目镜,气枪不能朝向人吹。

(4)游标卡尺、外径千分尺、内径千分尺要轻拿轻放,小心掉地上摔坏。

(5)煤油溅到地面上要及时清洁,以免因地面湿滑造成人身伤害。

五　实训操作步骤

1. 预处理

1)清洁汽缸

(1)用木方垫将汽缸体垫起,让汽缸体的上平面向上。

(2)用铲刀铲除汽缸体上汽缸垫等残余黏连物。

(3)用细砂纸打磨铲刀无法去除的残余黏连物。

(4)用细砂纸轻轻打磨每个汽缸上沿处的积炭。

(5)将汽缸体放入清洗盆中,用煤油清洗汽缸体。

(6)用压缩空气吹净汽缸体的上平面和汽缸内的煤油。

2)清洁量具

(1)用棉纱或抹布清洁游标卡尺

(2)用棉纱或抹布清洁内径千分尺。

(3)用棉纱或抹布清洁量缸表。

2. 测量

(1)先把百分表 1 装在尺杆(架)2 的上端,如图 2-2-3 所示,并使表盘朝向测量杆的活动点,以便于观察,使表盘的短针有 1 ~ 2mm 的压缩量。

(2)从成套的可调测量头盒 3 中选出合适的测量头 4 和锁片 5 装在尺杆(架)2 的下端。

(3)用游标卡尺测量任意一个汽缸上沿处的尺寸,再将测得的数据与表 2-2-3 中的数据对比,表中哪一级数据小于并接近测得数据,则确定此汽缸直径为哪一级。

(4)将台钳的钳口用抹布或较薄的橡胶垫上,再把外径千分尺夹在上面。

(5)清洁外径千分尺盒内的标准检测棒两端及外径千分尺两测量面,然后旋转外径千分尺的棘轮,使两测量面夹住标准检测棒,直到轮盘发出 2 ~ 3 响“咔咔”声,此时活动套筒前端应与固定套筒的零线对齐,活动套筒的零线与固定套筒的基线应对齐,否则该外径千分尺应调整后才能用于测量。

(6)外径千分尺调整后,旋转棘轮,让此外径千分尺的读数为上面确定汽缸直径等级尺寸,锁紧活动套筒锁。

(7)将组装好的内径百分表放入外径千分尺两测量面之间,如图 2-2-4 所示,并保持测量头 4 的轴线与外径千分尺测轴的轴线平行,调整测量头 4 的长度,让百分表 1 的短针再压缩 1 ~ 2mm,然后用测量头锁片 5 锁紧,再转动百分表 1 上活动盘,直到长针指向活动盘的零线为止,慢慢从外径千分尺上取下内径百分表。

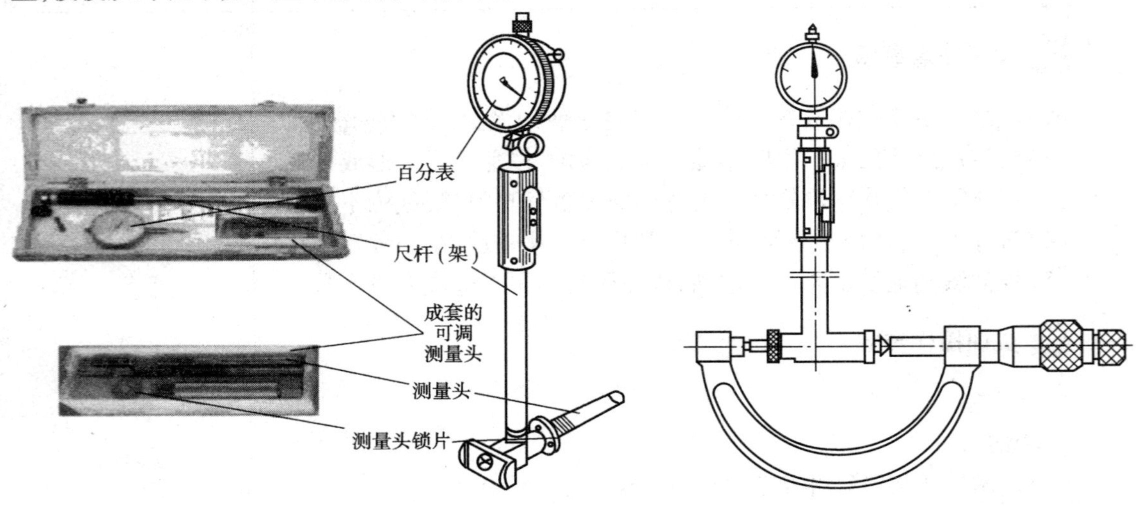

图 2-2-3　内径百分表　　　　图 2-2-4　外径千分尺调整尺寸

(8)如图 2-2-5a)所示,将内径百分表的尺杆(架)下端伸入到汽缸孔内的位置①(上部),即距离汽缸上平面以下 10mm 处,如图 2-2-5b)*A* 方向所示,测量直径 *A*(纵向),为达到测量的准确性,应注意使量缸表的直杆处于垂直于汽缸轴线的位置,为此测量某一位置缸径时,应在该缸径所在的纵向平面内摆动量缸表,表盘指针顺时针摆转到极限位置刚要回动时,即表明量缸表直杆已垂直于所测量汽缸孔圆截面,读取内径百分表的数值,填入到记录表 2-2-4 中;转动内径百分表 90°,即图 2-2-5b)*B* 方向所示,用同样的方法测量位置①(上部)的直径 *B*;移动内径百分表到汽缸中部及汽缸下部,如图 2-2-5b)所示的②、③位置,完成其他两个圆截面的测量,并记录到数据表 2-2-4 中。

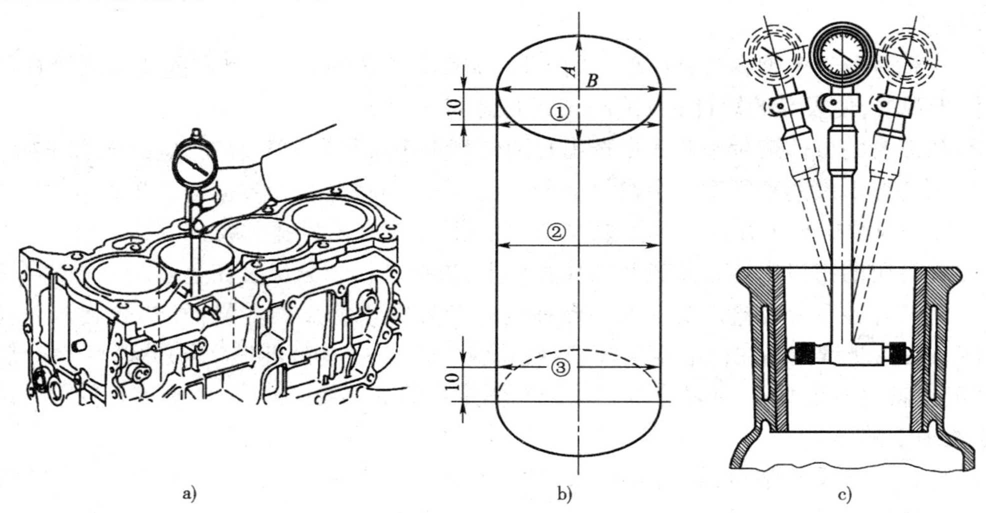

图 2-2-5　汽缸的测量(尺寸单位:mm)

(9)同样,分别测量出其他三个汽缸的数据并纪录,利用表中数据进行计算汽缸磨损指标:

①最大磨损量 = 最大直径 - 原始直径;

②圆度误差 = 同一部位两个方向直径之差的最大值/2;

③圆柱度误差 = 上、下两个部位同一方向直径之差的最大值/2。

将计算结果填入表 2-2-4 中相应的格内。

汽缸测量记录表(尺寸单位:mm)　　表 2-2-4

测量前准备					
千分尺校正前读数			量缸表测量杆长度		
汽缸号	位置号	直径 A(纵向)	直径 B(横向)	圆度	圆柱度
1	位置①(上部)				
	位置②(中部)				
	位置③(下部)				
2	位置①(上部)				
	位置②(中部)				
	位置③(下部)				
3	位置①(上部)				
	位置②(中部)				
	位置③(下部)				
4	位置①(上部)				
	位置②(中部)				
	位置③(下部)				

如果汽缸的最大磨损量、圆度误差、圆柱度误差任意一项指标超过允许极限,均应修理或更换汽缸体(套)。

六 整理现场

(1)将各个量具清洁后放入相应的量具盒里。

(2)回收清洗盆里的煤油,将其倒入回收桶内。

(3)将其他工具清洁后放回工具车里。

(4)清洁工作(操作)台,清扫地面。

(5)将抹布或棉纱等垃圾放入清洁箱中。

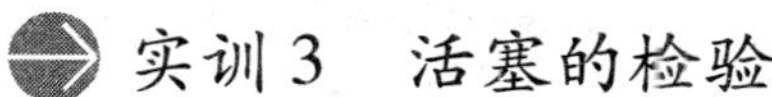

实训 3　活塞的检验

一 实训目的

(1)掌握活塞检验的内容。

(2)掌握活塞检验的方法。

二 实训量具、工具、设备

活塞、外径千分尺、厚薄规、煤油、除积炭专用工具等。

三 实训技术标准及要求(表 2-2-5)

活塞的检验技术标准及要求 表 2-2-5

发动机型号	活塞的修理尺寸(mm)				活塞直径测量位置距活塞裙下边缘(mm)	活塞与汽缸的配合间隙(mm)
	标准尺寸	第一次修理尺寸	第二次修理尺寸	第三次修理尺寸		
奥迪 100 1.8L	80.98	81.23	81.48	—	10mm	0.03
捷达 EA827 2V	80.98	81.23	81.48	—	10mm	0.03
桑塔纳 JV	80.98	81.23	81.48	81.98	15mm	0.03

四 实训注意事项

(1)活塞应轻拿轻放,避免磕碰。

(2)清理活塞顶部及活塞环槽内的积炭时,不应为了提高工作效率而使用利器,以免造成活塞的损伤。

五 实训操作步骤

1. 清理活塞积炭

(1)先用煤油浸透,再用软刷或钝的刮刀清理活塞顶部积炭。

(2)用专用工具清除活塞环槽内积炭。

2. 活塞裂损的检查

目测检查若发现活塞有裂纹、破碎、碰痕、凹陷、刮伤、疤痕、毛刺及尖角等,则不能再使用;成品不得有裂纹、蜂窝孔、夹渣及疏松等情况。

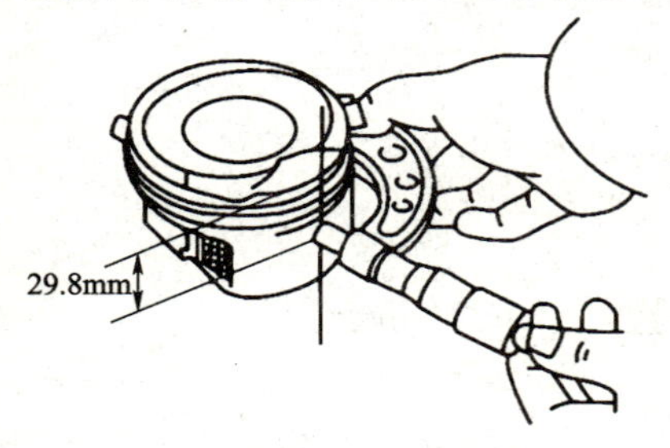

图 2-2-6 测量活塞的直径

3. 活塞直径的测量

如图 2-2-6 所示,用外径千分尺从活塞裙部底边向上约 15mm 处测量活塞的直径。

六 整理现场

(1)将各个量具清洁后放入相应的量具盒里。

(2)回收清洗盆里的煤油,将其倒入回收桶内。

(3)将其他工具清洁后放回工具车里。

(4)清洁工作(操作)台,清扫地面。

(5)将抹布或棉纱等垃圾放入清洁箱中。

实训4 活塞环的检验

一 实训目的

(1)掌握活塞环检验的内容。
(2)掌握活塞环质量检验的方法。
(3)根据数据分析检测结果,最终得出活塞环检验结论。

二 实训量具、工具、设备

活塞及相配套汽缸、活塞环、遮光板或活塞环漏光度检验仪、厚薄规、平锉刀、检验平板等。

三 实训技术标准及要求

发动机型号不同其活塞环的各种间隙也不相同,需根据所测发动机的型号具体分析。表2-2-6是几种不同型号发动机活塞环端隙、侧隙的标准。

几种不同型号发动机活塞环技术标准 表2-2-6

发动机型号	活塞环端隙(mm)			活塞环侧隙(mm)		
	第一道气环	第二道气环	油环	第一道气环	第二道气环	油环
桑塔纳	0.30~0.45	0.25~0.40	0.25~0.50	0.02~0.05	0.02~0.05	0.03~0.08
捷达	0.30~0.45	0.25~0.40	0.25~0.50	0.03~0.07	0.02~0.06	0.02~0.06
富康	0.30~0.50	0.30~0.50	0.30~0.50	0.03~0.07	0.02~0.06	0.02~0.06
奥迪	0.30~0.45	0.25~0.40	0.25~0.50	0.02~0.05	0.02~0.05	0.02~0.05
切诺基213I-4	0.15~0.35	0.15~0.35	0.15~0.35	0.043~0.081	0.043~0.081	0.03~0.20
夏利TJ376Q	0.20~0.70	0.20~0.70	0.20~1.10	0.03~0.12	0.03~0.12	0.03~0.12
五十铃4JB1	0.20~0.40	0.20~0.40	0.10~0.30	0.09~0.125	0.05~0.085	0.03~0.07
丰田5R型	0.20~0.40	0.15~0.35	0.15~0.35	0.03~0.07	0.03~0.07	0.025~0.070
三菱10DC60A	0.40~0.060	0.40~0.60	0.40~0.60	0.10~0.13	0.05~0.08	0.025~0.070
解放CA6102	0.50~0.70	0.40~0.60	0.30~0.50	0.055~0.087	0.055~0.087	0.04~0.08
东风EQ6100-1	0.35~0.55	0.35~0.55	0.50~1.00	0.055~0.087	0.04~0.072	0.090~0.24

四 实训注意事项

(1)安全放置、固定被检配件。
(2)检测工具、设备使用方法、步骤符合安全要求。
(3)操作过程中必备的安全防护用品佩戴齐全。

五 实训操作步骤

1. 活塞环平整度检测

将活塞环自由平放在检验平板上,观察活塞环与接触平面的漏光情况,以此判断活塞环平整度。

2. 活塞环漏光度检验

(1)用遮光板进行检测。活塞环平置于汽缸口，用倒置的活塞将其推至汽缸内，用一圆形盖板盖在环的上侧，在汽缸下部放置灯光从汽缸上部观察活塞与汽缸壁的缝隙，确定其漏光情况。

(2)用活塞环漏光度检验仪进行检测。如图2-2-7所示，将被检验的活塞环套入以三组滚轮支撑并能自由转动的环规中，挡盘、心轴、灯泡等固定在底座上，将环规转动一圈，在套筒内的灯光透过活塞环与汽缸壁的缝隙，便可从上面观察到活塞环的漏光程度。

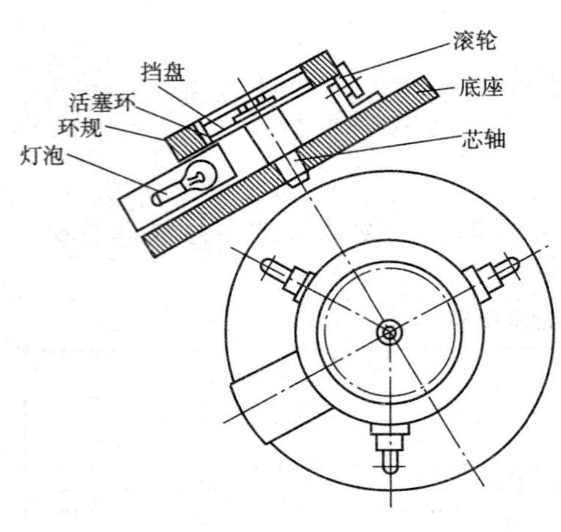

图2-2-7 活塞环漏光度检验仪

对活塞环漏光度的技术要求是：在活塞环端口左右30°范围内不应有漏光点；在同一根活塞环上的漏光处不得多于2处，每处漏光弧长所对应的圆心角不得超过25°，同一环上漏光弧长所对应的圆心角之和不得超过45°；漏光处的缝隙应不大于0.03mm，当漏光缝隙小于0.015mm时，其弧长所对应的圆心角之和可放宽至120°。

3. 活塞环“三隙”的检验

活塞环的“三隙”是指端隙、侧隙和背隙。一般说来，活塞环的“三隙”是上活塞环大于下活塞环、柴油机活塞环间隙大于汽油机活塞环间隙、汽缸直径大的活塞环大于直径小的活塞环、发动机压缩比大的活塞环大于压缩比小的活塞环。

在检验活塞环的“三隙”前，应先检查其包装情况以确定其安装的部位，因为有的发动机活塞环以包装的纸色标记识别，有的则以每一缸的活塞环按安装顺序包装，即使结构相同的活塞环也不能弄混，因为活塞环的安装位置不同，其“三隙”也不相同。

(1)端隙。活塞环的端隙是指活塞环随活塞装入汽缸后，该环在上止点时环的两端头的间隙或活塞环在标准环规内两端头的间隙。作用是为了防止活塞环受热膨胀卡死在汽缸内。

检验端隙时，将活塞环置入汽缸套内，并用倒置活塞的顶部将环推入汽缸内其相应的上止点，然后用厚薄规测量，如图2-2-8所示。若端隙大于规定值，则应重新选配活塞环；若端隙小于规定值时，应利用细平锉刀对环口的一端进行挫修。挫修时，只能挫一端且环口应平整。挫修后，应将加工产生的毛刺去掉，以免在工作时刮伤汽缸壁。

(2)侧隙。活塞环的侧隙是指装入活塞后，活塞环侧面与活塞环槽之间的间隙。侧隙过大将使活塞环的泵油作用加剧，使环岸疲劳破碎，加速环的断裂和润滑油消耗增加；侧隙过小会使活塞环卡死在环槽内，环的弹力极度减弱，冲击应力加剧，不但使汽缸密封性降低，也容易断环。

侧隙的检查，如图2-2-9所示。将活塞环放入相应的环槽内，用厚薄规测量活塞环与活塞环槽的配合间隙。

图 2-2-8　活塞环的端隙的检验

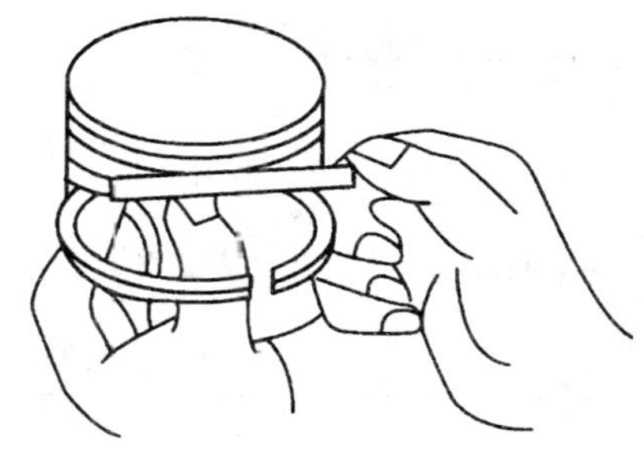

图 2-2-9　活塞环的侧隙的检验

(3)背隙。活塞环的背隙是指活塞与活塞环装入汽缸后,活塞环内圆柱面与活塞环槽底间的间隙。背隙的作用是为建立背压、储存积炭和防止活塞工作时膨胀过大挤断活塞环而设置的。背隙一般不用活塞环的内圆柱面与活塞环槽底部直径差值的一半来表示,为测量的方便通常是将活塞环装入活塞内,以环槽深度与活塞环径向厚度的差值来衡量。测量时,将环落入环槽底,再用深度游标卡尺测出环外圆柱面沉入环岸的数值,该数值一般为 0～0.35mm。

填写活塞环质量检查记录表(表 2-2-7),分析检验结果。

活塞环质量检查记录表　　表 2-2-7

姓名		准考证号	
检测项目		检测数据(mm)	
端隙			
侧隙			
背隙			
平整度			
漏光度			
结果分析			
检验结论			

六 整理现场

(1)将各个量具清洁后放入相应的量具盒里。

(2)回收清洗盆里的煤油,将其倒入回收桶内。

(3)将其他工具清洁后放回工具车里。

(4)清洁工作(操作)台,清扫地面。

(5)将抹布或棉纱等垃圾放入清洁箱中。

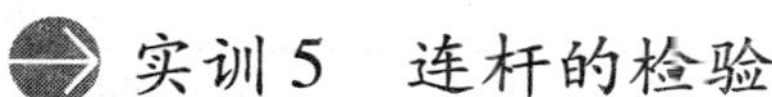

实训 5　连杆的检验

一 实训目的

(1)掌握连杆弯曲和扭曲变形的检验方法。

(2)掌握连杆双重弯曲的检验方法。

二 实训量具、工具、设备

连杆、连杆检测仪、百分表、厚薄规等。

三 实训技术标准及要求(表2-2-8)

连杆检测技术标准及要求　　表2-2-8

发动机型号	连杆弯曲限度值（mm/100mm）	连杆扭曲限度值（mm/100mm）	连杆螺栓拧紧力矩（N·m）
奥迪1.8L	0.05	0.12	30+1/4圈
捷达1.6L	0.04	0.04	30
桑塔纳1.6L	0.03	0.06	30

四 实训注意事项

(1)应准确选择专用测量心轴。心轴与连杆存在配合间隙将直接影响测量数据的正确性。

(2)检验连杆双重弯曲时,每次都要将连杆大头与检验平板靠紧。否则,因为安装不到位而造成测量误差。

五 实训操作步骤

1.连杆弯曲和扭曲的检验

(1)将连杆盖安装到连杆杆身上(不装连杆轴承),按规定力矩拧紧连杆螺栓。

(2)将连杆大头套装到检验仪的可张心轴上并张紧,如图2-2-10所示。

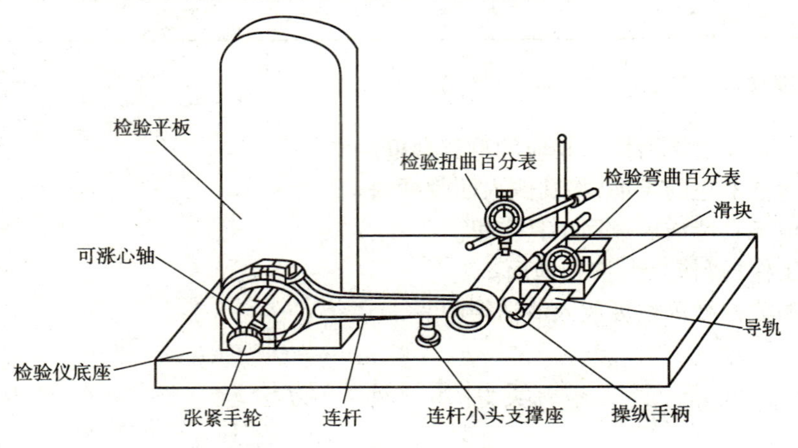

图2-2-10　检验连杆的变形

(3)用支撑座顶住连杆小头。

(4)将百分表装于表架上,使其测杆与测量心轴接触(尽量保持垂直),并有1mm左右的预压量。

(5)转动百分表表盘,使其指针对正零位。

(6)将专用测量心轴装入已拆除衬套的连杆小头孔中(无专用心轴时可用活塞销代替),推拉滑块带动表架,使百分表沿测量心轴轴向移动,测出连杆的弯、扭变形量。百分表2反映连杆的扭曲变形,百分表3反映连杆的弯曲变形。

2. 连杆双重弯曲的检验

当对连杆完成弯曲和扭曲的检验后,还应进行连杆双重弯曲的检验。

(1)如图2-2-10所示,将以上的弯曲和扭曲检验没有变形的连杆取下测量心轴,立起安装在检验平板1上,用厚薄规检测连杆小头与检验平板1的间隙。

(2)翻转连杆,再次将连杆立起安装在图2-2-10所示的检验平板1上,同样用厚薄规检测连杆小头与检验平板1的间隙。

(3)将两次测得的数据对比,如果两数据一致,则此连杆无双重弯曲量。否则,此连杆有双重弯曲量,双重弯曲的值是两次测量数值差的一半。

六 整理现场

(1)将各个量具清洁后放入相应的量具盒里。
(2)将其他工具清洁后放回工具车里。
(3)清洁工作(操作)台,清扫地面。
(4)将抹布或棉纱等垃圾放入清洁箱中。

实训6　曲轴弯曲变形及磨损的检验

一 实训目的

(1)掌握曲轴变形、曲轴磨损的检测内容。
(2)掌握曲轴变形、曲轴磨损的检测方法。

二 实训量具、工具、设备

外径千分尺、磁性表架、百分表、曲轴、V形块、检验平台等。

三 实训技术标准及要求

(1)曲轴弯曲变形。径向圆跳动误差一般应不超过0.04~0.06mm。
(2)曲轴轴颈。圆度和圆柱度误差一般超过0.0100~0.0125mm。

四 实训注意事项

(1)往检验平台上放置量具、零件时要轻拿轻放,以免损坏平台,影响测量数据的准确性。
(2)检验平台使用完以后,应涂抹防护油。
(3)曲轴不能随意放置,应放在专用支架上。

五 实训操作步骤

1. 曲轴弯曲变形的检测

如图 2-2-11 所示,将曲轴放在检测平台上的 V 形块上,百分表指针抵触在中间主轴颈上,转动曲轴一圈,百分表指针的摆差(径向圆跳动误差)一般应不超过 0.04 ~0.06mm。

2. 曲轴磨损的检测

用外径千分尺或游标卡尺来测量主轴颈及连杆轴颈的磨损量,从而计算圆度及圆柱度误差来判别曲轴是否需要大修。

(1)根据曲轴轴颈选用适当量程的外径千分尺。

(2)依据磨损规律用外径千分尺在曲轴主轴颈及连杆轴颈分别测量磨损量,并计算圆度、圆柱度误差(外径千分尺精度 1/100)。先在轴颈油孔的两侧测量,然后旋转 90°再次测量。每一轴颈选取两个截面,每个截面大约选在轴颈长度的 1/3 处,如图 2-2-12 所示。

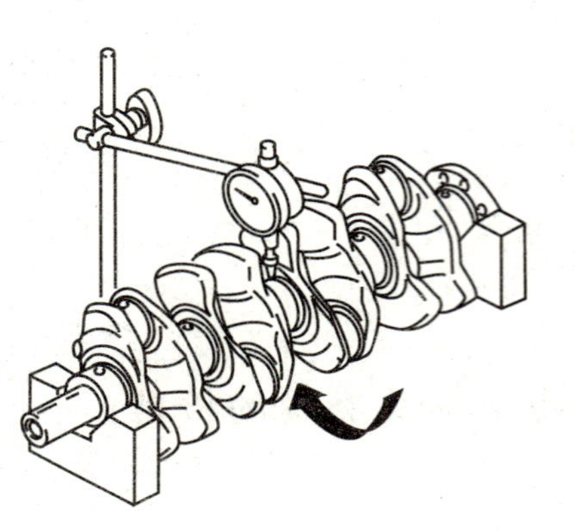

图 2-2-11 曲轴弯曲变形的检测

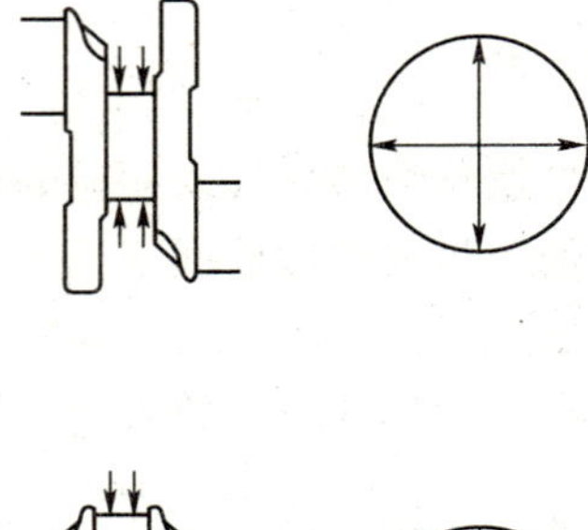

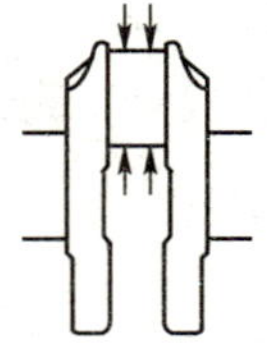

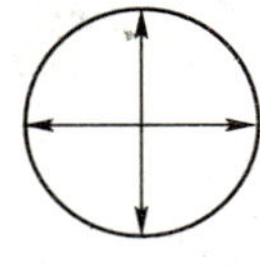

图 2-2-12 曲轴磨损的检测

六 整理现场

(1)将各个量具清洁后放入相应的量具盒里。

(2)将其他工具清洁后放回工具车里。

(3)清洁工作(操作)台,清扫地面。

(4)将抹布或棉纱等垃圾放入清洁箱中。

实训 7 凸轮轴弯曲变形及凸轮高度的检验

一 实训目的

(1)掌握检验凸轮轴弯曲变形的方法。

(2)掌握检验凸轮轴弯曲变形工具的使用方法。

(3)掌握检验凸轮轴凸轮高度的方法。

(4)掌握检验凸轮轴凸轮高度工具的使用方法。

二 实训量具、工具、设备

V 形铁、平台、磁性表架、百分表、外径千分尺等。

三 实训技术标准及要求

凸轮轴弯曲变形不应超过 0.03mm。

四 实训注意事项

(1)往检验平台上放置量具、零件时要轻拿轻放,以免损坏平台,影响测量数据的准确性。
(2)检验平台使用完以后,应涂抹防护油。

五 实训操作步骤

1. 凸轮轴弯曲变形的检验

(1)如图 2-2-13 所示,将凸轮轴放到检验平台的 V 形铁上,同时把装有百分表的磁性表座安装到检验平台上,让百分表垂直安放在凸轮轴中间主轴颈,百分表短指针压缩 1 ~2mm,锁紧磁性表座,固定百分表。

(2)转动凸轮轴一周,观察百分表长指针摆动的角度,此百分表摆动角度的一半即为凸轮轴弯曲的变形量。此值不应超过 0.03mm。

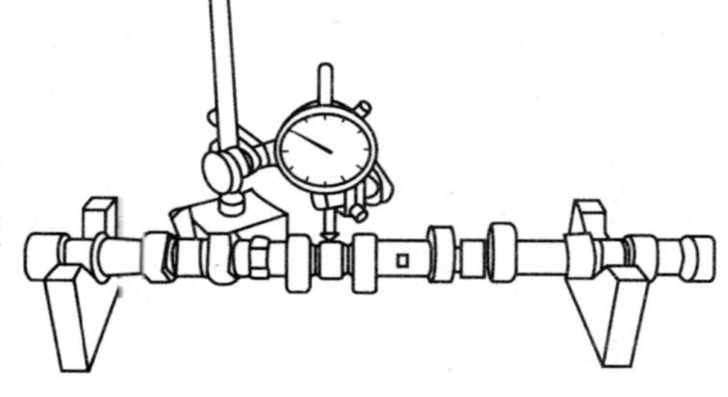

图 2-2-13　凸轮轴弯曲变形的检验

2. 凸轮轴凸轮高度的检验

(1)如图 2-2-14a)所示,先用千分尺测量凸轮高度。

(2)将凸轮轴转动 90°,如图 2-2-14b)所示,再在测量凸轮高度的垂直方向用千分尺测量凸轮轴颈直径。

(3)两次测得的数据之差即为凸轮的高度。

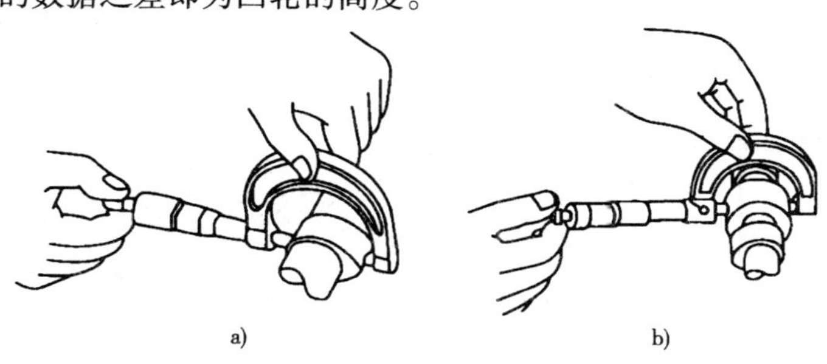

图 2-2-14　凸轮轴凸轮高度的检验

六 整理现场

(1)将各个量具清洁后放入相应的量具盒里。

(2)将其他工具清洁后放回工具车里。

(3)清洁工作(操作)台,清扫地面。

(4)将抹布或棉纱等垃圾放入清洁箱中。

实训8　气门间隙的检查调整及汽缸压缩压力的测量

一 实训目的

(1)掌握气门间隙的检查、调整方法。

(2)掌握发动机汽缸压力测量方法。

(3)掌握汽缸压缩压力变化分析方法。

二 实训量具、工具、设备

(1)汽车发动机1台(普通桑塔纳)。

(2)常用工具1套。

(3)火花塞套筒扳手。

(4)厚薄规、汽缸压力表。

三 实训技术标准及要求

气门间隙为0.20~0.30mm;汽缸压力>8MPa(柴油机)。

四 实训注意事项

(1)拆装时注意螺栓的拧紧和拧松顺序以及各螺栓的拧紧力矩,注意防松装置等。

(2)拆装时注意对零件在制造时所做的记号加以核对和辨认,没有记号时,要在零件非工作面上做出必要的记号。

(3)零件经清洗吹干检验合格后,必须在高度清洁的场所进行装配。

五 实训操作步骤

1.气门间隙的检查与调整

1)逐缸法

(1)打开气门室盖。

(2)摇转曲轴,直至飞轮(或曲轴皮带轮)的正时记号与缸体上固定的正时记号对正,这时,第1缸和第4缸活塞均处于上止点位置。

(3)判断第1缸是压缩上止点还是排气上止点。用手摇动1缸的气门摇臂,如果进排气门的摇臂均可摇动,则表明此时1缸处于压缩上止点。如果进排气门的摇臂均摇不动,则表明此时1缸处于排气上止点,再转动曲轴一周,使1缸处于压缩上止点。或用其他方法使1缸处于压缩上止点。

(4)气门间隙检查。用规定厚度的厚薄规插入气门杆与摇臂之间,来回抽动厚薄规,如果过紧或过松,都表明气门间隙不合适,需要进行调整。

(5)调整气门间隙。松开锁紧螺母,旋出调整螺钉,在气门杆与摇臂之间插入厚度与气门间隙相等的厚薄规,一边拧进调整螺钉,一边不停地来回抽动厚薄规,直到抽动厚薄规有阻力又能抽出时为止,锁紧螺母,在锁紧螺母时,不能让调整螺钉转动,最后再复查一遍。

(6)按做功顺序,分别摇转曲轴180°,依次使下1缸处于压缩上止点,用同样的方法,检查与调整各缸的气门间隙。如做功顺序为1—3—4—2,则摇转曲轴180°,检查调整3缸的气门间隙。用同样的方法再检查调整4缸和2缸的气门间隙。

2)两次调整法(“双排不进”法)

(1)打开气门室盖。

(2)摇转曲轴至1缸处于压缩上止点。方法可用多种。

(3)检查与调整第1缸两个气门的间隙、第3缸的排气门间隙、第2缸的进气门间隙,方法与逐缸法相同。

调整时,如图2-2-15所示。先松开锁紧螺母1,用螺丝刀旋动调整螺钉2,将规定厚度的厚薄规插入气门杆端部与摇臂之间。当抽动厚薄规时有阻力感,拧紧锁紧螺母,再复查一次,符合规定值即可。

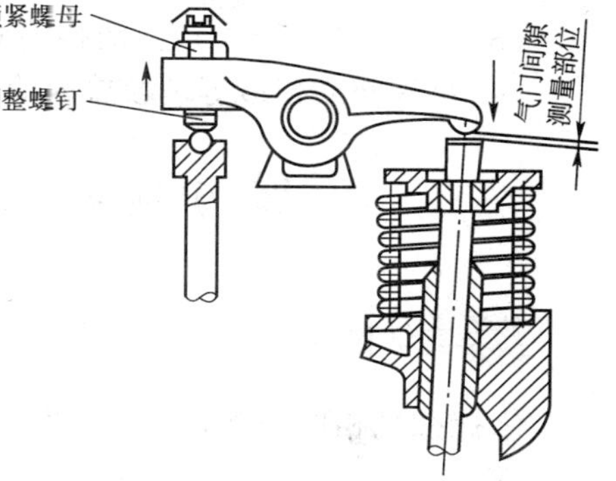

图2-2-15 气门间隙的检查与调整

2. 汽缸压缩压力的测量

(1)检查发动机各部分正常后,启动发动机,怠速运转至冷却液温度到80~90℃时再熄火,随即拆下全部火花塞。

(2)把汽缸压力表组装好,并把表内存气放净(复“0”),把汽缸压力表的软管头部旋入火花塞孔(或将锥形橡皮头压紧在火花塞孔中)。

(3)将节气门置于全开位置,关闭所有用电设备,并把油泵熔断丝拔下,不让其工作,以免喷油器喷油。

(4)用启动机带动曲轴旋转3~5s(转速不低于150r/min),看清并记录压力表读数,每缸测量2~3次,求出平均值,并与规定标准值比较分析。

(5)检查结果对比分析。

如果测量出某一缸的压力比标准压力偏低,可向该缸火花塞(或喷油器)孔内注入20~30mL机油,转动曲轴数圈后重测一遍。

第二次测出的压力比第一次高,接近于标准压力,则表明活塞汽缸组密封不良。

第二次测出的压力与第一次差不多,则表明是气门或汽缸垫密封不良。如压力与前相同,则表明气门或汽缸垫漏气,需进一步检查。此时应装复汽油机,打开散热器盖,将散热器加满水,中速运转发动机,如果此时发现散热器内有气泡不断上涌,说明汽缸垫漏气;如果未发现气泡上涌,说明汽缸垫的密封性良好,导致汽缸压力不足的原因在于气门密封性不良。通过上述检查后,找到汽油机汽缸压力不足的故障产生原因,进行零件的修复或更换,以排除故障。常见的汽车用汽油机的汽缸压力规定值见表2-2-9。

部分车用汽油机汽缸压缩力(单位:kPa) 表2-2-9

车型	规定值	使用限度
解放CA141	911	686
东风EQ140	833	637
丰田2Y、3Y	1225	882
桑塔纳	1274	835
丰田12R、5R	1078	882

如相邻两缸两次检测的压力都很低,则表明是两缸相邻处的汽缸垫烧损窜气。

如果测量出某一缸的压缩压力比标准压力偏高,可能是由于燃烧室内积炭过多或是其他原因,引起压缩比增大,从而造成汽缸压缩压力增大。

六 整理现场

(1)恢复和装复发动机各部零件。
(2)将量具、工具清洁后放回工具车内。
(3)清洁工作(操作)台,清扫地面。
(4)将抹布或棉纱等垃圾放入清洁箱中。

实训9 发动机配气相位的检查与调整

一 实训目的

掌握配气相位的概念以及对发动机性能的影响,能对发动机的配气相位进行检查与调整。

二 实训量具、工具、设备

(1)实验用捷达AHP汽油机一台。
(2)拆装工具、量具各一套。
(3)配气相位检查仪一台。
(4)上止点测试仪一台。

三 实训技术标准及要求

(1)进气门开启上止点前9°。
(2)进气门关闭下止点后36°。
(3)排气门开启下止点前38°。
(4)排气门关闭上止点后8°。

四 实训注意事项

(1)拆装时注意螺栓的拧紧和拧松顺序以及各螺栓的拧紧力矩,注意防松装置等。
(2)拆装时注意对零件在制造时所做的记号加以核对和辨认,没有记号时,要在零件非工作面上做出必要的记号。

(3)零件经清洗吹干检验合格后,必须在高度清洁的场所进行装配。

(4)在调整后必须用扳手摇转发动机至少两周以上,避免直接启动损坏发动机。

五 实训操作步骤

1. 配气相位的检查

各种车型的维修手册上都提供了发动机的配气相位角度,但是要直接测量进、排气门的开启和关闭角度却很难。通常我们都是测量进、排气门的开启升程来间接获得进、排气门的开闭的角度。两者之间的相互关系是可以通过一系列复杂计算得到的,但实际工作中,往往采用对新的发动机在排气上止点时进、排气门叠开的升程作为标准,将标准发动机的测量结果与之比较,来判断配气相位是否提前或迟后。进、排气门叠开时升程的测量方法如下:

(1)先将发动机各气门间隙按要求调整好。

(2)转动发动机的曲轴,使第1缸活塞处于排气上止点位置;在第1缸火花塞处安装一个百分表,如图2-2-16所示;在排气行程接近上止点时,慢慢转动发动机至百分表被压缩到最大处,即为活塞上止点。

(3)在该缸排气门弹簧座上安装百分表(注意百分表触针应与气门平行),并将表置于“0”位。

(4)慢慢地顺时针转动曲轴,至排气门完全关闭。检查百分表指针,顺时针读数即为该排气门在排气上止点时尚未关闭的降程。

(5)逆时针转动曲轴至该缸进气门全闭位置,在其弹簧座上安装一个百分表(注意百分表触针应与气门平行),并置于“0”位。

(6)慢慢地顺时针转动曲轴至排气上止点,检查百分表逆时针读数,即为进气门在排气上止点的升程。

(7)将该缸进、排气门的升、降程与标准值进行比较,如果进气门升程太大,排气门降程太小,则配气相位提前;反之,如进气门升程太小,排气门升程太大,则配气相位滞后。

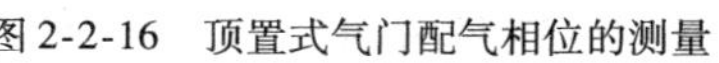

图2-2-16 顶置式气门配气相位的测量

2. 配气相位的调整

调整配气相位时,应根据不同情况采取不同的措施。如个别气门配气相位偏早或偏迟不大时,可通过调整该气门间隙的方法予以解决;若是进气门的微开量与排气们的微开量相比有大有小,且不符合规定值时,表明各缸迟早不一,通常是由于凸轮磨损严重,应修磨或更换凸轮轴;如各缸进气门的微开量比排气门都大,表明进、排气门的配气相位均提前,应将其适当推迟,反之,表明配气相位均延迟,应将所有各缸进、排气门的配气相位均适当提前。常用的调整方法有:

(1)凸轮轴偏位键法。此方法是通过改变正时齿轮和凸轮轴的连接键的断面来调整气门的配气相位的。其偏位键,如图2-2-17所示。将键的矩形断面改制成阶梯形,当键装入键槽时,使其露出轴颈的部分左、右有所偏移,从而使正时齿轮相对凸轮轴偏转相应角度。偏位键分为正键、顺键(由快调慢)和逆键(由慢调快)三种。在安装时,应注意方向,不得装反;否则,将引起配气相位成倍改变。

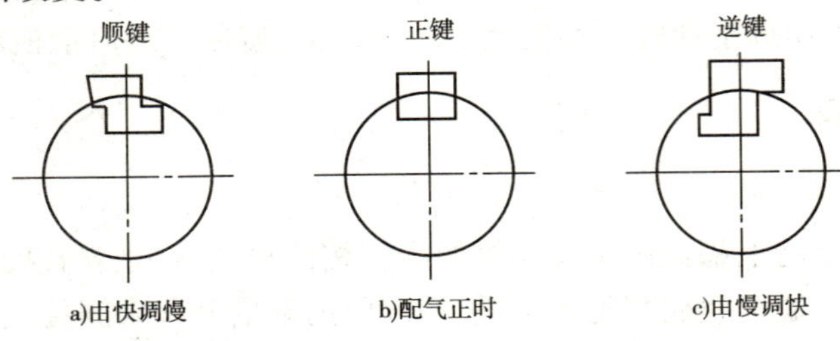

图2-2-17 凸轮轴偏位键法

(2)气门间隙法。CA1091发动机气门间隙在冷态时为0.25mm,热态时则减少到0.20mm,说明配气机构在热态时的膨胀量仅为0.05mm。因此,气门间隙不仅仅是为了保证气门在正常温度下能关闭严密,客观上它也影响了配气相位。试想,如进气门间隙稍小并不会使该气门关闭不严,它只能使该气门提前打开、提前关闭。由此,在气门间隙可调的发动机上(特别是各缸的配气相位不同时),常采用气门间隙法来调整配气相位。通过对各新车(发动机状态良好的汽车)的配气相位测量,得到活塞在排气上止点时理想的进、排气门升程量。在检测故障发动机时,用上述方法测量其在排气上止点时的进、排气门升程量,并与标准比较,如不符合,则通过调整气门间隙来满足。比如,某发动机标准气门间隙为0.25mm,进气门在排气上止点时的理想的气门升程量为0.50mm,实际测量结果其进气门在排气上止点时的理想的气门升程量为0.60mm,则退出气门间隙调节螺钉至气门升程量由0.60mm降为0.50mm。如此,尽管气门间隙比标准大,但配气相位得到了保证,只要气门间隙不要过分大到引起气门尾部有异常响声即可。同理,如配气相位迟后,只要不使气门因间隙过小而关闭不严,也可采用气门间隙调整法。

对于采用液压挺杆、凸轮轴上置的发动机一般只能依靠更换已磨损的零件来恢复配气相位。除此以外,如需要调整较大的配气相位角,可采用改变正时齿轮键槽位置法。此方法比较准确,但要求有一定加工设备,才能使用。

六 整理现场

(1)将各个量具清洁后放入相应的量具盒里。

(2)将其他工具清洁后放回工具车里。

(3)清洁工作(操作)台,清扫地面。

(4)将抹布或棉纱等垃圾放入清洁箱中。

实训10 发动机功率的测量

一 实训目的

(1)掌握发动机功率测量的内容及检验方法。

(2)掌握发动机功率测量的仪器设备的使用方法。

(3)了解影响发动机功率的因素。

二 实训量具、工具、设备

(1)QCG2GJ 型汽车无负荷测功表 1 台。
(2)汽车 1 辆。
(3)常用工具 1 套。

三 实训技术标准及要求

(1)检查冷却液、机油等液面是否正常,及时补给。
(2)检测前要预热。
(3)检测中发现异常及时关闭发动机,查找并处理完好后再重新开始。

四 实训注意事项

(1)使用 QCG2GJ 型汽车无负荷测功表进行无外载加速测功之前一定要认真地阅读仪器的使用说明书。

(2)测试时严格按照 QCG2GJ 型汽车无负荷测功表的测试程序进行测试。

五 实训操作步骤

1. 仪器面板的组成与功用

仪器面板上有表头、指示灯、按键、测功按钮及天线。表头上有上、下两个刻度,上刻度是转速刻度,为 0 ~ 5,读数时 ×1000;下刻度是功率指数刻度,为 0.5 ~ 1。指示灯有两个,表头右下方的绿色指示灯为电源指示灯,表头左下方的红色指示灯为工作距离指示灯。仪器有两个按键:绿灯下面的按键为电源按键,红灯下面的按键为仪表功能转换键。测功按钮位于面板中央,天线装于仪表右下角。

2. 测量操作方法

1)测量转速

(1)将仪表天线完全拉出。

(2)跳起仪表功能选择键,此时仪表为测量转速的状态。

(3)按下电源按键,此时绿色信号灯亮,表示仪表已接通电源。

(4)启动发动机,调整在怠速状态,待冷却液温度达到 80℃ 左右后,调整天线顶端与分电器的距离,直到红色信号灯亮度稳定(对于解放和东风汽车,天线顶端距 3 缸、4 缸为火花塞 0.5m 即可)此时踩、松加速踏板,仪表即指示汽车相应的转速。

(5)读数(确定汽车转速)时,如被测汽车为 6 缸汽油机,将仪表指示值 ×1000(例如:指针指在 1.5 的刻度线上,转速则为 1.5 ×1000 = 1500r/min)。如被测车为 4 缸发动机,则再乘 1.5(例如:指在 1.5 的刻度线上,转速则为 1.5 ×1000 ×1.5 =2250r/min)。

2)无负荷测功

(1)测完转速后,将节气门关小到怠速位置,按下仪表功能转换键,此时仪表由转速工作状态转换到测功状态。

(2)按下测功按钮,待指针指在"M"位置后松开,同时猛踩加速踏板,使发动机转速迅速上升到最大。此时仪表指针即会停在功率指数刻度的某一刻度上,如 0.5、0.7 等。

(3)查 P—S 对照表,确定发动机功率(在仪表的背面有 P—S 对照表),其横坐标为功率指数 S,纵坐标为相对应的功率 P。如被测汽车为东风 EQ1090 型,仪表指针停在功率指数 0.7 刻度线上,从 P—S 对照表上即可查得该车发动机功率为 91.1kW。

在 P—S 表上未列入的汽车,则由仪表指针所停的区域来判断汽车功率。如停在蓝色区域为功率良好的汽车,停在黄色区域为功率中等以上的汽车,停于红色区域为功率较差的汽车。表针所指的功率指数值越小,功率越大。

(4)测功结束后,如需进行第二次测功,必须关闭电源,并按下测功按钮 2s 左右使其完全放电后再进行。切忌碰撞仪器,当仪器指针不到"M"时,应更换电池,为节省电池,在不使用时应及时关闭电源。

六 整理现场

(1)清洁 QCG2GJ 型汽车无负荷测功表及其附件。

(2)清洁、整理工具。

(3)清洁、打扫实训场地。

实训 11　离合器的检验

一 实训目的

(1)掌握离合器检验的内容。

(2)掌握离合检验工具的使用方法。

(3)掌握离合器检验的操作步骤。

二 实训量具、工具、设备

游标卡尺、磁性表座、百分表、厚薄规、刀刃尺、检测台等。

三 实训技术标准及要求

(1)离合器从动盘最大端面圆跳动为 0.40mm。

(2)从动盘铆钉头埋入深度不小于 0.20mm。

(3)离合器压盘平面度不应超过 0.20mm。

(4)压盘沟槽深度应小于 0.30mm。

(5)飞轮圆跳动不应超过 0.10mm。

(6)飞轮沟槽深度应小于 0.30mm。

四 实训注意事项

(1)测量有纵向沟槽的从动盘时,转动要轻、速度要慢,避免损坏量具。

(2)测量从动盘铆钉头埋入深度时要保证游标卡尺垂直盘面。

(3)刀刃尺要轻拿轻放,避免损伤刀刃。

五 实训操作步骤

1. 从动盘的检验

(1)目视检查。观察从动盘摩擦片是否有裂纹、铆钉外露、减振器弹簧断裂、花键毂磨损严重等情况,如果有以上任意一项,则应更换从动盘。

(2)检验从动盘的端面圆跳动。如图 2-2-18 所示,将从动盘和磁性表架上的百分表装到检测台上,让百分表的触头距从动盘外边缘 2.5mm,百分表的短指针压缩 1 ~ 2mm,然后轻轻转动从动盘一周,此时百分表的长指针摆动的量即是此从动盘的端面圆跳动量。

(3)检验从动盘摩擦片的磨损程度。如图 2-2-19 所示,用游标卡尺测量每个铆钉头埋入深度。从动盘铆钉头埋入深度不小于 0.20mm。

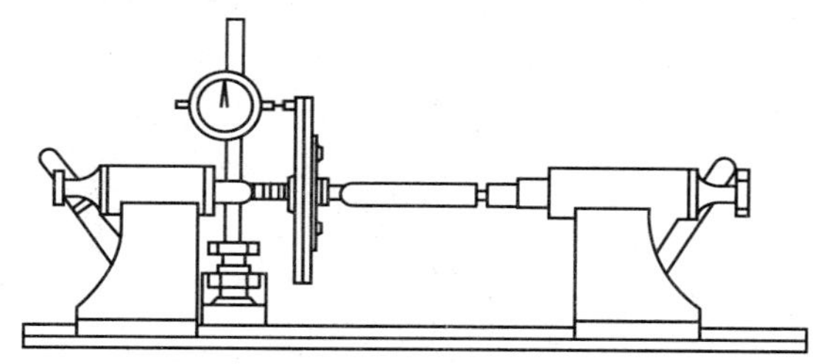

图 2-2-18 检验从动盘的端面圆跳动

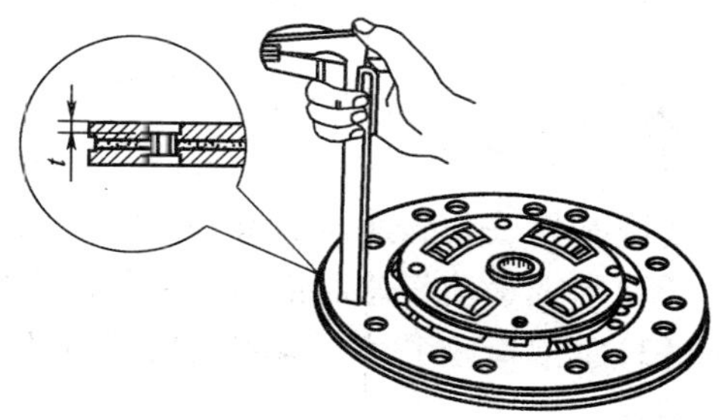

图 2-2-19 检验从动盘摩擦片的磨损程度

2. 压盘的检验

(1)检验压盘的平面度。检验方法,如图 2-2-20 所示,用刀刃尺压在压盘上,然后用厚薄规测量刀刃尺与压盘之间的间隙。离合器压盘平面度不应超过 0.20mm。

(2)检验压盘的表面。压盘表面不应有明显的沟槽,沟槽深度应小于 0.30mm。

3. 飞轮的检验

(1)飞轮端面圆跳动的检验。如图 2-2-21 所示,将百分表吸附在发动机机体上,百分表表针抵在飞轮的最外圈,百分表的短指针压缩 1 ~ 2mm,转动飞轮一周,测量飞轮的端面圆跳动,应小于 0.10mm。

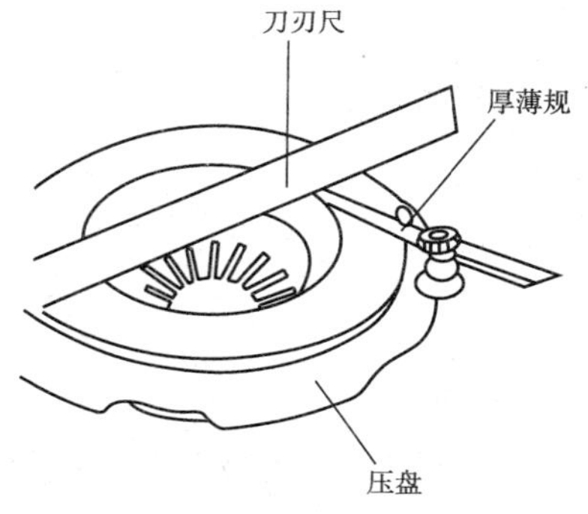

图 2-2-20 检验压盘的平面度

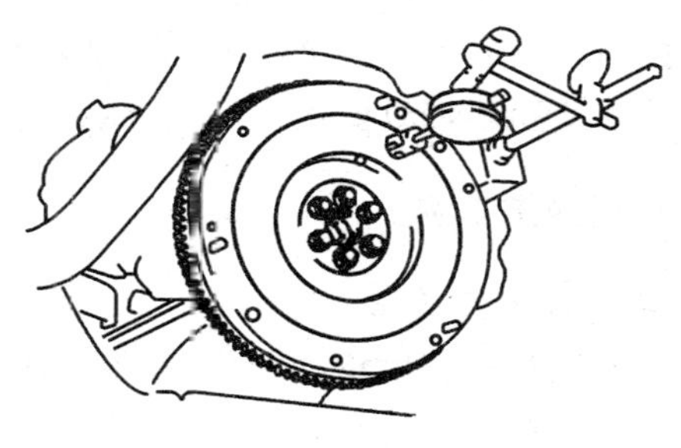

图 2-2-21 检验飞轮端面的圆跳动

图 2-2-22 用螺栓固定的百分表架

对于铝合金汽缸体应使用,如图 2-2-22 所示的百分表架,用螺栓固定。

(2)检验飞轮的表面。飞轮表面不应有明显的沟槽,沟槽深度应小于 0.30mm。

六 整理现场

(1)将各个量具清洁后放入相应的量具盒里。

(2)将其他工具清洁后放回工具车里。

(3)清洁工作(操作)台,清扫地面。

(4)将抹布或棉纱等垃圾放入清洁箱中。

实训 12 手动变速器的检验

一 实训目的

(1)掌握手动变速器的检验内容。

(2)掌握手动变速器检验工具的使用方法。

(3)掌握检验手动变速器的操作步骤。

二 实训量具、工具、设备

手动变速器、游标卡尺、外径千分尺、磁性表架、百分表、V 形铁、平台等。

三 实训技术标准及要求

(1)手动变速器的齿厚磨损不应超过 0.2mm。

(2)手动变速器轴的径向圆跳动不应超过 0.05mm。

(3)齿轮与内座圈之间的极限间隙为 0.15mm。

四 实训注意事项

(1)各个量具使用时都要轻拿轻放,用后要清洁。

(2)往平台上放置量具、零件等要轻轻放下,避免损伤平台。

(3)转动变速器轴时要用力均匀,避免产生测量误差。

五 实训操作步骤

1. 主要零部件的检修

(1)目视检查所有齿轮和轴承,如果有明显的损坏应更换。

(2)目视检查齿面是否有斑点,如果斑点轻微可以用油石修磨。如果斑点面积超过 15%,则应更换齿轮。

(3)检查齿厚。如果齿厚磨损超过 0.2mm,则应更换齿轮。

(4)检查齿长的磨损。如果磨损超过15%,则应更换齿轮。

(5)装好轴承和内座圈后,用百分表检查齿轮与内座圈之间的间隙,如图2-2-23所示。标准间隙为0.009~0.060mm,极限间隙为0.15mm,如果超标,应该更换轴承。

2. 输入轴和输出轴的检修

(1)目视检查。输入轴、输出轴不应有裂纹,轴颈及花键不应有严重磨损,轴上的齿轮不应有断齿和严重磨损,否则应更换。

(2)检查轴的径向圆跳动,如图2-2-24所示,不应超过0.05mm,否则应更换或校正。

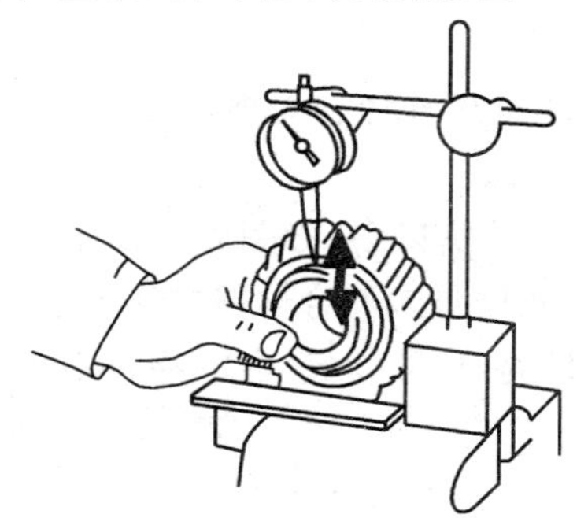

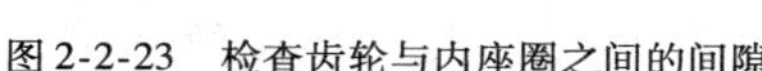

图2-2-23　检查齿轮与内座圈之间的间隙

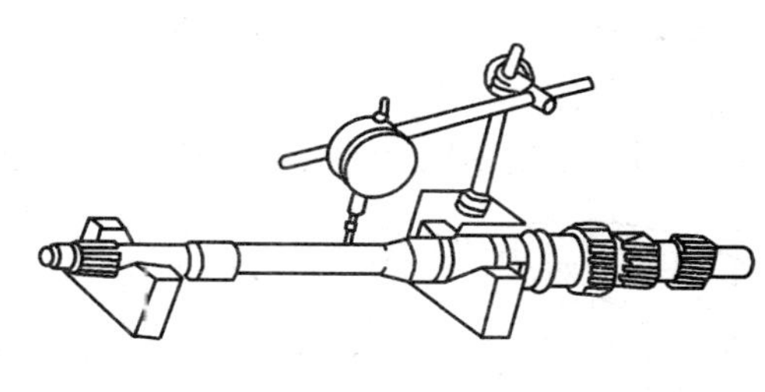

图2-2-24　检查轴的径向圆跳动

六 整理现场

(1)将各个量具清洁后放入相应的量具盒里。

(2)将其他工具清洁后放回工具车里。

(3)清洁工作(操作)台,清扫地面。

(4)将抹布或棉纱等垃圾放入清洁箱中。

实训13　液力变矩器的检验

一 实训目的

(1)掌握液力变矩器的检验内容。

(2)掌握液力变矩器检验工具的使用方法。

(3)掌握检验液力变矩器的操作步骤。

二 实训量具、工具、设备

液力变矩器、检查单向离合器专用工具、台架等。

三 实训技术标准及要求

(1)液力变矩器的外部应无损坏和裂纹,油泵驱动毂外径无磨损、缺口无损伤。

(2)单向离合器顺时针转动平稳而逆时针方向锁止。

(3)导轮和涡轮之间转动顺畅、无噪声。

(4)导轮和泵轮之间转动顺畅、无噪声。

四 实训注意事项

(1)各个量具使用时都要轻拿轻放,用后清洁。

(2)往平台上放置量具、零件等要轻放,避免要损伤平台。

五 实训操作步骤

1. 液力变矩器的外部检查

目视检查液力变矩器的外部有无损坏和裂纹,油泵驱动毂外径有无磨损、缺口有无损伤。

2. 单向离合器的检查

(1)用专用工具插入油泵驱动毂和单向离合器外座圈的槽口中,如图2-2-25所示。

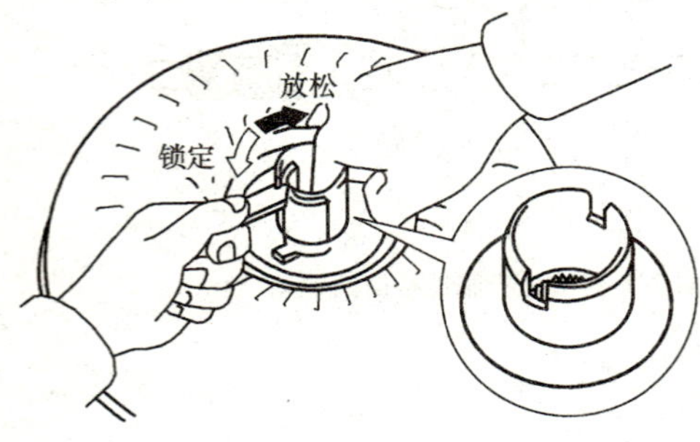

图2-2-25 单向离合器的检查

(2)用手指压住单向离合器的内座圈并转动它。

(3)检查是否顺时针转动平稳而逆时针方向锁止。

3. 导轮和涡轮之间的干涉检查

(1)将液力变矩器与飞轮连接侧朝下放在台架上,然后装入油泵总成,确保液力变矩器的油泵驱动毂与油泵主动部分接合好,如图2-2-26所示。

(2)把变速器输入轴(涡轮轴)插入涡轮轮毂中,使油泵和液力变矩器保持不动,然后顺时针、逆时针反复转动涡轮轴,如果转动不顺畅或有噪声,则更换液力变矩器。

4. 导轮和泵轮之间的干涉检查

(1)将油泵放在台架上,并把液力变矩器安装在油泵上,如图2-2-27所示。

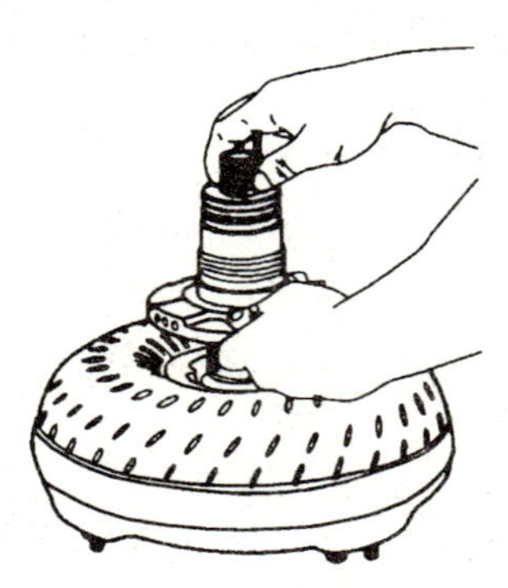

图2-2-26 导轮和涡轮之间的干涉检查

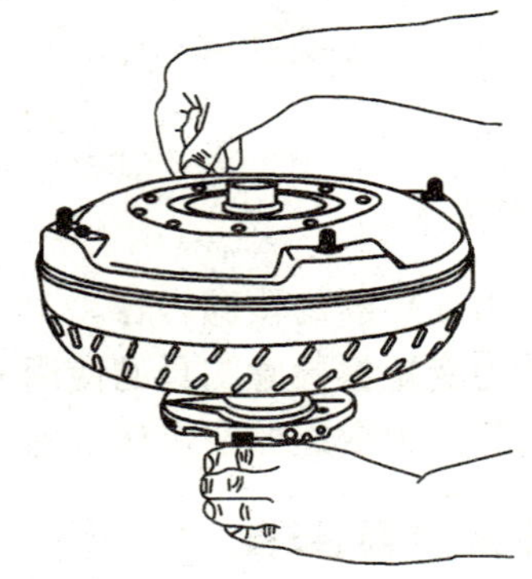

图2-2-27 导轮和泵轮之间的干涉检查

(2)旋转液力变矩器使液力变矩器的油泵驱动毂与油泵主动部分接合好。

(3)定住油泵并逆时针转动液力变矩器,如果转动不顺畅或有噪声,则更换液力变矩器。

六 整理现场

(1)将各个量具清洁后放入相应的量具盒里。

(2)将其他工具清洁后放回工具车里。

(3)清洁工作(操作)台,清扫地面。

(4)将抹布或棉纱等垃圾放入清洁箱中。

实训14 自动变速器初步检查及试验

一 实训目的

(1)熟练掌握自动变速器ATF油的检查和更换、变速器漏油检查、节气门拉线的检查和调整、选挡杆位置及挡位开关的检查和调整方法。

(2)熟练掌握自动变速器换挡迟滞试验、道路试验、失速试验、油压试验、手动换挡实验的过程和方法。

(3)能够针对试验结果分析故障部位和原因。

二 实训量具、工具、设备

(1)自动变速器车辆1辆、自动变速器试验台1个。

(2)三角木。

三 实训技术标准及要求

(1)检查液面高度时必须将车辆放置在水平地面上。

(2)动态试验应在正常油温(50~80℃)时进行。

(3)换挡迟滞试验应确保每次试验之间至少有1min间隔。

(4)检测失速试验过程中应当每个挡位之间至少有2min间隔。

四 实训注意事项

(1)油面的高度在冷态和热态时有所不同。

(2)添加的ATF油应与原车的型号一致。

(3)失速试验连续进行不得超过5s。

(4)失速试验应至少两人配合进行,一人观察车轮情况或车轮塞木情况,同时另一人进行试验,发现异常应立即停止试验。

五 实训操作步骤

1. ATF油的检查和更换

1)检查ATF油面高度

(1)行驶车辆,使发动机和自动变速器的温度达到正常工作温度。

(2)将车辆停在水平地面,并可靠驻车。

(3)发动机怠速运转,将选挡杆由P位换至L位,再退回P位。

(4)拉出变速器油尺,并将其擦拭干净。

(5)将油尺全部插回套管。

(6)再将油尺拉出,检查油面是否在HOT范围,如果不在,应加油。

2)检查ATF油质

检查ATF油的颜色、气味及是否有杂质。

3)更换ATF油

(1)拆下放油塞,将ATF油排放到容器中。

(2)再将放油塞紧固上。

(3)发动机熄火,通过加油管加入新油。

(4)启动发动机,将选挡杆由P位换至L位,再退回P位。

(5)检查油位,应在COOL范围内。

(6)在正常油温(50~80℃)时检查油位,必要时加油。

2. 变速器漏油检查

目视检查油封、管接头等部位。

3. 节气门拉线的检查和调整

检查节气门拉线位置和松紧是否合适,必要时调整,如图2-2-28所示。

4. 挡位开关的检查和调整

1)检查

将选挡杆拨至各挡位,检查挡位指示灯与选挡杆位置是否一致;P位和N位发动机是否能启动;R位倒挡灯是否点亮。否则应调整空挡启动开关。

2)调整

(1)如图2-2-29所示,松开挡位开关的固定螺钉,将选挡杆置于N位。

(2)将槽口对准空挡基准线,紧固螺钉。

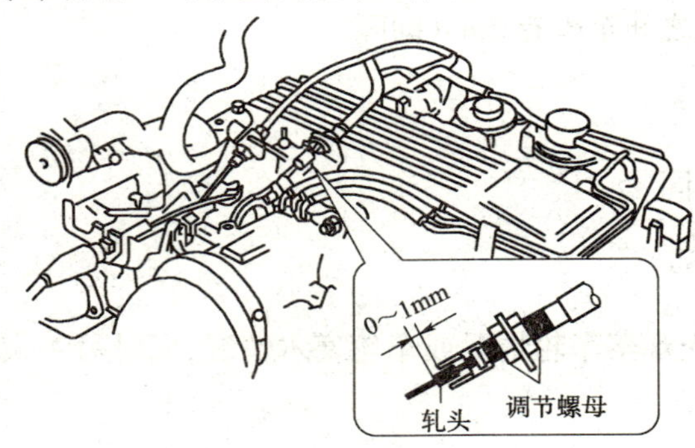

图2-2-28　检查节气门拉线

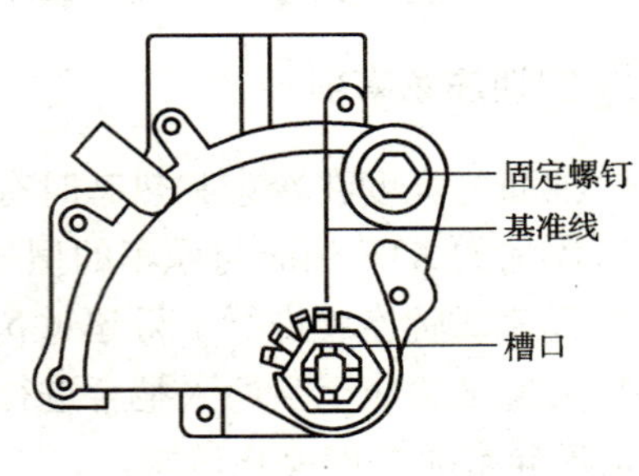

图2-2-29　挡位开关

5. 换挡迟滞试验

换挡迟滞试验方法,如图2-2-30所示。

1)注意事项

(1)在正常油温(50~80℃)时进行。

(2)确保每次试验之间至少有1min间隔。

(3)进行3次试验取平均值。

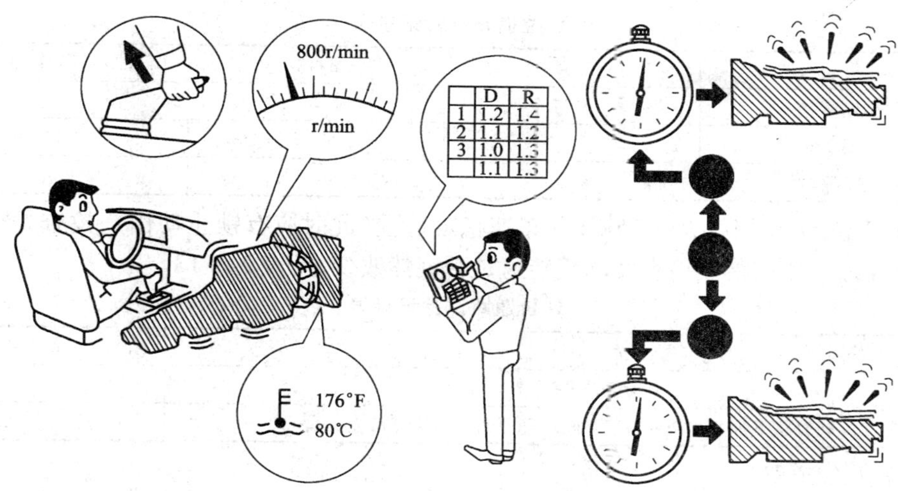

图 2-2-30 换挡迟滞试验

2)方法步骤

(1)可靠驻车(三角木、驻车制动)。

(2)启动发动机并检查怠速转速。

(3)将选挡杆由 N 位换到 D 位,用秒表测量从换挡开始感觉振动的时间。用同样方法测量 N→R 位的滞后时间。记录在表 2-2-10 中。N→D,应少于 1.2s;N→R,应少于 1.5s。

换挡迟滞试验记录表(单位:s) 表 2-2-10

次数	N→D	N→R
1		
2		
3		
平均值		

6. 道路试验

在正常工作油温(50~80℃)下进行该试验。

1)D 位道路试验

选挡杆换入 D 位,将加速踏板保持在某固定位置,检查以下内容:

(1)1→2,2→3 及 3→O/D 挡,升挡点与自动换挡表是否吻合,升挡时是否平顺,见表 2-2-11。

D 位道路试验记录表 表 2-2-11

项目	1→2	2→3	3→O/D
有无升挡			
升挡点(车速,km/h)			
升挡是否平顺			

(2)在 D 位 2 挡、3 挡、O/D 挡行驶时,将加速踏板踩到底,检查是否有强制降挡、降挡点是否符合自动换挡表、降挡时是否平顺,见表 2-2-12。

D 位道路试验记录表

表 2-2-12

项　　目	2→1	3→2	O/D→3
有无强制降挡			
降挡点(车速,km/h)			
降挡是否平顺			

(3)在 D 位 O/D 挡以大约 75km/h 车速稳定行驶(此时应有锁止动作),检查是否有振动和噪声,轻轻踩下加速踏板检查发动机转速是否突然改变,见表 2-2-13。

D 位道路试验记录表

表 2-2-13

项　　目	O/D 挡
有无振动和噪声	
轻轻踩下加速踏板检查发动机转速是否没有突然改变	

2)2 位、L 位道路试验

在 2 位和 L 位行车,松开加速踏板,检查是否有发动机制动,见表 2-2-14。

2 位、L 位道路试验记录表

表 2-2-14

项　　目	2 位	L 位
是否有发动机制动		

7. 失速试验

失速试验的方法,如图 2-2-31 所示。

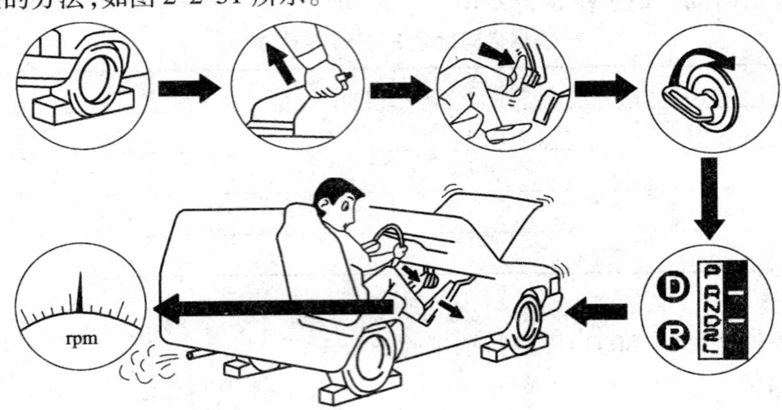

图 2-2-31　失速试验

1)注意事项

(1)在正常工作油温下进行该试验(50~80℃)。

(2)该试验连续进行不得超过 5s。

(3)为保证安全,请在宽阔水平地面上进行。

(4)失速试验应两人共同配合完成。一人观察车轮情况或车轮塞木情况,同时另一人进行试验,发现异常应立即停止试验。

2)失速试验方法

(1)塞住前后车轮。

(2)在发动机上安装转速表。

(3)拉紧驻车制动手柄。

(4)左脚踩下制动踏板。

(5)启动发动机。

(6)将选挡杆拨入 D 位。用右脚把加速踏板踩到底,同时迅速读发动机转速,此转速既为失速转速。

注意:如果在发动机转速未达到规定失速转速之前,后轮开始转动,应放松加速踏板停止试验。

(7)在 R 位重复试验。

(8)填写试验记录表 2-2-15。

失速试验记录表 表 2-2-15

项　　目	D 位	R 位
失速转速(r/min)		

8. 油压试验

油压试验的方法,如图 2-2-32 所示。

图 2-2-32 油压试验

1)试验前准备

(1)行驶车辆使水温、油温正常。

(2)发动机熄火,车辆可靠驻停。

2)试验方法、步骤

(1)连接主油压测试口和油压表。

(2)启动发动机,怠速运转。

(3)左脚踩下制动踏板,选挡杆置于 D 位。

(4)测量怠速时的主油压。

(5)踩下加速踏板,测量失速转速时的最大主油压。

(6)用相同的方法测量 R 位时的主油压。

(7)填写试验记录表 2-2-16。

油压试验记录表(单位:MPa) 表 2-2-16

项　　目	D 位	R 位
怠速主油压		
失速主油压		

六 整理现场

(1)将各个量具清洁后放入相应的量具盒里。
(2)将其他工具清洁后放回工具车里。
(3)清洁工作(操作)台,清扫地面。
(4)将抹布或棉纱等垃圾放入清洁箱中。

实训 15　四轮定位检查及调整

一 实训目的

(1)熟练、正确使用四轮定位仪对车轮的定位参数进行检测。
(2)根据检测结果对车轮定位参数进行必要的调整。

二 实训量具、工具、设备

(1)典型车(桑塔纳 2000 轿车)1 辆。
(2)四轮定位仪 1 套。
(3)常用工具 1 套。

三 实训技术标准及要求

1. 技术数据

技术数据,见表 2-2-17。

四轮定位技术标准及要求　　表 2-2-17

车　　桥	悬挂柱轴
前桥	自 1884 年 1 月起带转向助力器的车辆底盘号 332EE125984
每只车轮的前束	+5′　±5′
总前束(车轮不受压)	+10′　±10′
外倾角(轮胎正前方位) 左右最大偏差	-40′　±30′ 30′
前束差速角 20°时,向左右偏转	-50′　±30′
主销后倾角(不可调整) 左右最大偏差	+1°25′　±30′ 30′
后桥(不可调整)	扭力式悬挂梁,前置定位销
外倾角 左右最大差距	-1°40′　±20′ 30′
总前束(在规定外倾角时) 定位最大允许偏差	+25′　±15′ 25′

2. 要求

(1)检测前应检查底盘各个紧固螺栓,保证每个零部件牢固可靠。

(2)检查各个连接胶块,保证完好,否则应更换损坏的胶块。

四 实训注意事项

(1)车辆在驶上检测台时要小心谨慎,以免造成车辆和检测台的损坏。

(2)严格按照检测台的操作要领进行作业。

(3)调整结束后要认真检查、紧固底盘各个螺栓,确保牢固可靠。

(4)机头安装后不要忘记将安全钩挂上。

(5)调整前一定要将安全锁锁好。

五 实训操作步骤

1. 检测前的准备

1)车辆准备

(1)汽车停放水平场地或专用检测台上,车轮在直线行驶位置且无负载。

(2)轮胎气压符合规定。

(3)车轮平衡,悬架活动自如。

(4)转向系调整正确。

(5)悬架无过大的间隙和损坏。

2)四轮定位仪使用前的准备工作及注意事项

(1)检查液压系统中液压油存量,用标尺观察,油渍应在其 2/3 处,不能低于最低刻度线。

(2)检查各输油管连接处、油缸是否漏油,尤其是看活塞与缸体之间有否漏油。

(3)举起跑台将油缸上输油管的闷头螺栓拧下,按下"DOWN"键,将油管中的空气排掉,直至油管中有油喷出即可。

(4)检查举升臂下的转轴以及平衡杆与连接处的润滑点是否需加注润滑脂。

(5)检查气泵是否需加润滑油,将气水分离器中的水倒净。

(6)检查表面是否清洁。

(7)检查键盘及打印机。

(8)校验机头。

3)四轮定位仪面板按钮说明

(1)电控箱上的开关操作方法。

接通电源——用手轻推电控箱左上部的开关至"1",电源接通。

切断电源——用手轻推电控箱左上部的开关至"0",电源切断。

举升——用手持续按住有"UP"提示的按钮,至所期待的高度,松开按钮。

下降——用手持续按住有"DOWN"提示的按钮,至所期待的高度,松开按钮。

锁定——将跑台上升或下降到某高度后,按下有"LOCK"提示的按钮,至跑台稳定。

(2)机头上操作按钮说明。

机头上的操作按钮,如图 2-2-33 所示。

数字键——各窗底下的功能键代号。

帮助键——在窗口为菜单显示时,可随时按该键而能得到内部资料。

主菜单键——按此键即返回主菜单。

星键——安装新的软件时,提高软件等级键(键盘上功能);轮辋补偿键,仅在轮辋补偿时使用(机头上功能)。

Enter 键——进入下一步。

暂停键——观看电脑屏幕动画时,用此键予以暂停。

转页键——将屏幕显示翻到上(或下)一页。

"#"键为键盘上功能,在机头上为功能窗切换键,即在窗口底部有 8 个功能窗,4 个一组,此键用于切换两组功能窗在屏幕上的显示。

注:机头上在星键与"#"键位置为另两个特殊功能键,它们与键盘上的功能相异。

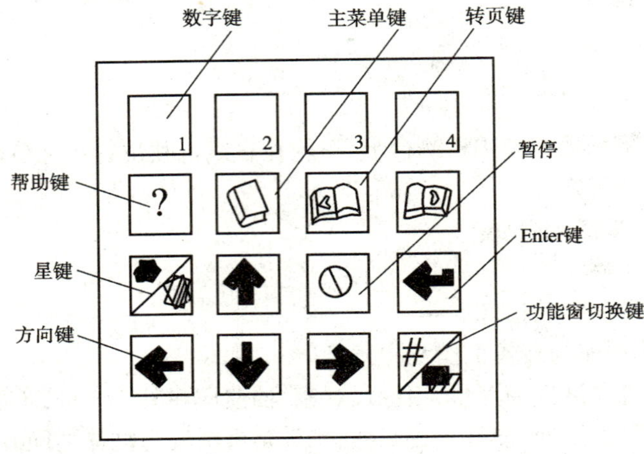

图 2-2-33　机头上操作按钮示意图

2. 检测

(1)接通电源,打开 UPS 以及主机电源开关,进入定位程序。

(2)根据菜单提示,选择相应定位项目,输入客户资料,选择车辆规格型号,准备工作完毕。

(3)将车辆驶上跑台,车身与跑台基本对称,前轮必须在前转盘的中间位置。

(4)升起跑台至 A 平面(自锁齿响 4 下、上升 4 格位置),用楔片将后轮固定,以防车辆未拉驻车制动,车辆移动造成危险。

(5)将机头装在轮辋上,确保其已固定紧不会滑落,接上传感器接头。

(6)打开气泵,使用二次举升台将车辆举至 4 轮悬空。

(7)松开驻车制动杆,对轮胎进行轮辋变形的检查及补偿。

(8)放下车辆,用踏板抵压器顶住制动踏板,调节机头水平仪使之完全水平。

(9)根据屏幕提示,测量后倾角。

(10)固定转向盘至水平位置,再次调平机头。

(11)根据屏幕显示各定位参数,对照制造厂家规定,进行检测诊断,打印输出结果。

(12)若定位参数不符合规定,可参照图解调整至正常位置。

(13)将所有紧固件拧紧后,检测完毕,卸下机头,将车辆驶离跑台。

3. 前轮定位值的调整

1)前轮外倾角

(1)检查:通过四轮定位仪进行。

(2)调整:调整前轮外倾角时车轮应着地,通过球头销在下摇臂长孔中的位移来调整,如图 2-2-34 所示。

①松开下摇臂球头销的固定螺母。

②横向移动球头销,直至达到外倾角值。

③紧固螺母并再次检查外倾角值,需要时重新进行调整。

④必要时调整前束。

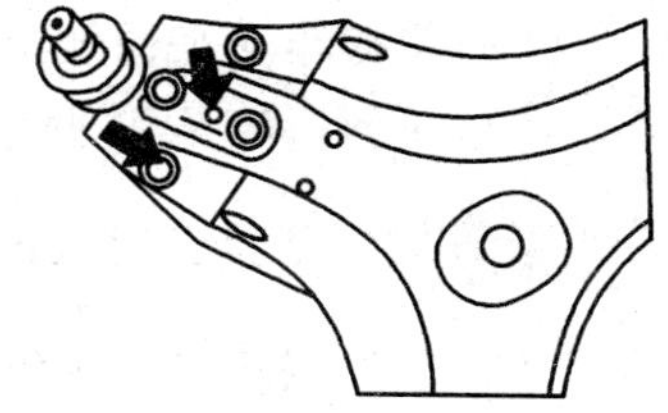

图 2-2-34　调整前轮外倾角

2)前束

(1)检查:

①通过四轮定位仪进行。

②采用常规方法:在左右轮胎正前方的胎面中心或轮辋上画" + "记号,用前束尺测量出 *B* 值;转动车轮(或推动汽车)180°,将记号转到正后方测得 *A* 值;差值 *A*-*B* 即为前束值。该值如果不符合规定,应进行调整。

(2)调整。前束是通过改变两侧转向横拉杆的长度来实现的,如图 2-2-35 所示。调整时,松开横拉杆上的夹紧螺栓,用管钳转动横拉杆,使横拉杆两端的距离伸长或缩短,调整后拧紧夹紧弹簧。

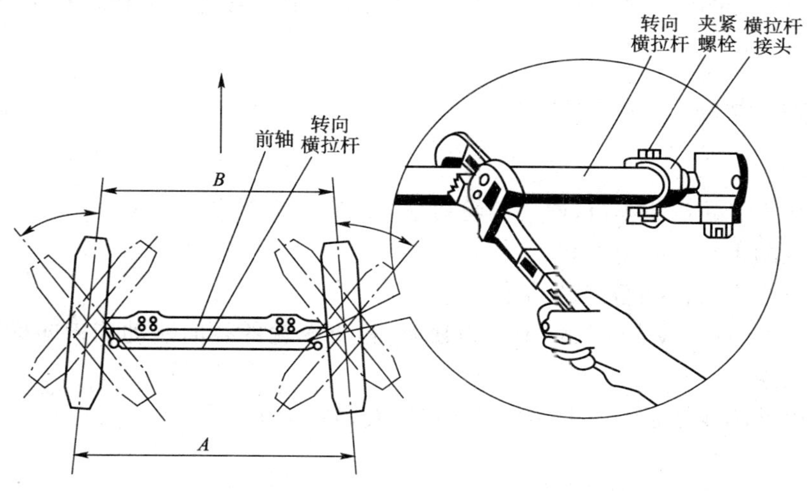

图 2-2-35　前束调整

六 整理现场

(1)清洁、整理检测仪。

(2)清洁、整理工具。

(3)清洁、清扫实训场地。

实训 16　车轮平衡的检测(就车)

一 实训目的

(1)掌握车轮平衡的就车检测内容及方法。

(2)掌握车轮平衡就车检测仪器设备的使用方法。

(3)了解影响车轮平衡就车检测的因素。

二 实训量具、工具、设备

(1)就车式车轮平衡仪 1 台。

(2)汽车 1 辆。

(3)常用工具 1 套。

三 实训技术标准及要求

车轮动、静不平衡量在 10g 以内认为可继续使用,若超过 10g 则应进行平衡作业。

四 实训注意事项

(1)用千斤顶支起被测车桥时,一定要牢固可靠。

(2)被测车轮上的泥土和石子一定要清除干净,防止车轮高速旋转时石子飞出造成人身伤害。

五 实训操作步骤

1. 准备工作

(1)用千斤顶支起被测车桥,两边车轮离地间隙应尽量相等。

(2)清除被测车轮上的泥土和石子。

(3)检查轮胎气压,视情充至规定值。

(4)用手转动轮胎,检查轮毂轴承是否松旷,检查车轮的径向跳动和横向摆动是否明显,视情作适当调整。

(5)在轮胎外侧面任意位置上用粉笔或白胶布做好标记。

2. 检测

1)前从动轮静不平衡检测

(1)用三角垫木塞紧对面车轮和后桥车轮,将测量装置推至被测前轮一端的前梁下,传感磁头吸附在悬架下或转向节下,磁头应尽量垂直安装,调节可调支架高度并锁紧。

(2)推车轮平衡仪转轮至车轮侧面或前面,检查频闪灯工作是否正常,检查转轮的旋转方向能否使车轮的转动与前进行驶时一致。

(3)操纵车轮平衡仪与轮胎接触并压紧,启动电动机,带动车轮旋转至规定转速,如图 2-2-36 所示。

(4)观察频闪灯照射下的轮胎标记位置,并从仪表上读取不平衡量数值。

(5)操纵车轮平衡仪上的制动装置,使车轮停转。

2)前从动轮动不平衡检测

(1)将传感磁头吸附在经过擦拭的制动底板边缘平整处,并尽量使磁头与车轮旋转中心处在同一水平位置。

(2)操纵车轮平衡仪电动机使车轮旋转至规定转速,用频闪灯观察轮胎标记位置,从仪表上读取车轮动不平衡量数值。

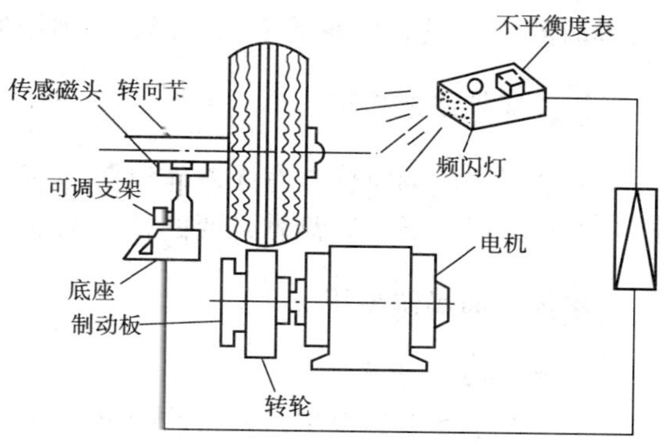

图 2-2-36 就车式车轮平衡仪

3)驱动轮平衡检测

(1)驱动轮转动可由发动机驱动,一般驱动轮车速应达到 50 ~ 70km/h,并在某一转速下稳定运转。

(2)测试结束后用汽车车轮制动器使车轮停转。

(3)其他方法及注意事项同从动轮动静不平衡检测。

六 整理现场

(1)清洁、整理检测仪。

(2)清洁、整理工具。

(3)清洁、清扫实训场地。

实训 17 车轮侧滑量的检测(就车)

一 实训目的

(1)掌握车轮侧滑量检测的内容及检验方法。

(2)掌握车轮侧滑量检测仪器设备的使用方法。

(3)了解影响车轮侧滑量检测的因素。

二 实训量具、工具、设备

(1)平板式车轮侧滑量检测台 1 台。

(2)汽车 1 辆。

(3)常用工具 1 套。

三 实训技术标准及要求

《机动车运行安全技术条件》(GB 7258—2012)中的规定的相关内容;汽车(三轮汽车除外)的车轮定位应与该车型的技术要求一致。对前轴采用非独立悬架的汽车(前轴采用双转向轴时除外),其转向轮的横向侧滑量,用侧滑台检验时侧滑量值应在 ±5m/km 之间。

四 实训注意事项

(1)测试车辆应检查有无液体泄漏,如有要及时修复。

(2)测试前要对底盘做必要的技术调整。

五 实训操作步骤

1. 检测前的准备

(1)在不通电情况下,检查仪表指针是否指在零位上;接通电源,晃动滑动板,待滑动板停止晃动后,察看指针是否仍在零位,如图 2-2-37 所示。如指针失准可用零点调整螺钉或零点调整游丝将仪表校零。

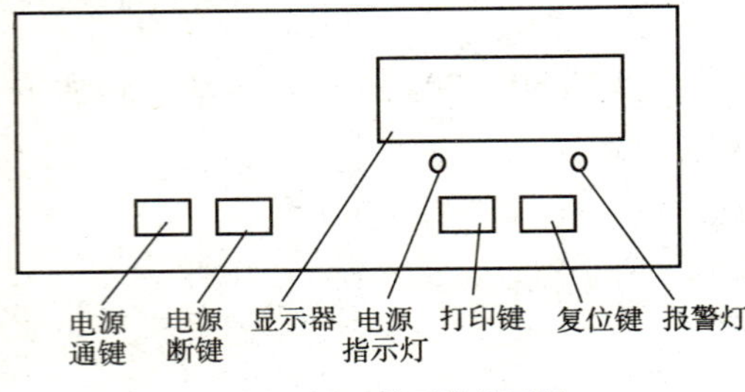

图 2-2-37 指示装置面板

(2)检查试验台及周围场地有无润滑油、石子、泥污等,并清除干净。

(3)检查各种导线有无因损伤造成接触不良部位,必要时应进行修理或更换。

(4)被测车轮胎气压应符合规定。

(5)检查并清除轮胎上的油污、水渍和嵌入的石子、杂物等。

2. 检测

(1)拔出滑动板的锁止销,接通电源。

(2)汽车以 3 ~5km/h 的速度垂直驶向试验台,使前轮平稳通过滑动板。

(3)当前轮完全通过滑动板后,从指示装置上观察侧滑方向(注意区别正、负前束)并读取、打印最大的侧滑量。

(4)检测结束后,切断电源并锁止滑动板。

对于后轮没有定位的汽车,可用侧滑试验台根据汽车后轮前进、后退驶过滑动板时滑动板的滑动方向和滑动量大小来检测后轴是否变形和轮毂轴承是否松旷。对于后轮有定位的汽车,可用前述的四轮定位仪进行后轮前束、外倾的检测。

六 整理现场

(1)清洁、整理检测仪。

(2)清洁、整理工具。

(3)清洁、清扫实训场地。

实训 18 悬架和转向系间隙的检验

一 实训目的

(1)掌握悬架和转向系间隙检验的内容及检验方法。

(2)掌握悬架和转向系间隙检验工具的使用方法。
(3)了解影响悬架和转向系间隙检验的因素。

二 实训量具、工具、设备

实训用量具、工具、设备需求,见表2-2-18。

悬架和转向系间隙的检验实训量具、工具、设备　　表2-2-18

序 号	名 称	数 量	序 号	名 称	数 量
1	悬架和转向系间隙检测仪	1台	3	常用工具	1套
2	汽车	1辆	4	检测地沟等	1个

三 实训技术标准及要求

悬架和转向系各个部件连接可靠、无变形、无旷量。

四 实训注意事项

(1)检测前要注意清洁底盘,以免影响检测效果。
(2)检测车辆驶向检测仪的速度不应大于10km/h。

五 实训操作步骤

(1)接通电控箱上总电源,电控箱上若有空气开关,则打开空气开关。

(2)将手电筒上工作开关按下,手电筒中工作灯应亮,电控箱上绿色指示灯应亮,此时电动机转动,油泵工作。若有异常,应及时检查排除。

(3)按下手电筒上某一测试板向前或向后键,系统升压,当检测板移动到一侧极限位置时,检查压力表油压是否正常,否则调节溢流阀旋钮,使其达到要求值。然后分别按下其他键使检测板移到中间位置。

(4)检查左、右检测板表面是否沾有泥、油、砂等杂物,若有应清除。

(5)检查轮胎气压是否符合规定,如有不符,则应调整到规定值。检查轮胎上是否有泥土和沙子,若有应清除。

(6)将前桥置于左右检测板上,尽量使车轮在检测板上居中停放,车上引车员踩紧制动并握住转向盘,车下检验员按动手电筒开关上检测板"前、后移动方向"键,使悬架作上、下、左、右、前、后复杂运动。对断开式前桥,注意观察车轮与制动底板(或制动盘),上下摆臂和销与衬套以及上下球头销处运动是否正常;对整体式前桥,注意观察车轮与制动底板,U形螺栓,钢板弹簧和前、后吊耳是否异常。

(7)车轮保持上述停放状态,按下手电筒开关上检测板"左、右移动方向"键,使悬架受到左右切向力的作用。对于断开式前桥,注意观察车轮和轴头、减振器和螺旋弹簧、横向稳定杆和摇臂等部位是否正常;对整体式前桥,注意观察车轮和轴头、减振器及衬套、横直拉杆与球头是否异常。

(8)根据所测汽车悬架及转向系结构特点,选择左右检测板不同运动方向组合方式,检查相关节点工作情况。

(9)前桥检测完毕,将后桥(或中桥)开上检测板,用上述检测方法进行检测。

(10)检测完毕,关掉手电筒工作开关,再关掉空气开关及总电源,工作结束。

六 整理现场

(1)清洁、整理检测仪。

(2)清洁、整理工具。

(3)清洁、清扫实训场地。

实训 19　制动鼓、制动盘及制动蹄衬片的检验

一 实训目的

(1)掌握制动鼓、制动盘及制动蹄衬片的检验内容。

(2)掌握制动鼓、制动盘及制动蹄衬片检验工具的使用方法。

(3)掌握检验制动鼓、制动盘及制动蹄衬片的操作步骤。

二 实训量具、工具、设备

游标卡尺、外径千分尺、制动鼓专用测量尺、磁性表架、百分表、直尺、手电筒、反光镜等。

三 实训技术标准及要求

制动鼓内孔的圆度误差(使用极限)为0.03mm。

四 实训注意事项

(1)量具使用时都要轻拿轻放,特别是在使用制动鼓专用测量尺时,由于制动鼓内孔磨损,但边沿处并没有磨损或磨损很少,测量时应多加注意。

(2)对于边沿处没有磨损的制动盘,不能使用游标卡尺测量,仅能使用外径千分尺测量,否则,测得的数据会不准确。

(3)所有检验、检测都必须检测三点以上。

五 实训操作步骤

1. 制动鼓内孔磨损的检验

(1)首先目测检验制动鼓内孔有无烧损、刮痕、凹陷和裂纹,若修磨后还不能达到技术要求则应更换新件。

(2)检验制动鼓内孔尺寸及圆度误差。如图2-2-38所示,用制动鼓专用测量尺测量制动鼓内孔的圆度误差,使用极限为0.03mm,超过极限应更换新件。

2. 检验制动盘的厚度

(1)目测检验制动盘外观有无烧损、刮痕、裂纹和沟槽,若修磨后还不能达到技术要求则

应更换新件。

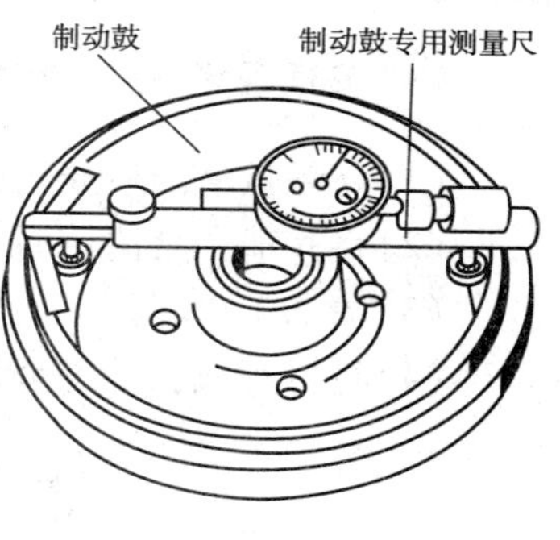

图 2-2-38　检验制动鼓内孔的磨损

(2)检验制动盘厚度时,可选用游标卡尺或合适的千分尺直接测量,如图 2-2-39 所示。由于各个车型的技术标准不同,其技术数据也存在着差异。如普通桑塔纳轿车前制动盘标准厚度为10mm,使用极限为 8mm,超过极限尺寸时应予更换。

(3)检验制动盘端面的圆跳动。制动盘过度的轴向跳动会使制动踏板抖动或使制动衬片磨损不均匀。

用百分表检查制动盘的端面圆跳动,如图 2-2-40 所示。端面圆跳动量应不大于 0.06mm,不符合要求可进行机加工修复(加工后的厚度不得小于 8mm)或更换。

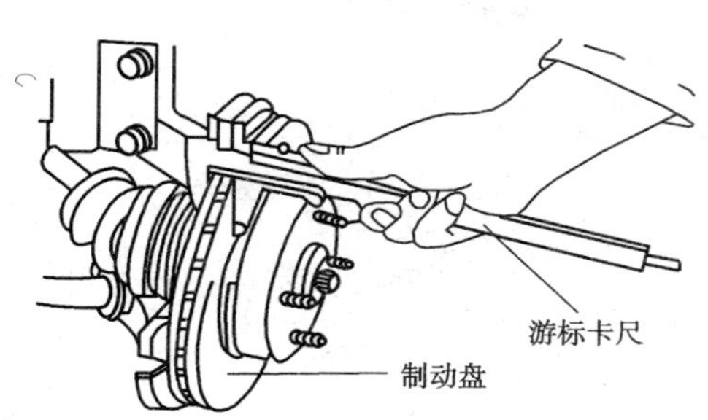

图 2-2-39　检验制动盘的厚度

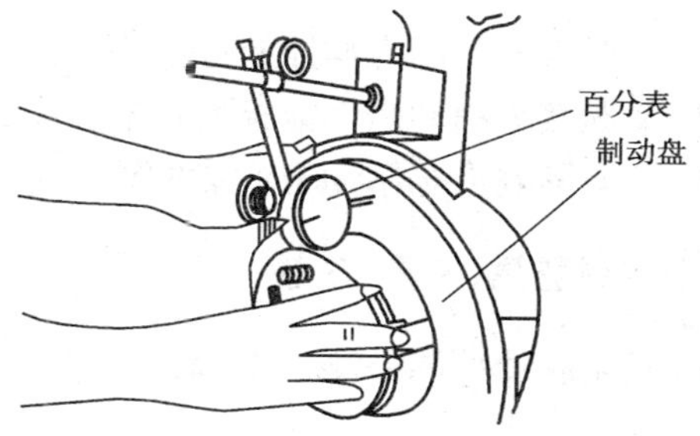

图 2-2-40　检验制动盘端面的圆跳动

3. 制动衬片厚度的检验

(1)如图 2-2-41 所示。若制动衬片已拆下,可直接用直尺垂直放置在底板上进行测量。制动衬片摩擦片的厚度为 14mm(不包括底板),使用极限为 7mm。

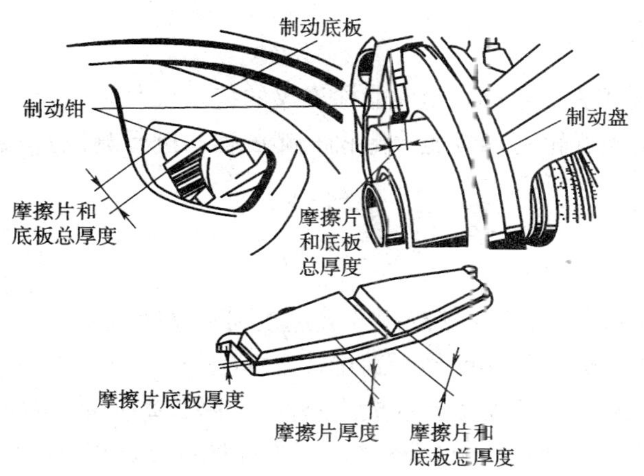

图 2-2-41　检验制动衬片的厚度

(2)若车轮未拆下,对外侧的摩擦片,可通过轮辐上的检视孔,用手电筒目测检查。内侧摩擦片,利用反光镜进行目测检查。

六 整理现场

(1)将量具清洁后放入相应的量具盒里。

(2)将其他工具清洁后放回工具车里。

(3)清洁工作(操作)台,清扫地面。

(4)将抹布或棉纱等垃圾放入清洁箱中。

实训20 汽车制动力性能检验

一 实训目的

(1)掌握汽车制动力性能检验的内容及检验方法。

(2)掌握汽车制动力性能检验仪器设备的使用方法。

(3)了解影响汽车制动力性能的因素

二 实训量具、工具、设备

(1)五轮制动性能检测仪1台。

(2)汽车1辆。

(3)常用工具1套。

三 实训技术标准及要求

《机动车运行安全技术条件》(GB 7258—2012)规定,制动力、制动距离和制动减速度3个指标中只要其中之一符合要求,即判为合格。

四 实训注意事项

(1)测试前必须认真学习五轮制动性能检测仪的使用说明。

(2)测试时严格按照五轮制动性能检测仪的测试程序进行测试。

五 实训操作步骤

1. 准备

(1)安装调试五轮仪,并将五轮仪控制开关连接到制动踏板上。

(2)检查车轮轮胎表面花纹深度是否满足技术标准的要求。

(3)选择清洁、干燥、平坦的沥青或混凝土路面,道路长2～3km,宽度不小于8m,纵向坡度在0.1%以内。在此路段中间长约1000m的两端用标杆设立标识,作为试验路段。

2. 试验

(1)将汽车从试验路段的一头加速驶向标识路段,在进入试验区段前,车速应稍高于50km/h,驾驶员应将变速器挂入空挡,使汽车开始滑行。

(2)汽车进入试验路段后,驾驶员不得转动转向盘,即汽车处于直线行驶状态。时刻监视五轮仪显示的车速，当车速为50km/h时，迅速将制动踏板踩到底，此时五轮仪开始记录汽车制动初速度、制动时间和制动距离，直至汽车完全停止为止，按下五轮仪控制盒上的打印按钮，打印测试数据。

(3)将汽车行驶到试验路段的另一头，再做反向测试一次。

(4)重复上面的测试三次以上，将所有的数据取平均值即为被测汽车车速为50km/h时在制动距离。

六 整理现场

(1)拆下五轮仪，整理连接控制线。

(2)清洁、整理工具。

(3)收回标杆。

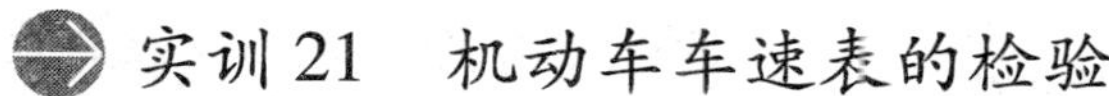

实训21 机动车车速表的检验

一 实训目的

(1)掌握机动车车速表检验的内容及检验方法。

(2)掌握机动车车速表检验仪器设备的使用方法。

(3)了解影响机动车车速表检验的因素。

二 实训量具、工具、设备

(1)驱动型车速表试验台1台。

(2)汽车1辆。

(3)常用工具1套。

三 实训技术标准及要求

国家标准《机动车运行安全技术条件》(GB 7258—2012)中规定：当汽车车速表指示值为40km/h时，车速表检验台速度指示仪表的指示值为32.8～40km/h范围内为合格；当车速表检验台速度指示仪表的指示值为40km/h时，该机动车车速表的指示值在40～48km/h范围内时为合格。

四 实训注意事项

(1)检测车辆的轮胎应保持干燥，花纹中无石子。

(2)测试时要慢慢均匀加速，不要猛踩加速踏板。

五 实训操作步骤

1. 准备

1)试验台的准备

(1)在滚筒静止状态检查指示仪表是否在零点上，若指针不在零点上，可用零点调整旋钮

(或零点调整电位计)调整。

驱动型车速表试验台是为适应后置发动机汽车的试验而制造的,其结构,如图 2-2-42 所示。这种试验台在滚筒的一端装有电动机,由它来驱动滚筒旋转。

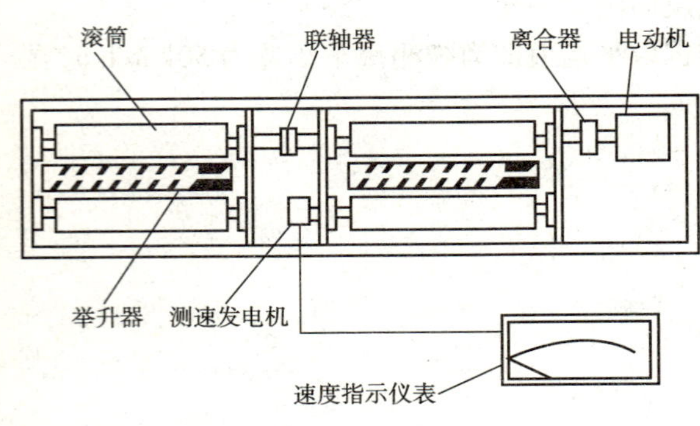

图 2-2-42 驱动型车速表试验台

此外,这种试验台在滚筒与电动机之间装有离合器,若试验时将离合器分离;又可作为标准型试验台使用。

(2)检查滚筒上是否沾有油、水、泥等杂物。若有,要清除干净。

(3)检查举升器动作是否自如和有无漏气部位。若有阻滞或有漏气部位,应予修理。

(4)检查导线的接触情况。若有接触不良或断路,应予修理或更换。

经常使用的试验台,不一定每次使用前都要进行上述检查。

2)被测车的准备

(1)按汽车制造厂的规定检查并补充轮胎气压。

(2)轮胎沾有水、油等或轮胎花纹沟槽内嵌有小石子时,应清除干净。

2. 测试

(1)接通试验台电源。

(2)升起滚筒间的举升器。

(3)将被测车输出车速信号的车轮尽可能与滚筒成垂直状态地停放在试验台上。

(4)降下滚筒间的举升器,至轮胎与举升器托板脱离为止。

(5)用挡块抵住位于试验台滚筒之外的一对车轮,防止汽车在测试时滑出试验台。

(6)使用标准型试验台时应作如下操作:

①启动汽车,待汽车的驱动轮在滚筒上稳定后,挂入最高挡,踩下加速踏板使驱动轮平稳地加速运转。

②当汽车车速表的指示值达到规定检测车速(40km/h)时,读出试验台速度指示仪表的指示值,或当试验台速度指示仪表的指示值达到检测车速时,读取车速表的指示值。

(7)使用驱动型试验台时应作如下操作:

①接合试验台离合器,使滚筒与电动机联在一起。

②将汽车的变速器挂入空挡,接通试验台电源,使电动机驱动滚筒旋转。

③当汽车车速表达到检测车速时,读取试验台速度指示仪表的指示值;或当试验台速度指示仪表达到检测车速时,读取汽车车速表的指示值。

(8)测试结束后,轻轻踩下汽车制动踏板,使滚筒停止转动。对于驱动型试验台,必须先关断电源再踩制动踏板。

(9)升起举升器,去掉挡块,汽车驶离试验台。

(10)切断试验台电源。

六 整理现场

(1)清洁整理所有仪器、设备。
(2)清洁、整理所有工具。
(3)清洁、清扫实训场地。

实训22 机动车前照灯的检验

一 实训目的

(1)掌握机动车前照灯检验的内容及检验方法。
(2)掌握机动车前照灯检验仪器设备的使用方法。
(3)了解影响机动车前照灯检验的因素。

二 实训量具、工具、设备

(1)投影式前照灯检验仪1台。
(2)屏幕式前照灯检验仪1台。
(3)聚光式前照灯检验仪1台。
(4)自动追踪光轴式前照灯检验仪1台。
(5)汽车1辆。
(6)常用工具1套。

三 实训技术标准及要求

国家标准《机动车运行安全技术条件》(GB 7258—2012)中,对机动车前照灯光束照射位置和前照灯光束发光强度作了规定。

1. 前照灯光束照射位置

(1)检验前照灯近光光束照射位置时,前照灯照射在距离10m的屏幕上,乘用车前照灯近光光束明暗截止线转角或中点的高度应为0.7H~0.9H(H为前照灯基准中心高度,下同),其他机动车(拖拉机运输机组除外)应为0.6H~0.8H。机动车(装用一只前照灯的机动车除外)前照灯近光光束水平方向位置向左偏应小于等于170mm,向右偏应小于等于350mm。

(2)检验前照灯远光照射位置时,对于能单独调整远光光束的前照灯,前照灯照射在距离10m的屏幕上时,要求在屏幕光束中心离地高度,对乘用车为0.85H~0.95H(但不得低于前照灯近光光束明暗截止线转角或中点的高度),对其他机动车为0.8H~0.95H;机动车(装用一只前照灯的机动车除外)前照灯远光光束水平位置要求,左灯向左偏应小于等于170mm,向右偏应小于等于350mm,右灯向左或向右偏均应小于等于350mm。

2. 前照灯光束发光强度

机动车每只前照灯的远光光束发光强度应符合表2-2-19要求。

前照灯远光光束发光强度最小值要求(单位:cd)　表2-2-19

机动车类型	发光强度要求					
	新注册车			在用车		
	一灯制	二灯制	四灯制★	一灯制	二灯制	四灯制★
最高设计车速小于70km/h的汽车	—	10000	8000	—	8000	6000
其他汽车	—	18000	15000	—	15000	12000

注:★四灯制是前照灯具有四个远光光束。采用四灯制的机动车,其中两只对称的灯达到两灯制的要求时视为合格。

四 实训注意事项

(1)测试前要清洁灯罩。

(2)测试时保证轮胎气压应符合汽车制造厂的规定。

(3)汽车蓄电池应处于充足电状态。

五 实训操作步骤

1. 检验前照灯的准备工作

1)检验仪的准备

(1)在不受光的情况下,调整前照灯检验仪光度计和光轴偏斜指示计指针的机械零点。

(2)检查聚光透镜和反射镜的镜面上有无污物。若有,用柔软的布或镜头纸擦拭干净。

(3)检查水准器的技术状况。若水准器无气泡,应进行修理;若气泡不在红线框内时,可用水准器调节器或垫片进行调整。

(4)检查导轨是否沾有泥土等杂物。若有,应扫除干净。

2)被测车的准备

(1)清除前照灯上的污垢。

(2)轮胎气压应符合汽车制造厂的规定。

(3)汽车蓄电池应处于充足电状态。

2. 前照灯发光强度和光轴偏斜量的检验

1)聚光式前照灯检验仪的检验方法

(1)将被测车尽可能地与检验仪的导轨保持垂直方向驶近检验仪,直至前照灯与检验仪受光器之间达到检验所要求的距离(1m、0.5m、0.3m)。聚光式前照灯检验仪,如图2-2-43所示。

(2)用汽车摆正找准器,使检验仪与被检车对正。

(3)开亮前照灯,用前照灯照准器使检验仪与被检车前照灯对正。

(4)将"光度·光轴"转换开关扭向光轴一边,然后转动上下和左右光轴刻度盘,使光轴偏斜指示计的指示值为零。此时,两光轴刻度盘上指示值即为光轴偏斜量,如图2-2-44所示。

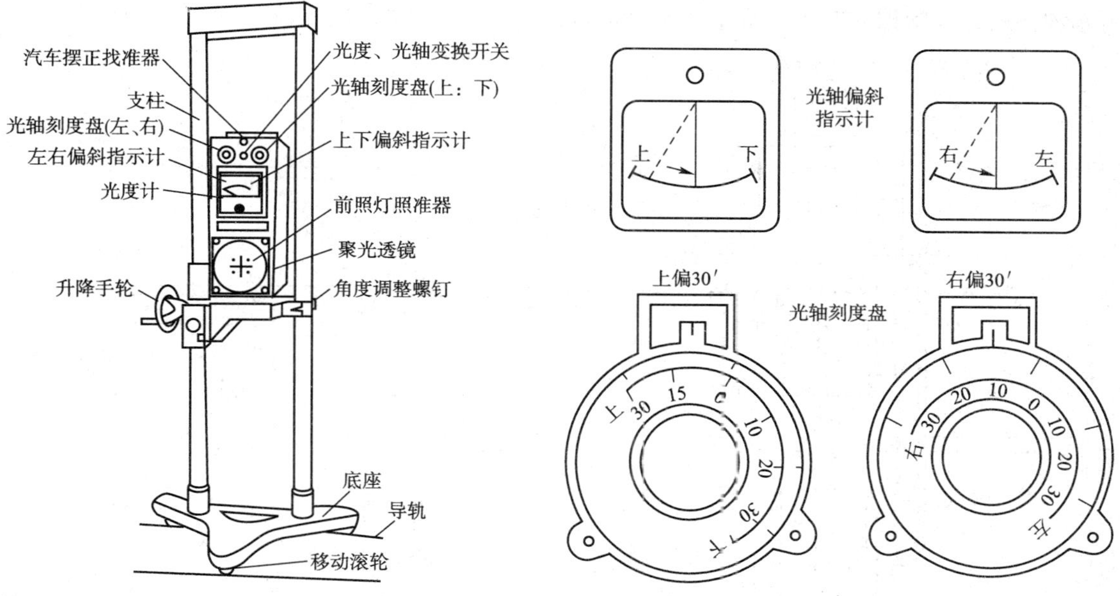

图 2-2-43 聚光式前照灯检验仪

图 2-2-44 光轴偏斜的检验

(5)保持光轴刻度盘位置不动,将“光度 · 光轴”转换开关扭到光度一边,此时光度计的指示值即为前照灯的发光强度。

2)屏幕式前照灯检验仪的检验方法

(1)如图 2-2-45 所示,将被测车尽可能地与检验仪的屏幕或导轨保持垂直方向驶近检验仪,使前照灯与检验仪受光器相距 3m。

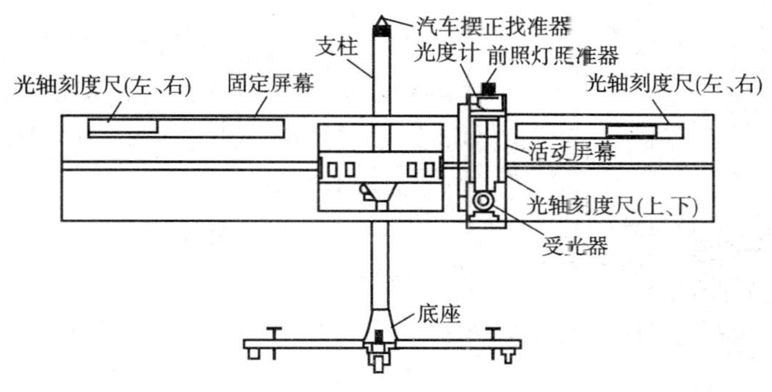

图 2-2-45 屏幕式前照灯检验仪

(2)用汽车摆正找准器使检验仪与被测车对正。

(3)开亮前照灯,用前照灯照准器使检验仪与被检前照灯对正,然后把固定屏幕调整到与前照灯等高,要特别注意使受光器与被检前照灯配光镜的表面中心重合。

(4)使固定屏幕上左右光轴刻度尺的零点与活动屏幕上的基准指针对正,如图 2-2-46 所示。

上下和左右移动受光器,使光度计指示值达到最大值。此时,根据受光器上的基准指针所指活动屏幕上的上下刻度值和活动屏幕上的基准指针所指固定屏幕上的左右刻度值,即可得出光轴偏斜量。根据此时光度计上的指示值，可得出前照灯发光强度，如图 2-2-47 所示。

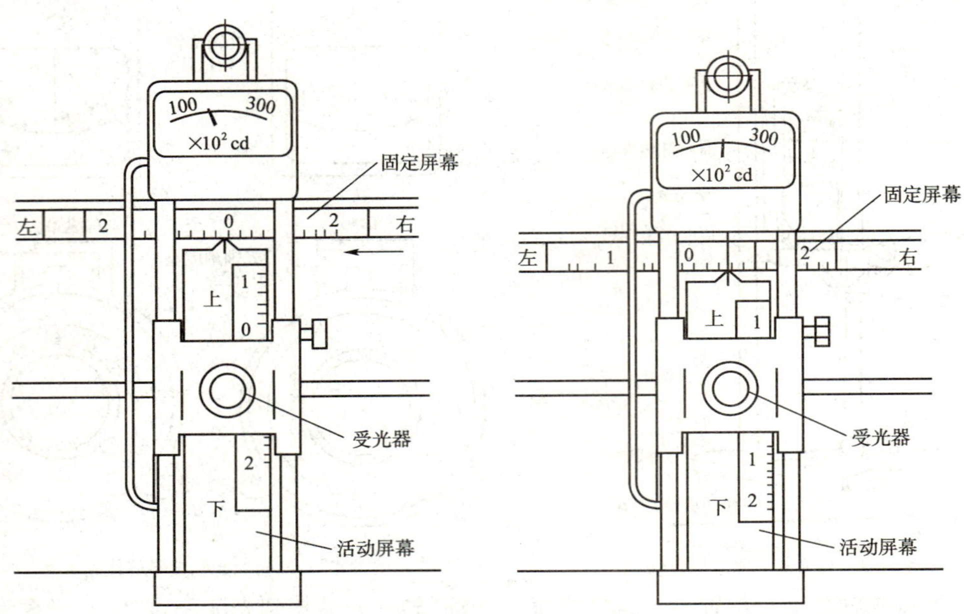

图 2-2-46　左右光轴刻度尺零点校准　　　　图 2-2-47　光轴偏斜量和发光强度的显示

3）投影式前照灯检验仪的检验方法

（1）将被测车尽可能与导轨保持垂直方向驶近检验仪，使前照灯与检验仪受光器相距 3m，如图 2-2-48 所示。

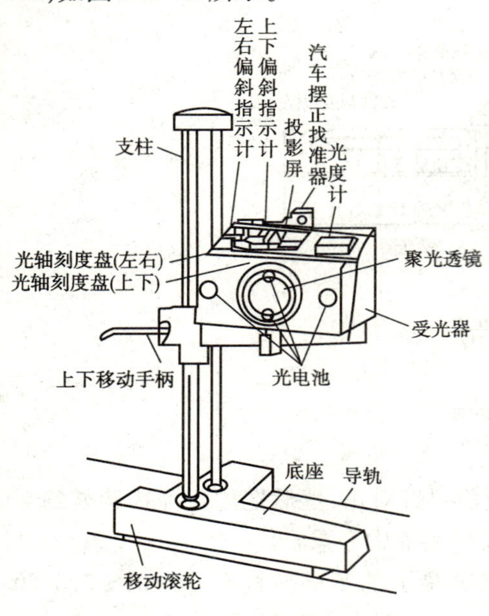

图 2-2-48　投影式前照灯检验仪

（2）用汽车摆正找准器使检验仪与被测车对正。

（3）开亮前照灯，移动检验仪，使光束照射到受光器上，并使上下和左右光轴偏斜指示计指示值为零。此时，根据投影屏上前照灯光束影像位置，即可得出光轴的偏斜量。

（4）根据光度计上的指示值，即可得出前照灯的发光强度。

4）自动追踪光轴式前照灯检验仪的检验方法

（1）将被测车尽可能与导轨保持垂直方向驶近检验仪，使前照灯与检验仪受光器相距 3m，如图 2-2-49 所示。

（2）用汽车摆正找准器使检验仪与被测车对正。

（3）开亮前照灯，接通检验仪电源，用控制器上的上下、左右控制开关移动检验仪的位置，使前照灯光束照射到受光器上。

（4）按下控制器上的测量开关，受光器随即追踪前照灯光轴，根据光轴偏斜指示计和光度计的指示值，即可得出光轴偏斜量和发光强度。

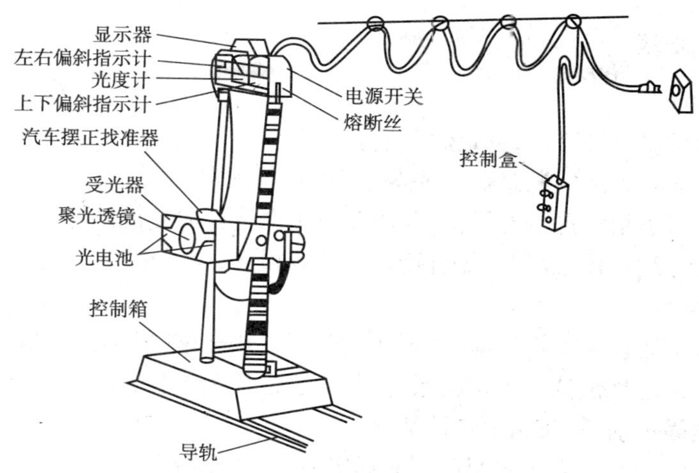

图 2-2-49　自动追踪光轴式前照灯检验仪

六 整理现场

(1)清洁整理仪器、设备。

(2)清洁、整理工具。

(3)清洁、清扫实训场地。

实训 23　汽车底盘测功

一 实训目的

(1)掌握汽车底盘测功的内容及检验方法。

(2)掌握汽车底盘测功仪器设备的使用。

二 实训量具、工具、设备

(1)底盘测功机 1 台。

(2)汽车 1 辆。

(3)常用工具 1 套。

三 实训技术标准及要求

见国家标准《汽车底盘测功机通用技术条件》(JT/T 445—2008)。

四 实训注意事项

(1)汽车在底盘测功机上进行模拟道路工况试验时,由于汽车并不发生位移,缺少迎面风,因而使发动机冷却系的散热速度相对不足。特别是在进行长时间大负荷、全负荷试验时,发动机易过热,一般试验台在汽车前面设置有移动式冷风装置,以加强冷却。

(2)测试时车轮转速很高,随时做好应对不确定事故的发生,时刻准备停止车辆试验。

五 实训操作步骤

1. 试验台的准备

(1)检查调整试验台各部件,补足润滑油。

(2)检查举升器有无漏气(或漏油)现象、工作是否正常。

(3)检查指示仪表指针是否指零位,并注意使用中指针的复位情况。

(4)检查各种导线的接触情况,如有接触不良或损伤,应予更换。

2. 被测车的准备

(1)汽车在开上底盘测功机以前,必须通过路试走热全车(发动机冷却液达正常温度)。

(2)仔细调整发动机供油系和点火系,使其处于最佳工作状态。

(3)检查并紧固传动系、车轮的连接情况。

(4)检查轮胎气压并使之达到制造厂的规定值,清洁轮胎表面。

3. 测试

在汽车技术等级评定时,只需要测定发动机额定功率转速下驱动轮的输出功率。为了全面考核车辆的动力性和调整质量,测量点除了制造厂给出的额定功率相应的转速点和最大转矩相应的转速点以外,还应进行低转速下的功率测量,这样才能全面反映出供油系和点火系的调整质量。通常测量点不少于3个(其中包括额定功率和最大转矩点)。

(1)接通底盘测功机电源,功率表换挡开关置相应挡位。

(2)升起举升器托板,使被测车的驱动轮与滚筒垂直停放在托板上。

(3)降下举升器托板,并用挡块抵住试验台外面的一对车轮。接通发动机冷却装置电源。

(4)启动发动机,逐渐增加其转速,同时调节测功器的负荷,使发动机在节气门全开的情况下以与最大功率相应的转速运转。待转速稳定后,记下仪表指示的功率和车速值。

(5)保持发动机节气门全开,并逐步增加测功器负荷,测出包括最大转矩点和低转速下的功率和车速值。

(6)所有挡位测试完毕,待驱动轮完全停转,切断发动机冷却装置电源,移去挡块,升起举升器托板,将被测车驶出底盘测功机。

(7)切断底盘测功机电源,结束测试。

六 整理现场

(1)清洁汽车底盘测功机、整理汽车底盘测功机附件。

(2)清洁、整理工具。

(3)清扫实训场地。

实训24 汽车排气污染物的检验

一 实训目的

(1)掌握汽车排气污染物检验的内容及检验方法。

(2)掌握汽车排气污染物的检验仪器设备的使用方法。

(3)了解影响汽车排气污染物的因素。

二 实训量具、工具、设备

(1)四气体、五气体分析仪各1台。

(2)汽车(汽油发动机)1辆。

(3)底盘测功机1台。

(4)常用工具1套。

三 实训技术标准及要求

1. 检测仪

对2000年7月1日以前生产的第一类轻型车、2001年10月1日以前生产的第二类轻型车,以及2004年9月1日以前生产的重型车检测的测量设备应符合以下技术要求:

(1)各排气组分均应采用不分光红外线吸收型(NDIR)气体分析仪。

(2)测量仪器的使用环境、量程范围、响应时间及精度应符合《汽油机动车怠速排气监测仪技术条件》HJ/T 3的规定。

(3)取样软管长度等于5.0m,取样探头长度不小于600mm,并应有插深定位装置。

(4)仪器的取样系统不得有泄漏,由标气口静态标定和取样系统动态标定的结果对CO应一致,对HC允差100×10^{-6}。

(5)仪器应有在大气压为86~106kPa范围内保持上述各项性能指标要求的措施。

(6)对于其他车辆的检测,排放测量设备应符合《点燃式发动机汽车排气污染物排放限值及测量方法(双怠速法及简易工况法)》(GB 18285—2005)附录A的技术要求。

2. 车辆

(1)技术状况良好。

(2)进排气系统无泄漏。

(3)其他各个系统无泄漏。

(4)轮胎花纹符合标准。

3. 底盘测功机

(1)技术指标满足测试车辆的各种需要。

(2)能根据被测车辆的技术参数进行自动选择测试工况的加载功率。

(3)功率吸收允许波动范围为±0.2kW。

四 实训注意事项

(1)实训场地要保持通风,避免汽车尾气中毒。

(2)实训用车辆在测试前加强安全检查。

五 实训操作步骤

1. 双怠速检验方法

1)准备

(1)检查发动机进气系统的空气滤清器,排气系统的排气消声器是否正常,并不得有泄漏现象。

(2)预热发动机使其冷却液和润滑油温度不低于80℃。

2)测试

(1)将发动机从怠速状态加速至70%额定转速,运转30s后降至高怠速状态。将取样探头插入排气管中,深度不少于400mm,并固定在排气管上,维持15s后,由具有平均功能的仪器读取30s内的平均值,或者人工读取30s内的最高值和最低值,其平均值即为高怠速污染物测量结果。对于使用闭环控制电子控制燃油喷射系统和三效催化转化器的汽车,还应同时读取过量空气系数(λ)的数值。

(2)把发动机从高怠速降至怠速状态15s后,由具有平均功能的仪器读取30s内的平均值,或者人工读取30s内的最高值和最低值,其平均值即为怠速污染物测量结果。

(3)若为多排气管时,应分别测量各个排气管,取各排气管测量结果的算术平均值作为测量结果。

(4)若车辆排气管长度小于测量深度时,应使用排气加长管。

(5)对于单一燃料汽车,仅按所用燃料进行排放检测;对于两用燃料汽车,要求对两种燃料分别进行排放检测。

2. 稳态工况(ASM)检验方法

在底盘测功机上的稳态工况法(ASM)试验运转循环由ASM5025和ASM2540两个工况组成,如图2-2-50和表2-2-20所示。

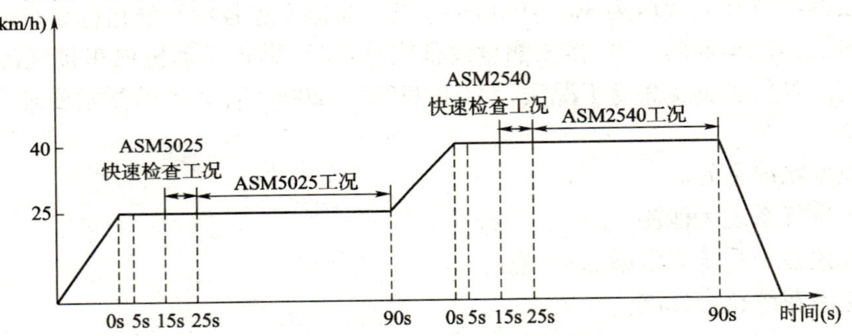

图2-2-50 稳态工况法(ASM)试验运转循环

稳态工况(ASM)试验运转循环表 表2-2-20

工 况	运转次序	速度(km/h)	操作时间(s)	测试时间(s)
5025	1	25	5	—
	2	25	15	
	3	25	25	10
	4	25	90	65
2540	5	40	5	—
	6	40	15	
	7	40	25	10
	8	40	90	65

1)试验准备

(1)车辆准备:

①如需要,可在发动机上安装冷却液和润滑油测温计等测试仪器。

②关闭空调、暖风等附属装备。装备牵引力控制装置的车辆应关闭牵引力控制装置。

③车辆预热:进行试验前,车辆各总成的热状态应符合汽车技术条件的规定,并保持稳定。在试验前,车辆的等候时间超过20min或在试验前熄火超过5min,应选以下任一种方法预热车辆:车辆在无负荷状态使发动机以2500r/min转速运转4min;车辆在测功机上按ASM5025工况运行60s。

④变速器的使用:自动变速器车辆应使用前进挡进行试验。手动变速器车辆应使用2挡进行试验,如果2挡所能达到的最高车速低于45km/h可使用3挡。

⑤车辆驱动轮应位于滚筒上,必须确保车辆横向稳定。驱动轮轮胎应干燥防滑。

⑥车辆应限位良好:对前轮驱动车辆,试验前应使驻车制动起作用。

⑦在试验工况计时过程中,车辆不允许制动。如果车辆制动,工况起始计时应重新预置($t=0$)。

(2)设备准备:

①排气分析仪预热:应在通电后30min内达到稳定。在5min内未经调整,零位及HC、CO、NO和CO_2的量距读数应稳定在误差范围内。

②在每次开始试验前2min内,分析仪器应完成自动调零、环境空气测定和HC残留量的检查。

③在每天开机开始检测前,应对排气分析仪取样系统进行泄漏检查,如未进行泄漏检查或泄漏检测没有通过,系统应该锁定,停止检测。

④测功机预热:测功机每天开机后,应以转速小于25km/h的工况运转30min,应在进行试验前预热。此预热应由系统自动控制完成,如没有按规定完成预热,系统应锁定不能进行检测。

⑤载荷设定:在进行每个工况试验前,测功机应根据输入的车辆参数及试验工况按《点燃式发动机汽车排气污染物排放限值及测量方法(双怠速法及简易工况法)》(GB 18285—2005)附件A的要求,自动设定对车辆的加载载荷,并符合要求。

⑥在试验循环开始前,应记录环境温度、相对湿度和大气压力。

⑦CO与CO_2浓度之和小于6%时,或发动机在测试中途熄火时,应终止试验,测量无效。

2)测试

先将车辆行驶到底盘测功机上,驱动轮位于测功机滚筒上,再将分析仪取样探头插入排气管中,深度为400mm,并固定于排气管上,对独立工作的多排气管应同时取样。

(1)ASM5025工况。

①车辆经预热后,加速至25km/h,测功机根据测试工况要求加载,工况计时器开始计时($t=0s$),车辆保持$25\pm1.5km/h$等速5s后开始检测。

②当测功机转速和转矩偏差超过设定值时间5s时,检测应重新开始。

③系统根据规定重新预置10s之后,开始快速检查工况,计时器为$t=15s$时,分析仪器开

始测量,每秒钟测量一次,并根据稀释修正系数及湿度修正系数计算 10s 内的排放平均值。至此,运行 10s(t =25s)ASM5025 快速检查工况结束。

④车辆运行至 90s(t =90s)时,ASM5025 工况结束。

⑤测功机在车速 25.0 ±1.5km/h 的允许误差范围内,加载转矩应随车速的变化作相应的调整,保证加载功率不随车速改变。转矩允许误差为该工况设定转矩的 ±5% 。

⑥若在测量过程中,任意连续 10s 内,从第 1s 至第 10s 的车速变化,相对于第 1s 小于 ±0.5km/h 时,测试结果有效。快速检查工况 10s 内的排放平均值,经修正后如果等于或低于限值的 50% ,则测试合格,检测结束;否则应继续进行至 90s 工况。

⑦如果所有检测污染物连续 10s 的平均值均低于或等于限值,则该车应判定为 ASM5025 工况合格。继续进行 ASM2540 检测;如任何一种污染物连续 10s 的平均值超过限值,则测试结果判为不合格,检测结束。

⑧在检测过程中,如任意连续 10s 内的任何一种污染物 10 次排放值经修正后,均高于限值的 500% ,则测试结果判为不合格,检测结束。

(2)ASM2540 工况。

①车辆从 25km/h 直接加速至 40km/h,测功机按测试工况要求加载,工况计时器开始计时(t =0s),车辆保持 40 ±1.5km/h 等速 5s 后开始检测。

②当测功机转速和转矩偏差超过设定值的时间大于 5s 时,检测应重新开始。

③然后系统按规定预置 10s 之后,开始快速检查工况,计时器为 t =15s 时,分析仪器开始测量,每秒钟测量一次,并根据稀释修正系数及湿度修正系数,计算 10s 内的排放平均值。

④运行 10s(t =25s),ASM2540 快速检查工况结束。

⑤车辆运行至 90s(t =90s),ASM2540 工况结束。

⑥测功机在车速 40.0 ±1.5km/h 的允许误差范围内,加载转矩应随车速的变化做相应的调整,保证加载功率不随车速改变。转矩允许误差为该工况设定转矩的 ±5% 。

⑦在测量过程中,任意连续 10s 内第 1s 至第 10s 的车速变化相对于第 1s 小于 ±0.5km/h 时,测试结果有效。

⑧快速检查工况 10s 内的排放平均值经修正后,如果等于或低于限值的 50% ,则测试结果判为合格,检测结束;否则应继续进行至 90s 工况。

⑨如果所有检测污染物连续 10s 的平均值均低于或等于限值,则该车应判定为合格。

⑩如任何一种污染物连续 10s 的平均值超过限值,则测试不合格,检测结束。

最后,在检测过程中,如任意连续 10s 内的任何一种污染物 10 次排放值,经修正后高于限值的 500% ,则测试结果判为不合格,检测结束。

六 整理现场

(1)清洁、整理所有仪器、设备。

(2)清洁、整理所有工具。

(3)清洁、清扫实训场地。

实训25 柴油汽车排放的检验

一 实训目的

(1)掌握在用柴油汽车排放检验的内容及检验方法。

(2)掌握在用柴油汽车排放检验的基本程序方法。

(3)了解在用柴油汽车排放检验的检验标准。

二 实训量具、工具、设备

(1)汽车(装备柴油机)1 辆。

(2)常用工具 1 套。

(3)滤纸式烟度计 1 台。

(4)不透光烟度计 1 台。

三 实训技术标准及要求

(1)对于 2001 年 10 月 1 日以前生产的在用汽车,按自由加速滤纸烟度法进行检测。

(2)对于 2001 年 10 月 1 日起生产的在用汽车,按自由加速不透光烟度法进行检测。

(3)采用滤纸式烟度计,其技术参数和要求应满足《柴油车滤纸式烟度计技术条件》(HJ/T 4)的规定。

(4)滤纸式烟度计要求:

①采样系统由取样探头、抽气装置、清洗装置和取样连接管组成。取样探头应符合要求,如图 2-2-51 所示;滤纸有效工作面积直径为 32mm;取样连接管长度为 5.0m,内径为 5mm,取样系统局部内径不得小于 4mm。

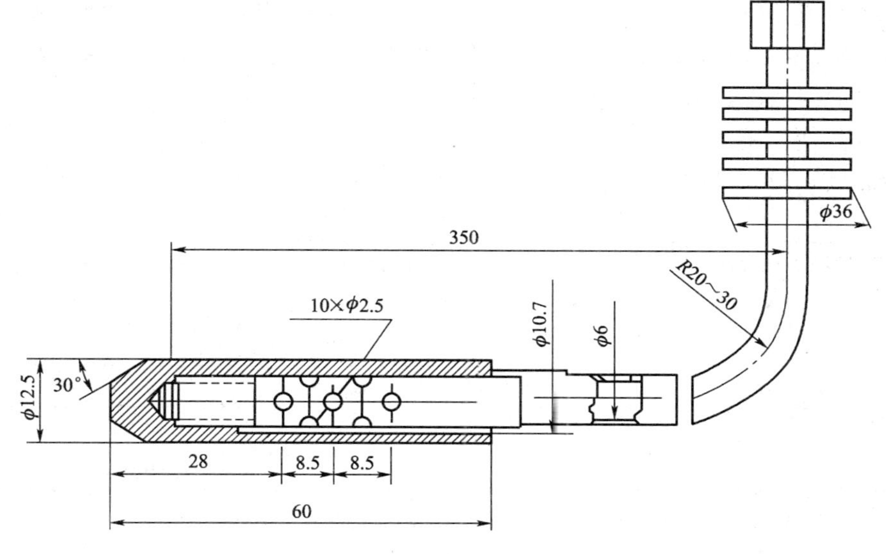

图 2-2-51 取样探头(尺寸单位:mm)

②滤纸规格:反射系数为(92±3)%;当量孔径为45mm;透气度为3000mL/cm^2·min(滤纸前后压差为1.96~3.90kPa);厚度为0.18~0.20mm。

③烟度计应定期标定,在有效期内方可使用。

(5)测量仪器的技术要求。不透光烟度计的显示仪表应有两种计量单位,一种为绝对光吸收系数单位,从0到趋于∞(m^{-1});另一种为不透光度线性分度单位,从0到100%。两种计量单位的量程,均应以光全通过时为0,全遮挡时为满量程。

①不透光烟度计光学特性应为:当烟室充满光吸收系数接近1.7m^{-1}的烟气时,反射和漫射的综合作用,应不超过线性分度的一个单位。

②不透光烟度计显示仪表应保证光吸收系数为1.7m^{-1}时,其读数准确度为0.025m^{-1}。

③测量电路的响应时间应在0.9~1.1s,即插入遮光屏使光电池全被遮住后,显示仪表指针偏转到满刻度的90%时所需要的时间。

④由于烟室中的物理现象而产生的不透光烟度计响应时间,是从气体进入烟室开始到完全充满烟室为止所经历的时间,应不超过0.4s。

⑤排气烟度的测量结果,应使用光吸收系数k(m^{-1})。

(6)车辆要求:

①进气系统应装有空气滤清器,排气系统应装有消声器并且不得有泄漏现象。

②检测车辆排气系统的相关部件应无泄漏现象。

③检验用柴油应符合国家标准的规定,不得另外使用燃油添加剂。测量时发动机的冷却液和润滑油温度应达到汽车使用说明书所规定的热状态。

④自1995年7月1日起,新生产柴油车装用的柴油机,应保证启动加浓装置在非启动工况不再起作用。

⑤怠速工况是指发动机无负荷运转状态。即离合器处于接合位置,变速器处于空挡位置(自动变速汽车处于"P"挡位)。高怠速工况是指满足上述(除最后一项)条件,用加速踏板将发动机转速稳定控制在50%额定转速或制造厂技术文件中规定的高怠速转速时的工况。在《点燃式发动机汽车排气污染物排放限值及测量方法》(GB 18285—2005)标准中,将轻型汽车的高怠速转速规定为2500±100r/min,重型汽车的高怠速转速规定为1800±100r/min;如有特殊规定的,按照制造厂技术文件中规定的高怠速转速。

(7)在用汽车污染物排放限值:

①装配点燃式发动机的在用汽车,排气污染物排放限值见表2-2-21和表2-2-22。

在用汽车排气污染物排放限值 I(参考)　　表2-2-21

阶　段	一氧化碳(CO)/[g/(kW·h)]	碳氢化合物(HC)/[g/(kW·h)]	氮气化物(NO_x)/[g/(kW·h)]	颗粒物(PM)/[g/(kW·h)]	烟度/(m^{-1})
Ⅲ	2.1	0.66	5.0	0.10 0.13①	0.8
Ⅳ	1.5	0.46	3.5	0.02	0.5
Ⅴ	1.5	0.46	2.0	0.02	0.5
EEV	1.5	0.25	2.0	0.02	0.15

注:①对每缸排量低于0.75dm^3及额定功率转速超过3000r/min的发动机。对于2001年5月31日以后生产的5座以下(含5座)的微型客车,执行此类在用车排放限值。

简易瞬态工况法排气污染物排放限值Ⅱ(参考)　　表 2-2-22

车辆类型		车辆基准质量(RM)	最低限值要求		最高限值要求	
			CO(g/km)	HC + NO_x(g/km)	CO(g/km)	HC + NO_x(g/km)
第一类车		全部	12.0	4.5	6.3	2.0
第二类车	Ⅰ类	RM≤1250	12.0	4.5	6.3	2.0
	Ⅱ类	1250 < RM≤1700	18.0	6.3	12.0	2.9
	Ⅲ类	1700 < RM	24.0	8.1	16.0	3.6

②对于《车用压燃式发动机和压燃式发动机汽车排气烟度排放限值及测量方法》(GB 3847—2005)标准实施后生产的在用汽车自标准实施之日起，按标准规定，经类型核准的车型的在用汽车，应按《在用汽车自由加速试验不透光烟度法》进行自由加速烟度检验，所测得的排气光吸收系数不应大于核准车型的自由加速排气烟度排放限值，再加 $0.5m^{-1}$。

③对于 2001 年 10 月 1 日起生产的在用汽车自 2001 年 10 月 1 日起至 2005 年 7 月 1 日生产的汽车，应按标准规定《在用汽车自由加速试验不透光烟度法》(GB 3847—2005)的要求进行自由加速试验，所测得的排气光吸收系数不大于以下数值：

自然吸气式：$2.5m^{-1}$。

涡轮增压式：$3.0m^{-1}$。

④对于 2001 年 10 月 1 日前生产的在用汽车：

a. 自 1995 年 7 月 1 日起至 2001 年 9 月 30 日期间生产的在用汽车，应按《在用汽车自由加速试验滤纸烟度法》(GB 3847—1999)的要求进行自由加速试验，所测得的烟度值应不大于 4.5Rb。

b. 自 1995 年 6 月 30 日以前生产的在用汽车，应按《在月汽车自由加速试验滤纸烟度法》(GB 3846—1993)的要求进行自由加速试验，所测得的烟度值应不大于 5.0Rb。

⑤压燃式发动机在用汽车的排放监控：

自 2005 年 7 月 1 日起，压燃式发动机在用汽车排放监控，采用《在用汽车自由加速试验滤纸烟度法》(GB 3847—2005)标准规定的排气烟度排放限值及测量方法。在机动车保有量大，污染严重的地区，可采用标准附录 J 中规定的加载减速工况法，加载减速工况法排气烟度排放限值由省级人民政府发布，报国务院有关行政部门备案后实施。也可以参考《确定压燃式发动机在用汽车加载减速法排气烟度排放限值的原则和方法》(HJ/T 241)中参考排放限值执行。该标准的实施日期为 2006 年 1 月 1 日，其排放限值如表 2-2-23 所列。

加载减速法检测排放限值范围　　表 2-2-23

车型		光吸收系数(m^{-1})
轻型车	重型车	
2005 年 7 月 1 日起生产的第一类轻型车和 2006 年 10 月 1 日起生产的第二类轻型车	2004 年 9 月 1 日以前生产的重型车	1.00 ~ 1.39
2000 年 7 月 1 日起生产的第一类轻型车和 2001 年 10 月 1 日起生产的第二类轻型车	2001 年 9 月 1 日以前生产的重型车	1.39 ~ 1.86
2000 年 7 月 1 日以前生产的第一类轻型车和 2001 年 10 月 1 日以前生产的第二类轻型车	2001 年 9 月 1 日以前生产的重型车	1.86 ~ 2.13

四 实训注意事项

(1)检查车辆排气系统的相关部件是否有泄漏现象。

(2)发动机在每个自由加速循环的起点,均处于怠速状态。对重型发动机,将加速踏板放开后至少等待 10s。

(3)在进行自由加速测量时,必须在 1s 内,将加速踏板快速、连续地完全踩到底,使喷油泵在最短时间内供给最大油量。

(4)对每一个自由加速测量,在松开加速踏板前,发动机必须达到断油点转速。对带自动变速器的车辆,则应达到制造厂家规定的转速(如果没有该数据值,则应达到断油转速的 2/3)。

五 实训操作步骤

1. 准备

1)准备滤纸式烟度计

(1)用压力为 300 ~ 400kPa 的压缩空气清洁取样管路,把抽气泵置于待抽气位置,将洁白的滤纸置于待取样位置,将滤纸夹紧。

(2)连接电缆、管路。

(3)打开电源开关,让滤纸式烟度计预热 15min。

(4)按下自检按钮让滤纸式烟度计自检。

2)不透光烟度计准备

(1)用压力为 300 ~ 400kPa 的压缩空气清洁取样管路。

(2)连接电缆、管路。

(3)打开电源开关,让不透光烟度计预热 15min。

(4)按下自检按钮让不透光烟度计自检。

(5)打开采样分析器,将取气管置于清洁空气中,等待 10s 以上,再按下校验按钮让不透光烟度计校准。

3)车辆准备

(1)车辆在不进行预处理的情况下,也可以进行检验。出于安全考虑,必须确保发动机处于热状态,并且机械状态良好。

(2)发动机应充分预热,在发动机机油标尺孔位置测得的机油温度应至少为 80℃;如果温度低于 80℃,发动机也应处于正常运转温度。因车辆结构,无法进行温度测量时,也可以通过其他方法,使发动机处于正常运转温度,例如,通过控制发动机冷却风扇转速。

(3)采用至少 3 次自由加速过程或其他等效方法,对排气系统进行吹拂。

2. 测量

自由加速工况是在发动机怠速下,迅速但不猛烈地踏下加速踏板,使喷油泵供给最大油量。在发动机达到调速器允许的最大转速前,保持此位置。一旦达到最大转速,立即松开加速踏板,使发动机恢复至怠速状态。

1)滤纸式烟度计测量

(1)吹除积存物:按自由加速工况进行 3 次,以清除排气系统中的积存物。

(2)安装取样探头:将取样探头固定于排气管内,插入深度为300mm,并使其中心线与排气管轴线平行。

(3)测量取样:将抽气泵开关置于加速踏板上,按自由加速工况及上述测量循环,循环测量4次,取后3次读数的算术平均值为所测烟度值。

(4)当汽车发动机出现黑烟冒出排气管的时间和抽气泵开始抽气的时间不同步的现象时,应取最大烟度值。

(5)指示器读数:烟样送至试样台后,由指示器读出烟度值。

(6)清洁管路:在按测量程序完成4个测量循环后,用压力为300~400kPa的压缩空气,清洁取样管路。

2)不透光烟度计测量

(1)吹除积存物:按自由加速工况进行3次,以清除排气系统中的积存物。

(2)安装取样探头:将取样探头固定于排气管内,插入深度为300mm,并使其中心线与排气管轴线平行。

(3)测量取样:将抽气泵开关,按自由加速工况及上述测量循环,发动机在每个自由加速循环的起点,均处于怠速状态。对重型发动机,将加速踏板放开后至少等待10s。

(4)在进行自由加速测量时,必须在1s内,将加速踏板快速、连续地完全踩到底,使喷油泵在最短时间内供给最大油量。

(5)对每一个自由加速测量,在松开加速踏板前,发动机必须达到断油点转速。对带自动变速器的车辆,则应达到制造厂家规定的转速(如果没有该数据值,则应达到断油转速的2/3)。关于这一点,在测量过程中必须进行检查。例如:通过监测发动机转速,或延长加速踏板踩到底后与松开加速踏板前的间隔时间,对于重型汽车,该间隔时间应至少为2s。

(6)清洁管路:在按测量程序完成4个测量循环后,用压力为300~400kPa的压缩空气,清洁取样管路。

3)数据处理

计算结果取最后3次自由加速测量结果的算术平均值。在计算均值时,可以忽略与测量均值相差很大的测量值。

六 整理现场

(1)清洁、整理仪器、设备。

(2)清洁、整理工具。

(3)清洁、清扫实训场地。

实训26 汽车噪声检验

一 实训目的

(1)掌握汽车定置噪声检验的内容及检验方法。

(2)掌握汽车定置噪声检验的基本程序。

二 实训量具、工具、设备

(1)汽车 1 辆。

(2)声级计 1 套。

三 实训技术标准及要求

1. 测量场地

(1)车辆测量场地应为开阔由混凝土、沥青等坚硬材料所构成的平坦地面。其边缘外廓至少 3m。测量场地之外的较大障碍物,例如,停放的车辆、建筑物、广告牌、树木、平行的墙等。距离传声器不得小于 3m。

(2)除测量人员和驾驶员外,测量现场不得有影响测量的其他人员。

2. 背景噪声

(1)背景噪声是指车辆以外的噪声。测量过程中,传声器位置处的背景噪声(包括风的影响)应比被测噪声低 10dB(A)以上。

(2)如果背景噪声比测量噪声低 6 ~ 10dB(A),测量结果应减去表 2-2-24 中的修正值,差值小于 6dB(A),测量无效。

背景噪声修正值(单位:dB) 表 2-2-24

测量噪声与背景噪声差值	6 ~ 8	9 ~ 10	>10
修正值	1.0	0.5	0

3. 现场风速

(1)风速超过 2m/s 时,声级计应使用防风罩,同时注意阵风对测量的影响。

(2)测量的风速大于 5m/s,测量无效。

4. 噪声测量仪器

(1)声级计或相当声级计的其他测量系统应符合《声级计的电、声性能及测量方法》(GB 3785—1983)中对Ⅰ型或Ⅱ型仪器的要求。声级计传声器的指向性会影响测量结果,因此,必须优先采用全指向传声器。

(2)测量使用声级计的 A 计权网络,快挡。

(3)测量前后,仪器应按规定进行校准,两次校准值相差不应超过 1dB,校准器准确度应优于或等于 ±0.5dB。

(4)在每次测量开始和结束时,都要按照制造厂家的说明书对测量装置的声学性能进行检查,最好用声校准器(如活塞发声器)进行校准。声级计应在有效检定期内,使其符合《声级计的电、声性能及测量方法》(GB 3785—1983)规定的Ⅰ型的要求。

(5)车辆车速和发动机转速测量仪器的准确度应为 3% 或优于 3%。

(6)合适的座位和站立位置都应作为测量点。测量点的确切位置应该表示在简图中。在测试过程中,除驾驶员位置外,所选的测量位置上不得有人。

(7)传声器离车厢壁或座椅垫的距离必须大于 0.15m。传声器应以最大灵敏度的方向(具体方向按照制造厂规定)水平指向测量位置坐着或站立的乘客视线方向。如果不能定义这个方向,则应指向行驶方向。所采用的传声器在测试噪声过程中必须规范安装,以使其不会受到汽车振动的影响。传声器安装应该能够防止其与汽车之间产生过大(振幅约为20mm)的相对运动。只要声级计的制造厂家未做说明,则传声器最大灵敏度的方向应与其中心方向一致。

(8)座位处的传声器位置。传声器的垂直坐标是座椅的表面与靠背表面的交线以上0.7±0.05m处;水平坐标应在座椅的中心面(或对称面)上。在驾驶员座位上,水平横坐标向右(右置转向盘的汽车则向左)到座位中心面的距离为0.2±0.02m。

(9)站立处的传声器位置。垂直坐标应在地板以上1.6±0.1m处。水平坐标应在所选测点站立的位置上。

(10)卧姿的传声器位置。卧姿指客车或货车的卧铺等状态。传声器须放在头枕的中部以上0.15±0.02m处。

5. 车辆技术要求

(1)发动机运转条件:

汽油机车辆取3/4n_r±50r/min。

柴油机车辆取3/4n_r±50r/min。

式中:n_r——生产厂家规定的发动机额定转速。

(2)汽车定置噪声限值

汽车定置噪声限值,参见表2-2-25。

汽车定置噪声限值表　　表2-2-25

车辆类型	燃料种类		不同出厂时期的限值(dB)	
			1998年1月1日以前	1998年1月1日及以后
轿车	汽油		87	85
微型客车、货车	汽油		90	88
轻型客车、货车越野车	汽油	n_r≤4300r/min	94	92
		n_r>4300r/min	97	95
	柴油		100	98
中座客车、货车大型客车	汽油		97	95
	柴油		103	101
重型货车	N≤147kW		101	99
	N>147kW		105	103

注:N——汽车发动机额定功率;

n_r——汽车发动机额定转速。

6. 测量场地要求

(1)测量场地必须具备如下条件,即为避免汽车辐射的声音通过建筑物、墙壁或汽车外的大型物体的反射成为车内噪声,在进行测量的过程中,汽车与这类大型物体之间的距离应该大于20m。

(2)测试场地环境气温必须在-5~+35℃范围内,沿着测量路线在约1.2m高度的风速不得超过5m/s。

(3)由背景噪声和仪器内部电噪声而确定的测量动态范围下限应至少低于所测声级10dB

(A权声级测量)。

7. 车内噪声限值

《机动车运行安全技术条件》(GB 7258—2012)中规定,汽车(低速汽车除外)驾驶员耳旁噪声声级应小于等于90dB(A)。

8. 喇叭允许声级

机动车喇叭声级在距车前2m、离地高1.2m处测量时,其值应为90~115dB(A)。

9. 试验的道路条件

汽车车内噪声受道路表面粗糙度影响很大,平滑路面可以产生平稳的车内噪声。因此试验的路段应该是硬路面,必须尽可能平滑、不得有接缝、凸凹不平等表面缺陷,否则将会增加汽车内部的声压级。道路表面必须干燥,不得有雪、污物、石块、树叶等杂物。

10. 车辆条件

(1)发动机和轮胎条件。在测量过程中发动机的所有运行条件,如燃料、润滑油、点火正时或喷油时间等都应该符合制造厂家的规定。在测量开始前,发动机应该稳定在正常的工作温度范围内,或以中等速度行驶一段路程。

(2)所采用的轮胎应该与制造厂家规定的型号一致。轮胎的压力必须符合制造厂家的规定要求。

(3)车辆在测试噪声时必须是空载(除驾驶员、测量人员和测试装备外,不得有其他载荷)。

只有汽车的标准装备、测试装备和必不可少的人员方可留在车内。在大型客车且座位在8个以上的车辆中,在车内的人员不得超过3人。

(4)开口、窗户、辅助装置、可调节的座椅。开口,如天窗、所有的车窗、进风口及出风口,如有可能都必须关上。辅助装置,如刮水器、暖风装置、风扇以及空调等,在测量试验过程中不得工作。

11. 车辆运行条件

测试时车辆有匀速行驶、全节气门加速行驶和车辆定置三种运行条件。

(1)匀速行驶。从60km/h或最高车速40%(取两者较小值)到120km/h或最高车速的80%(取两者较小值)范围内,至少以等间隔的5种车速进行A权声级测量。

(2)全节气门加速行驶。当汽车达到稳定的初始工作状态(变速器处于最高挡位,发动机处于最低的初始转速),须尽可能快地使节气门全开,同时启动记录装置开始记录,直到发动机转速达到(汽车制造厂)规定额定转速的90%或达到120km/h车速(取两者较小值)时,记录停止。

(3)车辆定置。

①变速器置于空挡,使发动机在低速运转;踩下加速踏板,使发动机加速到最高转速,并在此位置上至少持续5s。

②车辆在行驶过程中,变速器置于各个挡位时,使发动机在低速运转;踩下加速踏板,使发动机加速到最高转速,并在此位置上至少持续5s。

四 实训注意事项

测试数据必须保证变化范围在2dB才能有效。

五 实训操作步骤

1. 准备

1）车辆位置和状态

（1）车辆位于测量场地的中央，变速器挂空挡，拉紧驻车制动器，接合离合器。

（2）发动机机罩、车窗与车门应关上，车辆的空调器及其他辅助装置应关闭。

（3）测量时，发动机冷却液温度及机油温度应符合生产厂的规定。

2）声级计、传声器定置

汽车定置噪声测量场地和传声器位置，如图 2-2-52 所示。

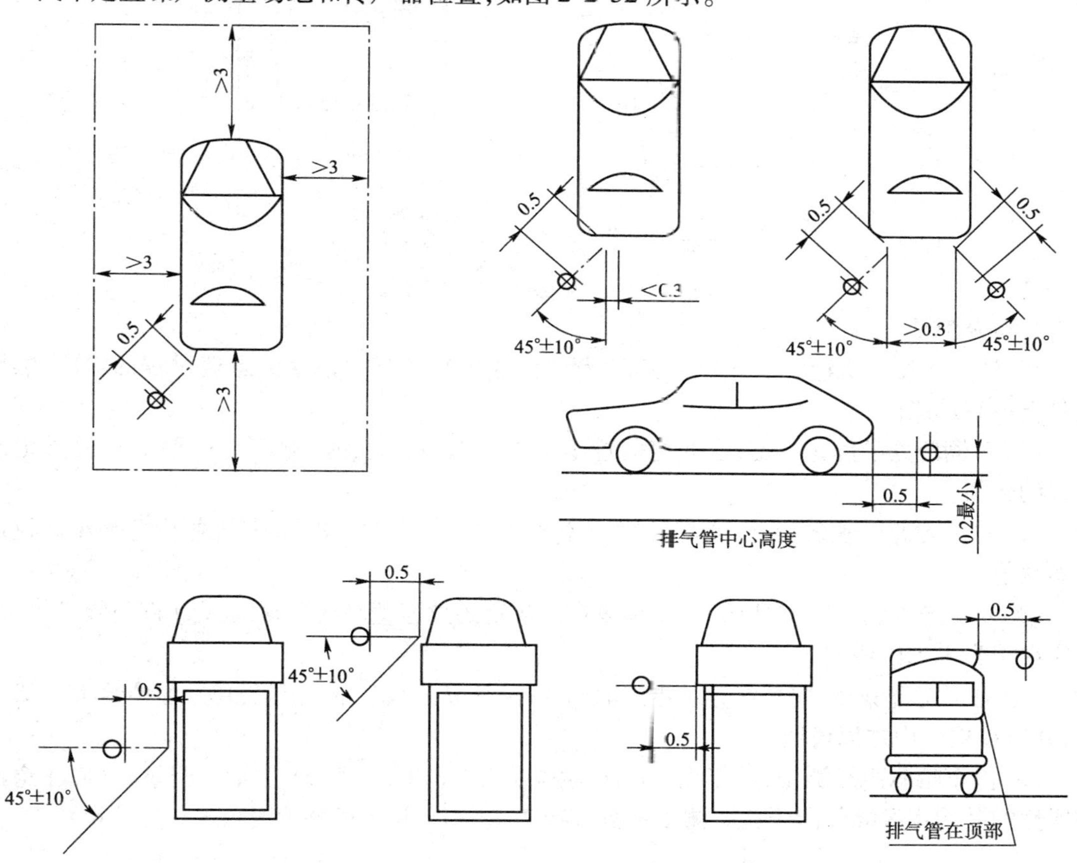

图 2-2-52 汽车定置噪声测量场地和传声器位置（单位：m）

（1）传声器与排气口端等高，在任何情况下，距地面不得小于 0.2m。

（2）传声器的参考轴线应与地面平行，并与通过排气口气流方向呈 45° ± 10°的夹角。传声器朝向排气口。距排气口端 5m，放在车辆外侧。

（3）车辆装有两个或更多的排气管，且排气管之间的间隔不大于 0.3m，并连接于一个消声器时、只需取一个测量位置。传声器应选择位于最靠近车辆外侧的那个排气管。如果两个或两个以上的排气管同时在垂直于地面的直线上，则选择离地面最高的一个排气管。

（4）装有多个排气管，并且各排气管的间隔又大于 0.3m 的车辆，对每一个排气管都要测量,并记录下其最高噪声级。

(5)排气管垂直向上的车辆,传声器放置高度应与排气管口等高,传声器朝上,其参考轴应垂直于地面。传声器应放在离排气管较近的车辆一侧,并距排气口端0.5m。

(6)车辆由于设计原因(如备胎、油箱、蓄电池等)不能满足(1)和(2)放置时,应画出测点图,并标注传声器选择的位置。传声器朝向排气口,放在尽可能满足上述条件,并距最近障碍物大于0.2m地方。

(7)如图2-2-53所示,传声器相对于座椅的位置。

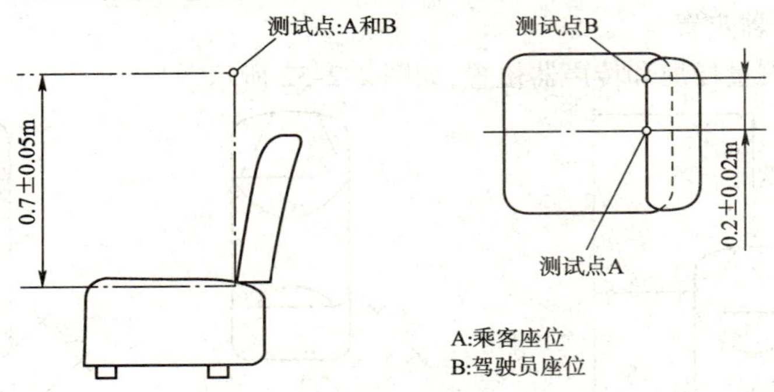

图2-2-53 传声器相对于座椅的位置

2. 噪声测量

测量时,当发动机稳定至各种转速后,测量由稳定转速尽快减速到怠速过程的噪声,然后记录下最高声级。

(1)车辆应处于静止状态,且变速器置于空挡,发动机应处于额定转速状态,检测并记录声级的数值。

(2)对于匀速行驶试验,至少要在"车辆运行条件"中所规定的5种车速下记录A计权声级的数值。

(3)对于节气门全开加速试验,应记录在所规定的加速范围内出现的A计权声级最大值,并应在报告中加以说明。

(4)对于定置噪声试验,应记录怠速时A计权声级读数和节气门全开过程中最大声级读数,并应在报告中加以说明。

(5)汽车喇叭声级测量:汽车喇叭声级的测点位置,如图2-2-54所示。测量时,应注意不被偶然的其他声源峰值所干扰。测量次数宜在2次以上,并注意监听喇叭声音是否悦耳。

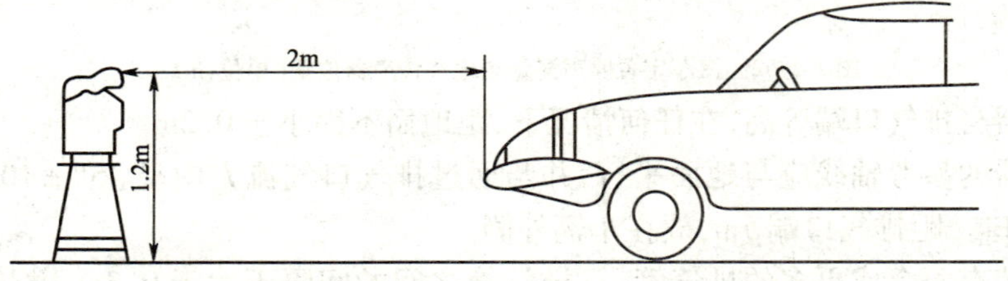

图2-2-54 汽车喇叭噪声的测点位置

(6)测量次数:以上各类试验的每个测点重复进行试验,直到连续出现3个读数的变化范围在2dB之内为止,并取其算术平均值作为测量结果。

六 整理现场

(1)清洁整理仪器、设备。
(2)清洁、整理工具。
(3)清洁、清扫实训场地。

实训27 汽车外观检视

一 实训目的

(1)掌握汽车外观检视的基本项目及检验方法。
(2)掌握汽车外观检视的基本程序。

二 实训量具、工具、设备

(1)汽车1辆。
(2)常用工具1套。
(3)轮胎自动充气机1台。
(4)轮胎花纹测量尺1把。
(5)检视手锤1把。
(6)地沟内举升平台1套。
(7)地沟上举升器1台。
(8)车轮平衡机1台。
(9)超声波探伤仪1台。
(10)转向盘自由转动量检测仪1台。
(11)传动系游动角度检验仪1台。
(12)底盘松旷量检测仪1台。

三 实训技术标准及要求

(1)汽车外部附件齐全、完整。
(2)车身表面整洁,无锈蚀、漆面无脱落。
(3)底盘整洁无油污等。

四 实训注意事项

操作应特别谨慎,时刻注意安全。

五 实训操作步骤

1. 车上外观检视

项目及顺序:车上外观检视项目及顺序见表2-2-26。

车上外观检视项目及顺序

表 2-2-26

序号	检视项目	序号	检视项目	序号	检视项目
1	远光灯	10	车身、漆面	19	转向盘
2	近光灯	11	后视镜、下视镜、侧视镜	20	油箱、油箱盖
3	制动灯	12	风窗玻璃	21	防护网及连接装置
4	倒车灯	13	刮水器	22	导线
5	牌照灯	14	喇叭	23	启动机
6	示宽灯、辅助灯、标志灯	15	车轮、螺栓、半轴螺栓	24	发电机
7	室内灯	16	离合器、变速器	25	蓄电池
8	车厢、座位、安全带	17	制动踏板	26	仪表、仪表灯
9	车门、车窗	18	驻车制动操纵杆	27	报警器

2. 车底外观检视

项目及顺序:车底外观检视项目及顺序见表 2-2-27。

车底外观检视项目及顺序

表 2-2-27

序号	检视项目	序号	检视项目	序号	检视项目
1	发动机及其连接	9	后悬连接	17	变速器
2	车架	10	减振器	18	主减速器、后桥壳
3	前桥	11	各种软管	19	排气管及消声器
4	转向器、支架、万向节	12	电路、油路、气路	20	制动系拉杆、驻车制动器
5	转向轴、转向摇臂	13	储气筒	21	缓冲器、保险杠、牵引钩
6	转向主销、轴承	14	传动轴、伸缩节	22	漏油、漏水、漏气、漏电
7	横、直拉杆	15	万向节、中间支承	23	油箱、蓄电池固定
8	前悬连接	16	离合器及其操纵机构	24	挡泥板

3. 就车检测车轮不平衡量

利用就车式车轮平衡机检测车轮不平衡量并配重。

4. 对转向节等安全机件进行探伤

利用超声波探伤仪在不解体情况下,探测机件的裂纹和伤痕。探伤的机件主要有发动机和传动系各机件,转向节和转向节臂,转向横、直拉杆和球销,钢板弹簧,车架及前、后桥等。

5. 检测转向盘自由转动量

利用转向盘自由转动量检测仪检测转向盘自由转动量。

6. 检测传动系游动角度

利用传动系游动角度检验仪检测传动系游动角度。

7. 检测底盘主要配合副的松旷量

利用底盘松旷量检测仪检测轮毂轴承、主销和横、直拉杆等处的松旷量。

8. 检测结束

六 整理现场

(1)清洁整理仪器、设备。

（2）清洁整理工具。

（3）清洁、清扫实训场地。

实训28　汽车综合性能检测

一 实训目的

（1）掌握路试检验汽车整车各总成部件综合性能的内容及检验方法。

（2）掌握路试检验汽车整车各总成部件综合性能的基本程序。

二 实训量具、工具、设备

（1）汽车1辆。

（2）常用工具1套。

三 实训技术标准及要求

应符合《机动车运行安全技术条件》（GB 7258—2012）规定的项目及要求。

四 实训注意事项

路试情况比较复杂多变，不确定因素较多，操作应特别谨慎，时刻注意安全。

五 实训操作步骤

1. 准备

（1）检查车辆各部连接是否完好。

（2）检查随车附件是否完备。

2. 路试检验

（1）起步行驶前，发动机应达到正常温度并检查一次仪表信号装置的工作情况。

（2）检查离合器。离合器应分离彻底，接合平稳可靠，无发抖、打滑、异响等现象。

（3）低速行驶2～3km，使底盘各部件温度升至正常及润滑正常，注意各部件是否有异常响声。轻踏制动踏板，检查制动踏板是否灵活有效，然后提高车速。转向系应轻便灵活，无跑偏现象，高速时不能有“飘”的感觉。

（4）选择合适场地，检查车辆的最小转弯半径，转弯半径必须符合原车规定。

（5）在加速或减速时，留意细听变速器、离合器、传动轴、差速器有无响声，检查要求如下：在不同挡位及不同的速度下，允许齿轮有不同的轻微响声，但决不允许有敲击声；在任何一个挡位，当速度突然变化时允许齿轮有瞬间的敲击声；传动轴在正常行驶时不能有响声，但在行驶动力不足而又未能及时转换低速挡时允许有响声。

（6）检查变速器是否跳挡。在车辆行驶中急加、减速，检查变速器是否跳挡。

（7）车内噪声检查：在行驶过程中，感受一下车内的噪声是否过大。一般情况下，噪声级会随着汽车价格的上升而降低。如果噪声大得过于反常，就应该好好检查一下是否有比较大的排气泄漏。

(8)检查风的噪声:不同的汽车有不同的空气动力性,总的来说,空气动力性差的车,车速越高,车内的噪声就会越大。如果在路试时感到风的噪声过大,往往表明车门或车窗的密封条变坏。

(9)检查发动机运行情况:在畅通的公路上急加速,节气门应该反应迅速并且灵敏,减速后再加速一次,发动机不应该有反应迟钝的感觉。在发动机带负荷(汽车加速、超车、上坡)的情况下,倾听是否有轻微金属敲打声,如果有,可能是爆震传感器有问题。在汽车以一定速度稳定行驶时倾听发动机是否发出不正常的声音。

(10)检查仪表和报警器:在频繁停车和堵车时观察冷却液的温度。如果发现机油压力低或冷却液温度超常,那表明发动机有比较严重的问题。停车后再次启动发动机,注意发动机的热启动是否良好。

(11)检查变速器和离合器:手动变速器应该实现平稳换挡,如果在每次换挡时出现磨齿轮的情况,可能是离合器有缺陷或更为严重问题是变速器本身有问题。离合器应该在没有抖动或颤动的情况下接合或分离,离合器踏板踩到3/4时,离合器应该稳固的接合。猛加速到高挡时确保离合器不打滑。对于自动变速器汽车,检查自动变速器在没有冲击、黏合或延迟的情况下,能否实现平稳的换挡。在汽车加速和减速时要保证自动变速器换挡自如。

(12)检查制动器:在畅通的公路上或试车场上进行紧急制动,检查汽车的制动性。在制动时,其车身不应该偏向一边,如果车身往一边偏,说明此车的紧急制动是比较困难的。制动时不应该有尖叫声、振动或突然转向的问题出现。当踩下制动踏板时如果发出尖叫噪声,说明制动片可能磨损严重了。

(13)检查汽车的转向性:在公路上行驶时,注意转向盘是否摇晃或偏向一边。摇晃或发抖的转向盘通常暗示严重的车轮不平衡或对中问题。在车速大约为60km/h时,双手放开转向盘,汽车应该保持直线行驶并且不会明显向一侧跑偏,否则,说明转向轮定位不正确。检查转向盘是否转动灵活,如果转向沉重说明动力转向泵、齿轮或转向器可能磨损。

(14)检查悬架:开车通过不规则的路面,倾听是否有从汽车前端发出忽大忽小的嘎吱声或低沉噪声,如果有,说明滑柱或减振器紧固装置可能松了或衬套可能已经磨损。还要进行一些小转弯和急转弯,汽车在转弯时应该感到稳定和可靠,内侧车轮不过分升起。如果汽车在转弯时车身倾斜过大,则说明横向杆衬套或减振器可能磨损。在前轮驱动车上,前面发出的不正常声说明等速万向节可能已经磨损。

六 整理现场

(1)清洁、整理车辆及仪器、设备。

(2)清洁、整理工具。

(3)清洁、清扫实训场地。

第三章　练习题及模拟试卷

第一节　汽车维修质量管理知识

一　汽车维修质量与质量管理概述

（一）练习题

1. 判断题

（1）发动机汽缸压力是汽车动力性的主要评定参数之一。（　　）

（2）汽车维修企业的返修率是指维修车辆出厂后出现的返修次数与所有维修车次的比值。（　　）

（3）制定汽车维修质量技术标准是实施汽车维修质量控制的重要步骤之一。（　　）

（4）质量管理体系是指实施质量管理所必需的组织结构、程序、过程和资源。（　　）

（5）全面质量管理的目标与企业效益目标在某些情况下是相互制约的，即不可能达到一致。（　　）

（6）企业计量工作只是按要求配备好维修所需要的检测仪器和设备。（　　）

（7）维修质量保证就是质量控制。（　　）

（8）汽车维修企业质量管理体系认证，就是对维修竣工出厂车辆的质量是否有所保证的评价。（　　）

（9）质量管理体系的建立、有效运行和持续改进，是能否稳定地提供合格产品的根本保证。（　　）

（10）机动车维修经营者应按车主的需要，签发机动车维修竣工出厂合格证。（　　）

2. 单项选择题

（1）下列参数中不属于汽车维修质量评定参数的是（　　）。

A. 排放性能　　B. 油耗　　C. 发动机点火提前角

（2）汽车维修竣工出厂质量监督检验一次合格率是指（　　）。

A. 竣工出厂检验一次合格的车辆数与所有竣工出厂检验车辆数的比值

B. 上线检测一次合格的车辆数与所有送检车辆数的比值

C. 上线检测合格的车辆数与所有送检车辆数的比值

（3）维修质量信息不包括（　　）。

A. 竣工出厂检测合格率　　B. 维修产值　　C. 用户抱怨信息

（4）维修出厂车辆出现问题，应由（　　）在3日内提供因非维修原因而造成机动车无法使用的相关证据。

A. 车主　　B. 承修方　　C. 送修方

(5)机动车维修质量保证期,应从维修(　　)之日起计算。

A. 竣工　　B. 竣工出厂　　C. 结算

(6)机动车维修档案保存期为(　　)年。

A. 2　　B. 3　　C. 5

(7)交通部2005年第7号令规定,道路运输管理机构应当建立机动车维修企业(　　)。

A. 人员档案　　B. 诚信档案　　C. 产值报表

(8)机动车维修质量信誉考核结果是机动车(　　)的重要组成部分。

A. 维修技术档案　　B. 经营管理记录　　C. 维修诚信档案

(9)企业质量管理体系文件的内容不包括(　　)。

A. 质量手册　　B. 经营状况报表　　C. 作业指导书

(10)(　　)为维修质量管理提供可靠的质量反馈信息和评定依据。

A. 质量手册　　B. 质量记录表格和报告　　C. 作业指导书

3. 多项选择题

(1)以下(　　)属于汽车制动性能的主要评定参数。

A. 制动踏板自由行程　　B. 制动距离

C. 制动力平衡　　D. 制动液液面高度

(2)汽车维修企业维修质量的主要评定参数是(　　)。

A. 维修产值　　B. 返修率

C. 上线检测一次的合格率　　D. 车辆完好率

(3)汽车维修质量管理的主要特点是(　　)。

A. 作为维修行业管理部门的主要职责

B. 贯穿于汽车维修服务全过程

C. 一项经常性的和有计划的工作过程

D. 全面落实各项质量管理制度

(4)汽车企业维修质量管理职能包括(　　)。

A. 制定汽车维修质量方针和目标　　B. 建立质量监督检测站

C. 实施汽车维修质量控制　　D. 组织质量检验员培训

(5)全面质量管理的重要特点是"三全"。这里的"三全"是指(　　)。

A. 全员参与管理　　B. 全面管理　　C. 全过程管理　　D. 全方位管理

(6)企业质量管理体系文件的内容包括(　　)。

A. 质量手册　　B. 质量管理体系程序

C. 作业指导书　　D. 质量记录表格和报告

(7)交通部2005年第7号令规定,(　　)质量保证期为车辆行驶3500km或者10日。

A. 二级维护　　B. 一级维护　　C. 小修　　D. 专项修理

(8)汽车维修企业质量保证体系的组成部分包括(　　)。

A. 质量管理制度　　B. 质量管理目标

C. 维修资料与法规标准　　D. 维修质量信息反馈系统

(二)练习题答案

1. 判断题

(1)× (2)× (3)✓ (4)✓ (5)× (6)× (7)× (8)× (9)✓ (10)×

2. 单项选择题

(1)B (2)C (3)B (4)B (5)B (6)A (7)B (8)C (9)B (10)B

3. 多项选择题

(1)BC (2)BC (3)BC (4)AC (5)ABC

(6)ABCD (7)BCD (8)ABCD

二 汽车维修质量检验

(一)练习题

1. 判断题

(1)实施汽车维修质量检验是汽车维修行业贯彻《产品质量法》的具体体现。 ( )

(2)汽车维修质量检验的目的是实施汽车维修质量控制。 ( )

(3)对维修质量合格的汽车应发放《汽车维修竣工出厂合格证》。 ( )

(4)防止不规范的维修作业行为发生是修理人员的责任,不属于过程检验的范围。 ( )

(5)汽车的返修鉴定由汽车维修质量检验员负责,目的是分清责任,以便组织、协调和实施返修,并登记、填写汽车返修记录表。 ( )

(6)交通部2005年第7号令规定,汽车维修质量检验人员应当掌握汽车或者其他机动车维修故障诊断和质量检验的相关技术。 ( )

(7)汽车维修合同是经营活动中制约双方行为的具体条约,具有法律效力。 ( )

(8)汽车二级维护作业前的检测诊断是进厂检验的一部分。 ( )

(9)小修进厂检验单要求进行“检验、维修项目确认”,目的是为判断故障部位、确定修理方案提供依据。 ( )

2. 单项选择题

(1)汽车维修质量检验的工作步骤首先是要( )。

A. 明确检验要求　　B. 进行测试　　C. 判定合格与否

(2)在汽车维修竣工出厂质量检验过程中,应将检验结果同( )作比较,确定是否符合汽车维修质量要求。

A. 原厂技术数据　　B. 维修出厂技术条件　　C. 客户提出的要求

(3)汽车二级维护作业中,维修技术人员在安装制动摩擦片时对制动鼓(或制动盘)工作表面的加工质量进行检验,属于( )。

A. 自检　　B. 互检　　C. 专职检验

(4)关键零部件、重要工序检验,以及总成的性能试验应由( )负责。

A. 进厂检验员　　B. 修理工自检　　C. 专职过程检验员

(5)交通部2006年第9号令规定,质量检验人员应具有( )以上学历。

A. 初中　　B. 高中　　C. 中专

(6)汽车维修合同中与质量管理工作相关的内容主要是(　　)。

A. 维修费用　　B. 交接车辆的日期

C. 验收标准和方式及质量保证期

(7)交通部规定,汽车综合性能检测报告单由(　　)交通主管部门统一编号,任何单位和个人不得伪造、倒卖。

A. 县级　　B. 市级　　C. 省级

(8)汽车二级维护竣工检验表中给出的检验方法,不包括(　　)。

A. 人工检视或检查　　B. 路试　　C. 上检测线检测

(9)《汽车维修竣工出厂合格证》不包括(　　)信息。

A. 维修费用　　B. 承托修方信息　　C. 已行驶里程

(10)(　　)检验包括车辆交接和总成技术状况检验两部分。

A. 小修进厂　　B. 维护进厂　　C. 大修进厂

3. 多项选择题

(1)大修零件分类检验过程中,将零件分为(　　)。

A. 已磨损的　　B. 可用的　　C. 可修的　　D. 报废的

(2)交通部2005年第7号令规定,汽车维修质量检验的重点包括(　　)。

A. 小修　　B. 二级维护　　C. 总成修理　　D. 整车修理

(3)汽车维修质量检验的工作职能包括(　　)。

A. 协调职能　　B. 保证职能　　C. 预防职能　　D. 报告职能

(4)机动车维修经营者对机动车进行(　　)的,应当建立机动车维修档案。

A. 二级维护　　B. 一级维护　　C. 总成修理　　D. 整车修理

(5)机动车维修档案主要内容包括(　　)等。

A. 维修合同和维修项目　　B. 维修作业人员及质量检验人员

C. 检验单、竣工出厂合格证及结算清单　　D. 材料入库单

(6)汽车二级维护过程检验的主要控制目标是(　　)。

A. 作业项目完成情况　　B. 作业质量

C. 作业完成时间　　D. 作业人员

(7)发动机大修竣工检验表包括对发动机(　　)的检验内容。

A. 外观　　B. 装备　　C. 性能　　D. 零部件

(二)练习题答案

1. 判断题

(1)✓　(2)✓　(3)✓　(4)×　(5)✓　(6)✓　(7)✓　(8)✓　(9)✓

2. 单项选择题

(1)A　(2)B　(3)B　(4)C　(5)B　(6)C　(7)C　(8)C　(9)A　(10)C

3. 多项选择题

(1)BCD　(2)BCD　(3)BCD　(4)ACD

(5)ABC　(6)AB　(7)ABC

三 汽车维修返修与质量事故的鉴定与处理

(一)练习题

1. 判断题

(1)确因维修质量原因造成在维修质量保证期内机动车无法正常使用,需要返工的维修作业,叫做返修。 ( )

(2)交通部2005年第7号令明确规定,由承修方负责机动车维修返修与质量事故的鉴定。 ( )

(3)为彻底查清事故原因,准确判断事故结论,交通部2005年第7号令对承修方进行质量鉴定没有提出时间要求。 ( )

(4)返修竣工车辆可以由返修人员直接交给托修方。 ( )

(5)对汽车维修返修与质量事故发生的情况进行及时的统计分析,是企业掌握维修质量实际情况,完善技术质量管理的重要内容。 ( )

(6)维修质量整改措施包括制订技术培训计划、责任处罚条款、设备改进预案等。 ( )

(7)申请汽车维修质量纠纷调解应提供纠纷的详细经过,及申请调解的理由与要求的书面报告。 ( )

(8)申请汽车维修质量纠纷调解应提供的技术档案资料包括汽车维修合同、车辆竣工出厂合格证和维修派工单。 ( )

(9)汽车维修质量技术分析和鉴定由各级道路运输管理机构组织有关人员或委托有质量检测资格的汽车综合性能检测站进行。 ( )

(10)返修车辆竣工检验合格后,由检验员填写返修技术档案,与业务员共同交付车辆,并向托修方提供《机动车维修竣工出厂合格证》与《质量保证卡》。 ( )

2. 单项选择题

(1)汽车维修返修与质量事故鉴定,是针对"机动车无法正常使用"的现象,确认是否属于"返修"与"质量事故"的一项( )工作。

A. 检验　　B. 技术　　C. 管理

(2)按交通部2005年第7号令的有关规定,在质量保证期和承诺的质量保证期内,维修竣工出厂的车辆出现质量问题,应该由( )在规定的时间内作出责任鉴定。

A. 托修方　　B. 承修方　　C. 维修工

(3)按交通部2005年第7号令的有关规定,对维修竣工出厂的车辆出现质量问题,承修方在( )日内不能或者无法提供因非维修原因而造成机动车无法使用的相关证据的,机动车维修经营者应当及时无偿返修。

A. 3　　B. 5　　C. 7

(4)质量鉴定的根本目的是( )。

A. 确定故障的部位　　B. 找到故障的真实原因　　C. 判断故障的损失

(5)质量鉴定的最终目标是:提供因维修或非维修原因而造成机动车无法使用或造成机件损坏的( )。

A. 相关证据　　B. 鉴定结论　　C. 相关原因

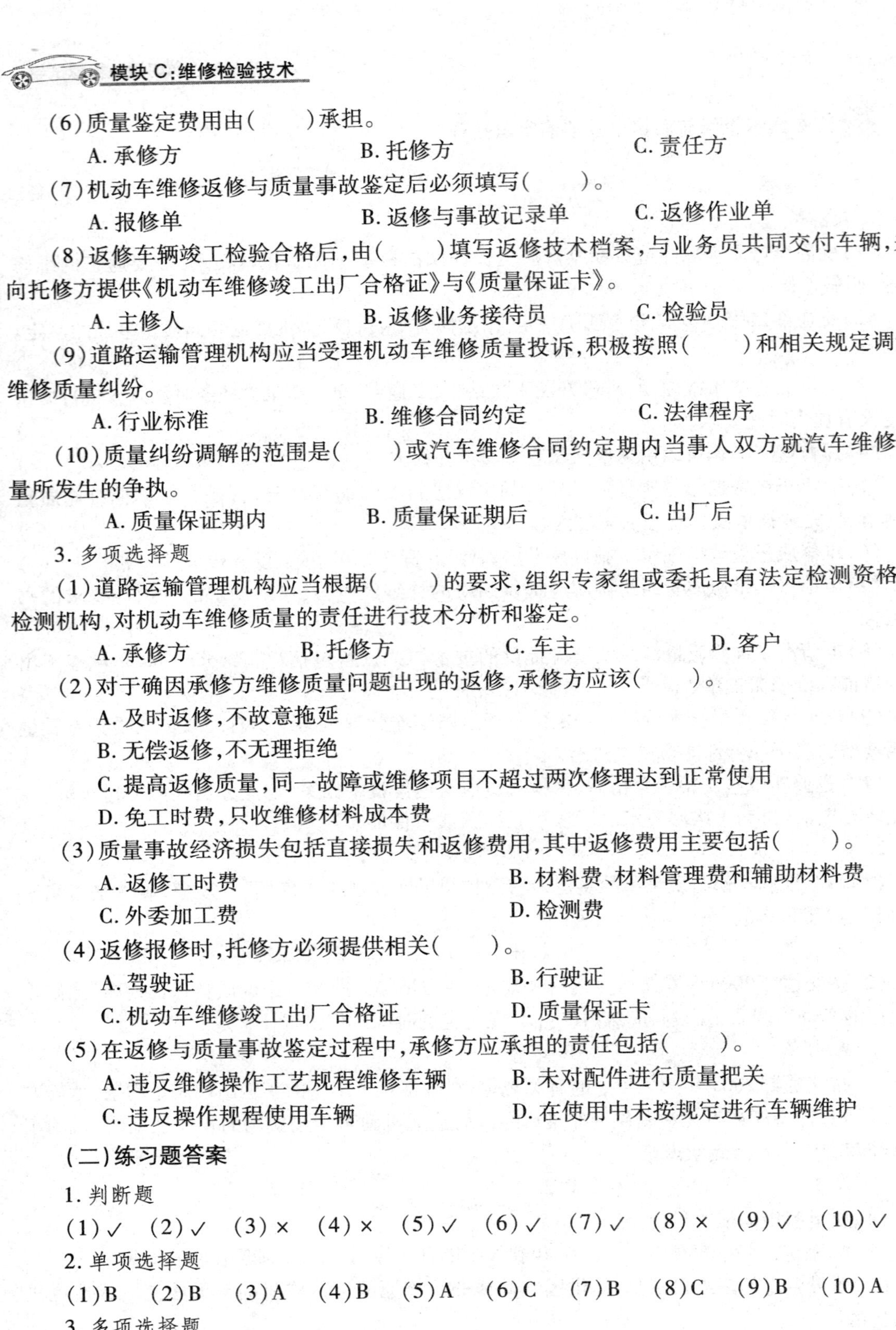

(6)质量鉴定费用由(　　)承担。

A. 承修方　　B. 托修方　　C. 责任方

(7)机动车维修返修与质量事故鉴定后必须填写(　　)。

A. 报修单　　B. 返修与事故记录单　　C. 返修作业单

(8)返修车辆竣工检验合格后,由(　　)填写返修技术档案,与业务员共同交付车辆,并向托修方提供《机动车维修竣工出厂合格证》与《质量保证卡》。

A. 主修人　　B. 返修业务接待员　　C. 检验员

(9)道路运输管理机构应当受理机动车维修质量投诉,积极按照(　　)和相关规定调解维修质量纠纷。

A. 行业标准　　B. 维修合同约定　　C. 法律程序

(10)质量纠纷调解的范围是(　　)或汽车维修合同约定期内当事人双方就汽车维修质量所发生的争执。

A. 质量保证期内　　B. 质量保证期后　　C. 出厂后

3. 多项选择题

(1)道路运输管理机构应当根据(　　)的要求,组织专家组或委托具有法定检测资格的检测机构,对机动车维修质量的责任进行技术分析和鉴定。

A. 承修方　　B. 托修方　　C. 车主　　D. 客户

(2)对于确因承修方维修质量问题出现的返修,承修方应该(　　)。

A. 及时返修,不故意拖延

B. 无偿返修,不无理拒绝

C. 提高返修质量,同一故障或维修项目不超过两次修理达到正常使用

D. 免工时费,只收维修材料成本费

(3)质量事故经济损失包括直接损失和返修费用,其中返修费用主要包括(　　)。

A. 返修工时费　　B. 材料费、材料管理费和辅助材料费

C. 外委加工费　　D. 检测费

(4)返修报修时,托修方必须提供相关(　　)。

A. 驾驶证　　B. 行驶证

C. 机动车维修竣工出厂合格证　　D. 质量保证卡

(5)在返修与质量事故鉴定过程中,承修方应承担的责任包括(　　)。

A. 违反维修操作工艺规程维修车辆　　B. 未对配件进行质量把关

C. 违反操作规程使用车辆　　D. 在使用中未按规定进行车辆维护

(二)练习题答案

1. 判断题

(1)✓　(2)✓　(3)×　(4)×　(5)✓　(6)✓　(7)✓　(8)×　(9)✓　(10)✓

2. 单项选择题

(1)B　(2)B　(3)A　(4)B　(5)A　(6)C　(7)B　(8)C　(9)B　(10)A

3. 多项选择题

(1)AB　(2)ABC　(3)ABCD　(4)CD　(5)AB

第二节　常用仪器、仪表和量具

一 练习题

(一)判断题

1. 用游标卡尺测量尺寸时,机件尺寸 = 主尺整数 + 游标卡尺精度 + 副尺格数。 (　　)
2. 外径千分尺活动套筒的“零”线与固定套筒的基线应对齐。 (　　)
3. 百分表的夹装应牢固,夹紧力适当,夹紧后百分表不松动。 (　　)
4. 量缸表又称内径百分表。 (　　)
5. 量缸表的规格是按测量直径的范围来划分的。 (　　)
6. 在冷机条件下用启动机带动曲轴旋转时,汽缸压力表所指示的数值即为该汽缸的压力。 (　　)
7. 按一下汽缸压力表上的放气阀,压力表上的指针应回到“0”位。 (　　)
8. 燃油压力表由压力表头、油管以及三通接头组成。 (　　)
9. 轮胎气压表是专门用于测定轮胎气压的量具。 (　　)
10. 指针式万用表一般用于检测普通电器及其线路。 (　　)
11. 对于电子控制系统的元件及其线路的检测不需高阻亢的数字式万用表。 (　　)
12. 万用表使用中,要避免测量值超过万用表的量程。 (　　)
13. 点火开关在 ON 位时,可以随意拔下传感器导线连接器或仪器测试线。 (　　)
14. 使用汽车专用示波器测量电容时,要切断电容器的电源并让电容器充分放电。 (　　)
15. 电脑故障诊断仪自身的屏蔽性能很好,在强电磁场的干扰下也能与汽车电控单元通信。 (　　)
16. 在按故障代码不能检查出故障部位的情况下,可用电脑故障诊断仪提供的数据流来分析、判断故障的原因。 (　　)
17. 对电脑故障诊断仪用外电源供电时,如外电源的搭铁线与汽车电源搭铁线未连接,则电脑故障诊断仪与电控单元不能通信。 (　　)
18. 四轮定位专用的举升台必须定期进行标定,以确保四轮定位仪测量数据的准确性。 (　　)

(二)单项选择题

1. 用游标卡尺不能直接测量零件的(　　)。

A. 内、外径　　B. 宽度　　C. 粗糙度

2. 某游标卡尺的型号为 0 ~ 125 × 0.02,则说明其测量范围为 0 ~ 125mm,游标读数值为(　　)mm。

A. 0.01　　B. 0.02　　C. 1.25

3. 量缸表主要用来测量汽缸的尺寸精度和形状精度,也可以用来测量(　　)。

A. 孔的直径　　B. 零件的宽度　　C. 孔的深度

4. 汽油机汽缸压力表的量程通常为(　　)kPa。

A. $0 \sim 1.4 \times 10^3$　　B. $0 \sim 1.4 \times 10^5$　　C. $0 \sim 1.4 \times 10^6$

5. 用量缸表测量汽缸直径时，量杆必须与汽缸轴线(　　)，读数才能准确。

A. 垂直　　B. 平行　　C. 成一角度

6. 汽缸压力表用于测量汽缸内(　　)行程时的空气压力。

A. 进气　　B. 压缩　　C. 做功

7. 如果显示的汽缸压力值比被检车说明书载明的压力值高得多，可以肯定该车(　　)。

A. 气门漏气　　B. 燃烧室积炭过多　　C. 活塞环磨损

8. 如果被检测车每个汽缸所检测得的压力读数，与标准压力值相差不超过(　　)，则可认为该车汽缸压力是正常的。

A. 10%　　B. 20%　　C. 30%

9. 真空表要安装在节气门的(　　)。

A. 前方　　B. 后方　　C. 无要求

10. 发动机温度正常时，在相当于海平面高度的条件下，怠速时真空度为(　　)kPa。

A. 57.33 ~ 61.66　　B. 57.33 ~ 71.66　　C. 57.33 ~ 91.66

11. (　　)表示直流电压。

A. V ~　　B. V—　　C. Ω

12. 用指针式万用表测量(　　)时，如指针向相反方向偏转，则只需将“+”、“-”极上的测试杆对换。

A. 直流电压　　B. 交流电压　　C. 电阻

13. 用万用表测量直流电流时，万用表应该与被测电路(　　)。

A. 串联　　B. 并联　　C. 串联和并联都可以

14. 汽车示波器不具有(　　)功能。

A. 波形显示　　B. 数字万用表　　C. 故障代码读取

15. 对于高电压和强电流信号，发动机综合分析仪上采用(　　)获得信息。

A. 直接式信号提取装置　　B. 传感器　　C. 非接触式信号提取装置

16. 用发动机综合分析仪测量喷油电压脉冲信号时应采用(　　)。

A. 直接接触式信号提取装置　　B. 传感器

C. 非接触式信号提取装置

17. 用发动机综合分析仪粗略测判断汽缸压力时，用(　　)测定发动机不点火空转状态下启动机的电流波形。

A. 压力传感器　　B. 电流互感钳　　C. 控针

(三) 多项选择题

1. 游标卡尺的规格常用(　　)来表示。

A. 游标卡尺长度　　B. 测量范围　　C. 游标读数值　　D. 量爪数量

2. 外径千分尺按照测量范围可分为(　　)mm 和 100 ~ 125mm 等多种不同规格。

A. 0 ~ 25　　B. 25 ~ 50　　C. 50 ~ 75　　D. 75 ~ 100

3. 百分表常用于测量机器零件的各种(　　)。

A. 几何形状误差　B. 表面粗糙度　C. 位置误差　D. 尺寸

4. 百分表架是专门用来夹持百分表的,通常有(　　)几种形式。

A. 轨道座式　B. 机械式　C. 磁力座软轴式　D. 磁力座式

5. 汽车专用示波器可用于对(　　)进行测试。

A. 点火系统　B. 电控模块　C. 进气/燃油系统　D. 传感器

6. 使用故障检测仪时,故障类型之后有/SP,表示该故障是(　　)故障。

A. 偶然产生的　B. 短时间的　C. 假的　D. 间歇性的

7. 发动机综合分析仪由(　　)组成。

A. 信号提取系统　B. 信息处理系统　C. 电源系统　D. 采控显示系统

8. 发动机综合分析仪的数字示波器功能可以观察(　　)。

A. 点火线圈初级电压波形　B. 点火线圈次级电压波形

C. 发动机特性曲线　D. 万用表特性曲线

9. 影响红外线测温仪测量值准确性的因素有(　　)。

A. 通过玻璃测量

B. 测量处的环境条件,如蒸气、尘土或烟雾等

C. 被测量物与红外线测温仪的距离

D. 被测物体表面的颜色

二 练习题答案

(一)判断题

1. ×　2. ✓　3. ✓　4. ✓　5. ✓　6. ×　7. ✓　8. ✓　9. ✓　10. ✓
11. ×　12. ✓　13. ×　14. ✓　15. ×　16. ✓　17. ✓　18. ✓

(二)单项选择题

1. C　2. B　3. A　4. A　5. A　6. B　7. B　8. A　9. B　10. B
11. B　12. A　13. A　14. C　15. C　16. A　17. B

(三)多项选择题

1. BC　2. ABCD　3. AC　4. ACD　5. ACD
6. AB　7. ABD　8. ABCD　9. ABC

第三节　汽车维修质量检验

一 汽车性能检验

(一)练习题

1. 判断题

(1)汽车检测站是利用现代检测技术对汽车的使用性能和技术状况进行不解体检测的

场所。（ ）

(2)在底盘测功试验台上,滚筒的表面代替路面,即滚筒的表面相对于静止的汽车作旋转运动,从而带动汽车驱动轮旋转。（ ）

(3)净功率是指在全负荷状态下,发动机带有全套附件时所输出的功率。（ ）

(4)在惯性底盘测功试验台上,如果将测得的同一转速下的底盘输出功率与传动系消耗功率相加,就可以求得这一转速下的发动机输出功率。（ ）

(5)无负荷测功的方法是当发动机在怠速或空载某一低速下运转时,突然全开节气门,使发动机克服惯性和内摩擦阻力而加速运转。（ ）

(6)对汽车燃油经济性的评价,一般是通过汽车燃油消耗量试验来确定的,它是用于评价在用汽车技术状况与维修质量的综合性参数,在诊断和分析汽车故障时可作为参考。（ ）

(7)制动器制动力取决于制动系统压力和车轮与地面间的附着力。（ ）

(8)制动试验台不仅能指示左右轮制动力,还能输出左右轮制动力的和与差值、车轮阻滞力、制动协调时间和制动释放时间,并能将检测结果与检测标准对照,作出技术状况评价。（ ）

(9)汽车制动减速度是指在汽车规定的初速度下急踩制动踏板时,汽车速度在单位时间内降低的程度。（ ）

(10)台试检验时,乘用车、总质量不大于 3500kg 的货车的制动力总和与整车重力的百分比,满载时应≥70%。（ ）

(11)台试检验时,乘用车、总质量不大于 3500kg 的货车的轴制动力与轴荷的百分比,前轴应≥80%。（ ）

(12)台试检验制动力时,在制动力增长全过程中,左右轮制动力差与该轴左右轮中制动力大者之比,对后轴(及其他轴)在轴制动力不小于该轴轴荷的 60% 时不应大于 24%。（ ）

(13)台试检验制动力时,在制动力增长全过程中,当后轴(及其他轴)轴制动力小于该轴轴荷的 60% 时,同时测得的左右轮制动力差的最大值不应大于该轴轴荷的 8%。（ ）

(14)台试检验制动力时,气压制动的汽车制动协调时间不应大于 0.60s。（ ）

(15)《机动车运行安全技术条件》(GB 7258—2012)规定,制动力、制动距离和制动减速度 3 个指标中只要其中之一不符合要求,即判制动性能为不合格。（ ）

(16)路试检测总质量≤3500kg 的低速货车制动距离时,制动初速度为 30km/h,空载时的制动距离应≤10m。（ ）

(17)液压制动系各车轮制动力均偏低,主要原因为制动踏板自由行程太大,制动液中有空气或变质,制动主缸有故障,增压器或助力器效能不佳或失效。（ ）

(18)滑动板式侧滑试验台一般由测量装置、指示装置和报警装置等组成。（ ）

(19)前轮侧滑量的检测须采用动态检测法,检测的主要目的是为了确定前轮前束与前轮外倾配合是否恰当,使用的检测设备主要有滑动板式侧滑试验台和滚筒式车轮定位试验台两种。（ ）

(20)对于后轮没有定位的汽车,可用侧滑试验台根据汽车后轮前进、后退驶过滑动板时滑动板的滑动方向和滑动量大小来检测后轴是否变形和轮毂轴承是否松旷。（ ）

(21)静不平衡的转向轮旋转时，会形成绕主销来回摆动的力矩，造成转向轮摆振。 (　　)

(22)若车轮动、静不平衡量过大，则主要检查车轮平衡块是否脱落，是否存在轮胎异常磨损、局部损坏或修补方法不当的情况，汽车行驶中该车轮是否因发生过较严重的碰撞而产生轮辋变形等。 (　　)

(23)汽车悬架和转向系间隙过大可能引起的故障现象只有在汽车行驶中才会出现，应在汽车停驶时检查。 (　　)

(24)《机动车运行安全技术条件》(GB 7258—2012)中规定，当汽车车速表指示值为40km/h时，车速表检验台速度指示仪表的指示值为32.8～40km/h为合格。 (　　)

(25)《机动车运行安全技术条件》(GB 7258—2012)规定，汽车前照灯的检验指标为发光强度和光束照射位置的偏移值。 (　　)

(26)前照灯检验仪，通过采用能把吸收的光能变成电流的光电池作为传感器，按照前照灯光轴照射时光电池产生的电流来测量发光强度和光轴偏斜量。 (　　)

(27)检验前照灯前，应清除前照灯上的污垢，汽车轮胎气压应符合汽车制造厂的规定，蓄电池应处于充足电状态。 (　　)

(28)乘用车前照灯照射在距离5m的屏幕上时，乘用车前照灯近光光束明暗截止线转角或中点的高度应为$0.7H \sim 0.9H$(H为前照灯基准中心高度)。 (　　)

(29)乘用车前照灯照射在距离10m的屏幕上时，前照灯近光光束水平方向位置向左偏不允许超过170mm，向右偏不允许超过350mm。 (　　)

(30)柴油机燃烧时混合气形成时间非常短，在空气不足或混合气不均匀的情况下，产生的主要是炭烟污染，因此排放法规主要限制柴油机排气的烟度。 (　　)

(31)不分光红外线气体分析仪从汽车排气管内取出汽车的尾气，并对气体中所含有的CO和HC的浓度进行连续测定。 (　　)

(32)对于使用闭环电子控制燃油喷射系统和三元催化转化器的汽车，如果检测到的过量空气系数(λ)超过了标准规定的要求，则认为排放不合格。 (　　)

(33)汽油机点火时刻过迟，会使混合气燃烧不彻底，致使废气中CO、HC和NO_x的含量增加。 (　　)

(34)燃油中含有的水分或漏入汽缸的冷却液，在汽缸内受热变为蒸气后由排气管喷出，常被视为白烟。 (　　)

(35)汽车定置噪声测量时，传声器与排气口端等高，在任何情况下距地面不得小于0.5m。 (　　)

(36)在距车前2m、离地高1.2m处测量，汽车喇叭允许噪声级值应为A声级90～115dB。 (　　)

(37)整车检验项目包括整车尺寸、整车装备、防雨密封性、滑行性能、异响和润滑状况等。 (　　)

(38)车底外观检查，由检查人员在地沟内人工检查底盘各装置及发动机连接是否牢固可靠，有无弯扭断裂及漏油、漏水、漏气和漏电等现象。 (　　)

(39)通过测定润滑油的介电常数可判断润滑油的污染程度，介电常数值取决于润滑油中

的添加剂或存在的污染物,润滑油污染越严重,介电常数越小。 ( )

2. 单项选择题

(1)汽车的检测与诊断往往首先是从( )参数检测开始的。

A. 整车性能　　B. 加速性能　　C. 振动性能

(2)汽车底盘的输出功率,除了可以通过整车的道路试验测定外,还可以在室内条件下在( )上测定。

A. 底盘测功试验台　　B. 发动机试验台　　C. 水力测功机

(3)既能承担汽车维修前后技术状况的检测,又能接受公安交通管理部门的委托承担车辆运行安全环保检测,还能承接科研、制造、教学等部门的有关汽车性能试验和参数测定的检测站称为( )。

A. 车辆安全环保检测站　　B. 车辆综合性能检测站　　C. 社会车辆检测站

(4)汽车检测站按承担或完成汽车检测的任务可分车辆安全环保检测站和( )两种主要类型。

A. 车管所检测站　　B. 车辆综合性能检测站　　C. 交通局检测站

(5)汽车制动时制动力取决于制动器制动力和( )。

A. 车轮制动器技术状况　　B. 制动系统压力　　C. 车轮与地面间附着力

(6)汽车动力性是指汽车在行驶中能达到的最高车速、最大加速能力和( )。

A. 最大载质量　　B. 原地起步加速能力　　C. 最大爬坡能力

(7)在汽车制动试验台上,滚筒的表面代替路面,即滚筒的表面相对于( )的汽车作旋转运动,从而带动汽车驱动轮旋转。

A. 平移　　B. 运动　　C. 静止

(8)汽车在驶上底盘测功试验台以前,必须通过( )。

A. 路试热车　　B. 发动机怠速暖车　　C. 专业人员检修

(9)无负荷测功可以通过测量瞬时加速度检测功率或通过测量( )检测功率。

A. 加速时间　　B. 运行速度　　C. 加载转矩

(10)制动性能检测分路试法检测和( )检测两种。

A. 人工　　B. 观察法　　C. 试验台

(11)制动器制动力取决于( )和车轮制动器技术状况。

A. 制动系统压力　　B. 车轮与地面间附着力　　C. 地面附着系数

(12)路试检测制动性能应在平坦、硬实、清洁、干燥且轮胎与地面间的附着系数不小于( )的水泥或沥青路面上进行。

A. 0.6　　B. 0.7　　C. 0.8

(13)台试检验时,乘用车、总质量不大于3500kg的货车的制动力总和与整车重量的百分比,满载时应大于等于( )。

A. 70%　　B. 50%　　C. 60%

(14)对于新注册车辆来说,台试检验时,乘用车、总质量不大于3500kg的货车的轴制动力与轴荷的百分比,后轴应大于等于( )。

A. 20%　　B. 30%　　C. 50%

(15)对于新注册车辆来说,台试检验制动力时,在制动力增长全过程中,左右轮制动力差与该轴左右轮中制动力大者之比,对后轴(及其他轴)在轴制动力不小于该轴轴荷的60%时,不应大于( )。

A. 24% B. 15% C. 10%

(16)台试检验制动力时,液压制动的汽车制动协调时间不应大于( )s。

A. 0.35 B. 0.25 C. 0.15

(17)台试检验制动力时,汽车列车和铰接客车、铰接式无轨电车的制动协调时间不应大于( )s。

A. 0.80 B. 0.60 C. 0.40

(18)路试检测乘用车制动距离时,制动初速度为50km/h,满载情况下的制动距离应≤( )m。

A. 10 B. 15 C. 20

(19)路试检测乘用车制动距离时,制动初速度为50km/h,空载情况下的制动距离应≤( )m。

A. 19 B. 15 C. 10

(20)路试检测总质量≤3500kg的低速货车制动距离时,制动初速度为30km/h,空载状态下的制动距离应≤( )m。

A. 6 B. 8 C. 10

(21)侧滑检测时汽车以( )km/h的速度垂直驶向试验台,使前轮平稳通过滑动板。

A. 1~2 B. 2~3 C. 3~5

(22)用就车式车轮平衡仪检测车轮动、静不平衡情况时,一般对动、静不平衡量在( )g以内的车轮认为可继续使用,否则应进行平衡作业。

A. 5 B. 10 C. 15

(23)《机动车运行安全技术条件》(GB 7258—2012)中规定:当车速表检验台速度指示仪表的指示值为40km/h时,该机动车车速表的指示值在( )km/h时为合格。

A. 30~40 B. 32.8~40 C. 40~48

(24)如1h内吸入的空气中含体积分数为( )的CO,人就会死亡。

A. 1000×10^{-6} B. 500×10^{-6} C. 100×10^{-6}

(25)NO_x是发动机( )工作时大量产生的一种褐色的有臭味的废气。

A. 怠速 B. 小负荷 C. 大负荷

(26)第一类轻型汽车是设计乘员数不超过( )人(包括驾驶员),且最大总质量≤2500kg的M_1类车。

A. 5 B. 6 C. 7

(27)如汽车定置噪声测量时的风速大于( )m/s,则汽车噪声的测量无效。

A. 3 B. 5 C. 7

(28)不论什么机械异响,当润滑条件不佳时,异响一般都( )。

A. 不变 B. 加重 C. 减轻

(29)汽车滑行试验用于检查汽车底盘部分的调整状况,测定汽车行驶速度为( )km/h

时的滑行距离。

A. 30　　B. 40　　C. 50

3. 多项选择题

(1)汽车检测部门一般常用汽车的最高车速、加速能力、最大爬坡度、(　　)作为动力性评价指标。

A. 加速时间　　B. 底盘输出最大驱动功率

C. 过载能力　　D. 发动机最大输出功率

(2)起步换挡加速时间规定的距离一般为(　　)m。

A. 0~200　　B. 0~400　　C. 0~800　　D. 0~1000

(3)底盘测功试验台上采用的测功器的类型有(　　)。

A. 水力测功器　　B. 电力测功器　　C. 机械测功器　　D. 电涡流测功器

(4)影响燃料消耗的因素主要有(　　)等几方面。

A. 车辆的技术状况　　B. 道路条件及气候

C. 车辆载重及拖运情况　　D. 驾驶操作

(5)在试验台上进行(　　)等试验时,除了要测量车速外,还必须测量汽车的行驶距离。

A. 加速　　B. 滑行　　C. 油耗　　D. 底盘测功

(6)根据《机动车运行安全技术条件》(GB 7258—2012)的规定,可以用(　　)检测汽车制动性能。

A. 摩擦系数　　B. 制动减速度　　C. 制动力　　D. 制动距离

(7)液压制动系各车轮阻滞力都超限的主要原因是制动主缸故障或制动踏板无自由行程,若个别车轮阻滞力超限,则主要原因是(　　)。

A. 车轮制动器间隙过小　　B. 制动轮缸故障

C. 制动蹄复位弹簧故障　　D. 轮毂轴承松旷

(8)单轴测力滚筒式制动试验台由框架、(　　)等组成。

A. 指示与控制装置　　B. 滚筒装置　　C. 测量装置　　D. 举升装置

(9)按《机动车运行安全技术条件》(GB 7258—2012)的规定,制动力检测包含(　　)和驻车制动力。

A. 制动力　　B. 制动力平衡要求　　C. 制动协调时间　　D. 车轮阻滞力

(10)采用静态检测法检测车轮定位值时,使用的检测设备有(　　)等车轮定位仪。

A. 电脑式　　B. 光学式　　C. 激光式　　D. 电子式

(11)车轮定位参数包括(　　)。

A. 车轮前束　　B. 车轮外倾　　C. 主销后倾　　D. 主销内倾

(12)汽车悬架和转向系间隙过大,可能引起汽车(　　)等故障。

A. 转向盘抖振　　B. 行驶跑偏　　C. 乘坐舒适性差　　D. 轮胎异常磨损

(13)前照灯的技术指标主要是指(　　)。

A. 照射距离　　B. 发光强度　　C. 光束照射位置　　D. 光束角度

(14)汽车排气污染物的主要来源有(　　)。

A. 发动机排气管排出的废气　　B. 曲轴箱窜气

C. 进气门窜气　　　　D. 汽油蒸气

(15)不分光红外线气体分析仪是从汽车排气管内搜集取出汽车的尾气,并对气体中所含有的(　　)的浓度进行连续测定。

A. CO　　B. CO_2　　C. NO_x　　D. HC

(16)正确检验汽车,首先必须掌握整车检验的基本项目,整车检验项目包括(　　)、异响和润滑状况等。

A. 整车尺寸　　B. 整车装备　　C. 防雨密封性　　D. 滑行性能

(17)车上外观检查,是由检查人员人工检查汽车上的(　　)和车身等是否装备齐全、工作正常、连接可靠和符合规定,检查的重点是灯光和安全装置。

A. 灯光　　B. 安全装置　　C. 操纵装置　　D. 工作仪表

(18)底盘测功试验台,一般由(　　)、控制与指示装置和辅助装置等组成。

A. 滚筒装置　　B. 加载装置　　C. 测量装置　　D. 计算装置

(二)练习题答案

1. 判断题

(1)✓　(2)×　(3)✓　(4)✓　(5)✓　(6)✓　(7)×　(8)✓　(9)✓　(10)×
(11)×　(12)✓　(13)✓　(14)✓　(15)✓　(16)×　(17)✓　(18)✓　(19)✓　(20)✓
(21)✓　(22)✓　(23)×　(24)✓　(25)✓　(26)✓　(27)✓　(28)×　(29)✓　(30)✓
(31)✓　(32)✓　(33)×　(34)✓　(35)×　(36)✓　(37)✓　(38)✓　(39)×

2. 单项选择题

(1)A　(2)A　(3)B　(4)B　(5)C　(6)C　(7)C　(8)A　(9)A　(10)C
(11)A　(12)B　(13)B　(14)A　(15)A　(16)A　(17)A　(18)C　(19)A　(20)B
(21)C　(22)B　(23)C　(24)A　(25)C　(26)B　(27)B　(28)B　(29)C

3. 多项选择题

(1)BD　(2)BCD　(3)ABD　(4)ABCD　(5)ABC
(6)BCD　(7)ABCD　(8)ABCD　(9)ABCD　(10)ABCD
(11)ABCD　(12)ABCD　(13)BC　(14)ABD　(15)AD
(16)ABCD　(17)ABCD　(18)ABC

二 汽车主要零部件检验

(一)练习题

1. 判断题

(1)汽缸盖下平面的平面度误差超过技术标准时会发生漏气、漏水或漏油等故障。(　　)

(2)汽缸体的裂纹大多发生在水套壁较薄处或工作过程中应力(尤其是热应力)比较集中的部位,如汽缸盖两气门座之间和汽缸体两汽缸孔之间等。(　　)

(3)汽缸修理后各汽缸的直径应为同一级修理尺寸。(　　)

(4)汽缸的圆柱度误差为汽缸不同截面、任意方向上最大直径与最小直径之差值。(　　)

(5)连杆大小端承孔经修理加工后,两承孔轴线在同一平面上的平行度必须符合标准。 ( )

(6)曲轴的裂纹大多发生在轴颈圆角与油孔之间。 ( )

(7)飞轮与曲轴装合后应检查飞轮工作面对曲轴轴线的端面全跳动量。 ( )

(8)气门座修理后,其工作面斜角角度、工作宽度应符合原厂规定,并保证与气门密封良好。 ( )

(9)气门杆的弯曲检验,实际上是测量气门头工作面和气门杆中部的径向圆跳动量。 ( )

(10)膜片式汽油泵的经验试验法是检查用手扳动外摇臂时汽油泵的喷油距离(达20mm以上)。 ( )

(11)喷油泵的柱塞偶件、喷油器的出油阀偶件和喷油器的针阀偶件是传统柴油机燃油系中的精密偶件。 ( )

(12)大修后汽油机在正常工作温度和标准状态下怠速运转时,进气歧管真空度应符合原设计规定,其波动范围:六缸汽油发动机一般不超过3kPa,四缸汽油发动机一般不超过5kPa。 ( )

(13)在正常工作温度下,大修后汽油机怠速运转应稳定,怠速转速应符合原设计规定,并能保证向其他工况圆滑过渡。 ( )

(14)对正时链条长度的检验必须要在规定的拉力下进行。 ( )

(15)大修后柴油机稳定调速率应符合原设计规定。 ( )

(16)对离合器压盘应检测其平面度误差。 ( )

(17)离合器装配后,必须检测分离杠杆端面至飞轮表面的距离,同时检测各分离杠杆端面的高度差。 ( )

(18)变速器壳体与盖的常见损伤是变形、裂纹、轴承孔磨损和螺纹损坏等。 ( )

(19)检测变速器齿轮的磨损量可用外径千分尺。 ( )

(20)万向传动装置传动轴轴管的常见损伤是断裂。 ( )

(21)球笼式万向节装配后,用手推动球形壳时,球形壳在轴向范围内应能来回灵活移动。 ( )

(22)传动轴总成装配后应进行动平衡检验。 ( )

(23)换传动轴花键轴时,应测量花键轴端头到轴管叉轴承承孔轴线的距离。 ( )

(24)装配圆锥滚子轴承时必须保证有合适的间隙。 ( )

(25)前轴(工字梁)的弯曲和扭曲变形大多发生在钢板弹簧座和主销孔之间。 ( )

(26)转向节裂纹可用着色法检查。 ( )

(27)空气压缩机修复后应进行进、排气阀密封性能试验。 ( )

(28)车架纵梁上平面及侧面的纵向直线度误差可用钢直尺和厚薄规或用拉线法进行检查。 ( )

(29)触点脏污和烧蚀是启动继电器的常见损伤。 ( )

(30)用维修空调系统用的专用压力表组读取空调系统压力时,必须关闭其手动截止阀。 ( )

2. 单项选择题

(1)(　　)是确定发动机是否需要大修的主要标志。

A. 汽缸上部的磨损量　　B. 汽缸中部的磨损量

C. 汽缸的圆度或圆柱度误差(以最大的缸为准)

(2)用量缸表检测汽缸的磨损情况时,一般要在(　　)截面上测量。

A. 沿轴线方向的上、中、下 3 个　　B. 沿轴线方向的上、下 2 个

C. 汽缸中部

(3)活塞磨损最大的部位是(　　)。

A. 活塞环槽及活塞销座孔　　B. 活塞裙部　　C. 活塞顶部

(4)当活塞环侧隙过小时,可以(　　)。

A. 将活塞环放在铺有"0"号砂纸的平板上进行砂磨

B. 用平锉刀锉削

C. 锉削相配的活塞环槽

(5)齿轮式机油泵齿轮端面间隙通常可以用(　　)检查。

A. 厚薄规　　B. 游标卡尺　　C. 直尺和厚薄规

(6)齿轮式机油泵泵盖平面度误差通常可以用(　　)检查。

A. 厚薄规　　B. 游标卡尺　　C. 直尺和厚薄规

(7)齿轮式机油泵齿轮啮合间隙通常可以用(　　)检查。

A. 厚薄规　　B. 游标卡尺　　C. 直尺和厚薄规

(8)国标规定,大修后汽油机在正常环境温度和低温(-18℃)时,应都能顺利启动,允许启动(　　)次。

A. 1　　B. 3　　C. 2

(9)国标规定,大修后汽油机的最低燃料消耗率不得大于原设计标定值的(　　)。

A. 102%　　B. 105%　　C. 120%

(10)国标规定,大修后汽油机在正常工作温度和标准状态下怠速运转时,进气歧管真空度应符合原设计规定,其波动范围:四缸汽油发动机一般不超过(　　)kPa。

A. 1　　B. 2　　C. 5

(11)国标规定,大修后柴油机在正常环境温度和低温(　　)℃时,应都能顺利启动,允许启动 3 次。

A. -10　　B. -15　　C. -18

(12)离合器损伤的主要形式是(　　)。

A. 从动盘钢片的变形　　B. 摩擦片的磨损和烧蚀　　C. 从动盘毂花键槽的磨损

(13)对离合器压盘应进行(　　)。

A. 动平衡　　B. 静平衡　　C. 静平衡与动平衡

(14)离合器从动盘摩擦片的磨损量可通过(　　)来获得。

A. 用游标卡尺测量铆钉头埋入的深度　　B. 测量钢片端面圆跳动量

C. 用外径千分尺测量钢片的厚度

(15)对于传动轴花键轴主要是检查其(　　)。

A. 花键与万向节(滑动)叉花键槽的配合侧隙

B. 花键齿的磨损量

C. 花键槽的深度

(16)驱动桥壳的裂纹可用(　　)检查。

A. 磁力探伤　　B. 超声波探伤　　C. 敲击听音法

(17)差速器半轴齿轮和行星齿轮工作面上不允许有裂纹或阶梯形磨损,齿面上允许有轻微斑点,但面积不得超过齿面的(　　)。

A. 15%　　B. 25%　　C. 35%

(18)圆弧螺旋齿轮的啮合印痕长度必须大于齿长的(　　)。

A. 1/2　　B. 3/4　　C. 2/3

(19)对于传动轴花键轴主要是检查其(　　)。

A. 花键与万向节(滑动)叉花键槽的配合侧隙

B. 花键齿的磨损量

C. 花键槽的深度

(20)纵梁侧面对车架上平面的垂直度误差可以用(　　)进行检验。

A. 专用直尺　　B. 90°角尺

C. 专用直尺、90°角尺和厚薄规

(21)检查蓄电池的存电情况,应用(　　)。

A. 高率放电计(持续时间不超过5s)　　B. 指针式万用表

C. 数字式万用表

(22)为准确判断启动机的性能,对启动机需要进行(　　)试验。

A. 空载　　B. 空载和全制动　　C. 全制动

(23)启动机的全制动转矩小于标准值而全制动电流大于标准值,说明(　　)。

A. 在线路中有断路现象　　B. 在线路中有接触不良之处

C. 电枢绕组、励磁绕组内有短路或搭铁故障

(24)在温度为80℃和120℃条件下点火线圈各接线端子与外壳之间的电阻均为200MΩ以上,说明点火线圈(　　)。

A. 绝缘性能良好　　B. 绝缘性能不良　　C. 内部有短路处

(25)在用启动机带动发动机运转时,磁感应式点火信号发生器输出信号的电压应为(　　)V。

A. 1~2　　B. 2~3.5　　C. 3~4

(26)用屏幕法检查前照灯近光光形时,屏幕应位于汽车正前方(　　)m。

A. 5　　B. 10　　C. 20

(27)在点火开关接通(不启动发动机)时,机油压力表指针指示值略大于0,说明(　　)。

A. 机油压力表电路有搭铁故障　　B. 机油压力表电路有断路故障

C. 机油压力传感器安装不当

(28)制冷系统中混有空气时,冷凝器温度偏高,散热效果不好,此时必须(　　)。

A. 更换储液干燥器　　B. 放掉制冷剂,抽真空和重加制冷剂

C. 加注制冷剂

3. 多项选择题

(1)检验汽缸体、汽缸盖细微裂纹的有效方法是(　　)。

A. 直接用眼睛观察　B. 渗透法探伤　C. 磁力探伤　D. 水压试验

(2)活塞连杆组装后必须检验的项目是(　　)。

A. 活塞裙部的形状

B. 活塞裙部轴线对连杆大端承孔轴线的垂直度误差

C. 活塞连杆组质量

D. 活塞裙部轴线对连杆大端承孔轴线的平行度误差

(3)曲轴维修后的检验项目是(　　)。

A. 曲轴飞轮突缘的径向和端面圆跳动量　B. 曲轴连杆轴颈的回转半径

C. 曲轴的静不平衡量　D. 曲轴的动不平衡量

(4)检查曲轴裂纹的常用方法是(　　)。

A. 超声波探伤　B. 敲击听音　C. 渗透法探伤　D. 磁力探伤

(5)气门常见的损伤有(　　)。

A. 气门头工作面的磨损、烧蚀　B. 气门杆的弯曲

C. 气门杆的扭曲　D. 气门杆磨损

(6)在发动机修理时对气门弹簧应检查其(　　)。

A. 自由长度　B. 弹力

C. 变形量(垂直度误差)　D. 质量

(7)对发动机节温器的检验,通常是检验其阀门的(　　)。

A. 形状　B. 初始温度　C. 全开温度　D. 升程

(8)齿轮式机油泵维修后的主要检验项目是在规定转速下的(　　)。

A. 输油压力　B. 流量

C. 限压阀开启压力　D. 机油泵主动轴与泵壳孔的间隙

(9)对传统汽油泵作不解体检验时主要检查的项目是(　　)。

A. 膜片的密封性　B. 进油阀的密封性

C. 出油阀的密封性　D. 膜片拉杆油封的密封性

(10)喷油泵(包括调速器)试验包括(　　)项目。

A. 供油时刻试验　B. 不同工况下的供油量试验

C. 供油压力试验　D. 调速器的高速和怠速起作用转速试验

(11)喷油器试验包括(　　)项目。

A. 喷油压力试验　B. 喷油雾化质量试验　C. 喷雾角度试验　D. 喷油时刻试验

(12)判别离合器从动盘部件状况的检验项目为(　　)。

A. 测量从动盘部件的厚度　B. 测量摩擦片铆钉埋入深度

C. 检查摩擦片和钢片的铆接紧度　D. 检查摩擦片表面的平面度

(13)反映离合器壳变形的参数是(　　)。

A. 离合器壳承孔对曲轴主轴承承孔轴线的径向圆跳动量

B. 离合器壳后端面对曲轴主轴承承孔轴线的圆跳动量

C. 离合器壳承孔的磨损量

D. 裂纹的位置

(14)离合器总成修理中需要进行平衡试验的项目是(　　)。

A. 压盘静平衡试验

B. 钢片静平衡试验

C. 摩擦片静平衡试验

D. 离合器总成、曲轴及飞轮组装后的动平衡试验

(15)变速器壳体形位误差的检测项目为(　　)。

A. 变速器壳体与盖结合平面的平面度误差

B. 变速器壳体各轴承承孔轴线间及其与壳体上平面的平行度误差

C. 变速器壳体前、后端面对第 1、2 轴轴承承孔的公共轴线的端面圆跳动量

D. 变速器壳体各轴承承孔的圆度误差

(16)滚动轴承的检验参数是(　　)。

A. 径向间隙　　B. 轴向间隙　　C. 外圈的外径　　D. 内圈的内径

(17)变速器装配后应检查的项目是(　　)。

A. 第 1 轴中部的径向圆跳动量和轴向间隙

B. 第 2 轴中部的径向圆跳动量和轴向间隙

C. 中间轴中部的径向圆跳动量和轴向间隙

D. 各齿轮的啮合间隙、端面间隙和啮合印痕

(18)万向传动装置中间支承的常见损伤有(　　)。

A. 中间支承前盖碎裂　　B. 中间支承后盖碎裂

C. 轴承磨损　　D. 橡胶垫老化或损坏

(二)练习题答案

1. 判断题

(1)✓ (2)✓ (3)✓ (4)× (5)✓ (6)× (7)✓ (8)✓ (9)✓ (10)×

(11)✓ (12)✓ (13)✓ (14)✓ (15)✓ (16)✓ (17)✓ (18)✓ (19)× (20)×

(21)✓ (22)✓ (23)✓ (24)× (25)✓ (26)✓ (27)✓ (28)✓ (29)✓ (30)✓

2. 单项选择题

(1)C (2)A (3)A (4)A (5)C (6)C (7)A (8)B (9)B (10)C

(11)A (12)B (13)B (14)A (15)A (16)C (17)B (18)C (19)A (20)C

(21)A (22)B (23)C (24)A (25)A (26)B (27)C (28)B

3. 多项选择题

(1)BD (2)ABC (3)ABD (4)CD (5)ABCD

(6)ABC (7)BCD (8)ABC (9)ABCD (10)ABD

(11)ABC (12)ABCD (13)AB (14)AD (15)ABCD

(16)ABCD (17)ABCD (18)CD

三 汽车电控和液压系统检验

(一)练习题

1. 判断题

(1)传感器按信号转换关系可分为两类,一类是由一种非电量转换成另一种非电量,如弹性敏感元件和气动传感器;另一类是由非电量转换成电量的传感器,如热电偶温度传感器、压电式加速度传感器等。 ( )

(2)对于叶片式空气流量传感器,叶片开启角度由进气量产生的推力大小和叶片轴上卷簧弹力的平衡情况决定。 ( )

(3)感知空气流量的白金热线是热线式空气流量传感器的基本构成之一。 ( )

(4)曲轴位置传感器主要可分为磁脉冲式、光电式和霍尔式三大类。 ( )

(5)目前汽车上采用的氧传感器有氧化钛式和氧化锆式两种。 ( )

(6)怠速控制阀常见的有步进电动机式和线性脉冲电磁阀式两种。 ( )

(7)检测热膜式空气流量传感器主要是检测信号电压和电源电压等。 ( )

(8)电子控制系统工作时,自诊断系统对电子控制系统各种输入、输出信号进行监测,并运用程序进行推理、判断,将结果迅速反馈到主控系统,改变控制状态;并根据自诊断结果控制故障指示灯工作。 ( )

(9)清除故障代码的基本的方法就是切断汽车电控单元(主要指微机部分)的电源。 ( )

(10)在数据分析中,关联分析是对相同车种及系统在相同条件下的相同数据组进行分析。 ( )

(11)直流信号是一种模拟信号。 ( )

(12)测试执行器波形时,应将汽车专用示波器的背针式探头刺入待测执行器线束的信号线中,将搭铁线连接到发动机机体上。 ( )

(13)万用表比示波器更为精确、描述更细致。 ( )

(14)目前存在的多种车载网络系统协议,根据功能和速率不同,车载网络系统划分为A、B、C、D四类。 ( )

(15)到目前为止,满足C类网络要求的汽车控制局域网只有CAN协议。随着技术的发展,人们越来越多地倾向于使用CAN。 ( )

(16)如果一条数据总线既可以发送也可以接收数据,则这样的数据总线就称之为双向数据总线。 ( )

(17)从物理意义上讲,汽车上许多模块和数据总线距离很近,因此被称之为LAN(局域网)。 ( )

(18)CAN数据总线由一个控制器,一个收发器,两个数据传输终端以及两条数据传输线组成。除了数据传输线,其他电子元件都置于ECU内部。 ( )

(19)检查域判定数据中优先权,即具有较高优先权的电控单元,优先发送。 ( )

2. 单项选择题

(1)对于叶片式空气流量传感器,当驾驶员操纵加速踏板来改变节气门开度时,进气量增大,进气气流对叶片的推力也增大,这时叶片开启的角度(　　)。

A. 增大　　B. 减小　　C. 下降

(2)对于卡门式空气流量传感器,通过测量单位时间内流过的涡旋(　　),便可计算出空气的流速和流量。

A. 数量　　B. 流速　　C. 流量

(3)霍尔式曲轴位置传感器利用触发叶片改变通过霍尔元件的磁场强度,从而使霍尔元件产生脉冲的霍尔(　　)信号,即为曲轴位置传感器的输出信号。

A. 光敏　　B. 电阻　　C. 电压

(4)电压驱动低电阻型喷油器,其电磁线圈电阻值为(　　)Ω。

A. 2 ~ 3　　B. 5 ~ 8　　C. 10 ~ 20

(5)桑塔纳2000GLi轿车使用的进气歧管压力传感器与(　　)制成一体,安装在进气系统的动力腔上。

A. 冷却液温度传感器　　B. 进气温度传感器　　C. 空气流量传感器

(6)用万用表电阻挡测量喷油器电磁线圈电阻时,高电阻型喷油器电磁线圈的电阻应为(　　)Ω。

A. 30 ~ 35　　B. 20 ~ 25　　C. 13 ~ 16

(7)汽车电控单元(ECU)一般可分为输入回路(输入级)、微型计算机(微机)、输出回路(输出级)和(　　)四部分。

A. 微处理器　　B. 存储器　　C. 电源电路

(8)对于利用仪表板上的故障指示灯的闪烁规律显示故障代码,若显示方式采用一位数故障代码,则故障指示灯连续闪亮的次数为故障代码。两个故障代码之间间隔(　　)s。

A. 1 ~ 5　　B. 2 ~ 5　　C. 4 ~ 5

(9)桑塔纳2000GSi轿车的故障诊断插座在(　　)处。

A. 发动机舱内　　B. 变速器操纵杆前　　C. 仪表板上

(10)在现场总线的通信结构只采用了ISO/OSI的三层模型:物理层、数据链路层和(　　)。

A. 化学层　　B. 应用层　　C. 发送层

(11)光纤是一种直径为(　　)μm柔软的传导光波的介质,一般由玻璃纤维和塑料构成,在折射率较高的纤芯外面,再用折射率较低的包层包住,再在包层的外面加上一层保护套,就构成了一根单芯光缆。

A. 50 ~ 100　　B. 1 ~ 20　　C. 20 ~ 50

(12)CAN上的节点数主要取决于总线驱动电路,目前可达(　　)个。

A. 1000　　B. 500　　C. 110

(13)汽车网络ISO参考模型开放系统中具有数据重发和数据错误修复功能的层为(　　)。

A. 表面层　　B. 传输层　　C. 网络层

(14)CAN总线的传输数据列中(　　)具有检验传输错误的功能。

A. 开始区　　B. 状态区　　C. 安全区

(15)测量自动变速器蓄压器背压时,应将换挡变速杆置于(　　)位,读取油压值。

A. P　　B. N　　C. D

(16)一般4挡自动变速器在节气门开度保持在1/2时由1挡升至2挡的升挡车速为25~35km/h,由2挡升至3挡的升挡车速为55~70km/h,由3挡升至4挡(超速挡)的升挡车速为(　　)km/h。

A. 80~90　　B. 90~120　　C. 110~140

(17)检查自动变速器有无发动机制动作用时,应将变速器操纵杆拨至S位或(　　)位。

A. D　　B. R　　C. L

3. 多项选择题

(1)(　　)属于被动型传感器。

A. 采用应变效应制成的传感器　　B. 采用磁阻效应制成的传感器

C. 采用热阻效应制成的传感器　　D. 采用压电效应制成的传感器

(2)汽车上压力传感器可以检测的压力主要有(　　)。

A. 进气歧管压力　　B. 手动变速器油压　　C. 轮胎压力　　D. 自动变速器油压

(3)汽车上液位传感器可以检测的液位主要有(　　)。

A. 燃油　　B. 电解液　　C. 制动液　　D. 制冷剂

(4)传感器检验的主要项目是(　　)。

A. 传感器的信号电压(或数据流)　　B. 传感器的电源电压(仅对有源传感器而言)

C. 传感器线束的导通性(短路或断路)　　D. 传感器的波形

(5)对于桑塔纳2000GSi的磁脉冲式曲轴位置传感器,在信号转子的圆周上制有一个大齿缺,大齿缺输出基准信号,对应第(　　)缸活塞到达上止点前一定角度。

A. 1　　B. 2　　C. 3　　D. 4

(6)爆震传感器输出波形的特点是(　　)。

A. 从共振型的爆震传感器的输出波形上可直接观察到爆震点

B. 从非共振型的爆震传感器的输出波形上可直接观察到爆震点

C. 非共振型的爆震传感器须经滤波器检测出爆震的信号

D. 共振型的爆震传感器须经滤波器检测出爆震的信号

(7)进气歧管绝对压力传感器产生故障或其连接线路不良,会使发动机出现(　　)等故障。

A. 怠速不良　　B. 启动困难　　C. 启动后易熄火　　D. 喷油困难

(8)检验汽车电子控制系统的主要方法有(　　)。

A. 自诊断法　　B. 万用表法　　C. 数据流分析法　　D. 波形分析法

(9)故障自诊断系统故障代码的显示方法主要有(　　)。

A. 用仪表板上的故障指示灯的闪烁规律显示故障代码

B. 用指针式电压表显示故障代码

C. 用发光二极管(LED)显示故障代码

D. 用专用仪器显示故障代码

(10)观察氧传感器输出信号波形的主要目的是了解(　　)。

A. 最高电压　　B. 最低电压

C. 反应快慢(响应时间)　　D. 杂波

(11)汽车电子信号中脉冲调制信号的判定依据为(　　)。

A. 幅度　　B. 频率　　C. 形状　　D. 脉冲宽度

(12)测试闭合角波形的作用是(　　)。

A. 分析单缸的点火闭合角　　B. 确定平均闭合角的读数和毫秒数

C. 分析点火线圈和初级电路性能　　D. 分析电容性能

(13)测量自动变速器主油路油压时,应将变速器操纵杆置于(　　)位。

A. P　　B. N　　C. D　　D. R

(二)练习题答案

1. 判断题

(1)✓　(2)✓　(3)✓　(4)✓　(5)✓　(6)✓　(7)✓　(8)✓　(9)✓　(10)×

(11)✓　(12)✓　(13)×　(14)×　(15)✓　(16)✓　(17)✓　(18)✓　(19)×

2. 单项选择题

(1)A　(2)A　(3)C　(4)A　(5)B　(6)C　(7)C　(8)C　(9)B　(10)B

(11)A　(12)C　(13)B　(14)C　(15)C　(16)B　(17)C

3. 多项选择题

(1)ABC　(2)ACD　(3)ABC　(4)ABCD　(5)AD

(6)AC　(7)ABC　(8)ABCD　(9)ABCD　(10)ABC

(11)ABCD　(12)ABCD　(13)CD

四 车身修复质量检验

(一)练习题

1. 判断题

(1)一般大型客车车身采用骨架式受力结构。(　　)

(2)半骨架式车身采用整车完整的受力结构。(　　)

(3)壳体式车身没有受力骨架。(　　)

(4)无骨架式车身没有受力骨架。(　　)

(5)受力效应控制是指当发生碰撞时,碰撞力使预先设计的、具有应变结构的部位发生预定变形。(　　)

(6)车身安全性设计可以使碰撞力分散和减弱。(　　)

(7)受力能量吸收是指异常受力能量消耗在特定部位及特定方向的结构件的变形过程中,形成对车身结构的整体保护。(　　)

(8)保证车身外形和结构精确性是为了保证车辆外表美观。(　　)

(9)应力是指金属材料受到外力的作用时在其内部产生方向相反而大小相等的内部抵抗力。(　　)

(10)车身主要的精度检查部位是骨架、纵梁和蒙皮安装部位。(　　)

(11)具有吸收能量结构设计的整体式车身，当发生外力碰撞时，其各处的损伤将随着到碰撞发生点距离的增大而增大。 ( )

(12)小型乘用车的车身尺寸控制点，一般位于车身设计尺寸基准点，或较为坚固的支撑结构且易于测量和保证之处。 ( )

(13)车身复杂曲线的直观效果，就是车身的外形曲线，可以通过几次测量数据获得精确、圆滑和逼真的车身曲线外观效果。 ( )

(14)车身维修人员应对损坏的车身进行一次准确的测量。 ( )

(15)坐标法测量可以用通用的测量工具实行测量。 ( )

(16)敲击修复过程中，对于变形较大的部位应有针对性地加大敲击力且多次重复进行敲击，以获得较好的效果。 ( )

2. 单项选择题

(1)车身-大梁外部校正修复仪在安装后不需再进行水平调整，其平台平面即为( )。

A. 水平基准表面　B. 垂直基准表面　C. 长度基准表面

(2)车身焊接后应采用( )的方式进行焊接部位冷却。

A. 喷水冷却　B. 风扇冷却　C. 逐步冷却

(3)车身焊接时应严格控制加热温度和区域，采用( )和提高焊接速度，防止金属氧化。

A. 迅速加温　B. 缓慢加温　C. 逐步加温

(4)车身焊接时应( )对结构件进行加强作业。

A. 严禁　B. 可以　C. 必须

(5)车身装配时( )在受力状态装配和安装零部件。

A. 允许　B. 不允许　C. 必须

(6)对损伤部位施力校正时，应尽量采用( )加力方式。

A. 曲线式　B. 直线式　C. 面积式

(7)车架纵梁上平面及侧面的纵向直线度公差，在任意 1000mm 长度上为 3mm，在全长上为其长度的( )。

A. 0.5%　B. 1%　C. 1‰

(8)车架总成左、右纵梁上平面应在同一平面内，其平面度公差为被测平面长度的( )。

A. 1.5‰　B. 1.5%　C. 1‰

(9)一般轿车乘客门框对角线长度差应( )4mm。

A. 不大于　B. 等于　C. 大于

(10)车身焊接修复时应尽量提高焊接速度，避免由于加热时间过长而产生( )。

A. 机械损伤　B. 机械应力　C. 热应力

(11)敲平校正蒙皮的顺序是( )，由密变疏，敲击力也由强变弱。

A. 从板料中间开始敲击，击点逐渐向四周边缘扩散

B. 从板料四周边缘开始敲击，击点逐渐向中间集中

C. 从板料一边开始敲击，击点逐渐向四周边缘扩散

(12)大型受力结构件应该采用专用设备实行( )校正的作业方法。

A. 手工　B. 机械　C. 加热

(13)车身各个部位的高度在设计时是相对于设计基准面标注的,车身测量时该基准面的作用就是(　　)的形位误差。

A.控制水平方向上　　B.控制高度方向上　　C.控制垂直横向上

(14)车身所有宽度方向的形位公差都是以(　　)为准确定的。

A.水平控制面　　B.垂直控制面　　C.中心控制面

3.多项选择题

(1)车身板料基本敲平后,再用木锤进行一次调整性地敲击,以使整个组织舒展均匀,消除内应力,有利于金属板(　　)。

A.消除应力　　B.防止腐蚀　　C.表面美观　　D.充分延展

(2)车身焊接作业前,应仔细清除焊接部位的(　　)。

A.油污　　B.残存油漆　　C.表面防锈膜　　D.锈蚀物

(3)车身损伤和修复过程中经常会产生局部应力集中的现象,其原因一般为(　　)。

A.由于机械加工产生的机械应力　　B.焊接作业而产生热应力积累

C.不正确的钣金作业产生的应力积累　　D.由于变形、损伤而产生的应力积累

(4)消除应力的方法一般有(　　)等方法。

A.对同一部位,尽量不要同时更换零部件与进行校正

B.校正之前,应首先完成其他所有的修理作业

C.严格控制加热温度和加热区域,采用逐步加温和提高焊接速度的方式进行修理作业

D.校正作业时注意按照技术数据逐步、间歇地施压校正,防止过度校正

(5)更换外蒙皮时,对外蒙皮应做(　　)处理。

A.除锈　　B.加热　　C.防腐处理　　D.防锈

(二)练习题答案

1.判断题

(1)✓　(2)×　(3)✓　(4)✓　(5)✓　(6)✓　(7)✓　(8)×　(9)✓　(10)✓

(11)×　(12)✓　(13)✓　(14)×　(15)×　(16)×

2.单项选择题

(1)A　(2)C　(3)C　(4)A　(5)B　(6)B　(7)C　(8)A　(9)A　(10)C

(11)A　(12)B　(13)B　(14)C

3.多项选择题

(1)AD　(2)ABD　(3)BCD　(4)ABCD　(5)ACD

五　车身涂装质量检验

(一)练习题

1.判断题

(1)使用催干剂可以改善施工条件。　(　　)

(2)涂料超过了规定的保质期,要重新检测后才能使用。　(　　)

(3)使用超过活化期的双组分涂料不会影响涂膜的品质。　(　　)

(4)溶剂的溶解力和挥发速度将影响涂料的流平性能。　(　　)

(5)修补的腻子主要是与面涂层配套,其他性能不重要。　(　　)

(6)一定量涂料通过涂 -4 杯黏度计量孔流出的时间即为该涂料的黏度。　(　　)

(7)涂料中选用的溶剂若挥发太快,可能导致涂膜失光。　(　　)

(8)涂层质量的好坏与被涂物面无关,只取决于涂料的质量和施工的质量。　(　　)

(9)金属表面经过磷化处理以后,可以提高金属表面与涂层底层表面的附着力。　(　　)

(10)金属漆的金属粒子易沉于罐底,喷涂中要不时地晃动喷枪。　(　　)

(11)涂装过程中出现的涂装缺陷,与涂料的调制质量无关。　(　　)

(12)涂膜爆皮是被封闭在薄涂膜中的空气和水汽造成的。　(　　)

(13)涂料没有混合均匀是涂膜产生裂纹的原因之一。　(　　)

(14)不正确使用添加剂是涂膜产生裂纹的原因之一。　(　　)

(15)快干腻子干得快,适合大面积作业。　(　　)

2. 单项选择题

(1)在涂料的组成中,有不挥发成分和挥发成分,下列(　　)属挥发成分。

A. 稀释剂　　B. 颜料　　C. 树脂

(2)涂料的细度直接影响涂膜的表面质量,底涂层的涂料要求(　　)。

A. 不要太细　　B. 细　　C. 粗

(3)用细度计测量涂料的细度应试验(　　)次,取两次相近读数的算术平均值,两次读数的误差应不大于细度计的最小分度值。

A. 4　　B. 3　　C. 2

(4)涂料的遮盖力用喷涂法测定,(　　)次结果之差应不大于平均数值的5%。

A. 4　　B. 3　　C. 2

(5)涂料的沉降程度分为6级,其中(　　)级为沉淀严重,不能搅起。

A. 6　　B. 0　　C. 4

(6)涂料的沉降程度分为6级,其中(　　)级为有硬块,能被搅起。

A. 6　　B. 0　　C. 2

(7)涂料黏度变化的检查用储存后的黏度与原始黏度的比值百分数表示,共分6级,2级黏度为不大于(　　)。

A. 25%　　B. 35%　　C. 45%

(8)测定涂料储藏稳定性是将试样在50℃ ±2℃恒温干燥箱内储存(　　)天。

A. 10　　B. 20　　C. 30

(9)单组分纯色漆喷涂后,若面涂层需要抛光,应在(　　)h以后(涂膜完全干燥以后)进行。

A. 16　　B. 14　　C. 12

(10)高光泽涂膜是指光泽检测时涂膜表面上反射出的光量为标准样板的(　　)。

A. 70%　　B. 40%　　C. 90%

(11)涂膜老化的最初特征是(　　)。

A. 失光　　B. 变色　　C. 起泡

(12)关于涂膜“粉化”特征,下列(　　)的叙述是不正确的。

A.“粉化”是涂膜老化逐步深化的特征

B.“粉化”的原因是受太阳紫外线的作用,和颜料的性质无关

C.“粉化”的实质是外界的作用使树脂与颜料颗粒之间分离

(13)关于涂膜产生裂纹的原因,下列(　　)的叙述是不正确的。

A. 干燥的时间过长　　B. 不正确的使用添加剂　　C. 涂料没有混合均匀

(14)关于涂层薄边劈裂预防方法,下列(　　)的叙述是不正确的。

A. 用清漆腻子在大一些的范围内填充小的缺陷

B. 在打磨前彻底清洁要喷涂的区域

C. 喷涂填实底漆涂层,留足时间让溶剂和空气逸出

(15)关于高级装饰性涂膜,下列(　　)的叙述是不正确的。

A. 面漆层的厚度在 20 ~40μm　　B. 表面丰满、平整、光滑、色泽一致

C. 无肉眼可见的缺陷

3. 多项选择题

(1)影响涂料黏度的因素是(　　)。

A. 溶剂　　B. 稀释剂　　C. 温度　　D. 湿度

(2)关于固体分含量特性,下列(　　)的叙述是正确的。

A. 固体分含量是所含不挥发成分的百分比　　B. 表面器皿法适合测试低黏度的涂料

C. 固体分含量影响涂料的用量　　D. 固体分含量影响涂料的遮盖力

(3)关于中涂底漆,下列(　　)的叙述是正确的。

A. 防止面漆被吸收　　B. 增强面漆和底漆之间的黏附力

C. 高度防止生锈　　D. 填充打磨划痕

(4)关于涂膜老化,下列(　　)的叙述是正确的。

A. 热的作用会使涂膜老化　　B. 光的作用是涂膜老化的原因之一

C. 老化是高分子树脂降解作用造成的　　D. 氧化作用不会使涂膜老化

(5)关于优质装饰保护性涂层品质,下列(　　)的叙述是正确的。

A. 光滑平整、允许有轻微的“橘皮”　　B. 光色均匀、光泽度不低于 90%

C. 面漆层的厚度不低于 30μm　　D. 涂层的外表面无颗粒

(6)关于高级装饰性涂层品质,下列(　　)的叙述是正确的。

A. 光滑平整　　B. 光泽度不低于 90%

C. 面漆层的厚度大于 80μm　　D. 涂层的外表面无颗粒

(二)练习题答案

1. 判断题

(1)✓　(2)✓　(3)×　(4)✓　(5)×　(6)✓　(7)✓　(8)×　(9)✓　(10)✓

(11)×　(12)✓　(13)✓　(14)✓　(15)×

2. 单项选择题

(1)A　(2)A　(3)B　(4)C　(5)B　(6)C　(7)C　(8)C　(9)A　(10)C

(11)A　(12)B　(13)A　(14)A　(15)A

3. 多项选择题

(1)ABC　(2)ACD　(3)ABD　(4)BCD

(5)ABD　(6)ABD

第四节　汽车配件质量检验和控制

一 练习题

(一)判断题

1. 金属材料的硬度是指金属材料抵抗局部塑性变形的能力。　(　　)

2. 金属材料在长时间交变载荷作用下产生的断裂现象称为断裂破坏。　(　　)

3. 按照钢的品质分类,即按碳素钢中硫、磷的含量分类,钢可以分为普通碳素钢和优质碳素钢。　(　　)

4. 20 钢、30 钢、40 钢、50 钢,因其综合性能较好,用于制造曲轴、曲轴正时齿轮等零件。　(　　)

5. 淬火后再进行回火处理可以使钢同时获得高强度和高韧性。　(　　)

6. T8 表示平均含碳量为 0.80% 的合金工具钢。　(　　)

7. 合金调质钢主要用来制造重载荷、冲击载荷的零件。　(　　)

8. 滚动轴承钢可用于制造刃具及量具。　(　　)

9. 淬火可以提高金属材料的韧性。　(　　)

10. 表面淬火的目的是使钢件表面获得较高的强度、耐磨性和疲劳强度,而心部仍具有足够的塑性和韧性。　(　　)

11. 化学热处理的目的是提高钢件表层的强度、韧性、耐磨性、耐腐蚀性和抗氧化性。　(　　)

12. QT600—3 表示最大抗拉强度为 600MPa,最低延伸率为 3% 的球墨铸铁。　(　　)

13. 球墨铸铁的铸造性、耐磨性及切削加工性能都超过了灰口铸铁和可锻铸铁。　(　　)

14. 目前应用最广泛的一种铸造铝合金是铝硅合金。　(　　)

15. 普通黄铜是铜、锌元素组成的合金。　(　　)

16. H68 表示平均含铜量为 68%、含锌量为 32% 的普通黄铜。　(　　)

17. 连杆衬套常采用黄铜制造。　(　　)

18. 传动带的长度符合规定即为合格品。　(　　)

19. 耐高压橡胶软管要求内胶层均匀、表面平整无气孔,增强层紧紧缚住内胶层。　(　　)

20. 骨架油封表面应光滑无毛刺、裂纹、气泡、缺角及杂质嵌入等缺陷;护油唇的边缘为锐角,无缺口、毛边及不均匀等现象。　(　　)

21. 塑料轴承多使用热塑性塑料材料制造。　(　　)

22. 摩擦系数是制动摩擦片的一个最主要的技术指标。　(　　)

23. 减振橡胶件需进行硫化处理。　(　　)

24. 应根据发动机压缩比选择车用汽油的牌号。 ( )

25. 车用轻柴油的十六烷值越高,其燃烧性能就越好。 ( )

26. 选用发动机机油时,要根据气温、发动机工况和技术状况选择使用性能级别。 ( )

27. 选用发动机机油时,应根据发动机性能、结构、工作条件和燃料品质选择黏度级别。 ( )

28. 在用发动机机油进行滤纸斑点试验时,若沉积环颜色深,扩散环较宽,沉积环与扩散环之间没有明显界限,油环颜色变黄,则说明发动机机油接近报废,应换用新油。 ( )

29. 在用发动机机油进行滤纸斑点试验时,若油斑只有沉积环和油环,无扩散环,沉积环乌黑、稠厚而不易干燥,则说明发动机机油已被严重污染,应立即换用新油。 ( )

30. GL-5 85W/90 表示低温黏度符合 SAE85W 要求、高温黏度符合 SAE90 要求的重负荷车辆齿轮油,其中 85W 表示适用于最低气温为 -26℃的地区。 ( )

31. 车辆齿轮油应具有优良的极压抗磨性、氧化安定性、防锈性、防腐蚀性和剪切安定性。 ( )

32. 不同产地的同质量、同黏度等级的车辆齿轮油不能混用。 ( )

33. 馏分型双曲面齿轮油的颜色一般呈黑色,有时可观察到分层或沉淀。 ( )

34. 制动液应保持清洁,严防水分、矿物油及杂质污染制动液;使用前必须检查制动液,如有白色沉淀、杂质等,应过滤后再使用。 ( )

35. 汽车通用锂基润滑脂具有良好的机械安定性、防锈性、氧化安定性和抗水性。 ( )

36. 制动液吸收水分后沸点将会下降。 ( )

37. 液力传动油应具有稳定的黏度和良好的低温流动性、抗磨性、热氧化安定性、抗泡沫性、密封材料适应性、良好的抗摩擦特性、防腐蚀性和储存安定性。 ( )

38. 车用液力传动油应保证自动变速器能在 -40 ~170℃温度范围内正常工作。 ( )

39. 我国发动机冷却液产品质量分为一级品和合格品,发动机冷却液有 -25 号、-30 号、-35 号、-40 号、-45 号和 -50 号 6 个牌号,冷却液的冰点值即为其牌号值。 ( )

40. 不合格的发动机冷却液易造成发动机严重腐蚀。 ( )

41. 乙二醇冷却液的最低使用浓度为 33.3%。 ( )

42. 汽车空调制冷剂应具有蒸发潜热大且易于液化,化学安定性好,工作温度和压力适中,对金属及密封材料无腐蚀、不燃烧、不爆炸、无毒性、无污染,可与冷冻机油按照任何比例互溶等特点。 ( )

43. 配制电解液时,一定要注意将水缓慢倒入盛有硫酸的容器,边倒边搅拌,以防硫酸飞溅伤人。 ( )

44. 在选购配件之前,一定要弄清楚车辆型号、生产年份,同时也要掌握选购配件的性能和参数。在选购配件时,要注意区别不同年代生产的配件的规格差异。 ( )

45. 优质配件的焊缝厚度应均匀整齐,表面无波纹、夹渣和裂纹等缺陷。 ( )

46. 由两个以上零件组装,起着单一零件作用的组合体称为组合件。 ( )

47. 灰口铸铁零件的加工面光泽较暗,球墨铸铁则较亮,两者表面都较粗糙。 ( )

48. 可以通过在零件非工作表面进行锉削来简易判断零件的材质。 ( )

49. 选购汽车配件时应认真检查配件外观,铸件表面不允许有裂纹、缩孔和疏松夹渣,其加

工面应平整、清洁，不应有磕碰、划痕、毛刺和锈蚀。（　　）

50. 零件磨削加工件表面应光亮如镜，不得有划痕、黑点、碰伤、腐蚀，用放大镜检查时加工面不得有未磨光的部分。（　　）

51. 在购买汽车配件时，通过检测配件的几何尺寸、形位公差可以判断配件的品质。（　　）

52. 锉削球墨铸铁时有明显的"唰唰"声，锉削阻力略大，锉刀表面极少黏屑，碾研时，手指染黑程度比灰口铸铁轻。（　　）

53. 可以使用钢直尺和厚薄规检查配件接合平面的翘曲变形量。（　　）

54. 轴颈同一横断面上直径差的最大值为圆度误差。（　　）

55. 测量曲轴的弯曲变形时，可将曲轴的两端用 V 形架水平支承在检验平板上，用百分表触针抵在中间轴颈上，将轴转动 1 转，表针摆差的最大值的 1/2 即为实际弯曲度。（　　）

56. 对于作旋转运动的零件，其质量平衡的好坏直接影响到汽车工作性能和使用寿命，旋转速度越高，影响程度越明显。（　　）

57. 国家规定，对进口汽车配件应配有中文说明。（　　）

58. 优质的风窗玻璃洗涤剂应有一定浓度，既要对金属无腐蚀作用，又要对非金属无不良影响。（　　）

59. 铸件表面不允许有裂纹、缩孔和疏松夹渣，其加工面应平整、清洁，不应有磕碰、划痕、毛刺和锈蚀。（　　）

60. 对于大宗进口配件可以通过查询进口报关资料了解有关信息。（　　）

61. 如采用质量不过关的镀锌工艺，则零件表面的一致性很差。（　　）

62. 汽车配件产品高频淬火处理工艺应在精加工工艺之前。（　　）

63. 品质良好的配件，其非加工表面也会存在表面伤痕。（　　）

64. 有些零件可能因制造、运输、储存、保管不当而变形。（　　）

65. 铆接的离合器摩擦片允许存在微量松动。（　　）

66. 对于要承受内部介质（液体或气体）作用力的某些零件，为防止泄漏和保证安全工作，须进行密封性试验。（　　）

67. 高速旋转零件的平衡，分为静平衡和动平衡两种。（　　）

68. 不合格的油漆工艺会导致配件表面存在气泡或流痕缺陷。（　　）

69. 正规厂商生产的汽车配件表面有硬印或化学印记的商标，并注明了零件的编号、型号、出厂日期；一般采用自动打印技术，字母排列整齐，字迹清楚。（　　）

70. 汽车配件应有合格证。（　　）

71. 选购汽车配件时，应将购买的配件与原来使用过的配件进行对比（外观质量及加工精度）。（　　）

72. 配件质量的好坏不仅直接影响汽车维修质量，而且关系到行车安全。（　　）

（二）单项选择题

1. 强度是指金属材料在（　　）作用下抵抗塑性变形和断裂的能力。

A. 静载荷　　B. 动载荷　　C. 冲击载荷

2. 金属材料在长时间交变载荷作用下产生的断裂现象称为金属的（　　）。

A. 屈服　　B. 塑性变形　　C. 疲劳破坏

3. (　　)不属于金属的机械性能。

A. 弹性　　B. 塑性　　C. 热膨胀性

4. 灰口铸铁的(　　)较好,所以广泛用来制造形状和尺寸较复杂的零件。

A. 压力加工性能　　B. 切削加工性　　C. 焊接性能

5. 金属材料抵抗局部塑性变形的能力称之为(　　)。

A. 硬度　　B. 塑性　　C. 韧性

6. 含碳量小于(　　)的铁碳合金称之为钢。

A. 0.25%　　B. 0.04%　　C. 2.11%

7. 15Mn 表示该钢中的平均含碳量为(　　)的较高含锰量的优质碳素结构钢。

A. 0.015%　　B. 0.15%　　C. 1.5%

8. 实际生产中常使用(　　)制造汽车发动机气门弹簧。

A. 60Si2Mn　　B. 20Mn2B　　C. 65Mn

9. (　　)是将钢件加热到临界温度以上 30 ~ 50℃,保温一段时间后,随炉缓慢冷却到室温的热处理工艺。

A. 退火　　B. 正火　　C. 淬火

10. (　　)是将淬火后的钢件再加热到临界温度以下的某一温度,保温一段时间,然后在空气或油中冷却至室温的热处理工艺。

A. 退火　　B. 正火　　C. 回火

11. 与钢相比,铸铁具有较好的(　　)。

A. 抗拉强度　　B. 耐磨性能　　C. 塑性和韧性

12. 发动机曲轴常用(　　)制造。

A. 灰口铸铁　　B. 球墨铸铁　　C. 铸钢

13. 发动机汽缸盖常采用(　　)制造。

A. 铸造铝合金　　B. 形变铝合金　　C. 锻造铝合金

14. 普通黄铜是(　　)组成的合金。

A. 铜锡　　B. 铜铅　　C. 铜锌

15. 轴承合金常应用于(　　)。

A. 连杆衬套　　B. 曲轴主轴承　　C. 摇臂轴衬套

16. 轻柴油牌号的选择应使最低使用温度等于或略高于轻柴油的(　　)。

A. 浊点　　B. 冰点　　C. 凝点

17. -10 号轻柴油的最低使用温度约为(　　)℃。

A. -10　　B. -15　　C. -5

18. SH 15W/40 型发动机油的最低使用温度为(　　)℃。

A. -20　　B. -15　　C. -10

19. 下列(　　)指标不能作为选用车辆齿轮油使用性能级别(API 质量代号)的依据。

A. 油温　　B. 最低气温　　C. 齿面压力

20. (　　)不适用于润滑水泵轴承。

A. 锂基润滑脂　　B. 钙基润滑脂　　C. 钠基润滑脂

21. 制动液吸收水分后将导致(　　)。

A. 沸点下降　　B. 腐蚀金属　　C. 溶胀橡胶

22. 发动机油高温黏度级号以(　　)划分。

A. 最高边界泵送温度　　B. 100℃运动黏度　　C. 100℃时的最小运动黏度

23. 在选用发动机冷却液时,其冰点要比车辆运行地区的最低气温低(　　)℃以上。

A. 5　　B. 10　　C. 15

24. 85W 的车辆齿轮油适用于最低气温为(　　)℃的地区。

A. －12　　B. －26　　C. －32

25. 铅酸蓄电池电解液的相对密度应(　　)。

A. 根据地区气候条件来选择　　B. 为 1.23

C. 为 1.30

26. 由几个零件组装,但不能单独完成某一机构作用的组合体称为(　　)。

A. 零件　　B. 组合件　　C. 合件

27. 下列(　　)不属于汽车配件采购应遵循的"5R"原则之一。

A. 适当的供应商　　B. 适当的品质　　C. 适当的利润

28. 对于旋转零件要进行平衡试验,当零件的轴向长度与旋转直径之比小于(　　)时,只需作静平衡试验。

A. 0.20　　B. 0.25　　C. 0.30

29. 在测量零件布氏硬度时,试样厚度应不小于压痕深度的(　　)倍。

A. 3　　B. 10　　C. 8

30. 测量轴颈尺寸误差时,除测量外径外,还需测量轴颈的(　　)。

A. 表面粗糙度　　B. 同轴度误差　　C. 圆度和圆柱度误差

31. 滚动轴承轴向间隙的最大允许值一般为(　　)。

A. 0.10 ~ 0.15　　B. 0.20 ~ 0.25　　C. 0.25 ~ 0.35

32. 某些精密工件,为了保持淬火后的高硬度及尺寸稳定性,有时需要在 100 ~ 150℃进行长时间的加热(10 ~ 50h),这种热处理工艺称为(　　)。

A. 时效处理　　B. 正火　　C. 软化回火

33. (　　)表示屈服强度为 235MPa 的 A 级镇静钢。

A. Q235—A · Z　　B. Q235—A · B　　C. Q235—A · F

34. (　　)工艺的目的是使钢件表面获得较高的强度、耐磨性和疲劳强度,而心部仍具有足够的塑性和韧性。

A. 时效处理　　B. 表面淬火　　C. 软化回火

35. 碳纤维增强复合材料不具有(　　)。

A. 高的强度　　B. 高的刚度　　C. 良好的摩擦性

36. 发动机油中添加的清净分散剂主要用于吸附机油中的(　　)。

A. 低温油泥　　B. 固体污染颗粒　　C. 漆膜

37. 呈块状的减振橡胶件,在(　　)有减振功能。

A. 垂直方向　　B. 垂直、横向两方向　　C. 垂直、横向、纵向三个方向

38. 车用润滑脂存储时间不得超过(　　)。

A. 6个月　　B. 9个月　　C. 1年

39. 锉削低碳钢时,锉刀表面(　　)。

A. 出现划痕　　B. 黏有大量屑末　　C. 黏有少量屑末

40. (　　)可以检验金属内部的缺陷。

A. 敲击听音法　　B. 超声波探伤　　C. 渗透法探伤

(三)多项选择题

1. 下列金属材料性能中,(　　)属于金属材料的工艺性能。

A. 铸造性能　　B. 热处理性能　　C. 焊接性能　　D. 切削加工性能

2. 下列材料中,(　　)属于碳素结构钢。

A. Q235　　B. 16Mn　　C. 12CrNi2　　D. 40钢

3. 下列材料中,(　　)属于合金结构钢。

A. 低合金结构钢　　B. 合金渗碳钢　　C. 合金弹簧钢　　D. 滚动轴承钢

4. 下列工艺中,(　　)属于钢的热处理工艺。

A. 中温回火　　B. 时效处理　　C. 感应加热表面淬火　　D. 磷化处理

5. 退火的类型有(　　)。

A. 完全退火　　B. 球化退火　　C. 局部退火　　D. 去应力退火

6. 表面淬火的目的是使钢件表面获得较高的(　　)。

A. 塑性和韧性　　B. 耐磨性　　C. 疲劳强度　　D. 强度

7. 按成分和加工特点,铝合金可分为(　　)。

A. 防锈铝合金　　B. 铸造铝合金　　C. 锻造铝合金　　D. 形变铝合金

8. 下列材料中,不属于黄铜的是(　　)。

A. 铜锌合金　　B. 铜锡合金　　C. 铜镍合金　　D. 铜铅合金

9. 传动带的检查要求有(　　)。

A. 长度应符合规定　　B. 两侧应平整而无凸起

C. 传动带的顶宽应符合规定　　D. 适当拉长时传动带无裂纹、折痕

10. 制动摩擦片可采用(　　)制造。

A. 石棉摩擦材料　　B. 半金属摩擦材料

C. 聚酯纤维摩擦材料　　D. 碳纤维摩擦材料

11. 发动机油低温黏度级号以(　　)划分。

A. 最大低温黏度　　B. 最高边界泵送温度

C. 100℃时的最小运动黏度　　D. 40℃时的最小运动黏度

12. 选用车辆齿轮油时,要根据(　　)选择黏度级别。

A. 最低气温　　B. 齿面滑移速度　　C. 最高油温　　D. 换油周期

13. 准双曲面齿轮主减速器必须根据工作条件选用(　　)车辆齿轮油。

A. GL-2　　B. GL-3　　C. GL-4　　D. GL-5

14. 汽车制动液应具有(　　)等性能。

A. 高沸点　　B. 低吸湿性　　C. 高黏度　　D. 良好的热安定性

15. 我国发动机冷却液产品的质量等级分为(　　)。
A. 特级品　B. 一级品　C. 合格品　D. 优等品

16. 选用车用液压油时应考虑液压系统的工作条件,包括(　　)。
A. 油泵的类型　B. 油泵工作压力和转速
C. 系统内的油温　D. 液压系统工作时间和工作特点

17. 汽车配件常用的塑料材料有(　　)。
A. ABS　B. SMA/GF
C. 长纤维增强热塑料　D. 碳纤维增强复合材料

18. 汽车配件的表面处理工艺主要是指(　　)等。
A. 电镀工艺　B. 油漆工艺　C. 电焊工艺　D. 高频热处理工艺

19. 检查轴类零件时,除测量轴颈外径尺寸外,一般还应测量(　　)等形状和位置公差。
A. 圆度　B. 弯曲度　C. 圆柱度　D. 平行度

20. 汽车配件外部包装检查主要是查看(　　)等内容。
A. 商标　B. 外部包装　C. 索赔说明　D. 产品说明书

21. 汽车滑动轴承使用的耐磨合金中较多的是(　　)。
A. 铬基轴承合金　B. 钼基轴承合金　C. 锡基轴承合金　D. 铅基轴承合金

22. 检视汽车配件材质时应注意检视(　　)。
A. 配件材质是否正确　B. 配件几何尺寸有无变形
C. 接合零件有无松动　D. 配件接合部位是否平整

23. 检查螺旋弹簧时应测量(　　)等项目。
A. 弹簧的自由长度　B. 弹簧弹力　C. 弹簧内部裂纹　D. 弹簧弯曲变形量

24. 零件表面裂纹可采用(　　)进行探伤检验。
A. 敲击法　B. 超声波探伤法　C. 渗透法　D. 磁力探伤法

二 练习题答案

(一)判断题

1. ✓	2. ×	3. ×	4. ×	5. ✓	6. ×	7. ✓	8. ✓	9. ×	10. ✓
11. ×	12. ×	13. ×	14. ✓	15. ✓	16. ✓	17. ×	18. ×	19. ✓	20. ✓
21. ✓	22. ✓	23. ✓	24. ✓	25. ×	26. ×	27. ×	28. ×	29. ✓	30. ×
31. ✓	32. ✓	33. ×	34. ✓	35. ✓	36. ✓	37. ✓	38. ✓	39. ✓	40. ✓
41. ✓	42. ✓	43. ×	44. ✓	45. ✓	46. ×	47. ✓	48. ✓	49. ✓	50. ✓
51. ✓	52. ✓	53. ✓	54. ×	55. ✓	56. ✓	57. ✓	58. ✓	59. ✓	60. ✓
61. ✓	62. ×	63. ×	64. ✓	65. ×	66. ✓	67. ✓	68. ✓	69. ✓	70. ✓
71. ✓	72. ✓								

(二)单项选择题

1. A	2. C	3. C	4. B	5. A	6. C	7. B	8. C	9. A	10. C
11. B	12. B	13. A	14. C	15. B	16. C	17. C	18. A	19. B	20. C

21. A　22. B　23. B　24. A　25. A　26. B　27. C　28. A　29. B　30. C
31. B　32. A　33. A　34. B　35. C　36. B　37. C　38. C　39. C　40. B

(三)多项选择题

1. ABCD　2. ABD　3. ABCD　4. ABC　5. ABD
6. BCD　7. BD　8. BCD　9. ABCD　10. ABD
11. ABC　12. ACD　13. CD　14. ABD　15. BC
16. ABCD　17. ABCD　18. ABCD　19. ABC　20. ABD
21. CD　22. ABCD　23. ABD　24. ACD

第五节　模拟试卷及参考答案

一　模拟试卷

(一)判断题(30 题,每题 1 分,共 30 分)

1. 质量管理体系是指实施质量管理所必需的组织结构、程序、过程和资源。　(　　)

2. 汽车维修企业质量管理体系认证,就是对维修竣工出厂车辆的质量是否有所保证的评价。　(　　)

3. 汽车维修质量检验的目的是实施汽车维修质量控制。　(　　)

4. 交通部 2005 年第 7 号令规定,汽车维修质量检验人员应当掌握汽车或者其他机动车维修故障诊断和质量检验的相关技术。　(　　)

5. 交通部 2005 年第 7 号令明确规定,由承修方负责机动车维修返修与质量事故的鉴定。　(　　)

6. 返修车辆竣工检验合格后,由检验员填写返修技术档案,与业务员共同交付车辆,并向托修方提供《机动车维修竣工出厂合格证》与《质量保证卡》。　(　　)

7. 在冷机条件下用启动机带动曲轴旋转时,汽缸压力表所指示的数值即为该汽缸的压力。　(　　)

8. 万用表使用中,要避免测量值超过万用表的量程。　(　　)

9. 四轮定位专用的举升台必须定期进行标定,以确保四轮定位仪测量数据的准确性。　(　　)

10. 台试检验时,乘用车、总质量不大于 3500kg 的货车的制动力总和与整车重力的百分比,满载时应≥70%。　(　　)

11. 汽车悬架和转向系间隙过大可能引起的故障现象只有在汽车行驶中才会出现,应在汽车停驶时检查。　(　　)

12. 连杆大小端承孔经修理加工后,两承孔轴线在同一平面上的平行度必须符合标准。　(　　)

13. 检测变速器齿轮的磨损量可用外径千分尺。　(　　)

14. 用维修空调系统用的专用压力表组读取空调系统压力时,必须关闭其手动截止阀。　(　　)

15. 清除故障代码的基本的方法就是切断汽车电控单元(主要指微机部分)的电源。 ( )

16. 检查域判定数据中优先权,即具有较高优先权的电控单元,优先发送。 ( )

17. 无骨架式车身没有受力骨架。 ( )

18. 坐标法测量可以用通用的测量工具实行测量。 ( )

19. 溶剂的溶解力和挥发速度将影响涂料的流平性能。 ( )

20. 涂装过程中出现的涂装缺陷,与涂料的调制质量无关。 ( )

21. 滚动轴承钢可用于制造刃具及量具。 ( )

22. 目前应用最广泛的一种铸造铝合金是铝硅合金。 ( )

23. 塑料轴承多使用热塑性塑料材料制造。 ( )

24. 选用发动机机油时,应根据发动机性能、结构、工作条件和燃料品质选择黏度级别。 ( )

25. 汽车通用锂基润滑脂具有良好的机械安定性、防锈性、氧化安定性和抗水性。 ( )

26. 乙二醇冷却液的最低使用浓度为33.3%。 ( )

27. 可以通过在零件非工作表面进行锉削来简易判断零件的材质。 ( )

28. 轴颈同一横断面上直径差的最大值为圆度误差。 ( )

29. 品质良好的配件,其非加工表面也会存在表面伤痕。 ( )

30. 配件质量的好坏不仅直接影响汽车维修质量,而且关系到行车安全。 ( )

(二)单项选择题(30 题,每题 1 分,共 30 分)

1. 下列参数中不属于汽车维修质量评定参数的是( )。

A. 排放性能　　B. 油耗　　C. 发动机点火提前角

2. 机动车维修质量保证期,应从维修( )之日起计算。

A. 竣工　　B. 竣工出厂　　C. 结算

3. 关键零部件、重要工序检验,以及总成的性能试验应由( )负责。

A. 进厂检验员　　B. 修理工自检　　C. 专职过程检验员

4. ( )检验包括车辆交接和总成技术状况检验两部分。

A. 小修进厂　　B. 维护进厂　　C. 大修进厂

5. 质量鉴定的根本目的是( )。

A. 确定故障的部位　　B. 找到故障的真实原因　　C. 判断故障的损失

6. 道路运输管理机构应当受理机动车维修质量投诉,积极按照( )和相关规定调解维修质量纠纷。

A. 行业标准　　B. 维修合同约定　　C. 法律程序

7. 用量缸表测量汽缸直径时,量杆必须与汽缸轴线( ),读数才能准确。

A. 垂直　　B. 平行　　C. 成一角度

8. 发动机温度正常时,在相当于海平面高度的条件下怠速时真空度为( )kPa。

A. 57.33 ~ 61.66　　B. 57.33 ~ 71.66　　C. 57.33 ~ 91.66

9. 对于高电压和强电流信号,发动机综合分析仪上采用( )获得信息。

A. 直接式信号提取装置　　B. 传感器　　C. 非接触式信号提取装置

10. 台试检验制动力时,液压制动的汽车制动协调时间不应大于(　　)s。
A. 0.35　　B. 0.25　　C. 0.15

11. 不论什么机械异响,当润滑条件不佳时,异响一般都(　　)。
A. 不变　　B. 加重　　C. 减轻

12. 驱动桥壳的裂纹可用(　　)检查。
A. 磁力探伤　　B. 超声波探伤　　C. 敲击听音法

13. 在用启动机带动发动机运转时,磁感应式点火信号发生器输出信号的电压应为(　　)V。
A. 1~2　　B. 2~3.5　　C. 3~4

14. 电压驱动低电阻型喷油器,其电磁线圈电阻值为(　　)Ω。
A. 2~3　　B. 5~8　　C. 10~20

15. 在现场总线的通信结构只采用了ISO/OSI的三层模型:物理层、数据链路层和(　　)。
A. 化学层　　B. 应用层　　C. 发送层

16. 测量自动变速器蓄压器背压时,应将换挡变速杆置于(　　)位,读取油压值。
A. P　　B. N　　C. D

17. 车身焊接时应(　　)对结构件进行加强作业。
A. 严禁　　B. 可以　　C. 必须

18. 车身焊接修复时应尽量提高焊接速度,避免由于加热时间过长而产生(　　)。
A. 机械损伤　　B. 机械应力　　C. 热应力

19. 涂料的遮盖力用喷涂法测定,(　　)次结果之差应不大于平均数值的5%。
A. 4　　B. 3　　C. 2

20. 涂膜老化的最初特征是(　　)。
A. 失光　　B. 变色　　C. 起泡

21. 强度是指金属材料在(　　)作用下抵抗塑性变形和断裂的能力。
A. 静载荷　　B. 动载荷　　C. 冲击载荷

22. 实际生产中常使用(　　)制造汽车发动机气门弹簧。
A. 60Si2Mn　　B. 20Mn2B　　C. 65Mn

23. 发动机汽缸盖常采用(　　)制造。
A. 铸造铝合金　　B. 形变铝合金　　C. 锻造铝合金

24. SH 15W/40型发动机油的最低使用温度为(　　)℃。
A. −20　　B. −15　　C. −10

25. (　　)不适用于润滑水泵轴承。
A. 锂基润滑脂　　B. 钙基润滑脂　　C. 钠基润滑脂

26. 制动液吸收水分后将导致(　　)。
A. 沸点下降　　B. 腐蚀金属　　C. 溶胀橡胶

27. 铅酸蓄电池电解液的相对密度应(　　)。
A. 根据地区气候条件来选择　　B. 为1.23
C. 为1.30

28. 下列(　　)不属于汽车配件采购应遵循的"5R"原则之一。

A. 适当的供应商　　B. 适当的品质　　C. 适当的利润

29.（　　）工艺的目的是使钢件表面获得较高的强度、耐磨性和疲劳强度，而心部仍具有足够的塑性和韧性。

A. 时效处理　　B. 表面淬火　　C. 软化回火

30.（　　）可以检验金属内部的缺陷。

A. 敲击听音法　　B. 超声波探伤　　C. 渗透法探伤

（三）多项选择题（20题，每题2分，共40分）

1. 交通部2005年第7号令规定，（　　）质量保证期为车辆行驶3500km或者10日。

A. 二级维护　　B. 一级维护　　C. 小修　　D. 专项修理

2. 汽车维修质量检验的工作职能包括（　　）。

A. 协调职能　　B. 保证职能　　C. 预防职能　　D. 报告职能

3. 返修报修时，托修方必须提供相关（　　）。

A. 驾驶证　　B. 行驶证

C. 机动车维修竣工出厂合格证　　D. 质量保证卡

4. 百分表常用于测量机器零件的各种（　　）。

A. 几何形状误差　　B. 表面粗糙度　　C. 位置误差　　D. 尺寸

5. 发动机综合分析仪的数字示波器功能可以观察（　　）。

A. 点火线圈初级电压波形　　B. 点火线圈次级电压波形

C. 发动机特性曲线　　D. 万用表特性曲线

6. 液压制动系各车轮阻滞力都超限的主要原因是制动主缸故障或制动踏板无自由行程，若个别车轮阻滞力超限，则主要原因是（　　）。

A. 车轮制动器间隙过小　　B. 制动轮缸故障

C. 制动蹄复位弹簧故障　　D. 轮毂轴承松旷

7. 车上外观检查，是由检查人员人工检查汽车上的（　　）和车身等是否装备齐全、工作正常、连接可靠和符合规定，检查的重点是灯光和安全装置。

A. 灯光　　B. 安全装置　　C. 操纵装置　　D. 工作仪表

8. 齿轮式机油泵维修后的主要检验项目是在规定转速下的（　　）。

A. 输油压力　　B. 流量

C. 限压阀开启压力　　D. 机油泵主动轴与泵壳孔的间隙

9. 离合器总成修理中需要进行平衡试验的项目是（　　）。

A. 压盘静平衡试验

B. 钢片静平衡试验

C. 摩擦片静平衡试验

D. 离合器总成、曲轴及飞轮组装后的动平衡试验

10. 汽车上液位传感器可以检测的液位主要有（　　）。

A. 燃油　　B. 电解液　　C. 制动液　　D. 制冷剂

11. 观察氧传感器输出信号波形的主要目的是了解（　　）。

A. 最高电压　　B. 最低电压

C. 反应快慢(响应时间)　　D. 杂波

12. 车身焊接作业前,应仔细清除焊接部位的(　　)。

A. 油污　　B. 残存的油漆　　C. 表面防锈膜　　D. 锈蚀物

13. 更换外蒙皮时,对外蒙皮应做(　　)处理。

A. 除锈　　B. 加热　　C. 防腐处理　　D. 防锈

14. 影响涂料黏度的因素是(　　)。

A. 溶剂　　B. 稀释剂　　C. 温度　　D. 湿度

15. 关于高级装饰性涂层品质,下列(　　)的叙述是正确的。

A. 光滑平整　　B. 光泽度不低于90%

C. 面漆层的厚度大于80μm　　D. 涂层的外表面无颗粒

16. 退火的类型有(　　)。

A. 完全退火　　B. 球化退火　　C. 局部退火　　D. 去应力退火

17. 制动摩擦片可采用(　　)制造。

A. 石棉摩擦材料　　B. 半金属摩擦材料

C. 聚酯纤维摩擦材料　　D. 碳纤维摩擦材料

18. 我国发动机冷却液产品的质量等级分为(　　)。

A. 特级品　　B. 一级品　　C. 合格品　　D. 优等品

19. 汽车配件外部包装检查主要是查看(　　)等内容。

A. 商标　　B. 外部包装　　C. 索赔说明　　D. 产品说明书

20. 零件表面裂纹可采用(　　)进行探伤检验。

A. 敲击法　　B. 超声波探伤法　　C. 渗透法　　D. 磁力探伤法

二 模拟试卷参考答案

(一)判断题

1. ✓　2. ×　3. ✓　4. ✓　5. ✓　6. ×　7. ×　8. ✓　9. ✓　10. ✓

11. ×　12. ✓　13. ×　14. ✓　15. ✓　16. ×　17. ✓　18. ×　19. ✓　20.

21. ✓　22. ✓　23. ✓　24. ×　25. ✓　26. ✓　27. ✓　28. ×　29. ×　30. ✓

(二)单项选择题

1. C　2. B　3. C　4. C　5. B　6. B　7. A　8. B　9. C　10. A

11. B　12. C　13. A　14. A　15. B　16. C　17. A　18. C　19. C　20. A

21. A　22. C　23. A　24. A　25. C　26. A　27. A　28. C　29. B　30. B

(三)多项选择题

1. BCD　2. BCD　3. CD　4. AC　5. ABCD

6. ABCD　7. ABCD　8. ABC　9. AD　10. ABC

11. ABC　12. ABD　13. ACD　14. ABC　15. ABD

16. ABD　17. ABD　18. BC　19. ABD　20. ACD

附　　录

附录1　机动车维修技术人员从业资格培训技术要求(JT/T 698—2007)

1　范围

本标准规定了机动车维修技术人员从业资格培训技术要求。

本标准适用于机动车维修技术负责人、质量检验员、机修、电器维修、钣金(车身修复)、涂漆(车身涂装)和车辆技术评估(含检测)等岗位的机动车维修技术人员的从业培训。

2　规范性引用文件

下列文件的条款通过本标准的引用而成为本标准的条款。凡是注日期的引用文件,其随后所有的修改单(不包括勘误的内容)或修订版均不适用于本标准,然而,鼓励根据本标准达成协议的各方研究是否可使用这些文件的最新版本。凡是不注日期的引用文件,其最新版本适用于本标准。

GB/T 3798　整车大修竣工出厂技术条件

GB/T 3799　商用汽车发动机大修竣工出厂技术条件

GB 3847　车用压燃式发动机和压燃式发动机汽车排气烟度排放限值及测量方法

GB/T 5336　大客车车身大修技术条件

GB/T 5624　汽车维修术语

GB 7258　机动车运行安全技术条件

GB/T 16739.1、16739.2　汽车维修业开业条件

GB/T 17933　汽车综合性能检测站能力的通用要求

GB/T 18189　摩托车维修业开业条件

GB/T 18275　汽车制动传动装置修理技术条件

GB 18285　点燃式发动机汽车排放污染物限值及测量方法(双怠速法及简易工况法)

GB/T 18344　汽车维护、检测、诊断技术规范

GB 18565　营运车辆综合性能要求和检验方法

GB/T 19910　汽车发动机电子控制系统修理技术要求

GA 468　机动车辆安全检验项目和方法[该标准已被《机动车安全技术检验项目和方法》(GB 21861—2008)所代替,以下同]

JT/T 198　营运车辆技术等级划分及技术评定要求

JT/T 478　汽车综合性能检测站计算机控制系统技术规范

JT/T 509　轿车车身维护技术要求

JT/T 640　汽车维修行业计算机管理信息系统技术规范

3　术语和定义

GB/T 5624 确立的以及下列术语和定义适用于本标准。

3.1

机修 machine maintenance

机动车维修企业中机动车机械及其控制系统维修作业。

3.2

电器维修 electrical　equipment　maintenance

机动车电器、电子器件、线路的检测、调整、修理作业。

3.3

钣金(车身修复)autobody　rehabilitation

机动车维修中的车身修复(涂装除外)作业。

3.4

涂漆(车身涂装)autobody japanning

机动车维修中的车身涂装作业。

3.5

车辆技术评估(含检测)vehicle technique　evaluation

机动车维修企业或机动车综合性能检测站中机动车性能检测和技术状态评定。

4　培训技术要求

注:下列表中“学时”栏中,带“+”号的,前面数字表示理论学时,后面表示实操学时。

4.1　职业道德和法律法规培训技术要求

职业道德和法律法规培训技术要求见表1,相关文件见附录A。

职业道德和法律法规培训技术要求　　表1

培训项目	培训内容	培训技术要求	学时
机动车维修技术人员职业道德	职业道德	①了解职业和职业道德的概念; ②了解职业道德的特点和标准; ③熟悉机动车维修行业职业道德要求及其社会性; ④掌握机动车维修职业道德; ⑤掌握爱岗敬业、诚实守信、忠于职守、服务群众、奉献社会等机动车维修从业人员须遵循的具体职业道德规范	8
	行业行为规范公约	①掌握八条行规行约的具体内容; ②掌握行规行约中对“守法经营、接受监督,诚信为本、公平竞争”的要求; ③掌握行规行约中对“尊重客户、热忱服务,弘扬职业道德,建设精神文明”的要求; ④掌握行规行约中对“规范操作、保证质量,文明生产、保护环境”的要求; ⑤掌握行规行约中对“自我管理、自我发展,科技兴业、开拓创新”的要求	

续上表

培训项目	培训内容	培训技术要求	学时
机动车维修法律法规	《中华人民共和国道路运输条例》(以下简称《道条》)	①了解《道条》对推动我国道路运输业发展的重大意义； ②了解《道条》的基本内涵和原则； ③掌握《道条》的总则、第三十八条、第四十条、第四十四条、第四十五条、第四十六条等与机动车维修相关的规定及其释义； ④掌握《道条》第六章法律责任中第六十六条、第六十七条、第七十三条、第七十四条的内容	4
	《机动车维修管理规定》	①熟悉《机动车维修管理规定》的立法目的和重大意义； ②掌握机动车维修经营许可的分类、从事机动车维修经营业务的条件、许可申请程序、审批时限、许可证件有效期、许可事项变更登记等； ③掌握机动车维修经营者在维修经营方面的责任和义务； ④掌握机动车维修经营者在质量管理方面的法定义务； ⑤了解道路运输管理机构应当履行的职责； ⑥掌握机动车维修经营者应当配合和服从监督检查的义务； ⑦了解道路运输管理人员违反《机动车维修管理规定》应承担的法律责任； ⑧掌握机动车维修经营者违反《机动车维修管理规定》应承担的法律责任	6
	机动车维修管理相关法规概述	①了解《大气污染防治法》的主要内容并掌握第四章“防治机动车船排放污染”； ②了解《合同法》主要内容，掌握与机动车维修行业相关的条款； ③了解《标准化法》主要内容，掌握与机动车维修行业相关的条款； ④了解《产品质量法》主要内容，掌握在机动车维修行业实施的条款； ⑤了解《消费者权益法》、《劳动法》、《固体废物污染环境防治法》、《水污染防治法》、《安全生产法》、《计量法》等法规的主要内容及其在机动车维修行业适用的条款	6
标准与规范	标准的基本知识	①了解标准定义、属性、分类及标准代号的含义 ②了解标准制定的原则和过程，标准发布与管理的有关规定； ③了解标准贯彻实施的形式，以及标准化监督机制的有关规定； ④了解汽车维修标准体系结构及其内容	4
	机动车维修管理、服务技术标准	①了解 GB/T 16739.1、16739.2 对各类汽车维修企业(业户)应具备的人员、组织管理、设备、设施等条件方面的规定； ②了解 GB/T 18189 对各类摩托车维修企业(业户)开业技术条件方面的规定； ③了解 JT/T 640 对汽车维修行业包括行业管理、企业管理建立计算机管理信息系统的技术要求方面的规定； ④了解 JT/T 478 对汽车综合性能检测站建立计算机管理信息系统，包括运行环境、检测系统、业务处理、系统维护等方面的规定； ⑤了解 GB/T 17933 对汽车综合性能检测站开展汽车综合性能检测工作应具备的服务功能、管理、技术能力以及场地和设施方面的规定	12

续上表

培训项目	培训内容	培训技术要求	学时
标准与规范	机动车维修技术标准	①了解 GB/T 18344 对汽车维护作业的分级与周期、维护作业工艺过程、维护作业(包括检测诊断、竣工检验技术要求)等所作的有关规定； ②掌握汽车二级维护的工艺过程及各工序的技术要求； ③了解 GB/T 19910 对汽车发动机(点燃式汽油发动机)电子控制系统维修前检查、视情维修以及维修后检验的技术要求方面的规定； ④掌握汽车发动机电子控制系统维修的基本要求； ⑤了解 GB/T 18275 对汽车制动传动装置,包括气压制动、液压制动传动装置修理的基本技术要求、试验方法和检验规则方面的规定； ⑥掌握汽车制动传动装置修理的基本要求和检验规则； ⑦了解 GB/T 3798 中如何进行汽车整车大修出厂技术检验以及在整车大修质量保证方面的规定； ⑧掌握汽车整车大修竣工验收的基本要求和质量保证期； ⑨了解 GB/T 3799 在商用汽车发动机大修出厂技术检验、发动机大修质量保证和包装要求方面的规定； ⑩掌握发动机大修竣工验收的基本要求和质量保证期； ⑪了解 GB/T 5336 对大客车车身修理的技术要求、附件及电器的安装与使用要求,竣工检验及质量保证要求方面的规定； ⑫掌握大客车车身修理竣工验收的基本要求和质量保证期； ⑬掌握 JT/T 509	12
	汽车检测技术标准	①了解 GB 18565 对营运车辆综合性能,包括动力性、燃料经济性、制动性、转向操纵性、照明和信号装置及其他电器设备、排放与噪声控制、密封性整车装备的基本技术要求和检验方法方面的规定； ②掌握营运车辆综合性能检验的基本要求； ③了解 GB 7258 对机动车整车及主要总成、安全防护装置等有关运行安全的基本技术要求及检验方法方面的规定； ④掌握机动车安全性能检验的基本要求； ⑤了解 GA 468 对机动车安全性能检验的方式、工位、项目、常用设备和工具,检验流程、检验方法、检验结果及审核等方面的规定； ⑥掌握机动车安全性能检验项目、检验流程和检验结果及审核的基本要求； ⑦了解 GB 18285 对点燃式发动机汽车怠速和高怠速工况下排气污染物排放限值及测量方法,以及采用稳态工况法、瞬态工况法和简易瞬态工况法三种简易工况法进行排放测量方法方面的规定； ⑧掌握 GB 18285 的适用范围和几种不同排放测量方法的基本原则； ⑨了解 GB 3847 对在用汽车车用压燃式发动机和压燃式发动机汽车排气烟度排放限值及排放测试方法方面的规定； ⑩掌握在用汽车排气烟度排放控制要求及测量方法； ⑪掌握 JT/T 198 对营运车辆技术状况等级的评定内容、等级划分、评定项目和技术要求方面的规定	12

4.2 技术质量管理培训技术要求

技术质量管理培训技术要求见表2。

技术质量管理培训技术要求 表2

培训项目	培训内容	培训技术要求	学时
技术质量管理	质量管理	①熟悉机动车维修质量管理的各项制度(质量检验制度、合格证管理制度、质量保证期制度、返修制度、质量信誉考核制度和技术档案管理制度); ②了解ISO 9000族标准体系和八项质量管理原则在机动车维修企业管理中的实际应用; ③掌握质量管理体系的策划,并建立机动车维修企业质量保证体系; ④熟悉编制机动车维修企业质量手册、程序文件和作业指导书的要求	20
	设备管理	①掌握机动车维修检测设备和工具的选购、正确使用、维修、保管的全过程管理,并能实施机动车维修检测设备的更新; ②能制定各类机动车维修检测设备的安全技术操作规程	
	配件管理	①了解常用机动车配件的使用性能; ②熟悉配件采购、入库、出库管理流程; ③掌握配件库存管理方法	
	计量管理	①熟悉计量管理规定; ②熟悉计量器具的检定周期和检定要求; ③掌握计量器具的选购、正确使用、维护和更新的全过程管理	
维修质量控制	质量检验	①掌握机动车维修进厂检验、过程检验、竣工出厂检验的内容、方法和要求,能对检验记录进行分析; ②了解机动车安全、综合性能检测的方法和技术要求,并能对检测报告进行分析; ③掌握营运车辆技术等级评定的项目、技术要求和检测方法	20
	质量分析	能根据维修车辆一次合格率、返修率、质量事故、质量投诉等对机动车维修质量进行分析,并能根据分析结果提出合理的改进措施	
	维修质量纠纷处理	①熟悉维修质量纠纷处理适用的法律、法规; ②熟悉维修质量纠纷的调解程序; ③掌握维修质量纠纷技术鉴定的基本原则; ④掌握返修认定的程序和处理方法	
技术支持	人员培训与考核	①掌握机动车维修技术人员从业资格条件 ②能根据企业实际情况制订人员培训和考核计划; ③能够组织实施各类人员的技术培训和考核	22
	技术文件管理	①能收集和整理技术资料; ②能制订各类工艺文件; ③熟悉工时定额与收费标准的制定方法	
	疑难故障处理	熟悉疑难故障处理的程序及方法	
	计算机管理	①熟悉业务接待、生产调度、配件档案管理等计算机管理流程; ②掌握计算机管理的方法	
	技术创新	掌握制订机动车维修企业技术开发、技术攻造、技术革新方案的方法并组织实施,对技术成果组织推广运用	
	安全生产与环境保护	①熟悉机动车维修对安全生产和环境保护要求; ②能制订维修企业安全生产和环境保护措施并贯彻实施	
现场管理	现场管理	①熟悉5S现场管理的内容; ②掌握5S现场管理的方法,并能够组织实施机动车维修企业的5S现场管理	4

4.3　维修检验培训技术要求

维修检验培训技术要求见表3。

维修检验培训技术要求　　表3

培训项目	培训内容	培训技术要求	学时
质量管理知识	机动车维修质量及质量评定	①了解机动车维修质量的定义； ②掌握机动车维修质量评定的主要参数； ③了解质量管理的概念； ④掌握机动车维修企业质量管理的基础工作内容； ⑤了解机动车维修质量保证体系的组成； ⑥了解ISO 9000质量体系认证的有关知识	2
	机动车维修质量管理制度	①了解行业各项质量管理制度的有关规定； ②熟悉各项质量管理具体工作的程序及要求	2
	机动车维修质量检验技术档案	①掌握进厂检验单、过程检验单和竣工检验单的内容以及检验记录要求； ②能够正确填写各类检验单； ③能够读懂检测报告单； ④对综合性能检测结果能够进行分析、处理； ⑤掌握返修记录要求； ⑥正确使用返修记录单，做好返修统计考核工作	3+3
	机动车维修返修与质量事故的鉴定与处理	①掌握返修认定的基本程序与处理方法； ②掌握质量事故分析与鉴定的基本原则、程序与处理方法； ③通过典型案例分析，掌握和积累质量纠纷处理的实践经验，提高质量管理和服务水平	3+3
常用量具、仪表和仪器	常用量具和仪表的使用与检验	①懂得游标卡尺、外径千分尺和内径千分尺的工作原理，掌握使用方法与检定方法； ②掌握百分表和量缸表的工作原理、使用方法与检定方法； ③掌握汽缸压力表、轮胎气压表、排气管背压表和真空表的工作原理、使用方法与检定方法	2+1
	常用仪器的使用与检验	掌握万用表、示波器、故障检测仪和红外线测温仪的工作原理、使用方法与检定方法	4+2
机动车维修质量检验	机动车性能检验	①掌握机动车动力性能的检验标准和检验方法； ②熟悉底盘测功机和发动机综合性能分析仪的结构原理、性能与使用方法，并了解其标定方法； ③掌握机动车制动性能、转向操纵性能、悬架特性、照明和信号装置及车速表的检验标准与检验方法； ④熟悉制动检验台、侧滑检验台、四轮定位仪、悬架装置检测台、车轮平衡机、前照灯检验仪和车速表检验台的结构原理、性能与使用方法，并了解其标定方法； ⑤掌握机动车燃油经济性能的检验标准和检验方法； ⑥熟悉油耗仪的结构原理、性能和使用方法，并了解其标定方法； ⑦掌握机动车排气污染物及噪声的检验标准和检验方法； ⑧熟悉机动车排气分析仪和声级计的结构原理、性能与使用方法，并了解其标定方法； ⑨掌握整车检验的基本项目和车辆维修竣工技术要求、检验项目和路试检验的方法； ⑩能根据检验结果分析、判断存在的故障及其排除方法	9+12

续上表

培训项目	培训内容	培训技术要求	学时
机动车维修质量检验	机动车主要零部件的检验	①发动机:掌握汽缸与汽缸体,曲柄连杆机构和配气机构的主要零件,冷却系统、润滑系统和燃油系统主要零部件的技术要求与检验方法; ②底盘:掌握离合器、变速器、传动轴、驱动桥、制动系统、转向系统和悬架(包括货车车架)主要零部件的技术要求与检验方法; ③电器与电子设备部件及总成:掌握蓄电池、发电机及调节器、启动机及启动继电器、点火装置、照明设备、信号装置、仪表和辅助电器的技术要求与检验方法; ④空调装置:掌握空调装置工作压力和密封性的检验方法及空调装置的故障诊断方法	3+6
	机动车电控和液压系统的检验	①掌握电控系统ECU、传感器和执行器的检验方法; ②能根据检验结果分析、判断电控系统ECU、传感器和执行器的性能状况; ③掌握发动机电控系统、自动变速器电控系统、ABS电控系统、悬架高度调整电控系统、前照灯高度调整电控系统、ESP系统、空调电控系统的检验方法,防盗系统和辅助安全系统控制装置的技术要求与检验方法;并能根据检验结果分析、判断存在的故障及故障排除方法; ④掌握车载网络系统的结构和检验方法,并能根据检验结果分析、判断存在的故障及故障排除方法; ⑤掌握自动变速器等油路油压检验方法,并能根据检验结果分析、判断油路故障及故障排除方法	6+6
	车身修复质量的检验知识	①了解车身的性能要求(安全性、防腐、防漏和降噪); ②掌握车身的损伤类型、测量和检验方法,以及维修质量标准; ③掌握车身的密封性检验方法; ④熟悉车身吸能区的设计; ⑤熟悉车身修复的方法:整平和校正,应力的消除,焊接修理(气体保护焊和电阻点焊等)以及塑料和玻璃纤维件的修理(包括黏结剂的应用); ⑥掌握二氧化碳气体保护焊和电阻点焊的质量检验方法	3+3
	车身涂装质量的检验知识	①了解涂层的种类和应用范围; ②掌握涂层破坏程度的评估方法; ③了解涂层的特性; ④掌握涂层主要质量检验指标和质量检验用仪器与工具的使用; ⑤掌握涂料的识别方法; ⑥了解涂层修复工艺(包括涂装前处理)和所使用的主要设备; ⑦了解涂层的主要缺陷种类、产生的原因和可能采取的补救措施	3+3
机动车配件质量检验和控制	机动车常用材料性能与质量控制常识	①熟悉常用金属材料(铸铁,碳素钢,合金钢,铝、铜及其合金)的性能(机械性能、物理性能、化学性能和工艺性能); ②熟悉常用非金属材料(橡胶、塑料和摩擦片材料)的性能,掌握其质量控制常识; ③掌握常用运行材料的性能及其质量控制常识	4+5
	机动车配件质量鉴别和检验方法	①了解机动车配件的类型; ②熟悉机动车配件选购的基本原则和注意事项; ③掌握机动车配件质量鉴别和检验的一般方法	6+6

4.4　机修培训技术要求

机修培训技术要求见表4。

表4

机修培训技术要求

培训项目	培训内容	培训技术要求	学时
机修基础知识	机械基础	①能够读懂零件图及装配图； ②熟悉公差及公差配合的概念； ③了解轴类零件的定位方式； ④熟悉齿轮传动、带传动、链传动等常见机械传动类型及工作原理和特点； ⑤了解机动车用钢、铸铁、铝等金属材料的性能； ⑥了解机动车用橡胶、塑料、玻璃纤维等非金属材料的性能； ⑦了解润滑油、齿轮油、自动变速器油、动力转向油、制动液等的特性及分级方法； ⑧掌握润滑油、齿轮油、自动变速器油、动力转向油、制动液、冷却液等的选用方法	4
	电工电子基础	①熟悉二极管、三极管、电容器、电机、继电器等电子组件的结构和工作原理及检测方法； ②熟悉机动车基本电路的组成和工作原理； ③掌握机动车基本电路的检测方法； ④了解磁和电磁的概念； ⑤了解电磁干扰和抗干扰措施； ⑥熟悉常用机动车元器件的电路符号； ⑦掌握机动车电路图读图的基本方法和步骤； ⑧能够熟练阅读机动车整车电路	2+2
	微机控制基础	①熟悉常用传感器的类型、工作原理及检测方法； ②了解机动车电控系统的基本构成和工作原理； ③熟悉机动车典型控制的控制方法	2+2
	液压与气压传动基础	①了解液压传动的基本原理； ②熟悉液压传动在机动车上的典型应用； ③了解气压传动的基本原理； ④熟悉气压传动在机动车上的典型应用	2
	车辆识别代码（VIN）和机动车配件编码规则	①熟悉车辆识别代码的编码规则和各组成部分的含义； ②熟悉机动车配件的编码规则	2
发动机结构与检修	发动机概论	①熟悉发动机的分类方法和发动机的总体构造； ②熟悉发动机的基本工作原理； ③了解发动机主要技术、性能参数的概念； ④了解评价发动机技术性能的方法	2
	曲柄连杆机构结构与检修	①了解曲柄连杆机构的组成； ②掌握汽缸、连杆、曲柄、活塞等主要部件检测及维修方法； ③了解曲柄连杆机构故障的特征； ④掌握曲柄连杆机构常见故障检测诊断方法	1+1

续上表

培训项目	培训内容	培训技术要求	学时
发动机结构与检修	配气机构结构与检修	①了解配气机构的组成; ②掌握进行凸轮轴等主要部件检测及维修的方法; ③能进行活塞和轴瓦的选配、气门密封性能的检查; ④掌握配气相位、可变配气相位的概念; ⑤了解影响配气相位的因素; ⑥能正确进行配气机构的安装、检查和调整; ⑦熟悉可变配气机构的结构和工作原理; ⑧了解配气机构故障的特征; ⑨掌握配气相位错误引发故障的检测诊断方法; ⑩能检测诊断配气机构异响故障	2+2
	汽油机燃油供给系统结构与检修	①了解化油器式燃油供给系统的组成; ②掌握典型化油器的结构、工作原理和调整方法; ③能进行化油器供油系统的故障检测诊断和排除; ④熟悉汽油喷射式燃油供给系统的基本构成; ⑤掌握汽油喷射式燃油供给系统各主要传感器、执行器的结构和工作原理; ⑥熟练使用万用表对传感器、执行器进行单件检测,并根据检测结果确认部件的性能; ⑦能熟练使用示波器对传感器信号波形、执行器驱动波形进行检测,并根据检测结果判断故障部位; ⑧能进行汽油喷射式燃油供给系统故障的检测诊断和排除	8+8
	柴油机燃油供给系统结构与检修	①了解泵—管—嘴、泵—喷嘴、P—T和共轨式柴油供给系统的组成; ②熟悉泵—管—嘴、泵—喷嘴、P—T和共轨式柴油供给系统主要部件的结构和工作; ③能对喷油泵和喷油器等进行性能检查、调整,能进行喷油泵的调校; ④熟悉柴油机燃油供给系统常见故障的原因; ⑤能进行柴油机燃油供给系统常见故障的检测诊断和排除	6+6
	启动、点火系统结构与检修	①了解发动机启动系统的组成和功能; ②熟悉启动机的结构、工作原理,掌握启动性能的检测; ③掌握机动车启动控制电路,掌握启动控制电路的检测方法; ④能进行启动系统常见故障的检测诊断和排除; ⑤了解触点式、电子式及电控点火系统(含独立点火系统)的组成; ⑥熟悉点火系统主要组成部件的结构和工作原理; ⑦能熟练使用万用表等检测设备对点火系统主要部件进行性能检测; ⑧掌握点火控制电路,并掌握点火控制电路的检测方法; ⑨能熟练使用示波器进行点火波形的检测,并能根据点火波形进行点火系统故障分析; ⑩能进行点火系统常见故障的检测诊断和排除	7+9

续上表

培训项目	培训内容	培训技术要求	学时
发动机结构与检修	冷却、润滑系统结构与检修	①了解冷却系统的组成； ②熟悉冷却系统主要部件的结构和工作原理，并能进行其性能检测； ③了解冷却风扇控制方式，熟悉冷却风扇控制电路，并能进行冷却风扇控制电路的检测； ④能进行冷却系统常见故障的检测诊断和排除； ⑤了解润滑系统的功能和组成； ⑥熟悉润滑系统主要部件的结构和工作原理，并能进行部件的性能检测； ⑦熟悉机油压力报警系统的功能、组成和工作原理，熟悉导致机油压力报警的原因； ⑧能进行润滑系统常见故障的检测诊断和排除	1+1
	发动机进排气系统结构与检修	①了解怠速控制系统类型，熟悉怠速控制系统的组成和工作原理，掌握怠速控制系统常见故障的检测诊断方法； ②了解涡轮增压系统的功能、组成，熟悉涡轮增压器的结构和性能检测方法； ③了解电子供油系统的组成，熟悉其结构和工作原理，掌握电子供油系统的检测方法； ④了解可变进气系统的组成，熟悉可变进气系统的结构和工作原理，掌握可变进气系统的检测方法； ⑤了解发动机排放污染物的形成和控制原理； ⑥熟悉发动机排放控制系统的类型、基本组成和工作原理； ⑦掌握燃油蒸发控制、EGR、TWC、二次空气喷射系统的性能检测方法	3+3
	混合动力系统结构与检修	①了解混合动力系统的分类； ②熟悉混合动力系统的组成和工作原理； ③熟悉典型机动车混合动力系统的构成和故障检测方法	2
	发动机防盗系统结构与检修	①了解发动机防盗系统的分类； ②熟悉发动机防盗系统的组成和工作原理； ③熟悉典型机动车发动机防盗系统的构成和故障检测方法； ④能够进行发动机防盗系统的匹配作业	1+1
	传动系统结构与检修	①了解离合器的功能和分类； ②熟悉离合器的结构和工作原理； ③掌握离合器的检查调整方法； ④能进行离合器常见故障的检测诊断和排除；	2
		⑤了解手动变速器和手动变速驱动桥的功能； ⑥掌握手动变速器和手动变速驱动桥的结构和工作原理； ⑦能正确进行手动变速器和手动变速驱动桥的拆装； ⑧能进行手动变速器和手动变速驱动桥常见故障的检测诊断和排除；	2+2
		⑨了解自动变速器和自动变速驱动桥的类型； ⑩掌握自动变速器和自动变速驱动桥（含 CVT）的结构和工作原理，能进行动力传递线路的分析； ⑪能进行自动变速器和自动变速驱动桥的性能试验，并能根据试验结果进行故障分析； ⑫能正确进行自动变速器和自动变速驱动桥的拆装； ⑬能进行自动变速器和自动变速驱动桥常见故障的检测诊断和排除；	6+6
		⑭了解传动轴的结构，掌握传动轴动平衡的检测方法； ⑮熟悉驱动桥的结构，掌握其检查调整方法	1

续上表

培训项目	培训内容	培训技术要求	学时
车辆底盘结构与检修	转向系统结构与检修	①了解机械式、液压动力式和电控动力式转向系统的组成; ②掌握机械式、液压动力式和电控动力式转向系统转向器的结构和工作原理,并能对转向器的性能进行检测; ③能进行转向盘自由行程、转向力的检查调整; ④能进行转向系统常见故障的检测诊断和排除	2+2
	行驶系统结构与检修	①了解车桥和车轮的结构; ②能进行车轮动平衡; ③了解悬架及电控悬架的组成; ④熟悉悬架主要组成部件的结构,并掌握其检测方法; ⑤能进行悬架常见故障的检测诊断和排除; ⑥掌握车轮定位的概念、各车轮定位参数的含义及功能; ⑦能熟练使用四轮定位仪对车辆定位参数进行检测,并根据检测结果进行故障分析	2+2
	制动系统结构与检修	掌握制动系统的结构组成、工作原理、检测及维修方法	3+3
车载网络系统与车身电控系统	车载网络系统结构与检修	①了解车载网络基础知识; ②熟悉CAN双线式数据总线、MOST网络系统、LIN网络系统的结构和检修方法; ③了解车载网络系统的故障特点; ④熟悉车载网络系统故障检测诊断的方法	
	车身电控系统简介	①了解车辆防盗系统的功能、类型、组成和工作原理; ②了解中控门锁的结构和工作原理; ③了解机动车空调系统和电控自动空调系统的组成、结构和工作原理; ④了解乘员辅助保护系统的组成、结构和工作原理; ⑤了解机动车仪表系统的组成、结构和工作原理	
车辆故障综合检测诊断	车辆故障检测诊断基础知识	①了解机动车故障的定义; ②了解故障模式和故障类型; ③了解故障诊断分类、故障诊断的条件; ④了解机动车故障诊断参数、故障诊断标准 ⑤熟悉机动车零部件失效的概念和失效的基本类型; ⑥熟悉机动车零部件失效的基本原因; ⑦熟悉机动车零部件失效的分析方法; ⑧掌握失效分析的步骤; ⑨熟悉电控组件故障类型及特点; ⑩了解ECU对电控组件故障的确认方法; ⑪熟悉电控系统故障类型及特点; ⑫掌握机动车故障诊断的基本程序; ⑬掌握机动车故障诊断的基本方法	

续上表

培训项目	培训内容	培训技术要求	学时
车辆故障综合检测诊断	典型故障分析方法在机动车故障诊断中的应用	①了解机动车故障电脑诊断仪的结构和工作原理，熟悉典型机动车故障电脑诊断仪的功能； ②能熟练使用机动车故障电脑诊断仪对车辆电控系统进行故障代码的读取和清除； ③掌握故障代码的分析方法和技巧； ④能根据故障代码进行车辆故障分析和排除； ⑤能熟练使用机动车故障电脑诊断仪对车辆电控系统进行动态数据读取； ⑥掌握动态数据的分析方法和技巧； ⑦能够利用动态数据进行车辆故障分析和排除； ⑧了解示波器的结构和工作原理； ⑨能熟练使用示波器进行波形检测； ⑩掌握波形的分析方法和技巧； ⑪能利用波形进行车辆故障分析和排除，了解真空度的形成； ⑫了解真空表的结构和工作原理； ⑬能熟练使用真空表进行真空度的测量； ⑭掌握真空度的分析方法和技巧； ⑮能利用真空度进行车辆故障分析和排除； ⑯了解尾气成分及成因； ⑰了解尾气分析仪的结构和工作原理； ⑱能熟练使用尾气分析仪进行尾气参数的测量； ⑲掌握尾气分析方法和技巧； ⑳能根据尾气检测结果进行车辆故障分析和排除； ㉑能拓展尾气分析仪在机动车故障检测诊断中的应用； ㉒了解红外测温仪的结构和工作原理； ㉓了解温度分析在机动车故障诊断中的应用范围； ㉔熟练使用红外测温仪进行温度参数测量； ㉕掌握温度分析方法和技巧； ㉖能够根据温度检测结果进行车辆故障分析和排除	10 + 10
	机动车故障综合诊断分析	①了解车辆典型异响的故障特征； ②掌握车辆异响故障的诊断方法； ③能正确排除车辆异响故障； ④掌握发动机综合故障的分析方法和思路； ⑤能排除发动机典型综合故障； ⑥掌握机动车底盘综合故障的分析方法和思路； ⑦能排除底盘典型综合故障	6 + 6

4.5　电器维修培训技术要求

电器维修培训技术要求见表5。

电器维修培训技术要求

表5

培训项目	培训内容	培训技术要求	学时
机械基础	机械识图	①熟悉机械制图及零件图的绘制方法； ②了解公差与配合、表面粗糙度等基本概念，了解公差与配合、形位公差、表面粗糙度等的标注方法	8+2
	机械常识	①了解机动车用金属材料、非金属材料、机动车运行材料等基本知识，熟悉机械零件基础常识； ②熟悉导电材料、绝缘材料、磁性材料等机动车电工常用材料性能及其应用	
	工具、量具及检测仪器设备	①了解机动车维修常用工具、量具及检测仪器设备的结构、工作原理和标定方法； ②能熟练使用机动车维修常用工具、量具及检测仪器设备	
电工电子基础	电工基础	①掌握基本电路的运算知识； ②了解单相、三相交流电路的基本知识； ③熟悉安全用电常识，以及与机动车相关的安全用电知识	12+3
	电子基础	①掌握电子组件的结构、工作原理； ②掌握集成电路和逻辑电路的基本概念； ③熟悉晶体管电路、集成电路和逻辑电路等在机动车上的应用知识； ④了解机动车电磁干扰及防护	
	电路识图	①熟悉机动车电路的组成、分类和特点； ②掌握机动车电气线路图的识图方法	
	车用传感器	①掌握车用传感器的种类、结构和作用； ②熟悉车用传感器的工作原理和性能检测方法	
机动车电源、启动系统	电源系统	①熟悉电源系统的组成与基本电路； ②掌握蓄电池基本构造、工作原理和检测方法； ③掌握发电机、调节器的构造、工作原理和检测方法； ④掌握电源系统常见故障的诊断方法	4+2
	启动系统	①熟悉启动系统的组成和基本电路； ②掌握启动机的构造、工作原理和检测方法； ③掌握启动系统电路的检测方法和系统常见故障的诊断、排除方法	
点火系统	传统点火系统	①掌握传统点火系统的组成和工作过程； ②掌握传统点火系统主要部件的构造和检测方法； ③掌握传统点火系统故障诊断和排除方法	7+5
	电子点火系统	①熟悉电子式及电控点火系统组成和工作原理； ②掌握电子式及电控点火系统主要部件的性能检测方法；能熟练使用万用表等检测仪器对点火系统主要部件进行性能检测； ③掌握点火控制电路，并掌握点火控制电路的检测方法； ④能熟练使用示波器进行点火波形的检测，并能根据点火波形进行点火系统故障分析； ⑤掌握电控点火系统点火提前角控制和爆震控制工作原理及故障诊断方法	

续上表

培训项目	培训内容	培训技术要求	学时
照明、仪表和信号系统	照明系统	①熟悉机动车照明系统的组成和功用，掌握对机动车照明电路的检测方法； ②熟悉前照灯的结构、调整方法； ③熟悉氙气前照灯电路，掌握相关的检测、调整方法	5+2
	仪表和信号系统	①掌握各种仪表结构、工作原理； ②掌握仪表系统的检测和故障排除方法； ③掌握转向灯、制动灯、倒车灯等信号控制电路的故障检测方法； ④掌握电喇叭的类型、构造、工作原理和控制电路的检测方法	
防盗系统	防盗系统	①熟悉防盗系统的组成、工作原理和组件检测方法； ②熟悉防盗系统的检修方法； ③掌握防盗系统常见故障及诊断方法； ④掌握防盗系统的设定和匹配知识	7+4
	中央门锁系统	①熟悉中央门锁装置的组成、工作原理和组件检测方法； ②熟悉中央门锁装置的常见故障及检修方法； ③掌握常见车型遥控器的更换和匹配方法	
	机动车防盗系统对发动机的影响	①熟悉防盗器发生故障时对发动机及相关部件的影响； ②掌握典型车型的防盗系统与发动机的匹配方法	
辅助安全系统	辅助安全系统组成工作原理和组件检测	①了解辅助安全系统的常见类型； ②熟悉辅助安全系统组成、工作原理和组件检测方法	5+2
	辅助安全系统检测	掌握辅助安全系统故障检测方法	
	辅助安全系统常见故障及诊断	①熟悉辅助安全系统出现故障时的现象及对其他系统的影响； ②掌握辅助安全系统的常见故障及诊断方法； ③掌握更换辅助安全系统的组件及模块的方法； ④掌握使用相关检测仪器，对辅助安全模块进行编码的方法	
车载网络系统	车载网络基础知识，CAN 双线式数据总线结构及检修	了解车载网络的类型、工作原理，掌握 CAN 双线式数据总线结构与检修方法	5+2
	MOST 网络系统结构和检修	掌握 MOST 网络系统结构与检修方法	
	LIN 网络系统和检修	掌握 LIN 网络系统结构与检修方法	
	车载网络系统常见故障检测诊断	①熟悉车载网络系统的故障特点； ②掌握车载网络系统故障检测诊断的方法	

续上表

培训项目	培训内容	培训技术要求	学时
空调系统	空调制冷系统工作原理及检修	①熟悉机动车空调制冷系统的组成、工作原理及检测方法,掌握常用检测仪器、设备的种类和使用方法; ②掌握机动车空调制冷系统抽真空、试漏、加注冷冻机油和制冷剂的方法	8+4
	空调制冷系统常见故障检测诊断	掌握机动车空调制冷系统常见故障的特点、检测和排除方法	
	空调制暖系统组成及检修	①熟悉机动车空调制暖系统的结构、工作原理; ②熟悉机动车空调制暖系统零部件性能检测方法; ③掌握机动车空调制暖系统常见故障检测和排除方法	
车身附件电器系统	电动座椅	①熟悉电动座椅组成、工作原理和组件检测方法; ②掌握电动座椅常见故障及诊断方法	7+5
	电动窗	①熟悉电动窗组成、工作原理; ②掌握电动窗常见故障及诊断方法	
	电动后视镜和风挡加热	①熟悉电动后视镜和风挡加热系统的组成及工作原理; ②掌握电动后视镜及风挡加热的常见故障及检测方法	
	电动刮水器	①熟悉电动刮水器的组成、工作原理; ②掌握电动刮水器常见故障及诊断方法	
	停车辅助系统(倒车雷达)	①熟悉停车辅助系统的组成、工作原理; ②掌握停车辅助系统的常见故障检测方法	
机动车多媒体和导航系统	多媒体和导航系统	①熟悉机动车音响的结构原理; ②掌握机动车音响常见故障的检测方法; ③熟悉CD、DVD的结构原理; ④掌握CD、DVD常见故障的检测方法	4+2
	导航系统	①熟悉机动车导航系统的组成和工作原理; ②掌握机动车导航系统常见故障的诊断方法	
机动车电器故障综合诊断分析	根据电路图分析电路故障	根据车型的电路图综合分析并排除机动车电路故障	5+5
	根据机动车故障电脑诊断仪、示波器等检测仪器、工具诊断分析故障原因	①熟练使用各类检测仪器设备进行故障诊断检测; ②根据检测的结果对机动车电器故障进行综合分析,准确判断故障原因; ③掌握对机动车电器综合故障的分析排除方法	

4.6　车身修复培训技术要求

车身修复培训技术要求见表6。

车身修复培训技术要求　　表6

培训项目	培训内容	培训技术要求	学时
车身材料及性能	金属材料的基本性能	①掌握车身中各部位材料的类型； ②了解材料的弹性变形、塑性变形的力学特点； ③掌握热量对钢材强度的影响	7
	高强度钢板材的种类、特点及应用维修特点	①了解车身中高强度钢板材的种类及在车身上的应用； ②掌握高强度钢构件的维修特点； ③掌握高强度钢构件的焊接要求	
	超高强度钢的种类、特点及应用维修特点	①了解车身超高强度钢板的种类及在车身上的应用； ②掌握超高强度钢的维修要求	
	车身用有色合金材料	①了解铝、镁、铜合金在车身中的应用及性能； ②了解铝合金车身的结构特点； ③掌握铝合金构件的维修、焊接要求	
	车身用非金属材料	①了解车身非金属材料的类型及特点； ②了解车身非金属材料的维修要求	
机械基础知识及常用机械零件	常见机械传动	①了解常见机械传动的形式； ②了解不同传动形式的特点及应用	2
	零件连接方式	了解零件连接的类型、特点及应用	
	液压传动知识	①了解液压传动的原理； ②了解液压传动的特点及应用	
车身制图及绘制展开图	三视图的识读	了解零件图、简单装配图的识读	2
	车身识图	掌握车身图的识读	
	绘制展开图	了解用求线段实长、截交线、相贯线展开放样绘制展开图	
	典型零件的展开图	了解圆管展开图、两节弯头展开图、圆锥展开图、方圆接头展开图等典型零件的展开图绘制方法	
安全教育	安全生产	掌握在生产中的安全事项	1
	安全防护	掌握生产中的个人安全防护事项	

续上表

培训项目	培训内容	培训技术要求	学时
车身结构	车身结构的类型及特点	①了解车身结构的发展历史; ②掌握车架车身的结构特点; ③了解承载式车身结构及力学特点; ④掌握承载车身的FF、FR、MR结构特点	6
	碰撞对车身结构的影响	①了解车架式车身在碰撞中的变形特点; ②了解承载式车身在碰撞中的变形特点; ③掌握两种车身碰撞后在维修中的区别	
	车身零部件	①了解车身主要结构件的特点及作用; ②掌握车身主要结构件的修理要点	
车身修复常用工具、设备	常用板件加工设备	了解剪床、压力机、卷板机、弯管机等设备的工作原理、使用和维护事项	2+1
	电动及风动工具	掌握电动及风动工具的使用方法及维护	
	测量工具	①掌握通用量具(游标卡尺、万能角度尺、水平尺)的使用方法; ②掌握车身三维测量系统的特点及使用方法	
车身连接技术	车身连接类型	了解车身部件的不同连接方式及特点	11+5
	气体保护焊	①了解气体保护焊的特点; ②了解气体保护焊设备的工作原理; ③掌握焊接操作中的安全事项; ④掌握车身不同材料对焊接的要求; ⑤掌握车身板件焊接参数选择、焊接方法及质量检验的方法	
	电阻点焊	①了解电阻点焊的特点; ②了解电阻点焊设备的工作原理; ③掌握焊接操作中的安全事项; ④掌握车身不同材料对焊接的要求; ⑤掌握车身板件焊接参数选择、焊接方法及质量检验的方法	
	钎焊	①了解钎焊的特点和焊接原理; ②掌握焊接操作中的安全事项; ③掌握车身板件钎焊焊接方法及质量检验的方法	
	黏结	了解黏结的特点及在车身修复中的应用	
	工艺制订	掌握焊接和黏结工艺的制订	

续上表

培训项目	培训内容	培训技术要求	学时
车身板件修复（钣金）	钢板变形及修复特点	①了解钢板变形的分类及特点； ②了解钢板变形加工硬化对修理的影响； ③了解直接损坏和间接损坏的差异及修理特点； ④了解钢板变形的单纯的铰折、凹陷铰折、凹陷卷曲、单纯的卷曲折损的特点； ⑤掌握钢板变形部位存在的不同受力情况及施力方向的确定	8＋3
	外形修复的安全操作	了解板件修复中的安全事项及个人防护	
	板件加工方法	①掌握使用垫铁、钣金锤、修平刀对钢板不同变形的修理方法； ②掌握使用外形修复机修理不同变形的方法； ③掌握热收缩的原理和使用外形修复机对钢板进行热收缩	
	板件修复工艺	①掌握手工成形工艺； ②掌握钣金修理加工工艺的制订要求	
车身测量	车身三维测量的原理及测量方法	①了解车身长宽高基准的确定； ②了解车身不同部位的控制点； ③了解车身发动机舱等上部车身尺寸点对点测量的方法和工具	4＋8
	车身结构数据图的识读	①掌握认读不同类型的车身结构数据图的方法； ②掌握根据车身数据图在车身找到相应的测量控制点位置	
	车身测量	①掌握车辆基准的找正方法； ②掌握使用机械测量和电子测量系统对车身进行三维测量的方法； ③掌握根据测量数据进行车身变形分析的方法	
车身损坏分析	车身结构中的被动安全设计及变形特点	①了解车身被动安全结构的类型和特点； ②了解车辆安全结构的变形特点	5
	车架式车身的损坏分析	①了解车架式车身的吸能区特点； ②掌握车架式车身损坏后修理要点	
	承载式车身的损坏分析	①了解承载式车身的吸能区特点； ②掌握承载式车身损坏后修理要点	
	吸能区修理	掌握车身吸能区的修理要点	
	车身修复工艺方案制订	掌握通过车身损坏分析制订修复工艺方案的程序及方法	

续上表

培训项目	培训内容	培训技术要求	学时
车身校正技术	车身校正的基本原则	①了解承载式车身钢板的受力特点； ②了解拉伸力的分解及基本原则	10+6
	校正设备的种类及使用方法	①了解车身结构发展对车身校正设备的要求； ②掌握车身校正设备各部件的用途； ③掌握车身校正设备的使用方法； ④了解车身校正操作中的安全操作事项	
	车辆定位基准	掌握车辆基准的找正及定位方法	
	修理程序设计	①掌握车身损坏分析过程； ②掌握车身修复工艺的制订过程	
	承载式车身拉伸修理	①了解单拉系统、复合牵拉系统的使用； ②了解车身修理程序； ③掌握车身前端损坏的修复； ④掌握车身后部损坏的修复； ⑤掌握车身侧面损坏的修复； ⑥掌握其他部位不同变形的修复	
	应力消除	①了解应力对车身的损坏； ②了解应力的消除方法	
车身板件更换方法	结构性板件的更换要点	①了解结构性板件的更换特点； ②了解吸能区高强度钢板区板件更换特点	9+8
	板件的分离工具及使用方法	①了解等离子切割机的原理和使用方法； ②了解不同部位分离所使用的专用工具的使用方法； ③了解切割分离更换操作中的安全事项	
	焊接的分离	掌握焊接接头的分离方法	
	板件更换方法	①了解板件更换的准备步骤； ②掌握使用测量系统对车身结构件进行定位操作的方法； ③掌握用目测方法对覆盖件进行定位操作的方法	
	结构件的分割方法	①掌握整体式车身不同部位的切割要点 ②掌握吸能区部位的切割要点	
	结构件的连接方式	①了解分割接头的基本类型和方法； ②了解连接部位准备程序； ③掌握车身梁、车门槛板、车身立柱、地板和后行李舱地板的切割连接方法	
	板件更换工艺	掌握板件更换工艺的制订	

续上表

培训项目	培训内容	培训技术要求	学时
车身防腐	腐蚀的特点	①了解车身腐蚀的成因； ②了解车身腐蚀防护的必要性和防腐失效的原因	4+2
	防腐材料	了解防腐蚀材料、车身密封胶（剂）、防锈剂的种类和用途	
	防腐表面处理	了解防腐表面预处理步骤	
	不同表面的防腐处理	①掌握封闭的内表面的防腐处理过程； ②掌握外露的接头的防腐处理过程； ③掌握外露的内表面的防腐处理过程； ④掌握外露的外表面和外部附件的防腐处理过程	
	防腐工艺	掌握车身防腐工艺的制订	

4.7　车身涂装培训技术要求

车身涂装培训技术要求见表7。

表7

车身涂装培训技术要求

培训项目	培训内容	培训技术要求	学时
涂装车间安全生产和环境保护	涂料施工安全管理	①熟悉涂装施工的要求和一般安全防护措施； ②掌握涂料储存、保管知识	8
	安全用电	①了解安全用电的重要性； ②掌握安全用电的方法	
	灭火技术	①了解涂料施工中引发火灾的主要原因； ②熟悉常用灭火器的类型和作用； ③掌握灭火的基本方法	
	机动车修理厂的环境保护工作	①了解涂料对环境及人体健康的影响； ②熟悉机动车修理厂环境保护措施	
车身结构与维修要求	车身结构分类方法	了解轿车、客车、货车车身结构的分类方法	4
	车身损坏与维修要求	①了解车身损坏的常见原因； ②熟悉车身维修的特点与要求； ③了解车身维修技术的发展前景	
有机化学基础	有机化合物的分类	了解有机物的分类方法	12
	饱和链烃化合物的分类	①熟悉烷烃的分类和命名； ②熟悉烷烃的性质	
	不饱和烃	①熟悉不饱和烃的分类和命名； ②熟悉不饱和烃的性质	
	链烃的衍生物	熟悉常见链烃衍生物及其化学性质	
	环烃及其衍生物	①了解常见的环烃及其衍生物； ②熟悉这些化合物的化学性质	
	高分子化合物	了解高分子化合物的基本概念	

续上表

培训项目	培训内容	培训技术要求	学时
金属防腐蚀	金属腐蚀的种类、原理，防腐蚀的方法	①了解金属腐蚀的外在原因； ②了解金属腐蚀的原理； ③了解金属防腐蚀的主要方法	5
	车身防腐蚀	①了解车身腐蚀的主要原因； ②熟悉车身防腐蚀的主要方法	
涂料知识	涂料及其发展	①简单了解涂料发展史； ②了解涂料的分类和命名； ③熟悉涂料的成膜原理	9
	环保型涂料	①环保型涂料的概念； ②了解水性涂料在机动车修补业中的应用； ③了解紫外光固化涂料在机动车修补业中的应用	
	涂料的组成	了解涂料中的树脂、颜料、溶剂和助剂的作用	
	常用机动车修补涂料及其特性	①熟悉常用的机动车涂料的类型； ②了解不同类型修补漆的优缺点	
机动车修补工具	常用工具及使用	熟悉机动车涂装修补的常用工具及使用方法	9
	烘干设备	①掌握对流干燥烤漆房的工作原理和维护方法； ②掌握红外线干燥的原理和使用维护方法	
	空气喷枪	①了解空气喷枪的类型和工作原理； ②掌握空气喷枪的维护方法	
	空气压缩机和分配系统	①了解空气压缩机的构造、工作原理和维护方法； ②了解空气输送系统中的设备和管道排布原则； ③了解空气净化装置的组成	
	打磨设备	了解打磨机的工作原理并掌握其使用方法	
	抛光机	了解抛光机的工作原理并掌握其使用方法	
机动车修补漆的施工	涂装前处理	①了解涂装表面预处理的重要性； ②了解机动车常用金属底材的特点； ③了解典型的表面预处理工艺	2+2
	腻子的施工	①了解腻子的作用和类型； ②掌握腻子的施工方法； ③掌握腻子的打磨	1+2
	底漆的施工	①了解底漆的种类； ②掌握常用底漆的施工方法	1+2

续上表

培训项目	培训内容	培训技术要求	学时
机动车修补漆的施工	中涂底漆的施工	①了解中涂底漆的作用和特点； ②掌握中涂底漆的施工方法； ③掌握中涂底漆的打磨方法	1+2
	面漆的施工	①了解面漆的类型； ②掌握双组分纯色漆的施工方法； ③掌握双工序金属漆的施工方法； ④掌握三工序珍珠漆的施工方法	2+3
	金属底材的涂装	①了解车身上常用的金属材料的特点； ②掌握不同金属底材前处理的特点； ③掌握不同金属底材对底漆的要求	2
	塑料底材的涂装	①了解车身上塑料底材的特点； ②了解塑料底材的前处理工艺； ③掌握塑料底材的涂装工艺	2+2
	轿车涂装实例	①了解轿车的涂装施工流程； ②能够独立准备材料和工具； ③独立完成前处理、贴护、喷涂和精饰	2+22
	机动车修补技术	①掌握喷枪调节方法； ②掌握双组分纯色漆局部修补技术； ③掌握双工序金属漆局部修补技术； ④掌握三工序珍珠漆局部修补技术	4+7
	抛光打蜡	①了解抛光打蜡的程序； ②用抛光打蜡的方法去除涂膜上的尘点和垂流； ③用抛光方法处理局部修补的接口	1+2
涂料检测及涂膜质量	涂料的检测	①了解涂料的常规检测项目； ②了解涂膜的常规检测项目； ③掌握涂膜附着力、硬度等检测方法	5+2
	涂膜的缺陷及解决方法	①掌握常见涂膜缺陷的辨别方法； ②了解产生涂膜缺陷的原因； ③掌握消除涂膜缺陷的方法	
调色理论与实践	调色基础	①了解颜色的属性； ②熟悉孟塞尔颜色定位系统； ③了解调色微调的一般原则	9+18
	调色理论与实践	①掌握素色漆的调色要点； ②掌握双工序金属漆的调色要点； ③掌握三工序珍珠漆的调色要点	
	影响颜色的因素	了解施工条件及其他因素对颜色的影响	

4.8　车辆技术评估(含检测)培训要求

车辆技术评估(含检测)培训要求见表8。

车辆技术评估(含检测)培训要求　　表8

培训项目	培训内容	培训技术要求	学时
发动机	可变气门正时机构	①熟悉可变配气相位的概念; ②熟悉可变气门正时机构的结构和工作原理	12
	电控汽油喷射系统	①熟悉电控汽油喷射系统的组成和功能; ②熟悉电控汽油喷射系统各主要传感器、执行器的功能	
	柴油供给系统	①了解共轨式柴油供给系统的组成,熟悉共轨式柴油供给系统各主要部件的结构和工作原理; ②了解泵—喷嘴燃油供给系统的组成,熟悉泵—喷嘴的结构和工作原理	
	发动机电控点火系统(含独立点火系统)	①了解电控点火系统的组成,熟悉电控点火系统各主要部件的结构和工作原理; ②熟悉独立点火系统的结构和工作原理	
	发动机进气控制系统	①了解怠速控制系统的类型,熟悉怠速控制系统的组成和工作原理; ②了解电子节气门的组成,熟悉其结构和工作原理; ③了解可变进气系统的组成和工作原理	
	混合动力系统	①了解混合动力系统的分类; ②了解混合动力系统的组成和工作原理	
	发动机防盗系统	①了解发动机防盗系统的分类; ②了解发动机防盗系统的组成和工作原理	
底盘	自动变速器	①了解自动变速器和自动变速驱动桥的类型; ②掌握自动变速器和自动变速驱动桥(含CVT)的结构和工作原理	12
	电控悬架	①了解电控悬架的组成; ②熟悉电控悬架的结构和工作原理	
	轮胎气压监控系统	了解轮胎气压监控系统的结构和工作原理	
	轮胎充氮技术	①了解轮胎充氮设备的结构与工作原理; ②了解轮胎充氮工艺	
	电控动力转向系统	①了解电控动力转向系统的功能和组成; ②熟悉电控动力转向系统的结构和工作原理	
	电控制动系统	①熟悉电控制动力分配系统(EBD)的功能和结构原理; ②熟悉电子稳定化控制系统(ESP)的功能和结构原理; ③熟悉动态稳定性控制系统(DSC)的功能和结构原理	
	车身电控系统	①了解车辆防盗系统的功能、类型、组成和工作原理; ②了解中控门锁的结构和工作原理	
	车载网络基础	①了解车载网络系统的基础知识; ②了解CAN双线式数据总线、MOST网络系统和LIN网络系统的结构	

续上表

<table>
<tr><th>培训项目</th><th>培训内容</th><th>培训技术要求</th><th>学时</th></tr>
<tr><td rowspan="3">机动车综合性能检测站计算机控制系统</td><td>检测站计算机控制系统的结构</td><td>①了解计算机控制系统的硬件配置；
②熟悉计算机控制系统的控制方式</td><td rowspan="3">5</td></tr>
<tr><td>计算机控制系统各子系统的功能和结构</td><td>①了解登录、测控子系统的功能；
②了解监控、检测业务管理、财务管理及系统维护子系统的功能</td></tr>
<tr><td>检测站计算机控制系统的发展动态</td><td>了解检测站计算机控制系统的发展动态</td></tr>
<tr><td rowspan="4">机动车动力性检测</td><td>机动车动力性评价指标</td><td>①掌握机动车动力性评价指标；
②了解在用车检测整车动力性采用的评价指标</td><td rowspan="4">7 + 3</td></tr>
<tr><td>发动机综合性能检测</td><td>①熟悉发动机综合性能分析仪的结构和检测原理；
②熟悉发动机综合性能分析仪的检测项目、检测流程、规范的操作方法和安全操作规程；
③掌握发动机综合性能检测方法，能熟练使用发动机综合性能分析仪进行发动机综合性能检测</td></tr>
<tr><td>机动车动力性检测</td><td>①熟悉底盘测功机的结构和检测原理；
②熟悉底盘测功机的安全操作规程与维护；
③熟悉底盘测功机的检测项目、检测流程和规范的操作方法，能熟练使用底盘测功机进行机动车动力性检测；
④熟悉驱动轮输出功率的限值；
⑤掌握整车动力性检测工况和检测方法</td></tr>
<tr><td>机动车动力性检测技术评定</td><td>能够根据检测结果，分析和判断机动车（含发动机）动力性指标不合格的原因、可能存在的故障及其诊断和排除方法</td></tr>
<tr><td rowspan="3">机动车燃料经济性检测</td><td>油耗仪的结构原理</td><td>①熟悉油耗仪的类型、结构原理及使用方法；
②熟悉油耗仪的安全操作规程；
③熟悉油耗仪的检测流程和规范的操作方法，能熟练使用油耗仪进行燃油消耗量检测</td><td rowspan="3">6 + 1</td></tr>
<tr><td>燃料消耗量的检测方法</td><td>①熟悉机动车燃料经济性的评价指标；
②熟悉机动车燃料消耗量的限值；
③掌握机动车燃料消耗量的台架检测和路试检测方法</td></tr>
<tr><td>燃料经济性检测技术评定</td><td>能够根据检测结果，分析和判断机动车燃料经济性指标不合格的原因、可能存在的故障及其诊断和排除方法</td></tr>
</table>

续上表

培训项目	培训内容	培训技术要求	学时
机动车制动性检测	制动检验台结构原理	①熟悉制动检验台(反力式滚筒制动检验台和平板式制动检验台)的结构和检测原理; ②熟悉制动检验台的安全操作规程与维护; ③熟悉制动检验台的检测项目、检测流程和规范的操作方法,能熟练使用制动检验台进行机动车制动性检测	7+2
	机动车制动性能的评价指标	①掌握制动装置的基本要求; ②掌握制动性能的评价指标	
	台试检测机动车制动性能	①掌握台试检测机动车制动性能要求; ②掌握台试机动车制动性能的检测方法	
	路试检测机动车制动性能	①熟悉路试检测机动车制动性能要求; ②掌握路试机动车制动性能的检测方法	
	机动车制动性检测技术评定	能够根据检测结果,分析和判断机动车制动性能指标不合格的原因、可能存在的故障及其诊断和排除方法	
机动车转向操纵性检测	转向操纵性的一般要求	熟悉转向操纵性的一般要求	6+2
	四轮定位仪的结构原理及车轮定位检测	①熟悉四轮定位仪的结构和检测原理; ②熟悉四轮定位仪的检测流程、规范的操作方法和安全操作规程,能熟练使用四轮定位仪进行车轮定位参数检测; ③掌握车轮定位的检测要求和检测方法	
	测滑检验台的结构原理及车轮侧滑量检测	①熟悉测滑检验台的结构和检测原理; ②熟悉测滑检验台的检测项目、检测流程、规范的操作方法和安全操作规程,能熟练使用测滑检验台进行车轮侧滑量检测; ③掌握车轮侧滑量的检测要求和检测方法	
	机动车转向操纵性检测技术评定	能够根据检测结果,分析和判断机动车转向操纵性指标不合格的原因、可能存在的故障及其诊断和排除方法	
悬架特性检测	悬架装置检验台检测评价悬架特性	①熟悉悬架装置检验台的结构和检测原理; ②熟悉悬架装置检验台的检测流程、规范的操作方法和安全操作规程,能熟练使用悬架装置检验台进行车辆悬架特性检测; ③掌握悬架装置检验台检测悬架特性的评价指标、检测要求和检测方法	3+2
	平板式制动检验台检测悬架特性	①熟悉平板式制动检验台检测悬架特性的检测流程、规范的操作方法和安全操作规程,能熟练使用平板式制动检验台进行车辆悬架特性检测; ②掌握平板式制动检验台检测悬架特性的评价指标、检测要求和检测方法	
	悬架特性检测技术评定	能够根据检测结果,分析和判断悬架特性检测指标不合格的原因、可能存在的故障及其诊断和排除方法	

续上表

培训项目	培训内容	培训技术要求	学时
机动车排放污染物检验	机动车排放污染物的控制	熟悉机动车排放污染物的限值要求	7+1
	机动车排气分析仪的结构原理	①熟悉机动车(含汽油车和柴油车)排气分析仪的结构原理; ②熟悉排气分析仪的检测项目、检测流程、规范的操作方法和安全操作规程; ③能熟练使用排气分析仪进行机动车尾气检测	
	机动车排气污染物的检验	①掌握装配点燃式发动机车辆排气污染物的检验方法; ②掌握装配压燃式发动机车辆排气污染物的检验方法	
	机动车排放污染物检验技术评定	能够根据检测结果,分析和判断机动车排放污染物指标不合格的原因、可能存在的故障及其诊断和排除方法	
机动车噪声控制与检验	声级计的结构原理	①熟悉声级计的结构原理及使用方法; ②熟悉声级计的检测项目、检测流程、规范的操作方法和安全操作规程,能熟练使用声级计进行机动车噪声测量	3+1
	机动车噪声控制及检验	掌握机动车定置噪声、车内噪声、驾驶员耳旁噪声和喇叭噪声的限值和检验方法	
	机动车噪声检验技术评定	能够根据检验结果,分析和判断机动车噪声指标不合格的原因、可能存在的故障及其诊断和排除方法	
照明和信号装置及其他电气设备检验	前照灯检验仪的结构原理	①熟悉前照灯检验仪的类型、结构原理; ②熟悉前照灯检验仪的使用和安全操作规程; ③熟悉前照灯检验仪的检验项目、检验流程和规范的操作方法,能熟练使用前照灯检验仪进行前照灯检验	5+2
	照明和信号装置及其他电气设备的一般要求	掌握照明和信号装置及其他电气设备的一般要求和检查方法	
	前照灯检验	①掌握前照灯光束照射位置的检验方法; ②掌握前照灯发光强度的检验方法	
	前照灯检验技术评定	能够根据检验结果,分析和判断前照灯指标不合格的原因、可能存在的故障及其诊断和排除方法	

续上表

培训项目	培训内容	培训技术要求	学时
机动车车速表检验	车速表误差的形成原因及检测原理	①熟悉车速表误差的形成原因; ②熟悉车速表误差的检测原理	3+1
	车速表检验台的结构原理	①熟悉车速表检验台的结构和检测原理; ②熟悉车速表检验台的安全操作规程与维护; ③熟悉车速表检验台的检测项目、检测流程和规范的操作方法,能熟练使用车速表检验台进行机动车车速表检验	
	机动车车速表检测	掌握车速表检测标准和检测方法	
	机动车车速表检测技术评定	能够根据检测结果,分析和判断机动车车速表检测指标不合格的原因、可能存在的故障及其诊断和排除方法	
整车装备检验	整车检验	①熟悉整车检验常用仪表、工量具的使用和安全操作规程; ②掌握整车检验的流程、正确的检验方法和操作规范; ③掌握整车检验的基本要求; ④能熟练地进行整车尺寸和质量参数检验、滑行性能检验、密封性检验、异响检查和润滑检查	5+4
	车辆总成及技术装备检验	能熟练地进行车辆总成及技术装备(车架、车身与驾驶室、行驶系统、传动系统、安全防护装置)的检验	
	特种车辆的检验	能熟练地进行危险货物运输车辆检验、机动车列车检验,熟悉集装箱运输车的要求	
	整车装备检验技术评定	能够根据检验结果,分析和判断机动车整车检验指标不合格的原因、可能存在的故障及其诊断和排除方法	
营运车辆技术等级评定	营运车辆技术等级评定内容和规则	掌握营运车辆技术等级评定的内容和规则	2
	营运车辆技术等级评定项目和技术要求	①掌握营运车辆技术等级评定的项目和技术要求; ②了解营运车辆技术等级评定的检测方法	

附录A
（资料性附录）

与机动车维修相关的法律、法规

A.1　相关的法律

《中华人民共和国劳动法》
《中华人民共和国合同法》
《中华人民共和国消费者权益保护法》
《中华人民共和国安全生产法》
《中华人民共和国标准化法》
《中华人民共和国计量法》
《中华人民共和国产品质量法》
《中华人民共和国大气污染防治法》
《中华人民共和国水污染防治法》
《中华人民共和国固体废物污染环境防治法》

A.2　相关法规和规章

《中华人民共和国道路运输条例》
《机动车维修管理规定》

附录2　中华人民共和国机动车维修技术人员从业资格考试大纲

为加强机动车维修技术人员从业资格管理，提高机动车维修技术人员素质，确保机动车维修质量，根据《机动车维修管理规定》及相关法律法规和技术标准的规定，制定本大纲。

一　适用范围

申请从事机动车维修技术负责人、质量检验员、机修、电器维修、钣金（车身修复）、涂漆（车身涂装）和车辆技术评估（含检测）等岗位的机动车维修技术人员。

二　考试内容分类及合格标准

（1）考试分为理论考试和技能考核两部分，全部采用模块化考试。

（2）理论考试采用计算机，使用全国统一题库，试题有判断题、单项选择题和多项选择题等三种类型，每套试题为80题，每个模块理论考试时间为90min。

（3）技能考核的内容和考核时间见各模块技能考核要求。

（4）各模块理论考试和各项技能考核的满分均为100分，技能考核成绩为各项技能考核成绩的综合平均，理论考试和技能考核均达到80分及以上方为合格。

（5）理论考试和技能考试成绩必须由2名考试员签字确认，单项考试成绩一年内有效。

三　考试范围

（1）机动车维修技术负责人考试范围：模块A和模块B必考，模块D、E、F、G必须选考其一，写一篇不少于3000字的技术管理论文，并通过专家审查。

（2）机动车维修质量检验员考试范围：模块A和模块C必考，模块D、E、F、G必须选考其一。

（3）机修人员考试范围：模块A和模块D。

（4）电器维修人员考试范围：模块A和模块E。

（5）钣金（车身修复）人员考试范围：模块A和模块F。

（6）涂漆（车身涂装）人员考试范围：模块A和模块G。

（7）车辆技术评估（含检测）人员考试范围：模块A和模块H。

四　考试模块

1. 模块A　职业道德和法律法规（附表1）

职业道德和法律法规模块考试内容及参考分值　　附表1

考试内容		参考分值
1. 职业道德	①交通运输部及有关部门规定的职业道德规范 ②机动车维修行规行约	20

续上表

<table>
<tr><th colspan="2">考 试 内 容</th><th>参考分值</th></tr>
<tr><td rowspan="3">2. 法律、法规、规章</td><td>①《道路运输条例》中与机动车维修相关的内容
②《机动车维修管理规定》的目的、意义及各条款的内涵</td><td>15</td></tr>
<tr><td>③《大气污染防治法》中与机动车排放相关的内容
④《合同法》的相关内容
⑤《标准化法》的相关内容
⑥《产品质量法》的相关内容</td><td>10</td></tr>
<tr><td>⑦《消费者权益保护法》的相关内容
⑧《劳动法》中与劳动保护和安全生产方面有关的内容
⑨《固体废物污染环境防治法》的相关内容
⑩《水污染防治法》及其实施细则等相关机动车维修方面的法律法规
⑪《安全生产法》的相关内容
⑫《计量法》的相关内容</td><td>10</td></tr>
<tr><td rowspan="4">3. 标准、规范</td><td>①汽车维修标准化体系</td><td>5</td></tr>
<tr><td>②《汽车维修业开业条件》(GB/T 16739.1～16739.2)
③《摩托车维修业开业条件》(GB/T 18189)</td><td>15</td></tr>
<tr><td>④《汽车维护、检测、诊断技术规范》(GB/T 18344)
⑤《营运车辆综合性能要求和检验方法》(GB 18565)
⑥《机动车运行安全技术条件》(GB 7258)
⑦《在用汽车排放污染物限值及测试方法》(GB 18285)</td><td>20</td></tr>
<tr><td>⑧其他相关标准</td><td>5</td></tr>
</table>

2. 模块B　技术质量管理(附表2)

附表2

技术质量管理模块考试内容及参考分值

<table>
<tr><th colspan="2">考 试 内 容</th><th>参考分值</th></tr>
<tr><td rowspan="4">1. 技术质量管理</td><td>①ISO 9000(族)质量认证体系
②质量管理</td><td>15</td></tr>
<tr><td>③设备管理
④配件管理</td><td>10</td></tr>
<tr><td>⑤计量管理
⑥技术档案和工艺文件管理</td><td>10</td></tr>
<tr><td>⑦环境保护和安全生产管理</td><td>15</td></tr>
<tr><td>2. 维修质量纠纷处理</td><td>维修质量和纠纷鉴定分析及调解</td><td>15</td></tr>
<tr><td>3. 技术支持</td><td>①技术培训
②疑难故障处理和工艺制定
③技术保障体系(人员、设备、资料)</td><td>15</td></tr>
<tr><td>4. 维修企业计算机管理</td><td>维修企业计算机管理知识</td><td>5</td></tr>
<tr><td>5. 工时定额</td><td>制定和组织实施机动车维修工时定额</td><td>5</td></tr>
<tr><td>6. 现场管理</td><td>机动车维修企业现场管理知识</td><td>10</td></tr>
</table>

3. 模块C　维修检验技术(附表3)

维修检验技术模块考试内容及参考分值　　附表3

<table>
<tr><th colspan="3">考　试　内　容</th><th>参考分值</th></tr>
<tr><td rowspan="13">理论考试</td><td>1. 质量管理</td><td>质量管理知识</td><td>10</td></tr>
<tr><td rowspan="2">2. 常用仪器、仪表和量具</td><td>①机动车维修质量检验常用仪器、仪表和量具的原理及使用方法</td><td rowspan="2">10</td></tr>
<tr><td>②机动车维修质量检验常用仪器、仪表和量具的检定方法</td></tr>
<tr><td rowspan="6">3. 维修质量检验</td><td>①机动车维修质量检验的分类和内容</td><td>8</td></tr>
<tr><td>②机动车维修质量检验的方法</td><td>9</td></tr>
<tr><td>③机动车维修质量检验的技术要求</td><td>9</td></tr>
<tr><td>④车身修复质量的检验知识</td><td>8</td></tr>
<tr><td>⑤车身涂装质量的检验知识</td><td>8</td></tr>
<tr><td>⑥车辆综合性能检测主要检测设备的原理、检测参数、使用要求</td><td>8</td></tr>
<tr><td rowspan="3">4. 机动车配件质量检验和控制</td><td>①机动车常用材料的性能</td><td>10</td></tr>
<tr><td>②机动车配件质量检验方法</td><td>10</td></tr>
<tr><td>③机动车配件质量控制知识</td><td>10</td></tr>
<tr><td rowspan="11">技能考核</td><td rowspan="5">1. 配件质量检验(对指定配件进行质量检验，考核时间为20min)</td><td>①安全操作</td><td>10</td></tr>
<tr><td>②仪器、仪表和量具使用的规范性</td><td>10</td></tr>
<tr><td>③配件质量的检验方法</td><td>25</td></tr>
<tr><td>④检测结果分析</td><td>30</td></tr>
<tr><td>⑤配件质量检验结论</td><td>25</td></tr>
<tr><td rowspan="6">2. 维修质量检验(机动车维修进厂、过程、出厂检验并正确填写检验单，考核时间为40min)</td><td>①安全操作</td><td>10</td></tr>
<tr><td>②仪器、仪表和量具使用的规范性</td><td>10</td></tr>
<tr><td>③检验项目及项目填写的完整性</td><td>15</td></tr>
<tr><td>④检验项目填写的规范性</td><td>10</td></tr>
<tr><td>⑤检测结果分析</td><td>30</td></tr>
<tr><td>⑥质量检验结论</td><td>25</td></tr>
</table>

4. 模块D　机动车维修专业知识(机修模块)(附表4)

机动车维修专业知识(机修模块)技术考试内容及参考分值　　附表4

<table>
<tr><th colspan="4">考　试　内　容</th><th>参考分值</th></tr>
<tr><td rowspan="5">理论考试</td><td rowspan="5">1. 机修基础知识</td><td>1)机械基础</td><td>①机械识图
②典型机械零件
③机动车常用材料
④机动车运行材料</td><td>8</td></tr>
<tr><td>2)电工基础</td><td>①电子学基础知识
②安全用电
③电路图识图
④车用传感器</td><td>7</td></tr>
<tr><td>3)液压基础</td><td>①液压传动
②液压控制</td><td>4</td></tr>
<tr><td>4)维修设备、工具、量具</td><td>①维修常用维修设备的使用维护
②维修常用仪器、仪表、量具和工具的使用维护</td><td>4</td></tr>
<tr><td>5)车用计算机控制基础</td><td>①控制基本理论
②典型控制系统
③车载网络技术</td><td>7</td></tr>
</table>

续上表

考　试　内　容				参考分值
理论考试	2. 机修专业知识	1)结构原理	①发动机(发动机基本结构、发动机控制系统、发动机性能检测)	9
			②传动系(变速器—机械变速器、自动变速器、传动轴、差速器、分动箱)	7
			③制动系(传统制动系、电控制动系)	6
			④转向系(普通转向系、液压动力转向系、电动转向系)	6
			⑤悬架(普通悬架、液压悬架、气压悬架、车轮定位)	4
			⑥电控柴油机	4
			⑦机动车新技术的应用	4
		2)故障检测、诊断、维修的基本理论和知识	①检验检测的基本原理及方法	11
			②常用检测仪器的结构原理和测试方法	8
			③典型故障分析	11
技能考核	1. 机械零部件测量	对指定机械零部件进行测量作业(考核时间为20min)	①安全操作	10
			②量具、仪器、仪表、工具使用的规范性	10
			③测量方法	25
			④测量结果的分析	30
			⑤机械零部件检验结论	25
	2. 整车竣工检验	进行全面的整车维修竣工检验作业(考核时间为40min)	①安全操作	10
			②量具、仪器、仪表、工具使用的规范性	10
			③检验项目及项目填写的完整性	10
			④检验方法的有效性	20
			⑤检验结果分析	25
			⑥整车竣工检验结论	25
	3. 发动机基本参数调整	按照要求进行发动机基本参数的调整作业(考核时间为25min)	①安全操作	10
			②量具、仪器、仪表、工具使用的规范性	10
			③资料查阅能力	20
			④调整方法(包括零部件正确拆装)	35
			⑤调整结果	25
	4. 故障诊断排除	综合利用检测手段进行发动机故障排除(考核时间为35min)	①安全操作	10
			②量具、仪器、仪表、工具使用的规范性	10
			③故障检测方法及有效性	20
			④资料查阅能力	20
			⑤检测结果分析	25
			⑥故障排除方法(包括零部件的拆装等)	15

5. 模块E　机动车维修专业知识(电器维修模块)(附表5)

机动车维修专业知识(电器维修模块)考试内容及参考分值　附表5

<table>
<tr><th colspan="4">考试内容</th><th>参考分值</th></tr>
<tr><td rowspan="17">理论考试</td><td rowspan="3">1. 电器维修基础知识</td><td>1)电工电子知识</td><td>①电工电子学基础知识
②安全用电
③电路图识图
④车用传感器</td><td>10</td></tr>
<tr><td>2)机械基础</td><td>①机械识图
②机动车运行材料</td><td>9</td></tr>
<tr><td>3)机动车维修设备、工具使用维护</td><td>①电器维修常用维修设备的使用维护
②电器维修常用仪器、仪表、量具和工具的使用维护</td><td>9</td></tr>
<tr><td rowspan="14">2. 电器维修专业知识</td><td rowspan="10">1)结构原理</td><td>①整车线路及电源分配中心</td><td>6</td></tr>
<tr><td>②机动车电源系统、启动系、点火系统结构原理</td><td>4</td></tr>
<tr><td>③机动车灯光、仪表信号系统结构原理</td><td>4</td></tr>
<tr><td>④机动车防盗中央门锁系统的结构原理</td><td>4</td></tr>
<tr><td>⑤辅助安全系统(安全气囊、安全带)</td><td>5</td></tr>
<tr><td>⑥车载网络系统的结构原理</td><td>3</td></tr>
<tr><td>⑦空调系统的结构原理</td><td>5</td></tr>
<tr><td>⑧多媒体及导航系统</td><td>3</td></tr>
<tr><td>⑨车身附件控制系统(电动座椅、电动后视镜等)</td><td>5</td></tr>
<tr><td>⑩机动车新技术应用</td><td>3</td></tr>
<tr><td rowspan="4">2)故障检测诊断的基本理论知识</td><td>①电气系统故障检测的基本原理及方法</td><td>6</td></tr>
<tr><td>②常用检测仪器的结构原理和测试方法</td><td>5</td></tr>
<tr><td>③空调系统故障检测诊断方法</td><td>8</td></tr>
<tr><td>④典型故障分析</td><td>11</td></tr>
<tr><td rowspan="16">技能考核</td><td rowspan="5">1. 电器元器件(含传感器)的检测</td><td rowspan="5">对指定电器元器件进行测量作业(考核时间为20min)</td><td>①安全操作</td><td>10</td></tr>
<tr><td>②量具、仪器、仪表和工具使用的规范性</td><td>10</td></tr>
<tr><td>③检测方法(含电器元器件的拆装)</td><td>25</td></tr>
<tr><td>④检测结果分析</td><td>30</td></tr>
<tr><td>⑤电器元器件检测结论</td><td>25</td></tr>
<tr><td rowspan="5">2. 电器性能检测</td><td rowspan="5">对指定电器进行性能检测(考核时间为30min)</td><td>①安全操作</td><td>10</td></tr>
<tr><td>②量具、仪器、仪表和工具使用的规范性</td><td>10</td></tr>
<tr><td>③电器性能检测方法(含相关零部件的拆装方法)</td><td>25</td></tr>
<tr><td>④检测结果分析</td><td>30</td></tr>
<tr><td>⑤电器性能检测结论</td><td>25</td></tr>
<tr><td rowspan="6">3. 空调性能检测</td><td rowspan="6">进行机动车空调性能的检测(考核时间为30min)</td><td>①安全操作</td><td>10</td></tr>
<tr><td>②量具、仪器、仪表和工具使用的规范性</td><td>10</td></tr>
<tr><td>③空调性能检测方法(含相关零部件的拆装方法)</td><td>25</td></tr>
<tr><td>④资料查阅能力</td><td>10</td></tr>
<tr><td>⑤检测结果分析</td><td>20</td></tr>
<tr><td>⑥空调性能检测结论</td><td>25</td></tr>
</table>

续上表

<table>
<tr><th colspan="4">考 试 内 容</th><th>参考分值</th></tr>
<tr><td rowspan="6">技能考核</td><td rowspan="6">4. 故障诊断排除</td><td rowspan="6">综合利用检测手段进行车身电器故障排除（考核时间为30min）</td><td>①安全操作</td><td>10</td></tr>
<tr><td>②量具、仪器、仪表和工具使用的规范性</td><td>10</td></tr>
<tr><td>③故障检测方法</td><td>20</td></tr>
<tr><td>④资料查阅能力</td><td>20</td></tr>
<tr><td>⑤检测结果分析</td><td>25</td></tr>
<tr><td>⑥故障排除方法（包括零部件的拆装等）</td><td>15</td></tr>
</table>

6. 模块F 机动车维修专业知识（车身修复模块）（附表6）

机动车维修专业知识（车身修复模块）考试内容及参考分值 附表6

<table>
<tr><th colspan="4">考 试 内 容</th><th>参考分值</th></tr>
<tr><td rowspan="21">理论考试</td><td rowspan="13">1. 车身修复基础知识</td><td rowspan="5">1）机动车材料及钢的热处理</td><td>①金属材料的基本性能</td><td>4</td></tr>
<tr><td>②钢及其热处理</td><td>2</td></tr>
<tr><td>③有色金属及合金</td><td>2</td></tr>
<tr><td>④非金属材料</td><td>2</td></tr>
<tr><td>⑤焊接和黏结</td><td>4</td></tr>
<tr><td rowspan="3">2）机械基础知识及常用机械零件</td><td>①常见的机械传动</td><td>2</td></tr>
<tr><td>②连接零件</td><td>2</td></tr>
<tr><td>③液压传动知识</td><td>2</td></tr>
<tr><td rowspan="4">3）机械制图、车身制图的识读，绘制展开图</td><td>①三视图的识读（零件图、简单装配图）</td><td>1</td></tr>
<tr><td>②车身识图</td><td>3</td></tr>
<tr><td>③绘制展开图（求线段实长，截交线、相贯线求法，展开放样）</td><td>3</td></tr>
<tr><td>④典型零件的展开图（圆管展开图，两节弯头展开图，圆锥展开图，方圆接头展开图）</td><td>3</td></tr>
<tr><td>4）安全教育</td><td>安全生产及安全防护</td><td>3</td></tr>
<tr><td rowspan="8">2. 车身修复专业知识</td><td rowspan="4">1）机动车车身结构</td><td>①车架式车身结构</td><td>1</td></tr>
<tr><td>②承载式车身结构</td><td>1</td></tr>
<tr><td>③车身零部件</td><td>4</td></tr>
<tr><td>④安全设计要求</td><td>2</td></tr>
<tr><td rowspan="4">2）常用设备、钣金工具和量具</td><td>①剪床、压力机、卷板机、弯管机的结构原理、使用和维护</td><td>2</td></tr>
<tr><td>②电动和风动工具的使用</td><td>1</td></tr>
<tr><td>③量具（游标卡尺、万能角度尺、水平仪）的使用</td><td>2</td></tr>
<tr><td>④焊接设备</td><td>2</td></tr>
</table>

续上表

考试内容				参考分值
理论考试	2. 车身修复专业知识	3）车身维修设备（测量系统、夹紧系统、钣金系统）及基本操作	①车身维修设备的结构	2
			②车身测量的基本原理及方法	4
			③车身维修设备的使用	4
			④碰撞事故车车身校正	6
			⑤车身尺寸的测量	4
			⑥专用工作台及定位器测量系统	2
		4）车身修复工艺	①编制车身修复工艺	3
			②钣金手工成形工艺	4
			③车身钣金修理加工工艺	4
			④车身钣金焊接、黏结工艺	4
			⑤车身防腐工艺	4
		5）车身碰撞损伤诊断、评估及制定车身修复工艺方案	①碰撞的类型及对车辆的影响	2
			②碰撞损坏分析	4
			③车身损伤诊断、评估	3
			④车身修复工艺方案的制订	2
技能考核	1. 电子和机械测量（考核时间为20min）	利用车身测量设备进行车身三维尺寸的测量	①安全操作	10
			②车身测量设备使用的规范性	10
			③车身测量方法	25
			④车身测量结果分析	25
			⑤车身资料的使用	30
	2. 拉伸（考核时间为60min）	对车辆进行拉伸及测量作业	①安全操作	10
			②拉伸和测量设备使用的规范性	10
			③拉伸工艺	35
			④车身资料的使用	20
			⑤拉伸质量	25
	3. 焊接工艺（考核时间为60min）	使用气体保护焊接设备进行立焊、仰焊和定位焊	①安全操作	10
			②焊接设备使用的规范性	10
			③焊接工艺	55
			④焊接质量	25

7. 模块G　机动车维修专业知识(车身涂装模块)(附表7)

附表7

机动车维修专业知识(车身涂装模块)考试内容及参考分值

<table>
<tr><th colspan="4">考 试 内 容</th><th>参考分值</th></tr>
<tr><td rowspan="27">理论考试</td><td rowspan="11">1. 车身涂装基础知识</td><td rowspan="3">1)车身材料</td><td>①车身金属材料及性能</td><td>2</td></tr>
<tr><td>②车身非金属材料及性能</td><td>2</td></tr>
<tr><td>③车身各种材料的表面处理</td><td>4</td></tr>
<tr><td rowspan="3">2)有机化合物、高分子化合物等相关的化工知识</td><td>①喷涂材料有机化合物、高分子化合物的种类、特性和用途</td><td>4</td></tr>
<tr><td>②树脂、颜料、溶剂的种类、特性和用途</td><td>4</td></tr>
<tr><td>③涂装辅料</td><td>3</td></tr>
<tr><td rowspan="2">3)车身喷涂材料的组成、性能、用途及成膜机理</td><td>①车身底漆、中间层、面漆材料的性能</td><td>4</td></tr>
<tr><td>②常见喷涂材料的成膜机理</td><td>4</td></tr>
<tr><td rowspan="2">4)车身喷涂材料的调配、调色程序及相关知识</td><td>①涂料的调配、调色程序、配比</td><td>4</td></tr>
<tr><td>②涂料色彩三要素</td><td>2</td></tr>
<tr><td>5)安全教育</td><td>安全生产及安全防护</td><td>3</td></tr>
<tr><td rowspan="16">2. 车身涂装专业知识</td><td rowspan="3">1)机动车车身结构</td><td>①车架式车身结构</td><td>1</td></tr>
<tr><td>②承载式车身结构</td><td>1</td></tr>
<tr><td>③车身零部件</td><td>2</td></tr>
<tr><td rowspan="7">2)常用喷涂设备、工具的使用维护</td><td>①干式和喷淋式喷涂室</td><td>2</td></tr>
<tr><td>②对流烘干室、远红外辐射烘干室</td><td>2</td></tr>
<tr><td>③喷烤漆房</td><td>2</td></tr>
<tr><td>④喷涂工具</td><td>2</td></tr>
<tr><td>⑤气动干磨机</td><td>1</td></tr>
<tr><td>⑥净化装置</td><td>1</td></tr>
<tr><td>⑦电子调漆设备</td><td>1</td></tr>
<tr><td rowspan="6">3)车身涂装工艺</td><td>①喷涂材料的配套</td><td>3</td></tr>
<tr><td>②打磨工艺</td><td>6</td></tr>
<tr><td>③工艺流程的编制</td><td>4</td></tr>
<tr><td>④防腐处理</td><td>6</td></tr>
<tr><td>⑤涂层的质量检验</td><td>6</td></tr>
<tr><td>⑥涂层的养护</td><td>4</td></tr>
<tr><td rowspan="2">4)常见涂层的病态、防治方法及修复</td><td>①常见涂层的病态(橘皮、流痕、水迹、油迹、灰尘、色差等)的产生原因和防治方法</td><td>10</td></tr>
<tr><td>②涂层病态的修复工艺</td><td>10</td></tr>
<tr><td rowspan="4">技能考核</td><td rowspan="4">车身涂装技能考核</td><td rowspan="4">进行车辆涂装的全套工艺作业(考核时间为150min)</td><td>①安全操作</td><td>10</td></tr>
<tr><td>②涂装设备使用的规范性</td><td>10</td></tr>
<tr><td>③涂装工艺</td><td>55</td></tr>
<tr><td>④质量检验</td><td>25</td></tr>
</table>

8. 模块H　车辆技术评估(含检测)(附表8)

车辆技术评估(含检测)模块考试内容及参考分值

附表8

考试内容			参考分值
理论考试	1. 机动车结构原理	①发动机、底盘、车身系统的结构原理 ②机动车技术发展	15
	2. 常用检测设备	①机动车性能检测常用检测设备的结构和检测原理	10
		②机动车性能检测设备的技术发展	8
		③检测站计算机控制系统	7
	3. 机动车辆性能检测和车辆技术评估	①整车检验	6
		②车辆总成及技术装备检验	6
		③机动车动力性检测:机动车动力性能及技术状况检查、机动车动力性评价指标、机动车动力性要求、机动车动力性检验方法	6
		④机动车燃料经济性检测:燃料经济性的评价指标、燃油消耗量检验方法	6
		⑤机动车制动性检测:制动装置的基本要求、制动性能评价指标、制动性能要求、制动性能检验方法	6
		⑥机动车转向操纵性检测:转向操纵性一般要求、车轮定位及车轮稳定效应检验、悬架特性检验	6
		⑦机动车排放污染物控制及排放检测	6
		⑧机动车噪声控制及检验	6
		⑨照明和信号装置及其他电气设备的一般检查、前照灯检测	6
		⑩营运车辆技术等级评定项目、内容和技术要求	6
技能考核	1. 整车检验(考核时间为60min)	①安全操作	10
		②整车检验项目的完整性	15
		③整车检验流程的正确性	20
		④整车检验记录的规范性	20
		⑤整车检验结果分析	20
		⑥整车检验技术评定	15
	2. 制动性能检测(考核时间为30min)	①安全操作	10
		②制动检测设备使用的规范性	10
		③制动性能检测项目的完整性	15
		④制动性能检测的科学性	25
		⑤制动性能检测结果分析	30
		⑥机动车制动性能评定	10
	3. 前照灯检测(考核时间为30min)	①安全操作	10
		②前照灯检测设备使用的规范性	10
		③前照灯检测项目的完整性	15
		④前照灯检测的科学性	25
		⑤前照灯检测结果分析	30
		⑥前照灯技术评定	10